魏晉南北朝史

一個分裂與融合的時代

張鶴泉 著

三民書局

二版說明

魏晉南北朝常被視為是一個黑暗的時代，群雄割據、五胡入華，迎來近四百年的動盪分合。但政治上的分裂卻未阻礙文化的盛放，衣冠南渡的士族，保存了中原的文化；任情不羈的名士談玄論道、優游山水，造就絕代的魏晉風流。胡漢文化的碰撞與融合，更為中原文化注入新的活力，孕育著隋唐帝國盛世的到來。

本書作者張鶴泉教授以客觀的態度描述各王朝的更迭，為讀者梳理這一時期複雜、紛亂的歷史局面，並細緻的考察政治、軍事、經濟、法律、選舉等制度的確立及演變。另一方面，本書也著重描繪這一時期社會各階層的生活情態，不論是日常的衣食住行、胡漢的民族融合，還是各種思想宗教的傳播、文學藝術的發展等，都有全面而完整的闡述。

此次再版，不僅重新校正內文，並為符合現代出版潮流，調整了版式編排及封面設計，方便讀者能夠更輕鬆、舒適的閱讀本書，也期望讀者能看見魏晉南北朝豐富多彩的歷史面貌。

編輯部謹識

自序

魏晉南北朝是中國歷史上一個重要時期。從整體局面來看，這個歷史時期無疑是一個分裂的時代。在東漢末年的動亂之後，開始出現魏、蜀、吳三國鼎立的局面。在西晉的短暫統一之後，又出現了南方東晉政權與北方十六國少數民族政權的對峙。東晉滅亡後，南方先後建立了宋、齊、梁、陳四個政權；在北方，於代北崛起的北魏王朝，至北魏太武帝時，統一了北方的廣大地區。這樣，又出現了北魏政權與南朝政權的對立。在北魏統治一百多年後，北方發生了分裂。東部建立東魏、北齊政權，西部則建立了西魏、北周政權。在北方的軍事對峙中，北周最後戰勝北齊，統一中國北方。後來外戚楊堅篡奪北周政權，建立隋朝，接著又滅掉南方陳朝政權，結束了分裂局面，實現了南北統一。儘管分裂是這個時期的整體特點，但是社會並沒有停滯不前，還是表現出發展的趨勢，在政治、經濟、文化諸方面都具有明顯的時代特點。

這個時期實行了諸多不同於前代的制度。曹魏建國時，中央政府開始有了尚書臺、中書機構和門下機構的設置，並在國家的政治事務中發揮重要作用。西晉以後，這些機構仍繼續完善。東晉、南朝，基本上沿襲西晉的制度。北魏政權建立後，也模仿晉制和南朝官制，建立了胡漢雜糅的官制。在孝文帝改革後，則改行與南朝大體相同的官制。實際上，魏晉南北朝時期設置的中樞機構，正處於從兩漢「三公九卿」制過渡到隋唐「三省六部」制的歷史階段。另外，曹魏時期也開始實行九品中正制，以確保政府官員的來源。可是，在九品中正制實行時，世家大族的勢力也在不斷地發展。這些世家大族不僅在任官上具有優先權，還控制了各地方中正官的任職，進而操縱人才的品級和選舉，經過西晉至南北朝的發展，逐漸形成「上品無寒門，下品無勢族」的局面。不過，隨著門閥制度的腐朽，九品中正制暴露的弊病也越來越多，隋朝建立後，終於廢止這種選舉制度。

由於東漢末年以來的戰亂破壞，魏晉以後，各政府都實行了相應的田制，來保證農業的發展。三國時期，魏、蜀、吳三國面對大量人口流散、死亡，大片土地荒蕪的局面，通過推行屯田制，讓勞動力和土地能夠妥善結合。屯田制的實行，不但解決軍糧的供給問題，也有利於農業生產的恢復。曹魏的屯田制在其統治後期開始廢除，東吳的屯田制則在西晉滅吳後才完全消失。西晉時期，國家在原來屯田制的基礎上推行占田制，讓勞動力與土地能夠更有效地結合，對農業生產起到推動的作用。西晉滅亡後，占田制並未立即廢止，東晉、南朝以及北方十六國都有實行這種田制的蹤跡。北魏時期，國家開始推行均田制。均田制規定了授田的數量和土地的還授方式，保證了自耕農生產的穩定。在東魏、北齊和西魏、北周依然實行均田制，只是授田的數量與具體的做法略有改變。北魏以來實行的均田制影響了隋唐田制，實際上，隋唐時期推行的均田制，正是發端於北魏的均田制。

漢代兵農合一的徵兵制，在魏晉南北朝時期遭到破壞，開始朝兵農分離的方向發展。曹魏時期，國家開始實行世兵制，為服兵役者單立戶籍，形成所謂的兵戶。這些兵戶稱為世兵，社會地位很低，只能世世代代為兵。西晉、東晉、南朝，雖然還有其他的士兵來源，但是世兵制一直存在，還是保證士兵來源的主要方式。北魏建國初期由於實行部落兵制，因此軍隊主要由拓跋鮮卑人組成。不過，在北魏發展過程中，由於對兵員的大量需求，依然實行兵戶制，並成為士兵的重要來源。在西魏、北周實行府兵制後，原來世兵制開始被打破。當時充當府兵者很多是來自均田上的農民，因此府兵制開始與均田制結合，逐漸形成兵農合一。從曹魏時期開始出現的兵農分離制度，至此又逐漸退出歷史舞臺。

魏晉南北朝時期的社會階層是複雜的。在複雜的社會階層中，有兩個階層對社會有明顯的影響：一為世家大族，二為不同類別的依附人口。從世家大族的情況來看，這個社會階層當是在東漢後期開始出現，至魏晉南北朝時期，世家大族所具有的特徵更為明顯化。這些世家大族植根於鄉里社會，但是由於他們在仕宦和文化上的優越、特殊地位而成為具有很強影響力的家族。在東晉時期，世家大族勢力是東晉政權的支持力量。實際上，東晉政權的建立，正是南遷的北方世家大族與江南世家大族聯合支持的結果。因此，東晉世家大族在政治上的影響力也就達到了頂峰。南朝時期，世家大族的門第已經固定化，世、庶之間存在天淵之別，難以逾越。在北方，北魏孝文帝定族姓後，北方的世家大族的影響力也日益強大。不過，這些世家大族長期養尊處優，因而也日益走向腐朽和沒落。

不同類別的依附人口也在這個時期對社會產生明顯的影響。自東漢以來，依附性的客階層地位日益卑微化，這是依附關係逐漸發展的重要表現。西晉國家規定品官占田蔭客制後，國家實際承認私人蔭庇依附民已經合法化。當時國家官員、世家大族、地方豪民都占有數量眾多的依附民。至南北朝時，由於寺院經濟的發展。控制寺院經濟的寺院主既是大土地所有者，也是寺院財富的擁有者。這些寺院主將投靠他們的勞動者變為他們的依附民，更使依附人口增多。國家的編戶以不同的方式淪為依附民，以及國家與各大勢力對依附民的爭奪，都是這個時期的重要特點。這一特點是觀察中國中古社會特徵不可忽視的重要歷史因素。

魏晉南北朝時期的戰爭與動盪，固然對社會經濟的發展有所影響，但當時的社會經濟並非因此停滯不前，依然有較大的發展，最明顯的就是江南經濟的發展。永嘉之亂以後，眾多的北方人口南遷，不僅使江南人口增加，也將北方先進的農業技術帶到南方。當地農民與南渡的北方農民共同耕耘，江南地區的糧食產量明顯增加。三吳一帶成為糧食的主要產區，有「今之會稽，昔之關中」之說。襄陽地區也是糧食的重要產地。生產的發展，促使東晉、南朝商業的活躍。由於商業的發展，這一時期出現了建康、京口、山陰、壽春、襄陽、江陵、番禺等一些大型商業都會。隋唐時期，國家經濟重心能夠南移，正是以這一時期經濟的發展為基礎的。

魏晉南北朝時期的分裂局面並未阻礙文化的發展，反而使文化領域出現異常活躍的景象。這個時期，玄學開始出現，並影響了一大批士人；佛教也得到廣泛的傳播，在社會上層和下層擁有數量眾多的信奉者；道教被改造為適應統治者和世家大族需要的宗教，在社會中產生了很大的影響。當時史學、文學和藝術呈現繁榮的景象。這段時期樂舞也有明顯的發展，中原地區原來盛行的華夏雅樂逐漸衰落，「龜茲樂」、「西涼樂」取代了原來雅樂的地位。與此同時，南方的清商樂舞也傳播到北方。樂舞逐漸形成南北融合的局面，出現了一種具有嶄新民族風格特點的樂舞。

民族大融合是魏晉南北朝時期社會發展的重要特點之一。從西晉末年開始，匈奴、鮮卑、羯、氐、羌等少數民族先後進入中原，並建立政權。內遷的少數民族貴族在建立政權的過程中，不同程度地實行民族壓榨和軍事掠奪的措施，對漢人進行殘酷地屠殺。不過，中原地區高度發展的經濟和文化，也勢必讓少數民族原有的社會制度面臨不相適應的矛盾，迫使他們或遲或早地走上「變夷從夏」的道路。這種「變夷從夏」的措施，讓內遷的少數民族與漢人的聯繫密切起來。這種趨勢的出現，也是北魏時期民族大融合的開端。北魏時期，民族融合進一步發展。拓跋鮮卑的勢力向中原發展後，人口很少的鮮卑人反受人口眾多的漢人包圍。漢人的先進文化對鮮卑族產生重大的影響。孝文帝在政治、經濟、文化、語言和生活習俗上的改革，加速了民族大融合的進程。北方地區民族大融合，固然對國家政權的漢化措施起到推動作用，但是長期以來，漢族和少數民族在生產上的結合，則是民族大融合實現的基礎。北魏、北周和北齊都實行均田制，更促進了受田的各族人民在生產上的密切聯繫，推動了各民族的融合。經過十六國、南北朝長期的歷史過程，這些少數民族已經與漢民族完全融合。因此，到了隋唐時期，就再也找不到內遷少數民族活動的記載了。民族大融合的實現，使漢族接受了其他少數民族的新鮮成分，所以在經濟、文化上不僅沒有衰落，反而變得更加興盛，充滿活力。北方民族大融合的實現，正是強盛的隋唐大帝國出現的重要影響因素之一。

本書的寫作宗旨，既要說明魏晉南北朝時期歷史發展的整體趨勢，也要對當時的社會生活，以及影響後世的重大歷史事件、典章制度和文化宗教等做扼要的闡述，進而展示這一歷史時期豐富多彩的內容。然而，要寫作一部涉及魏晉南北朝時期政治、經濟、文化和社會生活方方面面的著作是有諸多困難的。一方面由於這段歷史本身的紛亂和複雜；另一方面，也受到我本人對這段歷史研究視野的限制。然而，值得慶幸的是，先學們對這段歷史做了諸多的研究。他們的研究成果為本書的寫作提供了很好的借鑑。本書寫作過程中努力參考和吸收諸位先學和同行的研究成果，正是在這個基礎上，本書才得以完成。儘管我力求能夠較好地展示出這一歷史時期的複雜、多變的歷史面貌，可是，由於為學術功力所限，多有不盡如人意之處，所以，希望讀者提出批評意見，使我能夠獲得諸多的寶貴啟示。

張鶴泉

二〇〇九年十二月

魏晉南北朝史

一個分裂與融合的時代

目次

附錄 450

第一篇

三國時期

第一章 董卓之亂與東漢末年割據勢力的混戰

董卓之亂是東漢末年軍閥混戰局面出現的始端。這種混戰局面使統一的東漢朝陷入分裂，社會經濟遭到破壞，人民生活困苦不堪，但在群雄的混戰中，逐漸形成了比較大的割據勢力，也出現了幾個較大的割據區域。

第一節 東漢末年的變亂和地方勢力的發展

東漢一代，地方社會秩序呈現不穩定的趨勢。最明顯的表現，就是各地方不斷出現小規模的農民起事。早在漢安帝時，沿海各郡出現了被稱為「海賊」的張伯路起事；在渤海、平原郡又出現了劉文河、周文光的起事。此後，《後漢書》中便不斷出現「海賊」、「盜賊」、「妖賊」的記載。漢桓帝延熹八年（一六五年），渤海郡蓋登等人自稱太上皇帝來號令民眾，起事具有一定的規模。漢靈帝光和七年（一八四年）二月，鉅鹿郡人張角自稱黃天，將其所領導的部眾分為三十六方，頭戴黃巾，在同一天共同起事。張角所領導的黃巾起事，實際上是太平道教的反抗活動。在起事前，張角曾經在鉅鹿郡宣傳太平道教，在十多年的時間裡，信教的徒眾已達數十萬人，多半分佈在青、徐、幽、冀、荊、揚、

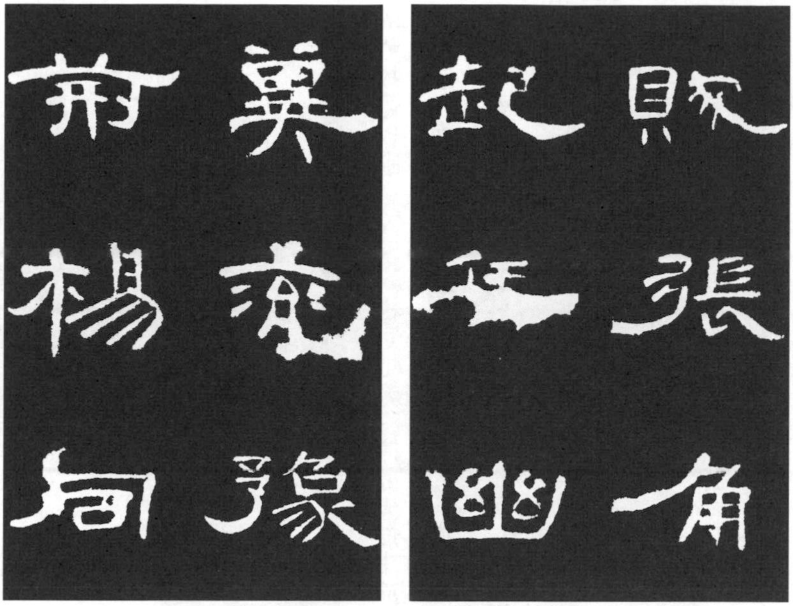

圖一　記載張角起兵的曹全碑（局部）

兗、豫等地區。張角不滿足單純的傳教，將道徒按軍隊組織編制起來，設置三十六位將軍統領他們，並聲稱「蒼天已死，黃天當立，歲在甲子，天下大吉」①，向民眾宣傳東漢的統治崩潰在即，新的朝代將取而代之。經過這些醞釀和部署之後，大規模的反抗形勢漸趨成熟。終於在光和七年二月，頭著黃巾的農民，在七州二十八郡同時舉行起事。

黃巾起事讓東漢朝廷大為震驚，漢靈帝下詔各州郡，命令他們組織防衛。東漢王朝首先力圖加強首都洛陽的防守力量。外戚何進受命為大將軍，將兵屯守洛陽都亭，部署守備，並在洛陽附近增設了八關都尉，又「遠征三邊殊俗之兵」②，對黃巾各部先後發動進攻。各支黃巾軍在當年就被東漢政府鎮壓

① 《後漢書》卷七一〈皇甫嵩傳〉。
② 《續漢書．百官志五》注引應劭《漢官儀》。

下去了。

黃巾起事失敗後帶來的重要影響，就是使一些地方勢力試圖自立的趨勢增長。在鎮壓黃巾起事後不久，由於皇甫嵩立下赫赫戰功，信都縣令閻忠因而規勸他背離東漢朝廷，選擇自立的道路，防止危害自身，但是閻忠的建議遭到皇甫嵩拒絕。這說明東漢官員中已有人認為朝政無法挽救，應該在地方上發展自己的勢力。

實際上，在鎮壓黃巾起事的過程中，部分地方豪強的私家武裝已由隱蔽轉向公開，其實力也大大的加強了。一些州郡官吏亦擴充勢力，與東漢王朝保持若即若離的關係。特別是，東漢王朝為了防範農民軍和加強對州郡的控制，將一些重要地區的州刺史改為州牧。漢靈帝讓宗室劉焉任益州牧；太僕黃琬任豫州牧；宗正劉虞任幽州牧。顯然，東漢王朝是選擇有名望而又可靠的宗室和其他的列卿、尚書充任這些州牧。這樣做的結果，正如《後漢書．劉焉傳》說：「州任之重，自此而始。」權力加重的州牧可以通過才望來穩定地方秩序而忠於東漢王朝。但一旦州牧利用這種權力來發展個人的勢力，就會走向與東漢王朝的願望相反的方向。東漢末年，東漢王朝改設州牧的做法不但沒有加強中央的控制，反而使一些擁有武裝勢力的軍事集團按地區集中起來，更便於實行割據，地方割據狀態因而開始顯露出來。

第二節　董卓之亂

大規模的黃巾起事失敗後，東漢統治集團內部的外戚與宦官鬥爭又日趨激烈。中平六年（一八九

第一章
董卓之亂與東漢末年割據勢力的混戰

年），漢靈帝病故，其子劉辯即位，稱為少帝。外戚何進任大將軍，掌握洛陽的軍事大權。何進為鞏固地位，起用了一批名士，著名的代表人物就是擔任八校尉的袁紹。何進殺掉統帥西園八校尉軍的宦官蹇碩，並準備實行清除宦官的計畫，但遭到何太后反對。何進因而採納袁紹等人的建議，召各地的猛將率兵進入洛陽，以此威懾宮廷中的宦官，并州牧董卓便因此被何進祕密召入洛陽。但在董卓大軍抵達之前，洛陽宮中宦官已殺死何進。聽到這個消息，袁紹立刻率軍發動政變。他命令部下焚燒洛陽宮城宮門，攻入宮城，對宮中無鬍鬚者，無論少長全部殺掉。一時洛陽城中大亂，當夜，少帝劉辯與陳留王劉協逃離宮城。他們逃至洛陽北面的邙山，恰好遇到董卓率領的軍隊。董卓於是擁少帝與陳留王進入洛陽。

董卓（？—一九二年）是涼州人，隴西豪強。董卓所在的涼州與南匈奴、羌族臨近，因此，東漢王朝派遣了眾多的軍隊在這裡駐屯。駐屯的士兵大多數獰猛殘忍、驍勇善戰。董卓對這些士兵採取懷柔的政策，使他們完全聽命於他，形成兇殘的涼州軍人集團。他憑藉這支武裝，成為赫赫有名的人物。他曾經隨從皇甫嵩討伐黃巾軍，後與皇甫嵩意見不合，違抗朝廷的命令，糾合部下返回涼州。漢靈帝死前，董卓出任并州牧，駐軍河東，靜觀時局的變化。

董卓進京後，廢少帝劉辯，立陳留王劉協為獻帝，吞併何進兄弟和執金吾丁原的軍隊，盡攬東漢朝政。為了籠絡人心，他還為陳蕃、竇武理冤，恢復他們和被害黨人的官爵，任用當時名士周珌、伍瓊、鄭太、荀爽等人。董卓的做法只是外示寬宏，實際上，他和他的涼州軍人集團非常兇殘。他居相國顯位，命其部下在洛陽城中大肆搶掠，城中貴族、官僚、富豪之家的財物都被搶掠一空，稱為「搜牢」。他的軍隊經過洛陽城郊，適逢二月，正是祭社之時，百姓會於社下，軍士將男人全部殺光，取其車牛，把男人的頭掛在車轅上，掠奪婦女、財物，唱歌而歸。他還派部下搶掠洛陽城中的婦女，將她們全部分給部下做妻妾和奴婢。他和他的部下對宮中的公主和宮女也不放過，將她們搶掠姦淫。董卓的窮凶極惡引起中原士人的恐懼與憤慨。董卓為了使朝廷官員順從他的意志，將他不滿意的官員盡行驅逐，袁紹、曹操等人都被董卓逼走。董卓的專權、洛陽的混亂，使各地的分裂割據活動迅速擴大。州郡牧守招兵買馬，各樹旗幟，準備討伐董卓。初平元年（一九〇年），渤海太守袁紹聯絡他的從弟後將軍袁術、冀州牧韓馥、豫州刺史孔伷、兗州刺史劉岱、陳留太守張邈、廣陵太守張超、河內太守王匡、山陽太守袁遺、東郡太守橋瑁、濟北相鮑信等起兵討伐董卓。討伐董卓的關東諸侯推袁紹為盟主，率軍進屯洛陽周圍。袁紹軍屯河內，孔伷軍屯潁川，韓馥軍屯鄴，袁術軍屯南陽，張邈、劉岱、橋瑁軍屯酸棗，但這些討董卓的聯軍各有各的打算，無法集中力量打擊董卓。

董卓覺得在洛陽長期抵禦關東的討伐聯軍，形勢對他不利，為了躲避關東軍的兵鋒，避免并州黃巾軍截斷後路的危險，董卓乃挾持漢獻帝西遷長安，並驅迫洛陽一帶百姓西行。在離開洛陽前，大肆燒掠，使洛陽周圍房屋蕩盡，一空如洗。對於董卓的逃離，只有曹操率軍追擊，但為董卓軍所敗。其他聯軍毫無鬥志，只是試圖擴大勢力，爾虞我詐，相互吞併，因此很快就土崩瓦解了。

董卓退居關中後，分兵守險。他自任太師，號稱尚父，駐郿塢，其高與長安城相同，積財物於其中。董卓又廢棄五銖錢，改鑄沒有文章、輪廓的小錢。導致物價騰貴，錢幣不行。此外，董卓還實行嚴刑峻法，殺人時先斷舌鑿眼，或斬去手足，或用鍋鑊烹煮。隨著董卓西遷的長安官員，在董卓的淫威下，朝不保夕，擔心大禍臨頭，因此迫切想要除掉董卓。司徒王允聯絡董卓的愛將、義子呂布，殺死董卓。但是，董卓的部將李傕、郭汜、樊稠、張濟等人懷著強烈的復仇之心，進攻長安。他們殺入

獨夫董卓

董卓掌握朝權後不可一世，文武百官遇到董卓，都要通名報姓拜於車下，董卓根本不予還禮。他又在離長安二百多里的郿縣，修建他的私人城堡，取名曰「萬歲塢」。其城牆修得跟長安城一樣高，把從洛陽等地搜刮來的大量金銀財寶和糧食積藏在城中，其中儲藏的糧食就足夠吃上三十年。董卓揚言說：「我的大業如果成功，整個天下都是我的；即便不成，我守在塢中也可享受一輩子了。」有一次他離開長安去郿塢時，朝臣們在西出長安的城門外為他置酒餞行，董卓一改往日的猙獰面目，暢懷痛飲。酒過三巡，董卓突然起身，神祕地對在場的人說：「為了給大家助酒興，我將為各位獻上一個精彩的節目，請欣賞！」說完，擊掌示意，狂笑不已。他令人把誘降捕獲的反叛士兵和百姓數百人押上來，當著眾多大臣的面施以酷刑：先割去舌頭，然後或砍其手足，或剜其雙目，或放在大鍋裡烹煮。受刑未死之人，在宴席桌案下掙扎哀號，文武百官無不被眼前的慘景驚得渾身發抖，都拿不住筷子，唯董卓坐在那裡狂飲自如，像是在自得其樂。

長安城中，與呂布軍在長安城中展開巷戰，呂布戰敗，逃出長安城，奔往關東。李傕等人殺死王允，挾持漢獻帝。這些涼州將領因為利益分配不均，又在長安附近相互攻伐，附近居民或死亡或逃散。長安城完全陷於無秩序狀態，幾乎成為空城。關中地區遭到極大破壞，行旅斷絕，人煙稀少。

第三節　割據勢力的混戰

董卓之亂後，各軍事集團在北方相互攻伐、吞併，混亂的戰局日甚一日。經過五、六年的兼併過程，全國逐漸形成許多割據區域。

袁紹（約一五四－二〇二年）是北方最大的割據勢力。他起兵討伐董卓之時，任渤海太守，乘董卓西遷長安之機，準備搶占冀州。冀州原為韓馥所占，時任冀州牧。袁紹逼迫韓馥出讓冀州，韓馥無奈，將冀州印綬交給袁紹。當時人說：「冀州雖鄙，帶甲百萬，穀支十年。」③足見冀州是兵強糧足之地。袁紹以冀州為基礎發展其勢力，先後占據青州、并州，又與幽州的公孫瓚對抗，最後攻滅公孫瓚，占據北方冀、青、并、幽四州。袁紹占據的北方四州，是具有戰略形勢的要地。這一地區的北面有烏桓、鮮卑等少數民族，可以為用；南部有黃河作為天然屏障，進可以戰，退可以守。

袁紹的高祖袁安，為漢司徒，「自安以下四世居三公位，由是勢傾天下」④。顯然，袁紹是一個家

③《後漢書》卷七四上〈袁紹傳〉。
④《三國志》卷六〈魏書．袁紹傳〉。

世顯赫的世家子弟。袁家的門生故吏遍天下，因此袁紹在政治上有很大的號召力。這些優勢使袁紹成為北方實力最強的軍事割據集團。

公孫瓚是占據幽州的割據勢力。他原是遼西令支（河北遷安）人，殺幽州牧劉虞後，盡有幽州之地。公孫瓚試圖在北方擴大其勢力，因而與袁紹戰事不斷，成為袁紹在北方的勁敵。但是公孫瓚治州無方，他「恃其才力，不恤百姓，記過忘善，睚眥必報，州里善士名在其右者，必以法害之」⑤。因此，在與袁紹的軍事對抗中，接連失利。建安四年（一九九年），袁紹軍進攻公孫瓚，公孫瓚兵敗被殺，幽州為袁紹所占。

袁術是袁紹的從弟。當袁紹據有青、冀二州時，袁術也據有戶口數百萬、手工業比較發達的南陽郡。袁術的野心很大，想做皇帝。他對袁紹做盟主很不服氣，兄弟之間的關係緊張。袁術遠交幽州的公孫瓚，企圖顛覆袁紹在河北的統治勢力。袁紹也聯絡荊州的劉表來牽制袁術。初平三年（一九二年），袁術和公孫瓚配合，向曹操和袁紹進攻，被曹操和袁紹擊敗。於是袁術南奔壽春（安徽壽縣），占據揚州，並於建安二年（一九七年）稱帝，不久病死。

劉表據有荊州之地，占地數千里，甲兵十多萬。劉表採取對皇帝「不失供職」、在地方保境安民的政策，所以自初平元年（一九〇年）到建安十三年（二〇八年）劉表去世，近二十年間，中原和關中地區迭遭變亂，民不聊生，荊州卻比較安定，很多北方人逃難到荊州依靠劉表。

徐州先為陶謙所占。陶謙殺曹操父親曹嵩，曹操為報父仇，連年攻打徐州。以後陶謙病死，劉備

⑤《後漢書》卷七三〈公孫瓚傳〉。

代之。後呂布又占據徐州。呂布自關中東奔後，襲據曹操的兗州，後又攻打徐州，占據徐州。但是最後為曹操所滅。

除此之外，公孫度占有遼東，韓遂、馬騰占有關右，劉焉死後，其子劉璋繼續占有巴蜀，孫堅攻劉表敗死後，其子孫策逐步占有江東。劉備（一六一－二二三年）輾轉依附於曹操、呂布、袁紹，最後投奔於劉表。

本章重點

東漢末年，黃巾起事後出現了董卓之亂。在討伐董卓的過程中，關東的軍事集團發展成為割據勢力，並形成了相互攻伐的局面。這些割據勢力之間的戰爭，給社會造成了巨大的危害。

複習與思考

1. 東漢末年的分裂局面的出現，應該說與黃巾起事有關。董卓專權正是在黃巾起事後出現的。黃巾起事帶來這種後果，我們應該怎樣認識？
2. 東漢末年，州牧權力的擴大是否與分裂局面出現具有直接的聯繫？

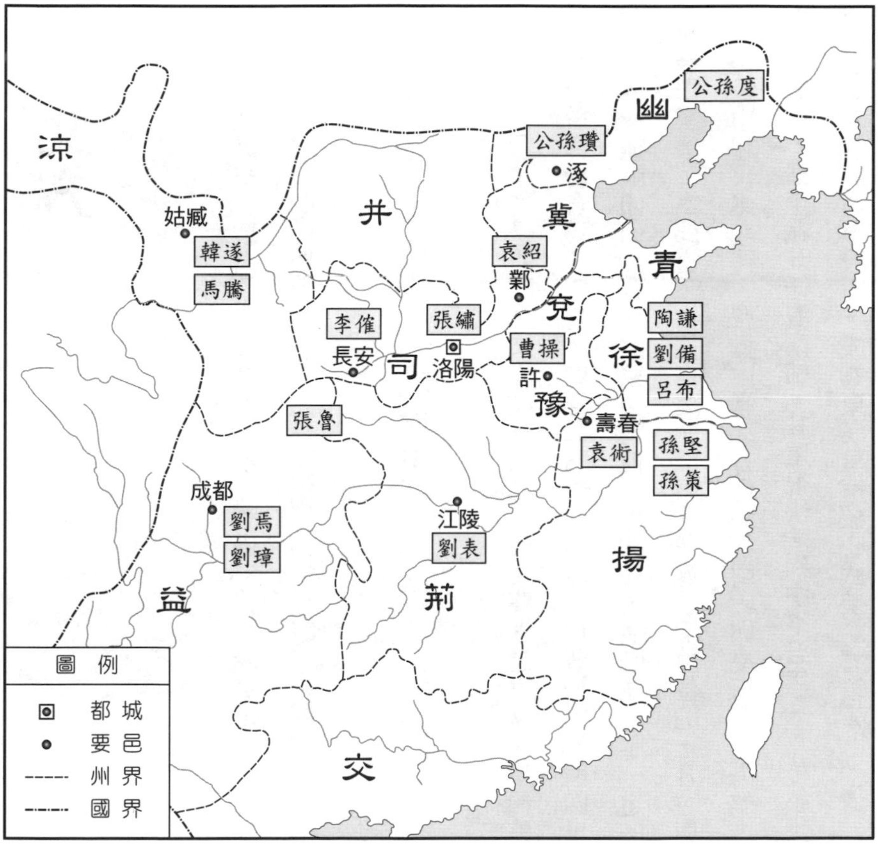

圖二　東漢末年割據勢力圖

第二章 曹操統一北方

曹操在北方先後消滅呂布、袁術的割據勢力，擊走劉備。又將漢獻帝遷往許都，形成挾天子以令諸侯之勢。最後，與河北最強的割據勢力袁紹在官渡決戰，以少勝多，擊敗袁紹，進而平定北方地區。

第一節 曹操在北方軍事勢力的發展

曹操（一五五－二二〇年）是沛國譙（安徽亳州）人。父曹嵩為宦官曹騰養子，所以曹操家族與宦官有關係。曹騰有別於專橫貪殘的宦官，曾經舉薦一些名流，但曹操家族與四世三公的袁氏、楊氏相比又算不上名門世族。無論如何，曹操的家世對他以後的社會活動產生了一定的影響。

曹操二十歲時被舉孝廉，為郎官，擔任洛陽北部尉。曹操政治地位的上升，與他參與平定黃巾農民反抗有密切關係。黃巾起事爆發後，曹操由議郎升任騎都尉，與皇甫嵩和朱儁一起討伐黃巾軍。由於在討伐戰爭中立下軍功，當年就升任濟南相，升遷很快。到中平五年（一八八年），漢靈帝設置西園八校尉，曹操任八校尉之一的典軍校尉，成為東漢皇室核心武裝的將領。

董卓率軍入洛陽後，曹操逃出洛陽，回到鄉里糾合五千人參與了以袁紹為盟主的討董卓聯軍，但為董卓所敗。之後曹操又派夏侯惇到揚州再募得四千人，但募兵叛變，只餘五百人，一再收拾，才擁有一支千人的軍隊。這時曹操的軍隊兵力單薄。初平三年（一九二年），青州黃巾軍百萬人進攻兗州，兗州刺史劉岱戰死，曹操繼領兗州牧。他在濟北誘降黃巾軍三十餘萬，男女百萬餘口，精選其中精銳者，改編到他的軍隊中，號稱青州兵。一些地方豪強如李通、任峻、許褚、呂虔、李典等人，也先後率領宗族、賓客、部曲來追隨曹操，曹操的兵力才日益強大。

建安元年（一九六年），曹操迎奉漢獻帝都於許縣（河南許昌東），受封為大將軍，轉任為大司空，取得了「挾天子以令諸侯」的地位。但是，曹操在軍事上所處的地位，還面臨相當大的困難。在建安元年前後，占據南陽的是張繡；占據荊州的是劉表；占據揚州的是袁術；占據徐州的先是劉備，後呂布，軍事上都對曹操構成威脅。

建安二年（一九七年），曹操為了解除對許都的威脅，率軍征討張繡，但出師不利，大敗而歸。建安三年（一九八年）春，曹操再征張繡。劉表派軍援救張繡，曹操軍隊腹背受敵，又害怕河北袁紹出兵南下偷襲許都，只好退兵。建安四年（一九九年），張繡聽從謀士賈詡的勸告，歸降曹操。曹操非常高興，封張繡為列侯，食邑兩千戶。因此解除了來自南陽的軍事威脅。

呂布從關中退出後，與曹操爭奪兗州。兵敗後又退到了徐州依附劉備，再趁劉備出擊袁術之時，占據徐州，並憑藉徐州與曹操對抗。呂布占有徐州後，與北方的袁紹對曹操形成前後夾擊之勢。假如曹操與袁紹開戰，曹操必然會腹背受敵，兩線作戰。曹操謀臣郭嘉向曹操建議，趁袁紹北擊公孫瓚之時，東擊呂布。曹操聽取謀臣的建議，決定先取呂布。建安三年九月，曹操進攻呂布。十月初，曹操軍隊攻取彭城（江蘇徐州），進圍下邳（江蘇睢寧西北）。曹操引沂水、泗水灌城，呂布被迫投降。曹操下令絞死呂布。

袁術在揚州與呂布聯姻，但與呂布的關係時好時壞。建安二年，袁術稱帝，遣使請呂布送女完婚，最後為呂布拒絕。袁術大怒，發步騎數萬，七道進攻呂布，為呂布擊敗。九月，曹操趁機東征袁術，袁術敗走淮南。袁術在淮南遇到天旱地荒，士民凍餒，極其狼狽，技窮勢竭。袁術害怕壽春不守，打算通過徐州、青州投奔袁紹。曹操遣軍截擊，袁術不能通過，嘔血死於路上。袁術殘部被孫策收編。

建安元年，呂布襲取徐州時，劉備來許都投靠曹操，深得曹操的器重。劉備隨曹操攻下呂布，被任命為左將軍。這時許都正醞釀反曹操的政變。劉備同參與其事的漢車騎將軍董承、長水校尉种輯等有往來。湊巧曹操派劉備率兵堵擊袁術北上，劉備到達下邳，立即反抗曹操。建安五年（二〇〇年），董承等人反曹操的陰謀敗露，曹操誅殺董承、种輯等人，隨即率軍東征劉備。曹操很快將劉備擊潰。劉備被迫從徐州逃往青州，又到河北投靠袁紹去了。

在官渡之戰前，經過數次軍事打擊，袁術、呂布敗亡，張繡投降，劉備戰敗逃走。只有劉表盤踞荊州。劉表只想自守一方，是一個根本沒有「四方志」的人物。只要曹操不進犯荊州，劉表是決不會舉兵進攻許都的。因此，曹操取得的這些軍事勝利，基本清除了黃河以南的割據勢力，許都四面被包圍的形勢得到了扭轉。由於曹操奪取了這些局部的軍事優勢，使他所處的局面越來越有利了。

第二節　官渡之戰

建安四年（一九九年）八月，袁紹消滅公孫瓚後，自恃地廣兵強，準備進攻許都。曹操聽到袁紹南攻許都的消息，先進軍黎陽（河南浚縣東北）。九月，曹操又分兵屯守官渡（河南中牟東北），以抵禦袁紹軍隊。

在參戰的軍隊數量上，曹操軍隊明顯少於袁紹軍隊。袁紹集中在河北前線的兵力，約有「精兵十萬，騎萬匹」①。曹操集結在官渡一帶的軍隊最多不超過三、四萬人。袁紹糧食儲備充足，而曹操卻缺乏糧草。

袁紹進攻的目的是直搗許都，劫奪漢獻帝。這樣就迫使曹操不能不派兵堵截，從而可以憑藉優勢的兵力與曹操軍隊決戰，最後徹底消滅曹操軍隊。袁紹兵多糧足，本應該採取持久作戰的計畫，可是他卻急於取勝，急攻曹軍。建安五年（二〇〇年）正月，袁紹發表了聲討曹操罪狀的檄文。二月，袁紹將軍隊主力開抵黎陽黃河北岸。官渡之戰開始。

官渡之戰的主要戰役有三：一是白馬（河南滑縣東）之戰，二是延津（河南延津北）之戰，三是官渡主力決戰。

袁紹軍隊駐紮黎陽，派大將顏良圍攻駐守白馬的東郡太守劉延。曹操為解白馬之圍，自官渡率軍北上，虛張聲勢，偽裝要從延津渡河北上襲擊袁紹軍隊的後方，引誘袁紹分兵西來迎敵。曹操卻立即掉轉兵力，兼程趕往白馬，掩襲圍困白馬的袁軍，斬殺顏良，解了白馬之圍，遷白馬軍民沿黃河向西撤退。

曹操從白馬撤退後，袁紹從黎陽渡河追擊，在延津南與曹操軍遭遇。曹操以輜重誘敵，乘袁紹軍

① 《後漢書》卷七四上〈袁紹傳〉。

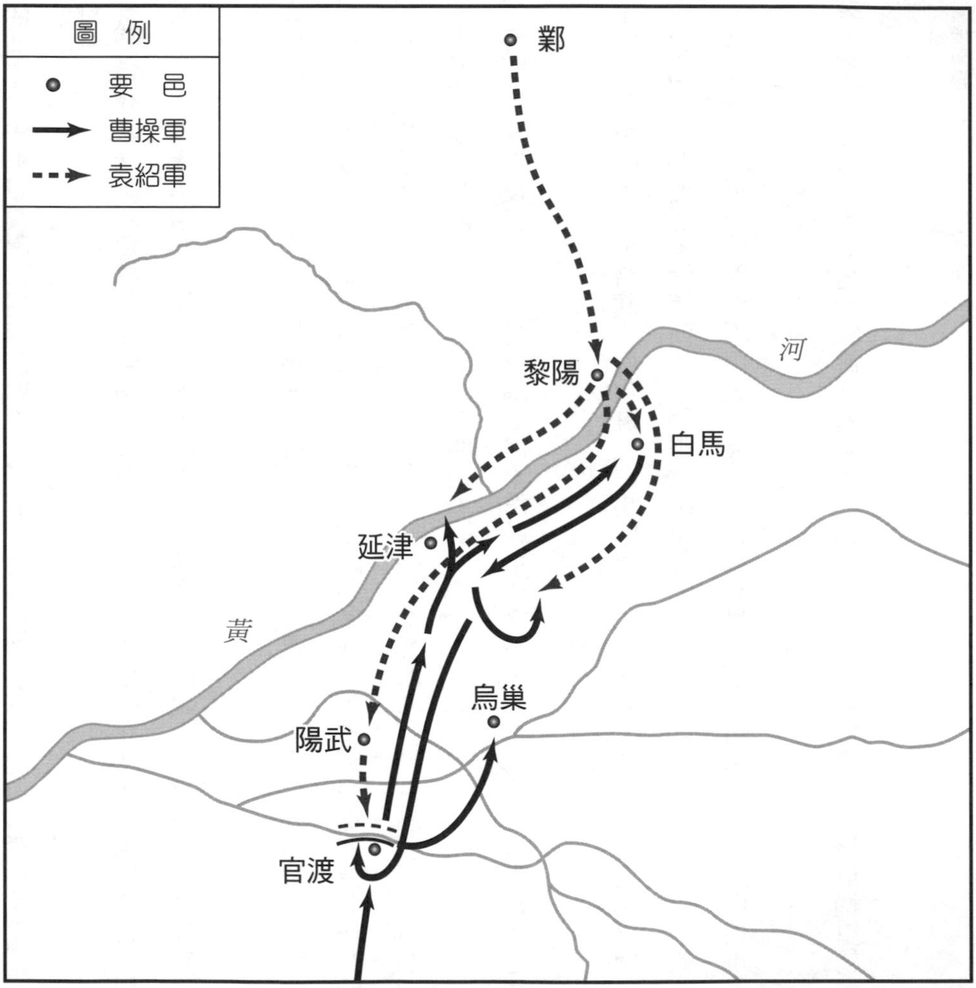
圖 例
要 邑
曹操軍
袁紹軍
鄴
黎陽
河
白馬
延津
黃
烏巢
陽武
官渡

圖三　官渡之戰示意圖

隊貪婪搶奪輜重之時，突然襲擊，斬殺袁紹的名將文醜，大敗袁軍。

白馬、延津戰役後，曹操還軍官渡。袁紹則將軍隊主力從黃河北岸推進到黃河南岸。同年七月，又將主力繼續推進到陽武（河南原陽東南），到八月，又進到官渡，大軍依沙堆為屯，東西數十里。曹操軍隊也深溝高壘，堅守官渡陣地。從八月到十月，曹、袁兩軍在官渡相持了兩、三個月。袁紹兵多勢強，曹操兵少勢弱，曹操軍隊的處境非常艱苦。

袁紹十萬大軍逼近官渡後，軍隊的後方補給線很長，軍糧的運輸和供應也遇到困難。九月間，袁紹軍運糧車數千輛送軍糧到官渡。曹操聽從謀士荀攸的建議，趁袁紹軍運糧車輛快到官渡時，派部將徐晃前往偷襲，將幾千車的軍糧全部燒光。

到十月，袁紹重新從河北運軍糧一萬多車，將這些軍糧屯集在官渡大營北面四十餘里的烏巢（河南延津東南），並派大將淳于瓊統軍隊萬餘人駐守烏巢。袁紹謀士許攸投降曹操，將袁紹軍糧囤積烏巢的情況報告曹操，建議曹操趁夜偷襲。曹操聽從許攸的意見，親自挑選精兵五千，打著袁軍旗號，放火燒糧。

當袁紹得知曹操出擊淳于瓊軍時，只調遣了幾千騎兵去援救烏巢。他卻派大將張郃、高覽率領重兵進攻曹操在官渡的陣地。曹操率領軍隊經過苦戰，殺死淳于瓊，大敗袁軍，將袁紹的存糧萬餘車全部燒掉。這個消息傳到官渡前線，張郃、高覽見大勢已去，都投降了曹操。袁紹軍隊大潰，曹操指揮軍隊乘勝追擊，共擊殺袁紹軍士卒八萬人左右，袁紹倉皇逃走。

官渡之戰中，曹操克服對自身不利的局面，以少擊眾，以劣勢對優勢而獲勝，與他的軍事指揮才能有密切關係。曹操吸納部下的正確意見，對戰局有通盤的考慮，並利用袁紹輕敵的弱點誘其深入，

夜襲烏巢

官渡之戰進入相持階段後，曹操軍乏糧盡，袁紹的謀士許攸建議袁紹趁曹軍兵乏糧缺、士氣低落之際派兵偷襲許都。袁紹非但不聽許攸的好主意，反而把許攸責罵了一頓。許攸貪圖錢財，袁紹又沒滿足他，許攸忿忿不平，便轉而投奔曹操。曹操聞訊，非常高興，光腳出迎，拉著許攸的手笑道：「您這一來，我有希望獲勝了。」許攸坐定後直接問道：「袁紹兵力強大，您打算怎麼對付他？軍中糧草還有多少？」曹操笑著回答說：「大概還夠用上一年吧！」許攸也微笑著說：「恐怕不見得吧！」曹操又說：「那用半年總該夠吧！」許攸聽罷，拂袖而起，邊走邊說：「我誠心誠意投奔您，您卻不跟我說實話，真讓我失望！」曹操仍堆著笑臉說：「別見怪，剛才跟您開玩笑呢！其實軍中的糧食只能維持一個月了。還請您告訴我該怎麼辦？」許攸說：「我倒是有一計，能讓袁軍在三天之內不戰自破，不知您是否想聽？」曹操大喜過望，連忙說：「快請說吧！」許攸說：「袁紹現有糧草、軍械一萬多車，全都囤積在烏巢，由淳于瓊率兵把守。但淳于瓊乃一介武夫，一個十足的酒鬼！您可派一支精銳部隊，連夜偷襲，放火燒糧。我保證不出三天，袁軍自敗。」曹操立刻率精兵，到達烏巢，放火燒掉了袁紹的糧倉。

與袁軍主力在官渡相持，避免正面作戰，堅守陣地近半年。當曹操看到袁紹大軍糧草補給上的困難後，抓住戰機，勇出奇兵，燒掉袁軍糧草，因而扭轉劣勢，最後擊敗袁紹。官渡之戰是曹操統一中國北方的關鍵性戰役。

袁紹在官渡戰敗後，回到鄴，於建安七年（二〇二年）夏嘔血而死。袁紹立其幼子袁尚繼承他的位置。由於袁紹捨長立幼，造成袁譚和袁尚的矛盾，相互攻擊。建安九年（二〇四年），曹操利用袁氏兄弟矛盾，占領鄴。次年，攻殺袁譚，平定冀州。後又攻取并州，斬袁紹外甥高幹。袁尚、袁熙兄弟，逃奔三郡烏丸。建安十一年（二〇六年），曹操進軍征伐三郡烏丸，出盧龍塞，東至柳城（遼寧朝陽西南），胡漢降者二十餘萬。袁尚、袁熙又逃往遼東。遼東太守公孫康殺袁尚、袁熙，傳首曹操。至此，曹操占有冀、青、幽、并四州，征服烏桓。曹操自命為冀州牧，從此河北便成為其根據地，鄴城則作為軍事基地。曹操穩定的控制了中原地區。

本章重點

曹操能夠統一北方，固然具有諸多的因素。但在軍事上，曹操能在官渡擊敗北方勢力最強大的袁紹，應該是其中的關鍵。官渡之戰的勝利，使曹操可以完全有效地控制北方的局面。

複習與思考

1. 官渡之戰曹操能夠以較少的兵力戰勝勢力強大的袁紹的原因為何？
2. 請說明官渡之戰曹操獲勝的重要意義。

第三章 赤壁之戰與三國鼎立局面的形成

孫權與劉備聯軍在赤壁以少勝多，戰勝南下的曹操大軍。赤壁之戰後，曹操、孫權、劉備三大勢力相對峙，三國鼎立的局面初步形成。

第一節 赤壁之戰

曹操消滅袁紹勢力，統一了大半個北方。劉表占據的荊州，孫權占據的江東，馬超、韓遂占據的關中和隴右，還在曹操的控制之外。因此，曹操在基本統一北方之後，準備消滅南方的割據勢力，進而統一全國。

占據荊州的劉表，在東漢末年的太學生運動中，號為「八俊」之一。劉表出任荊州牧後，採取保境安民的政策，在他控制的近二十年時間，雖然中原和關中地區戰亂迭起，但荊州卻很安定。《後漢書．劉表傳》載，「於是開土遂廣，南接五領，北據漢川，地方數千里，帶甲十餘萬」。在北方割據勢力混戰時期，只有荊州沒有受到破壞。

官渡之戰後，曹操親自征討劉備。劉備在建安六年（二〇一年）遂南奔劉表。劉表欲利用劉備抵禦曹操，請他屯軍在樊城（湖北襄樊北）。樊城在漢水北，與襄陽隔水相望，是荊州的北方門戶。劉備在當地招募士兵，他的軍隊數量有所增加。

建安十三年（二〇八年），曹操率軍南征劉表。八月劉表病死，劉表少子劉琮繼立。九月，當曹操進軍到新野（河南新野）時，劉琮瞞著劉備，投降曹操。劉備倉促南奔江陵。江陵是軍資屯積的軍事重鎮，曹操唯恐為劉備所占有，派輕騎以一晝夜三百里的速度，追趕劉備，在當陽擊潰劉備軍。劉備與諸葛亮、張飛、趙雲等數十騎逃脫，遇關羽水軍，渡過漢水（亦稱沔水），又與劉表長子劉琦水軍會合，同往夏口，打算與孫權聯合抗曹。

孫權（一八二—二五二年）占據江東，經歷了其父孫堅（一五五—一九二年）和其兄孫策（一七五—二〇〇年）兩代人的經營。孫堅，富春（浙江富陽）人。東漢末，孫堅隨朱儁平定黃巾軍，立軍功封侯，任長沙太守。在割據勢力的混戰中，孫堅依附袁術，進攻劉表，為劉表部下黃祖射死。孫堅長子孫策領孫堅殘部為袁術所用。興平二年（一九五年），孫策渡江作戰，占據江東大片地方，有兵二萬餘人，馬千匹。袁術稱帝，孫策與袁術分裂。袁術病死，其殘部投靠孫策，孫策統一江東。建安五年（二〇〇年），孫策遇刺身亡，弟孫權繼位。孫權對長江以北的中原局勢，持觀望態度，竭力向長江以南發展。除了占有江東之外，還占據了今福建、廣東以及湖南的大部分地區。孫權占據江東形成一股勢力後，也恐怕曹操吞併江東。當劉備派諸葛亮到柴桑（江西九江西南）見孫權商議抗曹之事時，孫權採納魯肅、周瑜建議，決定抵禦曹操。孫權任命周瑜、程普為左、右都督，魯肅為贊軍校尉，率軍三萬與劉備軍會合，共同抗曹。

在戰前，曹操集中的軍隊號稱八十萬，實際只有二十二至二十四萬。其中有七、八萬人是從劉琮

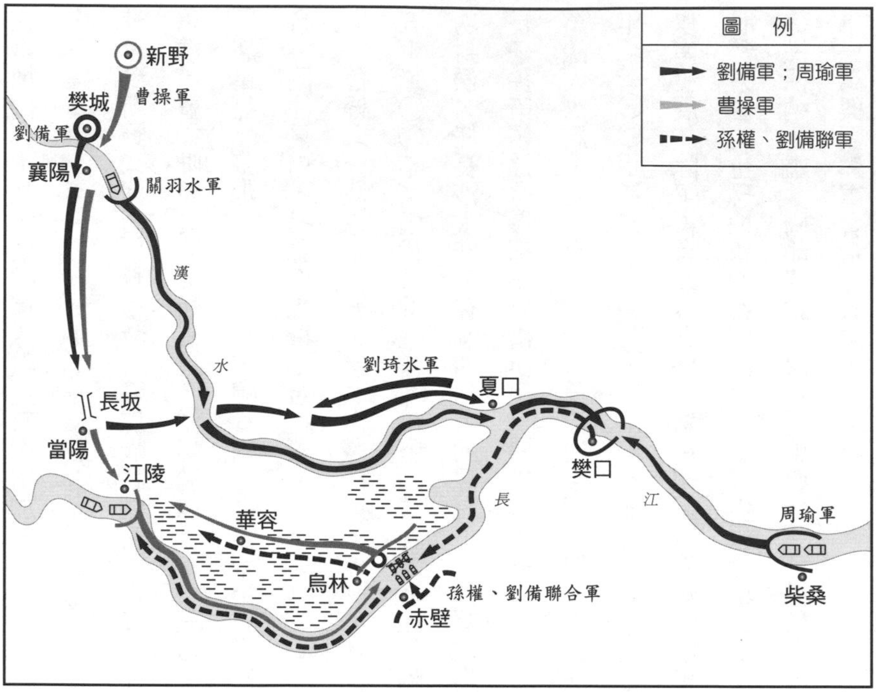

圖四　赤壁之戰示意圖

那裡接收來的荊州降兵，軍心不穩。曹操所率的十多萬軍隊，因長期作戰，已經疲憊不堪。長江一帶還流行疾疫，傳染到曹操軍中。曹操所率的北軍雖然擅長騎射，但不善於水戰。由於曹操軍隊向荊州推進的速度很快，補給線太長，使糧草供應產生困難。這些都使曹操軍事上的優勢轉化為劣勢，對曹操的作戰很不利。

曹操軍隊占領江陵後，水陸兩軍自江陵沿長江東下，到達赤壁（湖北蒲圻北，在長江南岸；一說湖北嘉魚東北），與孫劉聯軍相遇。初次交鋒，便對曹軍不利，曹操將軍隊向北岸撤退，屯軍於烏林（湖北洪湖東北）。周瑜等則將軍隊泊於南岸。

周瑜部將黃蓋發現曹操水軍艦船首尾相接，建議用火攻。於是，周瑜

火燒赤壁

赤壁之戰剛開始，由於曹軍士兵多是北方人，不識水性，一上船就暈船嘔吐，曹軍就把戰船用鐵鏈連在一起，鋪上木板，船身就穩定多了。然而這樣一來，戰船的目標很大，行動不便。東吳將領黃蓋看到這個情況，向統帥周瑜建議：「現在敵眾我寡，宜速戰速決。我們可以利用連環戰船難以解開的弱點，用火攻對付曹軍。」於是，周、黃二人進行了周密的策劃。幾天後，黃蓋派人給曹操送去密信，表示願意投降曹軍。曹操疑慮重重，口頭許諾，如果黃蓋肯定投降，會給以重賞。一天，天氣回暖，刮起了東南風，當天晚上，黃蓋帶領一批兵士分乘十條大船，駛在前面，後面跟隨著一批船隻。船隊到了江心，扯滿了風帆，像箭一樣駛向江北。曹軍水寨的將士聽說東吳的大將來投降，便紛紛擠到船頭看熱鬧。沒想到東吳船隊離北岸不到兩里的距離，前面十條大船突然同時起火。火借風勢，風助火威。十條火船，闖進曹軍水寨。一眨眼工夫，曹軍的戰船和軍營便燒成一片火海。

軍取蒙衝鬥艦數十艘，滿載乾柴，用油灌其中，外面包以帷幕，上豎旗幟，由黃蓋率領，向曹操水軍營進發。先通報曹操，黃蓋前來投降，在行駛至曹軍軍營二里處，順風放火。這一天東風很緊，火烈風猛，船往如箭，使曹操水軍艦船同時起火。火勢蔓延，還燒及岸上曹操軍營，火光沖天。周瑜的江東軍主力看到北岸火起，立即向曹軍猛烈衝殺。曹操軍隊士兵溺死的、燒死的、被殺的不計其數。曹軍防線全面崩潰。曹操帶領敗兵由華容道（湖北潛江南，一說在湖北監利北）撤退，退至江陵。曹操留下曹仁、徐晃守江陵，樂進守襄陽，然後北歸。

第二節　三國鼎立局面的初步形成

赤壁一戰，曹操大敗，統一全國的希望落空。但曹操將戰略據點收縮在襄陽、樊城一帶，也消除了從南部對許都的威脅。經過一段時間的準備，建安十六年（二一一年），曹操率軍向關中進軍，討伐割據勢力馬超、韓遂。在一年內，擊敗馬超、韓遂。建安二十年（二一五年），曹操又進軍漢中，擊敗了長期占據漢中的張魯，最後奪取漢中，並遷徙漢中居民八萬到洛陽、鄴城。

赤壁之戰後，劉備占據半個荊州，成為他發展勢力的基礎。在建安十六年，劉備率軍進入益州，逐步消滅了占據益州的割據勢力劉璋。建安二十四年（二一九年），劉備又從曹操手中奪取漢中，並命關羽從荊州向曹操發起進攻，震動許都。但關羽被孫權襲殺，解除了對曹操的威脅。

孫權則鞏固了江東根據地，還使地盤擴大，占有了荊州東部江夏等郡，政權更加穩定。建安二十四年，孫權派部將呂蒙偷襲劉備大將關羽，盡有荊州之地。三國鼎立的局面至此基本形成。

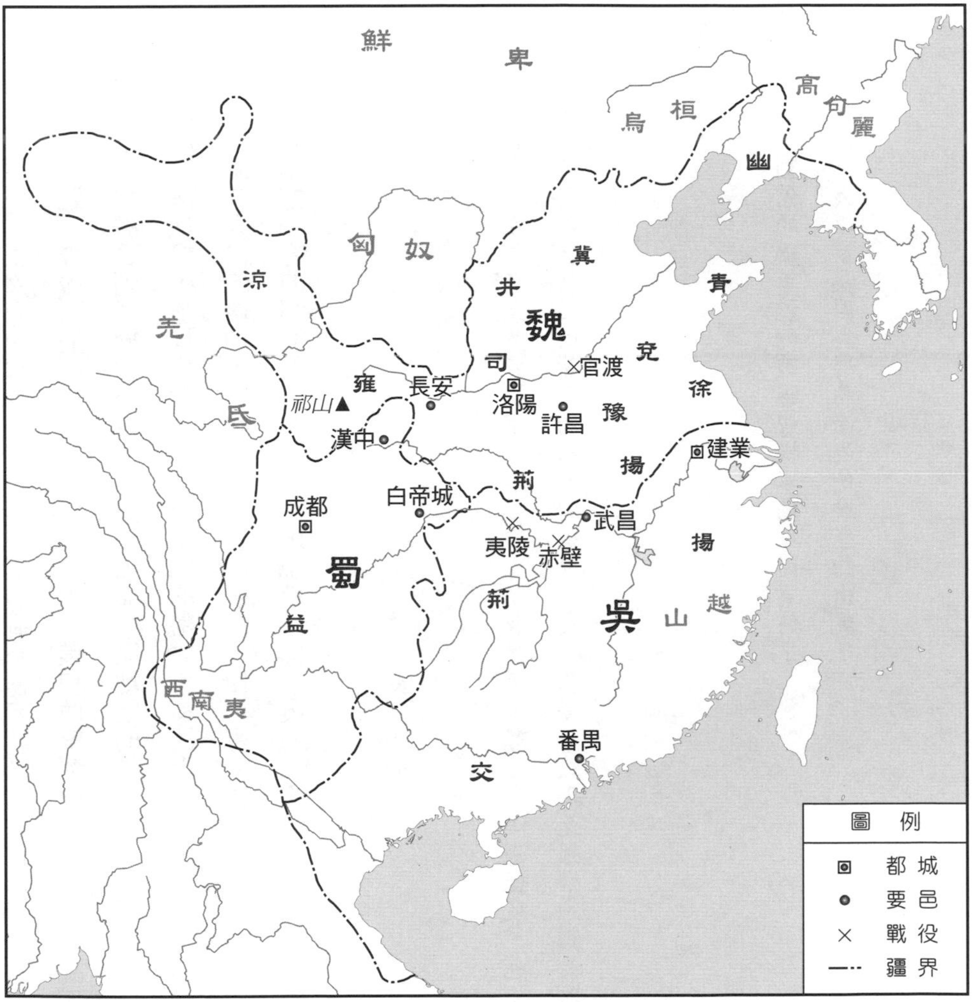
鮮
卑
烏
桓
高
句
麗
幽
匈
奴
冀
涼
井
青
羌
魏
兗
司
官渡
雍
長安
洛陽
許昌
徐
豫
氐
祁山
漢中
建業
荊
揚
成都
白帝城
武昌
夷陵
赤壁
揚
蜀
荊
越
吳
山
益
西
南
夷
番禺
交
圖例
都城
要邑
戰役
疆界

圖五　三國鼎立圖

三國鼎立局面的出現，固然有軍事的因素，但也應看到東漢末年經濟區的形勢。北方的中原無疑是最早形成的經濟區，這一經濟區的歷史悠久，農業、手工業和商業都很發達，但東漢末年割據勢力的混戰，使這一地區的經濟受到了極大破壞。因此，依靠中原地區的經濟實力，不能夠為統一全國的軍事行動提供全面的經濟保證，這樣也就無力消滅南方的勢力。長江上、下游地區是開發較晚的經濟區。但到東漢時期，由於人口的增加，農業發展的速度很快，使物資生產達到了勉強自給的程度，這正是劉備、孫權能夠割據一方的經濟保證。因此，出現魏、蜀、吳的三國鼎立，與當時經濟區的發展狀況有很大的關係。

本章重點

孫權和劉備的聯軍，在赤壁大敗曹操軍，不僅阻止了曹操軍事勢力向江南發展，也使孫權和劉備有立足之地。因此，赤壁之戰為三國鼎立的局面的出現奠定了基礎。這正是孫權、劉備取得赤壁之戰勝利的意義所在。

複習與思考

1. 赤壁之戰，孫權、劉備的聯軍能夠戰勝曹操軍的原因為何？
2. 曹操、孫權、劉備三大軍事集團對峙局面為什麼能夠出現？

第四章 曹魏政權的建立及其統治

在曹操統治後期，積極準備建國。曹操死後，其子曹丕正式建國，國號魏。曹魏建國前後，實行了一系列有利於統治的政治制度和經濟措施。曹魏國家改革了官制，實行了九品中正制、屯田制、世兵制。這些制度的實行，使曹魏政權得到鞏固，也使社會經濟得到恢復和發展。

第一節　曹魏政權的建立

曹魏建國是在曹丕（一八七－二二六年）稱帝之後。但在曹丕之前，曹操已經開始實行建國的措施。建安十三年（二〇八年），曹操廢掉太尉、司徒、司空三公官制，設置丞相、御史大夫，自己擔任丞相。這樣就由曹操總攬了國家的軍政大權，漢獻帝成為傀儡皇帝。建安十八年（二一三年），曹操又立為魏公，加九錫，建立魏的宗廟社稷。建安二十一年（二一六年），曹操又進爵為王。東漢政權實際上已經轉移到曹操手中，漢獻帝只是徒有名號而已。

建安二十五年，即魏黃初元年（二二〇年），曹操病死，其子曹丕繼位為魏王。同年十月，漢獻帝讓位於曹丕，曹丕稱皇帝。由於曹操、曹丕稱魏王，因此國號為魏。曹丕改元為黃初（二二〇－二二六年），追尊曹操為武帝。至此，曹魏政權完全取代了東漢政權。

曹丕在位期間實行了一系列有利於統治的措施。諸如，下令開始恢復使用五銖錢；嚴格限制外戚干政，不允許官員向皇太后上奏國事，也不准外戚擔任輔政官員；他還在黃初五年（二二四年）開始設置太學，並制定了考試五經的方法等等。曹丕的這些做法，使曹魏國家統治局面更趨於穩定。

第二節　實行有利於統治的各項制度

一、改革官制

在曹魏建國的過程中，非常留意官制的建設。建安時期，曹操在中央官制方面實行了一些改革，他改司徒為丞相，或者稱為相國，改司空為御史大夫。曹丕稱帝後，又將相國改為司徒，御史大夫改為司空，奉常改為太常，郎中令改為光祿勳，大理改為廷尉，大農改為大司農。司徒、司空、太尉為三公。太常以下，屬於九卿一類官員。魏文帝曹丕以後，三公一般不參與國政。

曹操還將尚書臺移置於外朝，直接隸屬於丞相，改變了東漢時期尚書臺為皇帝直接控制的狀況。因此，外朝臺閣制度開始形成。建安十八年（二一三年）十一月，曹操開始設置尚書臺，以荀攸為尚書令，梁茂為尚書僕射，毛玠等五人為尚書，即五曹尚書（吏部曹、左民曹、客曹、五兵曹、度支曹）。五曹尚書共有二十三曹郎。各曹尚書分管各自的行政事務，尚書令、尚書僕射總領各曹尚書。

曹丕稱帝後，又改曹操設置的祕書令為中書令，同時設置了中書監。以祕書左丞劉放為中書監，祕書右丞孫資為中書令，掌管機要。到魏明帝曹叡時，中書監、令「號為專任，其權重矣」①。曹丕還設置了通事郎，凡尚書奏事，都需經通事郎才可以上奏皇帝，具有控制上書皇帝的權力。入晉，改通事郎為中書侍郎。

在地方官的設置上，規定了州、郡、縣三級地方官制，改變了秦漢以來的郡、縣兩級地方官制。州在漢代為監察區，州的長官為刺史，只是負責監察地方的監察官。東漢末年，刺史改稱州牧，加重權力，發展成為管轄郡、縣的地方行政官。曹魏沿用東漢末年的做法，將州作為地方的最高行政區，州的長官，或稱牧，或稱刺史。國家還為一些州刺史加將軍號，使他們兼任都督職，稱為都督諸州軍事，「任重者為使持節都督，輕者為持節」，還有假節者②。因此，他們控制的地區就被稱為都督區，即軍事鎮戍區。不加將軍號的刺史，被稱為「單車刺史」。曹魏實行的三級地方行政制度，對維持地方社會秩序起到積極的作用。

二、實行九品中正制

東漢末年，由於戰亂頻仍，士人、庶人多無法安居鄉里，不得不脫離鄉土，流徙他地。戰爭也使東漢的基層鄉里組織遭到破壞，政府無法準確考核士人的出身里爵和道德才能，過去建立在鄉里組織之上的鄉舉里選的制度因而難以進行。曹操為了保證人才的來源，三次發佈求賢令，強調「唯才是

① 《通典》卷二一〈職官三〉。
② 《通典》卷三二〈職官十四〉。

舉」。曹操要下屬將那些不齒於名教，但「高才異質」，或「有治國用兵之術」的人士，與那些親附自己的大族子弟一起加以拔用。曹操的求賢令是他選舉人才的標準，但要實現這個標準，要有具體的辦法、制度來保證，九品中正制，也就是九品官人法便是由此創立。《宋書．恩倖傳序》說：「漢末喪亂，魏武始基，軍中倉卒，權立九品，蓋以論人才優劣，非為世族高卑。」表明九品中正制為曹操首創。曹丕為魏王時，尚書陳群又進一步完善九品中正制。

九品中正制的主要內容，是將人才分為九品，然後按品的高低，任以官職。中正是將人物區分為九品的執行者。國家在州、郡都設置大小中正。州中正也稱都中正，郡中設小中正，也稱為中正。擔任中正的人是諸府公卿和臺省郎吏中的賢能者。中正要將其負責地區的人士分為九品。中正還要決定人才品級的升降。吏部根據中正所定的品級來決定是否給以官職以及所給官職的高低。

九品中正制開始實行時，收到了一些積極的效果。由於對士人評定品級的權力為國家設置的中正掌握，中正能夠採擇輿論，按人物品行的優劣來決定品級，因此改變了由少數名士把握人物品評的局面，多少選拔了一些人才，也斥退了一些不才之人，國家的官僚機構因而有了一定的人才來源。但是，九品中正制實行一段時間後，弊端也隨之而來。在正始年間（二四〇—二四九年），一些地方出現中正干預吏部銓選之權的情況。吏部放棄了銓選的職責，全憑中正的評定，甚至品級的升降也全由中正來決定。如此一來，謀求高品者競相奔走於中正之門，營私舞弊。政府雖然對中正嚴厲責難，甚至以法律約束，也起不到明顯的效果。九品中正制原來是要按才能品選人物，卻變成由中正來決定人才的高下。中正大多都是由本州郡的官宦世家擔任，因此他們定為上品的，自然是世族名門。這樣也就開始出現「下品無高門，上品無賤族」③的狀況。九品中正制成為世族把持選舉、操縱政治的工具。

三、實施屯田制

曹魏政權建立的過程中，在經濟上也實行了一些必要的措施，主要為屯田制的推廣。

東漢末年，黃巾起事以及各割據勢力的混戰，使社會經濟受到極大破壞。戶口大量損耗，人民流徙逃散，勞動力嚴重缺乏，農業生產難以持續。糧食奇缺，糧價昂貴，人民死於饑饉者不計其數。不但農民無糧，就是軍隊也缺糧餉，無法作戰。在這種嚴峻的形勢下，必須先解決糧食問題。曹操在迎漢獻帝到許都後，於建安元年（一九六年）採取棗祗、韓浩等人的建議，開始屯田。曹操攻破汝南、潁川黃巾，獲得了大批的勞動人手和耕牛農具，乃「募民屯田許下」④。

曹魏屯田據點在各地分佈很廣。在今河南境內的有：許縣、潁川、洛陽、小平、滎陽、原武、弘農、河內、汲郡、梁國、南陽。在今山西境內的有：河東、上黨。在今河北境內的有：魏郡、鉅鹿、列人。在今山東境內的有：陽平、頓丘。在今陝西境內的有：長安。在今甘肅境內的有：上邽。在今安徽境內的有：汝南、宋縣、譙郡、芍陂、皖城、沛國。

曹魏屯田既有軍屯，也有民屯。軍屯在邊境和軍事要地，民屯則遍及全國郡縣。軍屯用士兵輪番屯種，民屯則募民為屯田客耕屯。軍屯大體上以營為單位，民屯則以屯為單位。軍屯以六十人為營，「且田且守」，民屯由五十人為一屯，由屯田司馬來掌管。

---

③《宋書》卷九四〈恩倖傳〉。

④《三國志》卷一〈魏書．武帝紀〉注引王沈《魏書》。

管理軍屯的是司農度支校尉。司農度支校尉於黃初四年（二二三年）開始設置，秩級比二千石，掌管諸軍屯田，並歸各地的軍事長官管轄。

管理民屯的機構，中央設有大農，後改稱大司農。在郡設置典農中郎將、典農校尉，在縣設置典農都尉，來管理屯田事務。諸典農官與郡守、縣令不相統屬，直接屬於大司農。典農中郎將、典農校尉可以直接向中央呈報情況，因而可以同郡守一樣，派出上計吏。

民屯上的勞動者為屯田民，也稱為屯田客，實際上他們是國家的佃客。他們被編制成軍隊組織的形式，耕種國家的土地。屯田客以分穀制的方式向國家交納地租。所謂分穀制（當時稱為分田之術），就是屯田客向國家交納地租的比例。國家規定，凡是用官牛的，國家得六分，屯田客得四分；用私牛的，國家得五分，屯田客得五分。這種分成取租的辦法，保證隨著生產力的提高，可以使國家獲得日益增多的地租，但屯田客卻不能夠全部占有增產所得糧食，因此是有利於國家，卻對屯田客不利的分配辦法。國家對屯田客的盤剝很重。

屯田客名義上是招募而來，但實際上是被強制束縛在土地上不能自由遷移。屯田客的生活很痛苦，很難維持溫飽的生活，衣不蔽體、食不果腹的情況十分常見。因此在屯田區，經常出現屯田客逃亡的事情。

不過，屯田客一般不負擔另外的勞役，生活又有一定的保障，他們可以在屯田區安心生產。國家保證為屯田客提供耕牛和種子，還在屯田區興修水利，這些都有利於農業生產和提高糧食產量。因此屯田制雖然是國家盤剝人民的一種方式，但是對短期內恢復農業生產，進而促進北方經濟的恢復和發展，仍起到積極的作用。

曹魏統治後期，屯田制逐漸開始遭到破壞。由於國家迫切需要軍糧的問題已經逐漸解決，社會逐漸趨於安定，因而屯田制的推行開始不受重視。國家對屯田客的盤剝也在加重。在推行屯田制之初，採取四六分和中分的做法，但後來持官牛者，官得八分，屯田客得二分；持私牛者或無牛者，官得七分，屯田客得三分，使屯田客不能夠安心在土地上生產，生產的積極性大為削弱。一些官員甚至驅使屯田客從事其他的勞役或者經商，使屯田客荒廢了農田耕作，嚴重妨礙農業生產。同時，大土地所有制也迅速發展，這對國家屯田制的影響很大。一些大土地所有者，侵吞國家屯田的土地。比如大官僚何晏等人一起分割洛陽野王典農部桑田數百頃。這樣屯田制就很難維持下去。咸熙元年（二六四年），「是歲，罷屯田官以均政役，諸典農皆為太守，都尉皆為令長」⑤，曹魏國家推行的屯田制，至此停止實行。

四、實行世兵制

曹魏國家為了保證有固定的兵員應付戰爭，還實行了世兵制度。世兵制度也稱為士家制度。

在兩漢，國家實行徵兵制。兵役的徵發建立在穩定的小農經濟基礎上。小農是國家徭役的承擔者，也是國家兵員的來源。但是到曹魏，由於戰亂，小農經濟受到破壞，小農大量流散，實行徵兵制已經很困難。因此，曹魏國家必須要因時制宜，在兵役的徵發上採取特殊的措施。

曹魏世兵制的確立經歷了一個過程。這個過程就是實現兵農分離。初平三年（一九二年），曹操在

⑤《三國志》卷四〈魏書·陳留王奐紀〉。

兗州受降黃巾三十萬、家屬百餘萬口後，挑選其中精銳，組成青州兵。青州兵直到曹操病逝都還存在，歷時二十八年，可見青州兵是一個自成編制、與眾有別的特殊集團。由於青州兵是從受降的黃巾降戶中選拔的，充任青州兵的義務自然就落到一部分特定的人身上，這實際上成了兵民分離的最初嘗試。曹操將青州兵集團的做法推廣到全軍時，就逐漸開始制度化。建安九年（二〇四年），曹操攻克袁氏的大本營鄴城，平定冀州後，開始將將士的家屬遷移到鄴城一帶聚居，集中管理，兵民分離之制至此完全確立，形成世兵制度。

曹魏的世兵制，一是兵農分離。世兵有獨立的戶籍，兵和民各立戶籍，戶籍有別。世兵的身份明顯低於國家的一般編戶，要解除世兵的身份必須要有皇帝的詔令。國家對世兵實行「人役居戶，各在一方」⑥的「錯役」制度。這是要將世兵的家屬作為人質，防止其逃亡。二是世兵終身為兵。世兵身份還要父死子繼，兄終弟及，世代為兵。為了不使世兵與一般編戶混雜，國家規定世兵的妻子在丈夫死後改嫁，或者世兵的女兒出嫁，都只能夠嫁給世兵。如果世兵逃亡，他的妻子和兒女要被沒為官奴婢或者被處死。

曹魏的世兵除了要為國家充當士兵外，還要服挽船、養馬、鼓吹等特殊的徭役。世兵中的婦女和兒童以及沒有輪代的男子，也要為國家耕田和服徭役。

曹魏的世兵、郡縣民和屯田民三者有明確的區分。曹魏國家注意保持他們各自承擔義務的穩定性，不隨意打亂這種界限，以求穩定國家的統治秩序。因此，曹魏世兵主要是依靠本階層自身人口的增殖

⑥《晉書》卷四六〈劉頌傳〉。

士家子趙至

趙至的先祖由於戰亂淪為士家，士家子弟要世代當兵，社會地位極為低賤。為了改變自己的出身，十三歲的趙至學習十分刻苦。十四歲時趙至到洛陽遊於太學，希望得到名士嵇康的知遇，而免去士家的身份。隨後又到山陽尋找嵇康，無果而回到家鄉。眼看要到十六歲當兵的年齡了，如果再不能得到名士提攜的話，趙至將終生是一個士家子。然而在當時士家子逃亡，父母是要受到懲罰的。為了使自己的父母不受牽連，十五歲時趙至裝瘋逃亡，但仍被家人追回。由於趙至在家鄉人的眼中是一個瘋子，官府也不再把他當回事。就在趙至十六歲時，終於跑到鄴城見了嵇康。趙至後來改名趙浚，隻身到遼西郡，成為良民，並在遼西郡擔任上計吏。一次他因公事來到洛陽，在大街上與老父不期而遇。這時趙至的老母已亡，父親害怕影響他的仕途沒告訴他，叮囑他千萬不要回家，否則趙至還要變為士家，全家人包括他自己多年的辛苦就白費了。太康時，趙至被幽州刺史辟為部從事，到洛陽才知道老母已經去世很多年了。趙至遠走異鄉的志向就是要光宗耀祖，贍養父母，然而現實卻是有家不能歸，母親去世多年，又不能到墳前祭奠。趙至頓時號憤慟哭，由於傷心過度，吐血而卒，時年三十七。

來補充。

曹魏的世兵制度，實際上是國家以東漢地方豪強組織私人部曲的方式來組織國家的軍隊，因此這種制度是依附關係在國家軍隊組織上的體現。世兵制度一方面表現出國家對兵戶的嚴格控制，使他們成為世業的職業兵階層；另一方面，在特殊的歷史時期，也是國家兵源的保證。所以世兵制的實行對穩定曹魏國家的統治具有積極意義。

第三節　社會經濟恢復和發展

一、農業的恢復和發展

東漢末年的戰亂，給北方地區的經濟發展帶來了重大的破壞。洛陽在董卓西遷時被燒掠一空，宮室化為灰燼，街道盡是蒿草，一片荒涼。在董卓死後，其部下相互混戰，長安死者集屍相枕。兩三年間，關中地區不見人跡。青州地方農民流散，荒無人煙。徐州男女被殺數十萬，成為人煙稀少的地方。各地方人口銳減。漢桓帝永壽年間（一五五－一五八年）有戶口一千〇六十七萬七千九百六十戶，有人口五千六百四十八萬六千八百五十六人，這是東漢戶口、人口的最高數字。但是至西晉平吳之後（二八〇年），總計有戶口二百四十五萬九千八百〇四戶，有人口一千六百一十六萬三千八百六十三人。戶口不到東漢的四分之一，人口不到東漢的三分之一。這是經過半個世紀恢復後的數字，三國時期戶口、人口要比這個數字少得多。《三國志·魏書·張繡傳》稱「天下戶口減耗，十裁一在」，杜恕上書稱「今大魏奄有十州之地，……計其戶口不如往昔一州之民」⑦。可見當時戶口、人口損失極為嚴重。由於戶口、人口大量損耗，造成勞動力大量缺少，自然使生產力受到嚴重的破壞。

在曹魏建國前後，統治者非常注意恢復國家的經濟，努力改善東漢末年以來北方經濟發展的惡劣環境。

在農業生產上，國家除了推行屯田制之外，還在各地興修不少的渠堰堤塘。曹操為了出擊烏桓，於建安七年至十二年（二〇二—二〇七年），在清水南端開鑿了白溝，在清水北端依次開鑿了平虜渠、泉州渠和新河。曹操等人還在中原地區開鑿了利漕渠、白馬渠、魯口渠、成國渠、車箱渠等。在河淮地區陸續修建了廣漕、賈公、討虜、淮陽、百尺等渠。成國渠和臨晉陂「溉舄鹵之地三千餘頃，國以充實焉」⑧。淮陽、百尺等渠「上引河流，下通淮潁，大治諸陂於潁南潁北，穿渠三百餘里，溉田二萬餘頃」⑨。芍陂可灌溉土地二萬頃；鄭陂既成，「比年大收，頃畝歲增」⑩。曹魏對水利的興修，不僅有利於交通和漕運，也直接有利於農業的發展。

在農業生產工具方面也有改進。東漢時期，農業生產中已經出現了翻車。曹魏時，馬均改進翻車，引低處的水澆灌園圃，有利於灌溉。在農業生產技術上，開始廣泛推廣耬犁耕作下種法。耬犁也稱耬

⑦《三國志》卷一六〈魏書．杜恕傳〉。
⑧《晉書》卷二六〈食貨志〉。
⑨《晉書》卷二六〈食貨志〉。
⑩《三國志》卷一六〈魏書．鄭渾傳〉。

車。在播種時，由牲畜牽引，後面有人扶著，可以同時完成開溝和下種兩項作業。這種耕作方法推行到了邊遠的地區。比如皇甫隆為敦煌太守，就在敦煌改進水利灌溉，還製作耬犁耕作。「歲中率計，所省庸力過半，得穀加五，西方以豐。」⑪

由於實行屯田、興修水利和改進農業生產技術，中原地區的農業逐漸恢復和發展起來。農作物的產量明顯增加。旱田的畝產量可以達到畝收十餘斛，水田的畝產量可以達到數十斛。各地方的殘破面貌得到改觀。魏文帝、明帝時，洛陽周圍土地被開墾的數量很多。關中地方的人口逐漸增多，恢復豐饒的景象。戰亂時到遼東避難的青州農民，都紛紛渡海返回原地。淮河流域的農業發展也很明顯。在這一帶屯田點分佈很廣，屯田客在這裡「且田且守」，屯田的收穫，除了生活必需的之外，每年可以儲備糧食五百萬斛。農業生產的發展，也帶動了副業生產，北方的養蠶業、家畜和家禽的飼養都呈現發展的趨勢。

二、手工業和商業的恢復

手工業生產也開始恢復。經過一段時間的嚴重破壞後，中原地區的紡織業逐漸恢復生產。馬均改進了織綾機，可以節省工時，又能夠織出非常美麗的綾錦。官營手工作場的紡織技術很高。魏明帝時，以絳地交龍錦、絳地縐粟罽、蒨絳、紺青、紺地句文錦、細班華罽、白絹，賞賜倭國女王，足見可以生產的絲織品的種類很多。在冶鑄業方面，韓暨改進水排，「因長流為水排，計其利益，三倍於

⑪《晉書》卷二六〈食貨志〉。

前」⑫，利用水力鼓風的技術得到推廣，黃河南北的冶鐵都加以採用。曹魏國家設置司金中郎將、監冶謁者等專官管理官營冶鑄業。

在農業和手工業發展的影響下，商業開始復甦。國家減輕關津的重稅。魏文帝時，又恢復使用五銖錢。洛陽成為北方的商業中心，不僅國內的商人來這裡從事商業活動，西域胡商也遠道到這裡貿易。鄴城也多有商人往來，城中商品交換活躍，是比較繁華的大都市。

第四節　曹魏的衰亡

黃初七年（二二六年），魏文帝曹丕病死，子曹叡即位。曹叡統治時期（二二六—二三九年），是曹魏國家全盛的時期。景初三年（二三九年），魏明帝曹叡病死，他的養子曹芳才八歲，即位為帝，由大將軍曹爽和太尉司馬懿輔政。

司馬懿（一七九—二五一年）出身於河內溫縣（河南溫縣）的世家大族，曾在曹操丞相府任主簿。曹丕禪代漢獻帝後，司馬懿官至撫軍將軍、錄尚書事。曹丕死，司馬懿又與陳群、曹真、曹休共同受遺詔，輔佐曹叡。由於魏明帝曹叡直接控制朝廷大權，並且曹真、曹休地位和聲望又高於司馬懿，所以司馬懿不能對曹魏政權產生太大的影響。曹真死後，司馬懿開始掌握與蜀漢戰爭的指揮大權。當時曹魏的軍事活動主要是與蜀漢的戰爭，因此司馬懿掌握了曹魏的軍事實權。司馬懿在與諸葛亮的對峙

⑫《三國志》卷二四〈魏書．韓暨傳〉。

中，採取以守為攻的策略，使諸葛亮病死五丈原，迫使蜀軍退兵。司馬懿因而獲得很高的聲望。後來司馬懿又率軍消滅了在遼東割據三世的公孫淵（二三八年），進一步提高了他在政治、軍事上的威望。

曹芳即位後，雖然由曹真之子曹爽和司馬懿共同輔政，但實際權力為曹爽控制，司馬懿則改任太傅，被排擠在朝廷實際大權之外。曹爽任命他的弟弟曹羲為中領軍，控制禁軍。又任命心腹何晏、鄧颺、丁謐、畢軌、李勝等人掌管樞要。曹爽牢牢地控制了曹魏國家大權。司馬懿對曹爽的排擠，表現出謙讓的態度，甚至以裝病來掩飾自己的實際企圖。可是司馬懿卻暗中與曹爽對抗，他以其子司馬師代夏侯玄為中護軍，以親信蔣濟為太尉。曹氏與司馬氏的矛盾和鬥爭開始表面化。

正始十年（二四九年）正月初六，魏帝曹芳與大將軍曹爽離開洛陽，前往高平陵（距洛陽南九十里）掃墓。司馬懿以迅雷不及掩耳之勢發動政變，完全控制了洛陽，迫使郭太后下令免除曹爽等人職位，關閉洛陽各城門。司馬懿又同太尉蔣濟一起率軍出屯洛水浮橋，切斷了洛陽與高平陵的交通。在這種形勢下，司馬懿派人送奏章給少主曹芳，列舉曹爽兄弟的罪狀，要求罷免曹爽兄弟的官職。曹爽完全被司馬懿孤立，進退無路，只好同意放棄大權。司馬懿很快就將曹爽、曹羲、曹訓、丁謐、鄧颺、何晏、畢軌、李勝等人斬首，並誅及三族，史稱高平陵事變。司馬懿誅殺曹爽等人後，實際控制了曹魏的軍政大權。不久，司馬懿又殺揚州刺史王淩和楚王曹彪。

嘉平三年（二五一年），司馬懿病故，其子司馬師繼續控制曹魏的軍政大權。嘉平六年（二五四年），司馬師誅殺忠於曹魏政權的太常夏侯玄、中書令李奉、皇后父光祿大夫張緝，廢魏帝曹芳，立高貴鄉公曹髦為帝。正元二年（二五五年），司馬師又誅殺反對司馬氏專權的鎮東大將軍毌丘儉。同年司馬師病故，其弟司馬昭繼承了司馬師的全部地位和權力，繼續控制曹魏的全部大權。甘露二年（二五七年），征東大將軍諸葛誕在壽春反對司馬氏專權。司馬昭親自率軍征討，諸葛誕兵敗被殺。甘露五年（二六〇年），魏主曹髦對司馬昭專權十分憤慨，親率宮中士兵討伐司馬昭。司馬昭命其心腹中護軍賈充的部下成濟刺殺曹髦，立曹奐為帝。司馬昭進位為相國，增封二郡，並加九錫。咸熙元年（二六四年），司馬昭進封晉王。咸熙二年（二六五年），司馬昭建天子旌旗，儀仗樂舞也與皇帝相同，將世子改稱為太子。司馬昭沒有來得及稱帝，就在同年八月死去。司馬昭死後，太子司馬炎繼立為晉王。司馬炎就在當年代魏稱帝，建元泰始，曹魏滅亡。

本章重點

曹魏政權建立後，採取了有利於統治的積極措施。實行屯田制，解決了軍糧問題；實行九品中正制，解決了選拔官員的問題；實行世兵制，解決了兵源問題。曹魏政權實行的各項措施，有利於社會的穩定，也促進了社會經濟的恢復。一些制度成為兩晉南北朝國家制定制度的參照，對後世的影響重大。所以需要注意曹魏各項制度的實行情況。

複習與思考

1. 試說明曹魏政權實行九品中正制的積極意義。
2. 請問屯田制的實行，對恢復曹魏國家農業生產的作用為何？
3. 曹魏政權實行世兵制度的原因為何？

第五章 蜀漢政權的建立及其統治

劉備建立了蜀漢政權，但在夷陵之戰後，劉備病故，鞏固蜀漢政權是由諸葛亮進行的。諸葛亮採取了有效的政策發展蜀漢的經濟，平定了南中叛亂，並北伐曹魏。諸葛亮的措施使弱小的蜀漢政權能夠存在和持續發展，但是諸葛亮病故後，後主劉禪昏庸，政治腐敗，最後還是被曹魏消滅。

第一節　劉備建國

赤壁之戰後，劉備占據荊州四郡，即武陵、長沙、桂陽、零陵，後又向孫權借得江陵。建安十四年（二〇九年），劉備在劉表長子劉琦病死後，自稱荊州牧。但劉備實際上只控制四郡之地，北部的南陽郡、章陵郡為曹操所控制，東部的江夏郡、南郡則為孫權占據。劉備依然受到北面曹操、東面孫權的威脅。經過赤壁之戰後，荊州也受到很大的破壞，劉備要在荊州立穩腳跟仍有很多困難。因此，他必須向西發展，攻取益州。

東漢末年，漢靈帝任命宗室劉焉擔任益州牧，由於劉焉實行寬惠的措施，使益州暫時出現穩定的局面。劉焉在上任時，很多親戚故舊隨他一同入川，形成了一個政治集團；劉焉又招收在益州的南陽、三輔流民數萬人，組成了東州兵，成為劉焉控制益州的軍事依靠。由於劉焉的政治集團與益州的地方勢力發生很大的衝突，地方上紛紛起兵企圖推翻其統治。犍為太守任岐和校尉賈龍便聯合起兵，反抗劉焉。劉焉死後，其子劉璋繼立，但益州地方勢力的反抗沒有停止。當地的大吏趙韙起兵數萬進攻劉璋，由於東州兵殊死作戰才擊敗趙韙。可是東州人與益州地方勢力之間的矛盾更加深了。除此之外，劉璋父子集團與信奉五斗米道、占據漢中的張魯也存在矛盾。建安十六年（二一一年），劉璋聽說曹操要派軍進攻張魯，害怕曹操乘機攻蜀，便派法正前往江陵請劉備率軍入川相助。

建安十六年，劉備率領數萬軍隊進入益州。劉璋迎劉備於涪城，請劉備進攻漢中的張魯。劉備的軍隊到達葭萌後，就屯兵不進，駐軍在葭萌達一年之久。次年，回軍進圍成都。建安十九年（二一四年），劉備攻克成都，劉璋投降。劉備獲取了「殷盛豐樂」的益州地方。劉備還將劉璋的下屬法正、董和、黃權、李嚴等人收為自己的部下，獲得眾多人才。

在劉備占領成都時，曹操的軍隊攻克漢中，張魯投降曹操。曹操軍隊直接威脅劉備。為保證益州的安全，劉備率軍進攻漢中。建安二十四年（二一九年），劉備擊斬曹操留守漢中的大將夏侯淵，占據漢中。劉備占領漢中，使益州的防務得到進一步的鞏固。至此，劉備除占有荊州西部的四郡外，又盡有巴、蜀、漢中之地。這一年秋天，劉備自稱漢中王。

在劉備攻取漢中時，鎮守荊州的關羽自江陵北伐，進攻樊城。關羽利用漢水暴漲的時機，淹沒樊城守將曹仁的部下于禁等七軍，迫使于禁投降。許昌以南不少地方起事響應關羽，關羽威震華夏，嚇得曹操想要遷都。為改變被動局面，曹操利用劉備和孫權在荊州問題上的矛盾，遣使前往江東，結好孫權，拆散孫、劉聯盟。孫權派將領呂蒙偷襲江陵。關羽又被曹操所派救兵徐晃擊敗，退守當陽附近

呂蒙偷襲荊州

赤壁之戰後，劉備占領荊州大部，建安二十四年劉備派荊州守將關羽攻打樊城。駐紮在陸口的東吳大將呂蒙向孫權指出：「關羽征討樊城而多留防守的部隊，必定是擔心我們謀取他的後方。我時常患病，以我治病為名，請分派一部分兵力回建業。關羽聽到這一消息後，必定撤走留守後方的部隊，盡數開往襄陽。那時我們大部隊從水路晝夜逆流而上，襲擊蜀軍，則南郡可得，而關羽也就可以擒獲了。」於是呂蒙假裝病重，孫權就公開召呂蒙回建業。關羽信以為真，將南郡的留守部隊開赴樊城。孫權得知此事，立刻派呂蒙起兵攻打荊州。呂蒙將精兵全部埋伏在大船之中，讓人穿著一般衣服裝作百姓的模樣搖櫓，船中坐著的人都打扮成商人，晝夜兼程，自己率兵埋伏在船艙內，騙過烽火臺上防守的蜀兵，把船靠了岸。到了半夜，躲在船艙裡的士兵一擁而出，占領了荊州城。呂蒙又派人說服了南郡、公安的守軍。呂蒙進據城中，盡得關羽和其他將士的家眷，對他們進行安撫勸慰。關羽多次派人打聽消息，呂蒙都厚待關羽派來的人。關羽的使者回到關羽軍中後，將士們私下互相探詢，都知道家中安然無恙，所受的待遇比過去更好，全軍將士遂失去鬥志。關羽自知勢孤力窮，於是逃往麥城，孫權派兵埋伏在關羽必經的道路，將他抓住。於是呂蒙平定了荊州。

的麥城（湖北當陽東南）。最後關羽被孫權部將擒獲斬首。孫權盡有荊州之地。荊州歸吳和關羽的敗亡，使劉備的勢力被限制在漢中、巴、蜀和南中四郡，控制的地域狹小。

建安二十五年（二二〇年），曹丕稱帝。次年，劉備在成都也稱帝。劉備以諸葛亮為丞相，許靖為司徒，設置百官。他以興復漢室為己任，故國號仍然為漢。由於劉備只占有益州一州之地，所以又稱為蜀漢。在三國中，蜀漢地少人寡，是勢力最弱的國家。

第二節　夷陵之戰

劉備在成都稱帝後，準備討伐孫權，奪回荊州，並替關羽報仇。蜀漢君臣對這個問題分為主戰和主和兩派。諸葛亮是主張維持吳、蜀聯盟的，但他知道劉備主戰很堅決，不敢極言勸阻。一部分將領為了立功，並迎合劉備急於為關羽復仇的心理，堅決主張與孫權開戰。因為劉備執意要戰，所以主戰派占了優勢。

蜀章武二年（魏黃初三年、吳黃武元年，二二二年），劉備親自率領大軍大舉攻吳，沿長江，出巫峽，收復東吳所占的巫縣（重慶巫山北）、秭歸（湖北秭歸），大軍浩浩蕩蕩直赴江陵。劉備以馮習為大督，張南為前部督，並聯合武陵的少數民族首領，出兵相助。劉備又命令黃權為鎮北將軍，在長江北岸駐軍，防禦曹魏軍隊。劉備親率主力越過夷陵（湖北宜昌東）進駐猇亭（湖北宜都北）。因此這次戰爭稱為夷陵之戰，也稱為猇亭之戰。

從巫峽到夷陵有六、七百里，江岸兩側高山峻嶺聳立，地形非常複雜。如果戰爭失利，前有敵兵，

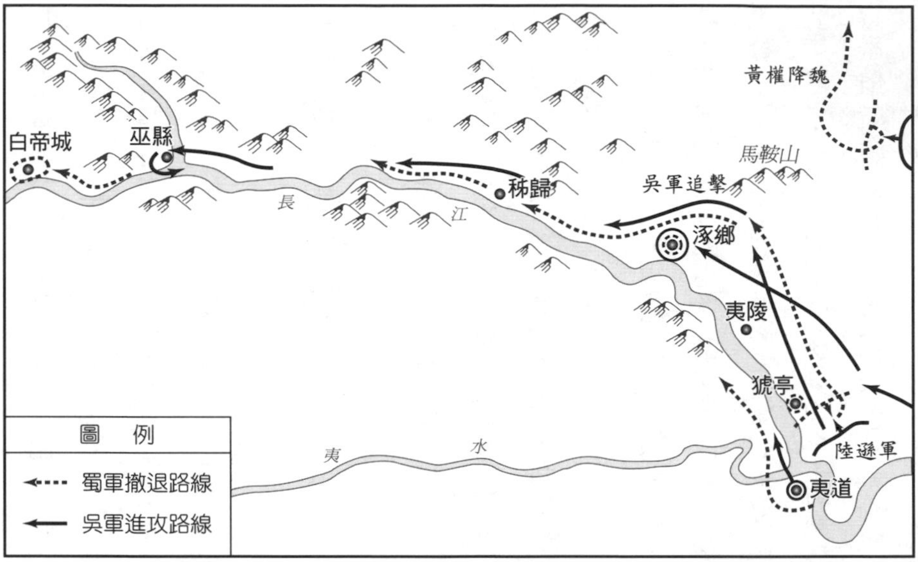

圖六　夷陵之戰示意圖

後無退路，這是兵家的大忌。可是，劉備卻要憑藉這種不利的地形，來同東吳作戰。劉備軍隊主力抵達夷陵後，從巫峽的建平起，直到夷陵，數十萬大軍捨舟上岸，在江南岸，立屯數十，處處結營，「樹柵連營七百餘里」①，把軍隊佈置得極其分散。

孫權向劉備請和不成，就任命陸遜為大都督，率領朱然、潘璋、宋謙、韓當、徐盛等將領以及士兵五萬人，進行抵抗。兩軍對峙，從年初到六月。陸遜收縮兵力，退出巫峽以東的崇山峻嶺地帶，堅守不戰。劉備軍自興師東下，行軍已經有七、八個月之久，將士疲憊不堪，又遇上夏季的炎熱，水軍也上岸駐紮。這給陸遜實行火攻提供了極好的機會。閏六月，陸遜向蜀軍發起攻勢，命將士各執一火把，全力出擊，斬殺蜀軍大將張南、馮習。劉備退保馬鞍山（湖北宜昌西北

①《三國志》卷二〈魏書・文帝紀〉。

六十里），陸遜指揮吳軍四面圍攻，斬殺蜀軍近萬人。劉備趁黑夜突出重圍，退回秭歸，又從秭歸退回白帝城（重慶奉節東）。陸遜縱兵追擊，連破蜀軍四十餘營，蜀軍「舟船器械，水步軍資，一時略盡。尸骸漂流，塞江而下」②。黃權所領的江北蜀軍，因為歸路被阻斷，不得不投降了曹魏。

夷陵之戰，陸遜以少勝多，大敗蜀軍，遏制了蜀漢勢力向東發展。蜀漢夷陵之戰慘敗，元氣大傷，因而使蜀漢的發展及與曹魏的抗爭走上了艱難的道路。

劉備敗退白帝城後，於章武三年（二二三年）四月，病死在白帝城西的魚復縣永安宮。劉備子劉禪繼帝位。劉備臨死前詔丞相諸葛亮從成都來受遺命，命他輔助後主劉禪。諸葛亮以丞相身份輔政，力圖恢復吳、蜀聯盟。他派鄧芝主動出使東吳，東吳與蜀漢重新結好，形成吳蜀聯盟的局面。

第三節　諸葛亮治蜀、平定南中與北伐曹魏

一、諸葛亮治蜀

劉備蜀漢政權的建立是在諸葛亮協助下實現的。劉備死後，諸葛亮又任丞相兼領益州牧，輔助後主劉禪，「政事無巨細，咸決於亮」③。諸葛亮為鞏固蜀漢政權，實現了他「鞠躬盡瘁，死而後已」的

② 《三國志》卷五八〈吳書．陸遜傳〉。
③ 《三國志》卷三五〈蜀書．諸葛亮傳〉。

願望。

諸葛亮注意發展蜀國的經濟。在農業上，他充分利用巴蜀有利的生產條件。自古以來，巴蜀地區土地肥美，沃野千里。這裡生長繁茂的山林竹木，糧食產量很高。蜀漢建國後，這裡依然是開墾的農田廣闊，灌溉的溝洫相連，「黍稷油油，粳稻莫莫」④。諸葛亮實行「務農殖穀，閉關息民」⑤的方針，使農民安心農業生產。為促進農業的發展，諸葛亮大力興修水利灌溉農田，繼續維護李冰開鑿的都江堰，徵調壯丁一千二百餘人守護都江堰的水利設施，還設置了堰官專門管理。因此，成都平原一帶，「水旱從人，不知饑饉，沃野千里，世號陸海」⑥。農業生產出現興盛的景象。諸葛亮還在漢中組織屯田，設置督農管理屯田。漢中屯田減輕了農民供應和轉運軍糧的負擔，雖然連年對外用兵，但軍糧不曾匱乏，可見諸葛亮的屯田收到了實際的效果，有助於農業生產的發展。糧食生產的發展帶動了紡織業的興盛。蜀地的紡織業在兩漢時期就很發達，特別是織錦業尤為興盛。蜀國立國後，織錦業更是「百室離房，機杼相和」⑦。蜀國出產的錦美且多，因此，諸葛亮曾以川馬、蜀錦，作為與東吳交聘的禮物。曹魏和東吳兩國都從蜀國購買大量的錦。在蜀國滅亡時，蜀庫中存有「錦綺綵絹各二十萬匹」⑧，足見蜀錦不僅產量很多，也是蜀國財政的重要保證。

---

④《文選》卷四左思〈蜀都賦〉。
⑤《三國志》卷三三〈蜀書．後主傳〉。
⑥《水經注》卷三三〈江水注〉。
⑦《文選》卷四左思〈蜀都賦〉。
⑧《三國志》卷三三〈蜀書．後主傳〉注引王隱《蜀記》。

蜀國煮鹽業也十分發達。蜀地富有鹽井。左思〈蜀都賦〉說，成都「家有鹽泉之井」，「火井沉熒於幽泉，高爓飛煽於天垂」。臨邛縣遍佈鹽井，一斛井水可以煮鹽五斗。劉備建立蜀國後，設置鹽府校尉，也稱司鹽校尉，掌管煮鹽業，以王連擔任此職，又以呂乂、杜祺、劉幹等任鹽府典曹都尉。諸葛亮治蜀，依然重視對煮鹽業的管理，「利入甚多，有裨國用」⑨。

由於諸葛亮措置得宜，蜀國的商業很活躍。左思〈蜀都賦〉說，成都「市廛所會，萬商之淵。列隧百重，羅肆巨千。賄貨山積，纖麗星繁。……賈貿墆鬻，舛錯縱橫。異物崛詭，奇於八方」。實際上成都成為聚集大批富商大賈的商業大都會。《錢錄》中所收蜀漢錢有：直百、直百五銖、傳形五銖和為字錢等。鑄幣種類的繁多正是蜀漢商業活躍的一個標誌。蜀國出產的錦大量銷售到魏、吳兩國，可見蜀國的對外貿易也很發達。

不過，蜀國經濟雖然得到很好的發展，但與曹魏和東吳相比，在經濟上還是最弱的國家。劉備稱帝時，蜀國所統戶二十萬，人口九十萬。直到蜀國末年，也不過戶口二十八萬，人口九十四萬，戰士十萬二千，吏四萬。足見蜀漢國力之弱。可是，儘管蜀國地窄人少，國勢弱小，但諸葛亮在發展經濟上採取了恰當的措施，使蜀國政權還能夠支撐將近半個世紀，長期與曹魏在軍事上對抗。

諸葛亮在施政上，以「內修政理」為方針。他注意嚴明法令。為此，他和法正、劉巴、李嚴、伊籍等人，共同制定了《蜀科》。陳壽《諸葛亮集目錄》中有〈法檢〉上下篇和〈科令〉上下篇。這些科令都是執法的依據。諸葛亮在執法的過程中，「科教嚴明，賞罰必信，無惡不懲，無善不顯」⑩，使臣

⑨《三國志》卷四一〈蜀書．王連傳〉。

民不可以無功勞而獲取爵位，不能夠因家世顯貴就避免刑罰，因此使賞罰公允，臣民都心存感激。諸葛亮不僅自己身體力行，並且還以此勸告後主劉禪，要他「不宜偏私，使內外異法」⑪。諸葛亮公正執法，為部下和後繼者作出了表率。後來繼承諸葛亮位置的蔣琬、費禕、董允等人也都是如此。

諸葛亮執法不僅公正，並且還很嚴格。他對蜀國初立之時法令鬆弛的局面予以整肅。為使蜀國的統治秩序達到穩定，諸葛亮反覆申明嚴格執行法令的必要性，即使對位高權重的大臣也是如此。李嚴與諸葛亮同是受劉備遺詔輔助後主劉禪的重臣，在諸葛亮北伐時，李嚴主持軍糧的運輸，時逢雨季，道路難行，軍糧接濟不上，因此李嚴通知諸葛亮退軍。蜀軍退回漢中後，李嚴又稱軍糧充足，不應該退軍。諸葛亮上表劉禪，貶謫李嚴，不再敘用。因為諸葛亮賞罰得當，雖嚴而人心服。比如李嚴和廖立在貶謫地聽到諸葛亮的死訊，都痛心得流下眼淚。

諸葛亮在用人上，對蜀地的地方勢力和外來勢力採取同等對待的態度。蜀漢政權的官員是由外來勢力與當地勢力共同組成的，因此公正的對待這兩個勢力的成員，是政權穩定的保證。諸葛亮對外來勢力有政績者，一般都加以提拔重用。對蜀中勢力同樣如此，諸如李恢、張翼、張嶷、張裔、馬忠等當地人才，諸葛亮也都任以要職。對於違法的外來人士和蜀中人士，都給與嚴厲的處罰。諸葛亮的策略減少了外地勢力與蜀中勢力的隔閡，調和了統治力量之間的矛盾。

諸葛亮在施政上的這些做法，保證蜀漢政權在政治上收到了由亂到治的效果。蜀中稱「吏不容奸，

⑩《三國志》卷三五〈蜀書．諸葛亮傳〉。

⑪《三國志》卷三五〈蜀書．諸葛亮傳〉。

人懷自厲，道有拾遺，彊不侵弱，風化肅然也」⑫。

二、平定南中

今天四川南部、雲南和貴州一帶，在三國時稱為南中。這裡居住許多少數民族，統稱為「西南夷」。他們主要從事農耕，也兼營畜牧。部分西南夷與漢人雜處，同巴蜀地區的經濟聯繫很密切。劉備占據蜀中後，先後任用鄧方、李恢擔任庲降都督，統治南中，並任用很多西南夷地區的夷漢豪強做本地的守令丞吏。蜀章武三年（二二三年），劉備病死，後主劉禪新立，由於大敗於吳，蜀漢政權的統治不太穩定，南中的反蜀活動開始擴大。益州郡（雲南晉寧東）的大姓雍闓執益州太守張裔，投靠東吳，攻永昌（雲南保昌東北）不下，便拉攏益州大姓孟獲到各地造謠煽動，挑撥生事。南中牂牁郡（貴州凱里西北）的太守朱褒和越巂郡（四川西昌）的叟族首領高定也同時起兵反叛。南中反蜀漢政權的力量集結起來，直接威脅蜀漢的後方。

蜀建興三年（二二五年），諸葛亮經過一年時間穩定了國內統治局面後，親自率軍進兵南中。諸葛亮將南征軍隊分為三路：他自己向越巂進攻，馬忠進軍牂牁郡，李恢直指益州郡。這時，高定的部下殺死雍闓，孟獲取代雍闓。諸葛亮所率軍隊攻殺了高定，馬忠的軍隊也平定了牂牁郡。李恢率領的中路軍南至槃江，與諸葛亮軍「聲勢相連」，諸葛亮軍隨即渡過瀘水（金沙江）。孟獲南有李恢的迎擊，北有諸葛亮的追擊，被包圍在南槃江上游一帶。不久，三路大軍在滇池會合，活捉孟獲。諸葛亮為徹底

⑫《三國志》卷三五〈蜀書．諸葛亮傳〉陳壽等言。

降服孟獲，使蜀漢的後方穩定，「乃赦獲使還，合軍更戰。凡七虜七赦，獲等心服，夷、漢亦思反善」⑬。諸葛亮在春天出兵，五月渡過瀘水，到秋天，南中的越巂郡、益州郡、永昌郡和牂牁郡就全部平定了。十二月，諸葛亮的軍隊返回成都，用兵十分神速。

諸葛亮平定南中後，對南中的治理，用當地人而不用外地人，大量起用少數民族上層分子，改益州郡為建寧郡，任命李恢為太守，並領交州刺史；用呂凱為雲南太守，王伉為永昌太守。他在當地不留兵，也不留糧。諸葛亮還吸收原來與蜀漢政權保持距離的少數民族上層首領到中央政府，給與他們較高的政治待遇。如建寧的

⑬《華陽國志》卷四〈南中志〉。

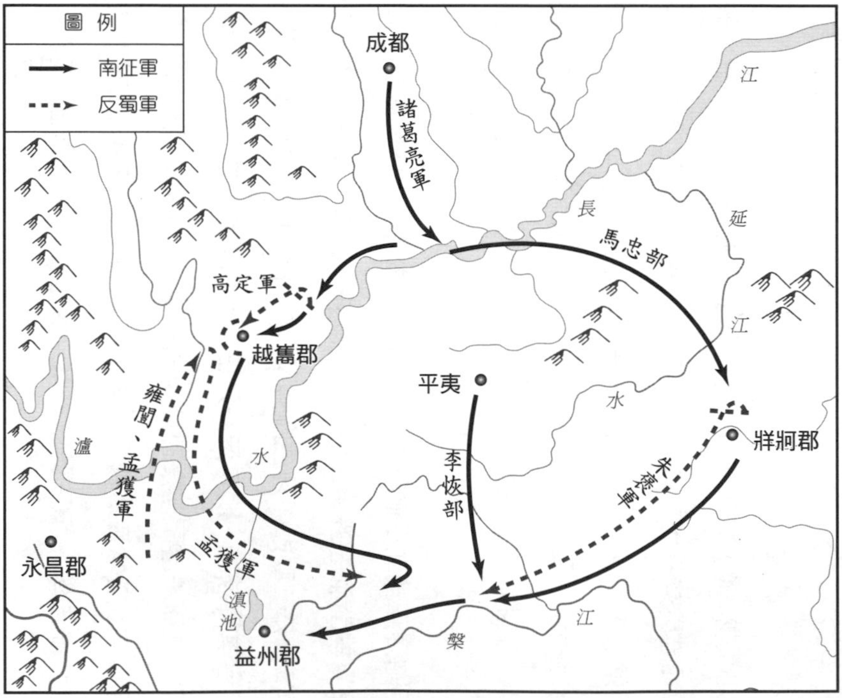

圖七　諸葛亮平定南中示意圖

爨習官至領軍將軍，孟獲官至御史中丞，朱提的孟琰官至虎步監。諸葛亮的這些做法籠絡了南中少數民族的上層，減少了民族隔閡，使南中成為蜀漢的穩定後方。因此，南中之戰削弱了西南地區地方豪強的勢力，也進一步打破了這個地區的閉塞局面。

諸葛亮平定南中後，不僅解除了蜀漢政權的後顧之憂，並且南中還是蜀漢國家軍備的重要來源。蜀漢軍國之所用，很多出自南中，「軍資所出，國以富饒」⑭，南中提供給蜀漢的物資有金、銀、丹漆、耕牛和戰馬。南中還為蜀漢提供了眾多的士兵，「移南中勁卒青羌萬餘家於蜀，為五部，所當無前」⑮。建興十一年（二三三年），諸葛亮任命馬忠為庲降都督，將治所由牂牁的平夷（貴州任懷境內）南移至建寧味縣（雲南曲靖境內），蜀漢政權對南中的控制更加鞏固了。

三、北伐曹魏

蜀建興五年（二二七年），諸葛亮率軍進駐漢中，準備北伐曹魏。諸葛亮六次出兵與曹魏作戰。其中五次進攻，一次防禦。建興六年（二二八年），諸葛亮第一次出兵北攻祁山（甘肅禮縣祁山堡），準備先奪取隴右，然後以高屋建瓴之勢，奪取長安。隴右的天水郡（郡治冀，甘肅甘谷東）、南安郡（郡治桓道，甘肅隴西西南）、安定郡（郡治臨涇，甘肅鎮原東北）三郡吏民也紛紛起兵，反魏附蜀。諸葛亮以馬謖為先鋒。但馬謖卻是一位言過其實，沒有實戰經驗的將領。當馬謖率軍抵達街亭（甘肅泰安

⑭《三國志》卷三五〈蜀書．諸葛亮傳〉。
⑮《華陽國志》卷四〈南中志〉。

東北）時，遇到魏軍大將張郃率領的主力，寡不敵眾，只好捨水上山。張郃切斷蜀軍的水源，蜀軍大亂，被殺得大敗。街亭之戰，雖是曹魏和蜀漢軍隊的一次小的接觸，蜀軍的損失也不算多，但卻挫傷了銳氣，諸葛亮只好退兵漢中。曹魏又收復了安定等三郡。諸葛亮追究街亭戰敗責任，殺馬謖，越級提拔王平為討寇將軍，並上書請自貶三級，以右將軍行丞相事。

同年夏、秋季，曹魏大舉攻吳。冬季，諸葛亮趁曹魏關中空虛，率軍出大散關（陝西寶雞西南），包圍陳倉（陝西寶雞西）。蜀軍進攻二十多天，不能占領陳倉。因糧草已盡，只好退兵。魏將王雙帶兵追擊，被諸葛亮擊斬。建興七年（二二九年）春天，諸葛亮派將領陳式進攻陰平（郡治陰平，甘肅文縣西）、武都（郡治下辨，甘肅成縣西北）二郡。魏將郭淮率軍截擊，諸葛亮親自率軍直逼建威，郭淮只好退軍。蜀軍攻占陰平、武都。後主劉禪又任命諸葛亮為丞相。蜀建

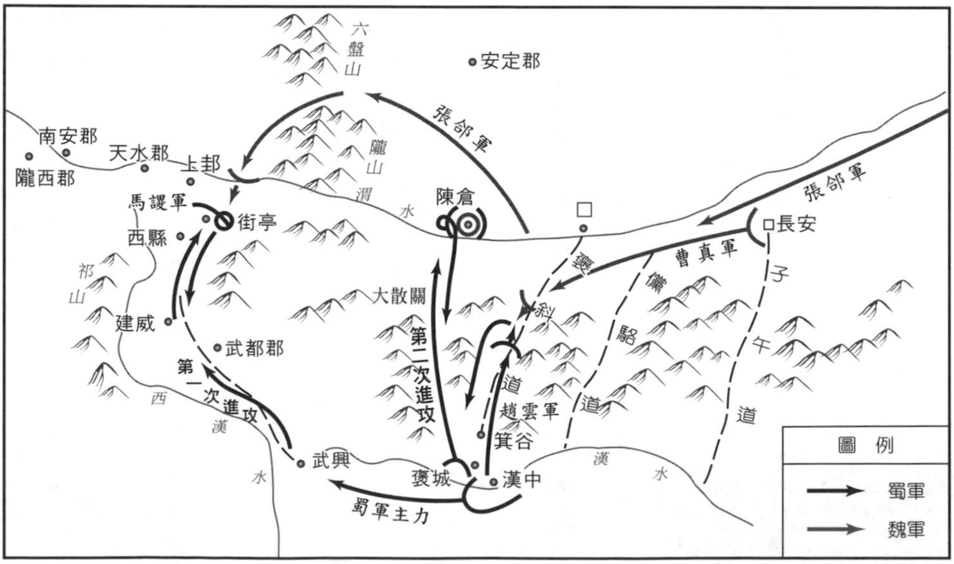

圖八　北伐曹魏（第一、二次）

興八年（二三〇年）八月，魏將曹真由斜谷（陝西眉縣西南），司馬懿由西城（陝西安康西北），張郃由子谷（陝西西安南），三路大軍同時進軍，準備攻取漢中。諸葛亮率軍屯守。適逢大雨，山阪峻滑，棧道斷絕，行軍困難。魏軍只好退兵。蜀建興九年（二三一年）二月，諸葛亮又率軍北攻祁山。魏軍統帥曹真病重，魏主曹叡派司馬懿都督關中諸軍，西援祁山。司馬懿駐精兵於上邽（甘肅天水），堅守不戰。諸葛亮求戰不得，移軍向鹵城（甘肅天水與甘谷之間）。司馬懿尾隨而來，又掘營駐守不戰。六月，諸葛亮糧盡退兵，魏大將張郃率軍追擊，在木門（甘肅天水西南）被蜀軍伏兵射殺。以後兩年中，諸葛亮修整軍隊，製作木牛流馬，積糧積穀於斜谷，準備再次進軍。蜀建興十二年（二三四年），諸葛亮動員了十萬人軍，駐軍由斜谷道北抵郿縣（陝西眉縣東北），駐軍

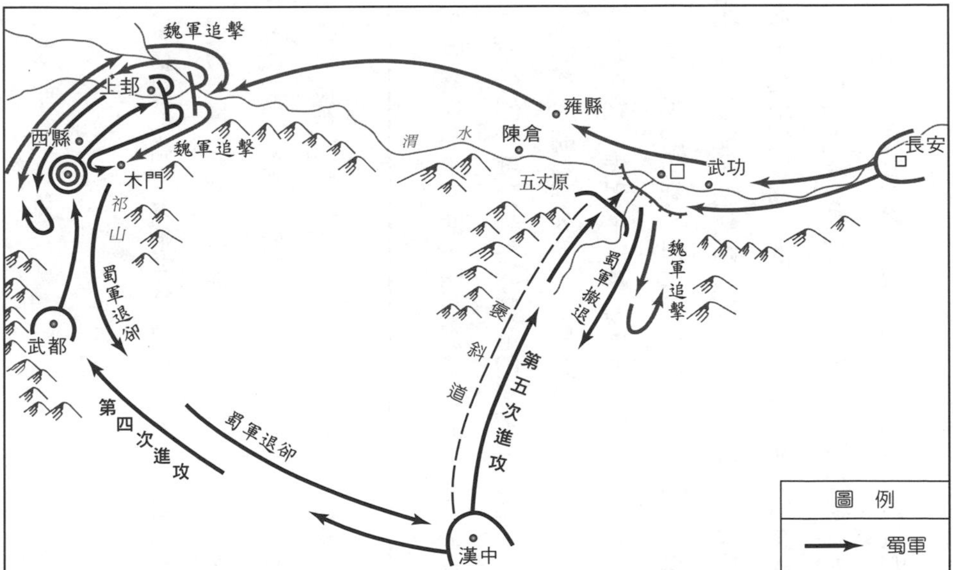

圖九　北伐曹魏（第四、五次）

諸葛亮的巧思發明

蜀漢丞相諸葛亮一生擅長巧思發明，曾構思並指導改進弓弩使之連射，以鐵為矢，矢長八寸，一弩可發射十矢。蜀建興九年諸葛亮圍攻祁山時，開始利用木牛運送糧草。木牛方腹曲頭，一腳四足，頭入領中，舌著於腹。能裝載很多糧草；一天多者能行數十里，一般也能行二十里。三年後又製造流馬作為運輸工具，每匹馬能載米二百多斤。

在長安以西百餘里的五丈原。司馬懿率魏軍二十萬駐紮在渭水南北，堵擊蜀軍。他採取歷來方針，築營防守，不肯會戰。諸葛亮也做長久之計，在渭水南分出一部分兵力經營屯田。兩軍對峙一百多天。同年八月，諸葛亮在渭南的郭氏塢病死，終年五十四歲。諸葛亮死，蜀軍只好退兵漢中。

諸葛亮在他生命的最後八年中，六次出兵與曹魏作戰，表現了卓越的軍事才能。諸葛亮治軍法令嚴明，對軍隊嚴格訓練，指揮若定，因此取得了一些戰役的勝利，但諸葛亮最後仍不能夠取得北伐的勝利。從曹魏的情況來看，在曹軍與蜀軍的對抗中，一般能夠憑藉關隴戰場地形的險要、易守難攻的有利條件，實行以逸待勞的策略，使蜀軍後備不繼，越來越疲弱，很難有所進展。從諸葛亮伐魏的方針來看，諸葛亮進攻曹魏，名義上是要興復漢室，但實際上是要維持蜀漢政權的存在和號召力，因而他採取以攻為守的策略。諸葛亮採取這種方略，是因為他充分注意到曹魏的經濟和軍事力量明顯強於蜀漢。在這種情況下，諸葛亮知道要使偏隅一方，力量弱小的蜀漢政權能夠存續，只有在軍事上先發制人，採取攻勢，這樣才能使蜀漢政權不至於坐以待斃，所以諸葛亮在北伐時，採取了持重的方針，反對冒進。《三國志．蜀書．魏延傳》說：「（魏）延每隨亮出，輒欲請兵萬人，與亮異道會於潼關，如韓信故事，亮制而不許。延常謂亮為怯，歎恨己才用之不盡。」諸葛亮鑑於蜀漢力量的對比，在軍事上採取持重的方針是符合實際情況的。因此，諸葛亮採取這種北伐的方針，就使蜀軍很難擊敗曹魏。不過最重要的是，曹魏和蜀漢全部力量的對比，以弱小的蜀國戰勝強大的魏國，是很難實現的。諸葛亮個人的才能只能夠影響局部的戰役，不能夠扭轉國力相差懸殊所決定的戰爭發展趨勢。

第四節　蜀漢的衰亡

蜀漢後主統治前期，諸葛亮輔政，內修農戰，嚴明法令，外伐曹魏，以攻為守，取得了一些成就。諸葛亮死後，蔣琬繼任丞相。蔣琬死後，費禕接任。他們都能夠秉承諸葛亮既定的方略，注意保持蜀漢政權的穩定，也能夠有效地抵禦曹魏的進攻。蜀延熙七年（二四四年），曹魏派曹爽率領六、七萬大軍，從駱谷道（陝西周至西南）攻入漢中。蜀將王平所率守衛漢中的軍隊不滿三萬，屯據興勢山（陝西洋縣北），抵禦魏軍。費禕率軍增援漢中守軍，曹爽不敢久戰，倉皇退軍，士卒損失甚多。

蜀延熙十六年（二五三年），秉政的費禕被曹魏的降人郭修暗殺。蜀漢的兵權落入姜維手中。姜維原是曹魏天水冀縣（甘肅甘谷南）人，為郡參軍。諸葛亮第一次出祁山時，姜維歸附蜀漢，逐漸升為征西將軍、衛將軍等職，曾與蔣琬同駐漢中，後又與費禕共錄尚書事。姜維常想大舉攻魏，但為費禕阻止。費禕死前，姜維曾多次攻魏，但都無功而還。費禕死後，姜維任大將軍，於蜀延熙十九年（二五六年），姜維發動一次較大規模的攻魏戰役，為曹魏大將鄧艾擊敗，將士「星散流離，死者甚眾」⑯。對姜維屢次對外用兵，蜀國吏民非常不滿。

蜀景耀元年（二五八年）以後，蜀漢政權開始受到後主劉禪寵信的宦官黃皓操縱。當時相繼擔任尚書令掌權柄者為陳祇、董厥、樊建等。陳祇與黃皓相互勾結，互為表裡，董厥、樊建、諸葛瞻也無法約束黃皓。因此黃皓得以竊弄權力，敗壞政事。黃皓與姜維的矛盾尖銳，想罷黜姜維，用與他朋比為奸的右大將軍閻宇掌握兵權。姜維因黃皓的勢力枝葉交錯，唯恐被害，只好要求到沓中屯田，不敢返回成都。蜀漢政權內部的矛盾逐漸激化。

蜀漢後期，由於對曹魏的屢次用兵，使得國力虛耗。因為宦官的專權，使國家政治日益腐敗。加上劉備、諸葛亮時期選拔的人才大多數已經亡故，使得人才奇缺。國內各種矛盾都很尖銳，人民生活困苦不堪。東吳薛珝出使蜀漢，「經其野，民皆菜色」⑰。蜀漢國家已經到了百姓疲弊不堪、軍隊戰鬥力非常低下的程度，國家統治很難維持下去了，因此曹魏秉權者司馬昭說蜀國「師老民疲，我今伐之，如指掌耳」⑱。

魏景元四年、蜀炎興元年（二六三年），司馬昭分別派遣鍾會、鄧艾率大軍十八萬伐蜀。鍾會由斜

---

⑯《三國志》卷四四〈蜀書．姜維傳〉。
⑰《三國志》卷五三〈吳書．薛綜傳〉注引《漢晉春秋》。
⑱《資治通鑑》卷七八〈魏紀十〉。

谷入漢中，迫使姜維退守劍閣。鄧艾率三萬餘人自狄道（甘肅臨洮）進軍，以奇兵克復陰平、江油，度險而進，又進占涪縣，攻殺諸葛亮之子諸葛瞻於綿竹（四川德陽）。鄧艾大軍直逼成都。後主劉禪接受譙周建議，投降鄧艾，蜀漢至此滅亡。從劉備稱帝，到後主劉禪降魏止，蜀漢前後共歷四十三年。

本章重點

在魏、蜀、吳三國中，蜀漢政權是最為弱小的。劉備夷陵之戰的失敗，又大大削弱了蜀漢政權的勢力。劉備死後，蜀漢政權能夠存在，與諸葛亮的努力關係密切。諸葛亮治蜀，實行了有效的治國方略，使蜀漢政權在艱難的處境中得以延續。

複習與思考

1. 試析夷陵之戰劉備失敗的原因以及對蜀國發展的影響。
2. 諸葛亮對蜀國經濟的發展有何貢獻？
3. 諸葛亮北伐曹魏的意義為何？

第六章 吳國的建立及其統治

孫權稱帝後，東吳正式建國。東吳建國後，採取聯蜀抗曹的方針。在國家統治上，征伐山越，擴大了兵員。又實行領兵制、屯田制，都有利於政權的鞏固。在東吳統治期間，江南的社會經濟得到恢復和發展，江南的大族勢力也發展起來，這成為以後東晉在江南能夠立足和發展的基礎。孫吳統治末年，孫皓昏暴，失去民心，無法與西晉抗衡，最後亡國，西晉實現了統一。

第一節　吳國的建立

赤壁之戰，孫權和劉備的聯軍大敗曹操，打消了曹操吞併江南的企圖，使孫權的政權更加鞏固，也使孫權的勢力逐步在荊州拓展。在劉備西入巴蜀時，孫權派遣魯肅屯兵陸口（湖北嘉魚西南），與劉備鎮守荊州的大將關羽對峙。在劉備占據巴蜀、漢中後，孫權命魯肅、呂蒙收取長沙、零陵、桂陽三郡。建安二十四年（二一九年），關羽率軍北攻防守襄樊的曹操部將曹仁。此時魯肅已死，孫權以呂蒙代替魯肅。呂蒙在孫權的支持下以武力襲取荊州，大破關羽，盡占荊州之地。

孫權還向南發展勢力。早在建安十五年（二一〇年），孫權便派將領步騭進兵嶺南，招附了盤踞嶺

第六章
吳國的建立及其統治

南達二十年之久的士燮兄弟。東南半部都被孫權控制。

孫權在江南建國，除了可以憑藉軍事力量拓展疆土外，江南地區的社會發展也為其創造了條件。東漢時期，江東乃至江南的人口持續增加。荊州地區由西漢的三百五十餘萬人，增加到東漢六百二十餘萬人；揚州人口由西漢三百二十餘萬人，增加到東漢四百三十餘萬人。東漢末年，又有人口流入江南。建安十八年（二一三年），自廬江、九江、蘄春、廣陵一次渡長江，遷移到江南的人口就有十餘萬戶。人口的增加對江南的開發無疑起到重要的作用。

東漢時期，江南的農耕技術也持續改進。西漢江南沿海一帶還是火耕水耨，東漢時，江南一些地區開始鑄作田器、使用牛耕。牛耕方法逐漸從黃河流域推廣到長江流域乃至珠江流域。中原的水利灌溉事業，也推廣到江南會稽一帶。漢順帝時，會稽郡守馬臻在會稽和山陰兩縣界修鏡湖，築塘蓄水，堤塘周長四百五十里，可以灌溉農田九千餘頃。因此東漢末年，江南地區的農業生產均呈現發達的景象。左思〈吳都賦〉稱，吳郡地區處處是膏田，遍地是耕牛，水稻一年再熟，桑蠶一年八熟。

江南的名宗大族也在經濟發展的基礎上形成。在吳郡所屬成邑幾乎都出現了強宗大族。「吳郡有顧、陸、朱、張四姓，三國之時，四姓盛焉。」①這四族都是在東漢末年形成。除四姓外，還有陳、桓、呂、竇、公孫、司馬、徐、傅八族。〈吳都賦〉說，這些強宗大族「富中之甿，貨殖之選。乘時射利，財豐巨萬。競其區宇，則并疆兼巷；矜其宴居，則珠服玉饌」。江南大族不僅有經濟力量，還有軍事力量，「皆有部曲，阻兵仗勢，足以建命」②。這些名門大族勢力成為東吳政權的支柱。

① 《世說新語》卷中〈賞譽〉注引《吳錄士林》。

孫權實力的強大、江南經濟的發展和大族勢力的形成都為東吳建國創造了基礎。魏黃初三年、蜀章武二年（二二二年），孫權自稱吳王，建年號為黃武元年。吳黃武八年（二二九年），孫權稱帝，以建業為都城，改元黃龍。孫權與蜀漢訂立同盟，中分天下。

第二節 征伐山越

山越是秦漢時期南越的後裔，也有學者認為山越是嶺南各族人民的總稱。山越分佈的地區廣泛，揚州、荊州、交州都有山越。範圍東及於海，西達湘水，北抵長江，南到交州，山區無不為山越所居。他們依阻山險，不納租賦，「其幽邃民人，未嘗入城邑，對長吏，皆仗兵野逸，白首於林莽」③。這些山越很多已經漢化，或者正在漢化中。由於山越是為了逃避漢人的迫害而退居山地，血緣紐帶具有很大的作用，所以有時也被稱為宗部或宗人。東吳時的宗部和山越，基本上是同一部族的不同稱謂。山越人種植穀物，在出產銅鐵的地方，還能夠自鑄甲兵，而其日常生活大體同於漢人。

東吳在江南擴張勢力，遇到了山越人的頑強反抗。山越人的反抗不但是吳國統治者嚴重的後顧之憂，也使吳國的兵員補給遇到很大的困難。建安八年（二〇三年），孫權派征虜中郎將呂範平定鄱陽（江西波陽）、會稽的山越，派蕩寇中郎將程普討伐樂安的山越，派建安都尉太史慈平海昏（豫章屬

② 《三國志》卷二八〈魏書・鄧艾傳〉。
③ 《三國志》卷六四〈吳書・諸葛恪傳〉。

縣）山越，「以別部司馬黃蓋、韓當、周泰、呂蒙等，守劇縣令長，討山越，悉平之」④。在同一年，南部都尉賀齊鎮壓了建安等處洪明、洪進等山越的反抗。此後，賀齊又平定上饒、歙等地的山越。嘉禾三年（二三四年），孫權派諸葛恪率軍大舉進攻丹陽山越，命其捕獲全部山越人。諸葛恪對山越人的作戰不同於以往，他將平民集中起來，屯聚在一起，隔斷他們與居住在山中的山越人的聯繫，刈除山越人所種的莊稼，迫使山民出山覓食，然後派士兵將他們捕捉，經過三年圍困，十萬山越人出山投降。孫權稱讚諸葛恪「元惡既梟，種黨歸義，蕩滌山藪，獻戎十萬」⑤。這是東吳對山越規模最大的一次用兵。

孫權對投降的山越人採取「彊者為兵，羸者補戶」⑥的措施。比如賀齊鎮壓建安山越後，「料出兵萬人」⑦。全琮在丹陽、吳會鎮壓山越，領東安太守，「數年中，得萬餘人」⑧。鍾離牧在建安、鄱陽、新都三郡鎮壓山越，迫使「賊帥黃亂、常俱等出其部伍，以充兵役」⑨。張承在長沙鎮壓山越，「得精兵萬五千人」⑩。諸葛恪平定丹陽山越，得十萬人，「自領萬人，餘分給諸將」⑪。東吳以山越

④《資治通鑑》卷六四〈漢紀五六〉。
⑤《三國志》卷六四〈吳書‧諸葛恪傳〉。
⑥《三國志》卷五八〈吳書‧陸遜傳〉。
⑦《三國志》卷六〇〈吳書‧賀齊傳〉。
⑧《三國志》卷六〇〈吳書‧全琮傳〉。
⑨《三國志》卷六〇〈吳書‧鍾離牧傳〉。
⑩《三國志》卷五二〈吳書‧張昭傳〉。

人為兵，見於記載的前後達十餘萬，實際上東吳軍隊的精銳主要就是由山越人組成的。山越成為國家編戶的數量更多。所以平定山越對東吳政權的穩定，是很有幫助的。

山越人出山是在東吳國家軍事壓迫下實現的，「枉取民人，愁擾所在」⑫，所以山越人對東吳統治者的做法並不滿意，從未停止過反抗。丹陽、鄱陽的山越人在當地「攻沒城郭，殺略長吏，處處屯聚」⑬。直到東吳統治末年，永安山越施但等人聚眾數千人起事，打到建業時，人數達到萬人。儘管東吳統治者對山越人採取的措施，使山越人經歷了一個痛苦的過程，但是客觀上加速了山越人經濟文化的發展，使山越人與漢人相互日趨融合，對江南地區的開發起到積極的作用。

第三節　實行屯田制

東吳政權為了保證軍糧的供給，並增加政府的財政收入，在統治地區也實行屯田。東吳開始實行屯田，當在建安七年（二〇二年），也就是孫權掌政不久。開始屯田的地區，僅限於江東一隅，後來伴隨東吳政權的逐步強化，也逐步擴大到長江中下游一帶。屯田地點大體上分佈在長江沿岸和新建立的郡縣地區。東起吳郡，西至夷陵，長江沿岸幾千里之間，屯田點連綿不斷。

⑪《三國志》卷六四〈吳書．諸葛恪傳〉。
⑫《三國志》卷五八〈吳書．陸遜傳〉。
⑬《三國志》卷五六〈吳書．朱桓傳〉。

東吳的屯田有民屯和軍屯的區別。《三國志．吳書．諸葛恪傳》說「其從化平民，悉令屯居」，說的是民屯情況。《三國志．魏書．滿寵傳》說：青龍三年「春，權遣兵數千家佃於江北」，則是軍屯的情況。東吳在各郡設置農官管理屯田。這些農官有典農校尉、督農校尉、屯田校尉、典農都尉和監農御史。校尉是郡一級的農官；都尉是縣一級的農官。典農校尉管理軍屯，屯田校尉管理民屯。軍屯上的生產者為屯田卒，平時務農，戰時為兵，沒有徭役負擔，「不給他役，使春惟知農，秋惟收稻，江渚有事，責其死效」⑭。民屯上的生產者為屯田客，以務農交租為主，不負擔兵役和徭役。屯田卒和屯田客，大多數來自於山越人和從北方遷徙到江南的流民。

在東吳屯田上生產的人戶很多。呂蒙任廬江太守「別賜尋陽屯田六百人」⑮；孫權遣校尉陳勳「將屯田及作士三萬人，鑿句容中道」⑯；赤烏年間，新都都尉陳表、吳郡都尉顧承「各率所領人會佃毗陵，男女各數萬口」⑰，足見各屯田點上的屯田卒和屯田客數量之多。

在孫權統治時期，東吳的屯田事業非常發達，但後來漸趨破壞。孫休統治時，東吳國家對於屯田客的盤剝日益加重，「取屯田萬人以為兵」⑱，原來不充兵的屯田客，開始服兵役。軍屯上屯田卒的生活困苦不堪，無以為生。孫皓統治時，陸凱上疏說：「今之戰士，供給眾役，廩賜不贍。」⑲因為盤

---

⑭《三國志》卷六一〈吳書．陸凱傳〉。
⑮《三國志》卷五四〈吳書．呂蒙傳〉。
⑯《三國志》卷四七〈吳書．孫權傳〉。
⑰《三國志》卷五二〈吳書．諸葛瑾傳〉注引韋曜《吳書》。
⑱《三國志》卷四八〈吳書．孫休傳〉。

剝的加重，迫使一些屯田兵民不得不轉徙改業。此外，東吳的軍屯是使用私人部曲屯墾國有土地，時間一長，部曲的擁有者就不願意使用他們去屯墾國有土地，以致「良田漸廢，見穀日少」⑳。這些部曲擁有者將部曲從農業轉向商業，以增殖自己的財富，因此東吳的屯田就很難維持了。在晉滅吳前夕，東吳政權基本上將屯田全部廢棄了。

東吳政權實行屯田，前後近七十餘年，持續的時間比曹魏的屯田時間還要長久。屯田對鞏固東吳政權起到重要的作用，因為東吳的屯田點大多都分佈在長江沿岸和南方比較落後的地區，所以屯田解決了東吳的軍糧問題，同時對江南地區的初步開發也打下了良好的基礎。

第四節　江南經濟的發展及東吳對外的交流

一、江南經濟的發展

在東吳政權統治下，江南地區的經濟獲得發展。因為大批北方人民南下，帶來先進的農業生產技術，加上東吳政權實行屯田制，大大地擴大了江南的耕地面積，使江南地區的農業生產得到發展。左思〈吳都賦〉稱，江南一些地方「其四野，則畛畷無數，膏腴兼倍，原隰殊品，窊隆異等」。特別是太

⑲《三國志》卷六一〈吳書．陸凱傳〉。

⑳《三國志》卷四八〈吳書．孫休傳〉。

湖沿岸和錢塘江以東的三吳地區，農業的發展更為迅速。永興（浙江蕭山）地方精耕細作的稻田，一畝可產米三斛。

東吳政權為防止水災和利用水利資源，很重視興修水利。孫權在黃龍二年（二三〇年），築東堤以遏巢湖。赤烏十三年（二五〇年），修建堂邑塗塘（今瓦梁堰）。孫權圍繞首都建業，也修築了很多水利工程，重要的水利工程有：赤烏四年（二四一年），孫權鑿東渠，闊五丈，深八尺，以瀉玄武湖水，注入到秦淮河中。赤烏八年（二四五年），在修建句容中道時，又開鑿破岡瀆，截斷秦淮河，使秦淮河和破岡瀆連接起來，引破岡瀆水通雲陽（江蘇丹徒）。這條水路成為以後南朝轉運的主要內河航道。後來，東吳還開鑿了從雲陽到長江的水道，「丹徒水道，入通吳會」㉑，已經初具江南運河的規模。

東吳的手工業有很大發展。在紡織業中，東吳出產的「八蠶之錦」是可稱道的，諸暨、永安一帶絲質很好，是御絲取給之處。但更值得一提的是東吳生產的葛布和麻布。東吳是葛布和麻布生產最發達的地方，左思〈吳都賦〉說：「蕉葛升越，弱於羅紈」。蕉葛是細好的葛布，升越是精緻的越布。這就是說，蕉葛和升越要比羅紈還要柔軟精細。可見東吳出產的這些麻布是十分精緻的。東吳東觀令華覈上疏說：「通令戶有一女，十萬家則十萬人。人織績一歲一束，則十萬束矣。使四疆之內，同心戮力，數年之間，布帛必積」㉒。足見葛布和麻布生產在東吳紡織業中占有重要的地位，是國家財政的重要來源。

㉑《南齊書》卷一四〈州郡上〉。
㉒《三國志》卷六五〈吳書・華覈傳〉。

東吳煮鹽和礦產採冶業也很發達。東吳出產的鹽多為海鹽。人們利用優越的自然條件，「煮海為鹽」[23]。東吳大將朱桓死後，家無餘財，孫權「賜鹽五千斛，以周喪事」[24]。孫權能夠賞賜臣下大量的鹽以供喪費，可見東吳鹽的產量之多。東吳設有司鹽校尉，專門管理鹽業生產。東吳境內的礦產也很豐富，銅鐵採冶業呈現發展趨勢。一些山越人居於深山，已經能夠開採銅鐵礦，「自鑄甲兵」[25]。鍾山地方銅的出產量很多，因此東吳將領朱異賦弩說：「南嶽之幹，鍾山之銅，應機命中，獲隼高墉。」[26]會稽郡的銅鏡製造很發達，一直保持東漢以來的傳統。東吳政權在產鐵之郡設置冶令或冶丞，以管理冶鑄。

東吳的瓷器製造也日漸成熟。根據近年來考古發現，在東吳時期的墓葬中，陸續發現隨葬的瓷器，主要有瓶、壺、碗、盤、洗、穀倉、井、灶、燈、雞籠、豬圈等。在天璽元年（二七六年）的墓葬中，出土了青瓷穀倉罐，穀倉罐的造型和施釉非常精緻[27]。與漢代的釉陶相比，東吳的青瓷燒製技術已經有了很大的進步。

東吳的造船業有了重大發展，在三國中占據領先地位。〈吳都賦〉形容東吳的大船說：「弘舸連舳，巨檻接艫。飛雲蓋海，制非常模。疊華樓而島跱，時髣髴於方壺」。《三國志．吳書．賀齊傳》稱

---

[23]《文選》卷五左思〈吳都賦〉。
[24]《三國志》卷五六〈吳書．朱桓傳〉。
[25]《三國志》卷六四〈吳書．諸葛恪傳〉。
[26]《三國志》卷五六〈吳書．朱桓傳附朱異傳〉注引《文士傳》。
[27]參看〈江蘇金壇出土的青瓷〉，載《文物》一九七七年第六期。

東吳大將賀齊所乘戰船，「雕刻丹鏤，青蓋絳襜，干櫓戈矛，葩瓜文畫。弓弩矢箭，咸取上材。蒙衝鬥艦之屬，望之若山」。在長江中的大船有的上下五層，有的可乘二、三千人，說明東吳造船技術的進步。東吳在建安郡的侯官（福建福州）、臨海郡的橫藇船屯（浙江平陽）、廣州的番禺（廣東廣州）設置了規模龐大的造船手工作坊，以大量罪人從事造船生產。在建安侯官還設置了典船都尉監督罪人造船。東吳造船數量很多，在吳主孫皓降晉時，晉將王濬還接收東吳「舟船五千餘艘」㉘。

東吳農業和手工業的發展，加上長江中下游一帶河汊湖泊縱橫交錯，交通便利，帶動了商業的活躍。東吳首都建業是新興的大都會，城中設有大市、東市，也稱為建康大市、建康東市。在這些市中，「開市朝而並納，橫闤闠而流溢。混品物而同廛，并都鄙而為一」㉙，商業活動非常興盛。在建業城中，「富中之甿，貨殖之選。乘時射利，財豐巨萬。競其區宇，則并疆兼巷；矜其宴居，則珠服玉饌」㉚，集中了眾多積聚巨萬財富的大商人。東吳各郡縣治所不僅是政治和徵稅的集中地，也是地域貿易的集中地。商業的興盛，使東吳要鑄造所需要的貨幣。嘉禾五年（二三六年），孫權下令鑄大錢，一當五百，命吏民輸銅，計銅給值，並制定了防止盜鑄的法令。赤烏元年（二三八年），孫權又令鑄當千大錢，但由於錢值太貴，不便於流通，於赤烏九年（二四六年）廢止。東吳政權鑄造的大錢只是一種輔助性的貨幣，江南地區商品交易中，多使用絹、布和鹽作為交換的中介。東吳貨幣的使用情況，

㉘《三國志》卷四八〈吳書．孫皓傳〉注引《晉陽秋》。
㉙《文選》卷五左思〈吳都賦〉。
㉚《文選》卷五左思〈吳都賦〉。

說明三國時期自然經濟開始占據主導地位，東吳局部地區的商業活躍，不能夠改變交換經濟衰落的面貌，因此東吳商業的發展還是有限度的。

二、對外的貿易往來

經濟的發展促進了東吳與曹魏、蜀漢國家之間的互市活動。魏黃初二年（二二一年），魏文帝遣使，「求雀頭香、大貝、明珠、象牙、犀角、玳瑁、孔雀、翡翠、鬥鴨、長鳴雞」㉛。東吳同意給與曹魏使臣要求互市的珍寶，以此換取中原的戰馬。東吳與曹魏的互市一直不曾間斷。晉代曹魏以後，東吳與晉的互市也不間斷地進行。

東吳和蜀漢之間的互市也經常進行。東吳黃武二年（二二三年），蜀漢以馬二百匹、錦千端以及地方特產送與東吳，「自是之後，聘使往來以為常。吳亦致方土所出，以答其厚意焉」㉜。東吳與蜀漢的互市，主要以地方特產和珍寶換取蜀漢出產的馬和錦等物品。

東吳經濟的發展，也促進海外貿易的活躍。黃龍年間，東吳就派使臣到林邑（越南中南部）、扶南（柬埔寨）諸國，各國也派遣使者到東吳來。赤烏六年（二四三年），扶南王范旃派遣使者供獻樂人和當地特產。在范尋為扶南王時，東吳「遣中郎康泰、宣化從事朱應，使於尋國」㉝。東吳與林邑、扶

㉛《三國志》卷四七〈吳書．孫權傳〉注引《江表傳》。
㉜《三國志》卷四七〈吳書．孫權傳〉注引《吳歷》。
㉝《梁書》卷五四〈扶南國傳〉。

南的貿易往來很頻繁，當地出產的吉貝、貝齒、金屬、沉香木、象牙、翡翠、玳瑁等特產經常傳入東吳。康泰、朱應出使扶南時，遇到中天竺使臣陳宋，他們向陳宋詢問天竺的風俗和物產情況，使東吳與天竺也有了經濟上的聯繫。而朱應、康泰的出使，不只抵達扶南，所經歷的國家甚多。《南史‧海南諸國傳序》稱「其所經過及傳聞，則有百數十國」。據康泰〈扶南土俗〉記載，東吳與蒲羅中國、優鈸國、横趺國、北攎國、馬五洲、薄歎洲、耽蘭洲、巨延洲、濱那專國、斯調國、烏文國、林陽國等國都有往來㉞。

東吳與大秦（羅馬帝國）也有經濟上的聯繫。東漢桓帝延熹九年（一六六年），大秦王安敦派遣使臣自日南向東漢獻象牙、犀角、玳瑁等物，這是兩國之間的直接交往。此後，大秦商人「往往至扶南、日南、交趾」㉟。黃武五年（二二六年），自稱秦論的大秦商人來到交趾，交趾太守吳邈將秦論遣送至建業。孫權向秦論詢問大秦的風土人情，秦論向孫權詳細的介紹。孫權送給秦論山越男女各十人，並「差吏會稽劉咸送論，咸於道物故，論乃徑還本國」㊱。康泰《吳時外國傳》稱：「外國稱天下有三眾：中國為人眾，秦為寶眾，月氏為馬眾也。」㊲又說：「從加那調州乘大伯舶，張七帆，時風一月餘日，乃入秦，大秦國也。」㊳因為東吳與大秦存在直接經濟往來，東吳人才會有這樣清楚的認識。

㉞〈扶南土俗〉為康泰《吳時外國傳》的一部分。《吳時外國傳》是研究中國與南海諸國初期經濟文化交流的寶貴資料，可惜已經散佚，只在《太平御覽》、《藝文類聚》、《通典》、《水經注》等書中，見到散佚的條文。

㉟《梁書》卷五四〈中天竺國傳〉。

㊱《梁書》卷五四〈中天竺國傳〉。

㊲《史記》卷一二三〈大宛列傳〉張守節《正義》引。

東吳與外國的交流是相當發達的，商業貿易也非常繁榮，遠遠超過以前的時代。東吳與海外諸國的貿易活動的發展也為東晉、南朝與海外的聯繫創造了良好的條件。

東吳政權在與海外的聯繫中，還抵達了夷洲。黃龍二年（二三〇年），孫權派將軍魏溫、諸葛志率領軍隊萬餘人，「浮海求夷洲及亶洲」㊴。一些學者認為夷洲就是今天的臺灣。《臨海水土志》稱「夷洲在臨海東南，去郡二千里。土地無雪霜，草木不死。四面是山，眾山夷所居」㊵。夷洲土著高山族內部已經分成一些部落，「此夷各號為王，分畫土地，人民各自別異」㊶。當地居民已經知道從事農業生產，不過他們的生產技術還很落後，生產工具全部是石器。他們也知道從事紡織生產，「能作細布，亦作班文布，刻畫其內，有文章，以為飾好也」㊷。居民的社會組織還很落後，《臨海水土志》載「呼民人為『彌麟』，如有所召，取大空材，材十餘丈，以著中庭。又以大杵，旁舂之，聞四五里，如鼓，民人聞之，皆往馳赴會」㊸。因此當地居民的社會組織還處於沒有階級分化的原始社會階段。

魏溫、諸葛志到達夷洲後，東吳開始與高山族正式接觸，這是大陸與臺灣聯繫的開始。從此以後，大陸與臺灣在經濟和文化方面的聯繫逐漸密切起來。

㊳《太平御覽》卷七七一〈舟部四〉引。
㊴《三國志》卷四七〈吳書．孫權傳〉。
㊵《太平御覽》卷七八〇〈四夷部一〉引。
㊶《太平御覽》卷七八〇〈四夷部一〉引《臨海水土志》。
㊷《太平御覽》卷七八〇〈四夷部一〉引《臨海水土志》。
㊸《太平御覽》卷七八〇〈四夷部一〉引。

第五節　江南大族勢力的擴張

東吳政權是依靠江南大族的支持建立起來的，因此東吳政權對大族的政治、經濟利益採取保護的措施，實行了一些有利於大族勢力發展的制度。

東吳政權實行復客制度。「客」即大族的客戶或佃戶，「復」即免除他們的一切負擔，實際上是免除大族的負擔。孫權曾下令「故將軍周瑜、程普，其有人客，皆不得問」㊹。東吳政權還常用復客來賞賜文武官員。呂蒙之子呂霸襲爵，孫權「與守冢三百家，復田五十頃」㊺。守冢就是一種復客。潘璋之妻住在建業，孫權「田宅、復客五十家」㊻。東吳的一些復客存在於江東大族田莊中的宗人或族人，除此之外，還有賞賜給大族的山越人，孫權曾將從會稽新安縣捕獲的山越人賞給將領陳表作為復客。孫吳政權還將郡縣中的編戶民賜給大族。蔣欽在戰場病死，孫權「以蕪湖民二百戶、田二百頃，給欽妻子」㊼，蕪湖農民被賞賜給將領家屬後，就成為復客。陳表任新安都尉「料正戶羸民」㊽，作為復客，正戶也是郡縣編戶民。實際上東吳的復客正是大族的佃客。復客制的實行助長了大族對土地

㊹《三國志》卷五四〈吳書．周瑜傳〉。
㊺《三國志》卷五四〈吳書．呂蒙傳〉。
㊻《三國志》卷五五〈吳書．潘璋傳〉。
㊼《三國志》卷五五〈吳書．蔣欽傳〉。
㊽《三國志》卷五五〈吳書．陳武傳附陳表傳〉。

和人口的兼併。

東吳政權在將領中實行世襲領兵制，將領所領士兵是世襲的，比如魯肅死，魯淑嗣，魯淑死，其子魯睦「襲爵，領兵馬」㊾。無子，也可以由其弟世襲領兵。蔣欽病死，子蔣壹領兵，蔣壹戰死無子，由其弟蔣休領兵。士兵可以傳給其子和其弟。

東吳國家實行的世襲領兵制是在江南大族皆有部曲的基礎上產生的。東吳將領大多數都是名宗大族，國家依靠他們率領部曲打仗，諸如朱桓出於以忠武著稱的吳郡朱氏，「部曲萬口，妻子盡識之」㊿。名宗大族任國家將領，打仗用的是自己的部曲，在他死後，士兵當然由他的兒子率領。孫權將名宗大族的世襲領兵權，擴大到所有的將領中，世襲領兵制也就形成了。

士兵可以由領兵將領世襲，因此不論士兵來自何處，一經成為將領的部屬，便成為將領的部曲家兵，由將領世襲，隨將領行動。在世襲領兵制下，越來越多士兵成為將領的私人部曲。部曲都攜帶家屬，以戶存在。部曲之子，世襲為部曲。部曲在身份地位上，與名宗大族的徒附和復客沒有多大的差別，只是在用途上存在區別。東吳的將領大多數是大族，因此世襲領兵制確保了大族依附人口的來源。

東吳實行的復客制和世襲領兵制使大族獲得很多依附人口，在擴大經濟勢力上，取得了人口上的保證。東吳統治末年只擁有戶籍五十二萬多戶，人口二百三十萬人，這與其遼闊的統治地域很不相稱。出現這種情況，主要是因為大族、官僚將國家編戶變為他們的私人依附人口，分割了國家控制的人口。

㊾《三國志》卷五四〈吳書．魯肅傳〉。
㊿《三國志》卷五六〈吳書．朱桓傳〉。

因此，東吳大族控制的私人依附人口占有相當的數量。

東吳政權在政治上給與大族特權，竭力籠絡江南大族。東漢後期，吳郡顧、陸諸族頗有影響。陳琳〈檄吳將校部曲文〉稱「及吳諸顧陸舊族長者，世有高位，當報漢德，顯祖揚名」[51]。東吳政權建立前後，顧、陸、朱、張四大姓的勢力發展起來，因此孫權留意於保證吳郡顧、陸、朱、張等大族的政治地位，實行「外仗顧、陸、朱、張」[52]的措施。孫權稱吳王後，親自到後庭拜見顧雍老母，任用顧雍為丞相平尚書事。顧雍為丞相長達十九年之久。陸氏一族，前後在朝為官的有二相、五侯、將軍十餘人。在周瑜、魯肅、呂蒙死後，孫權最信任的將領就是陸遜，封拜陸遜為上大將軍，顧雍死後，又任陸遜為丞相。在吳蜀聯盟恢復後，孫權給劉禪和諸葛亮的書信，都要請陸遜過目，「有所不安，便令改定，以印封行之」[53]。東吳軍隊在皖城大敗曹休，有人建議吳軍應該長驅直入，進取壽陽，占據淮南。孫權徵求陸遜意見，陸遜認為不可行，孫權也就作罷，足見陸遜在孫吳政權中的影響。陸遜子陸抗任大司馬、荊州牧。孫皓時，陸遜族子陸凱任左丞相。而朱桓也受孫權的重用，先後任濡須督、拜前將軍、領青州牧、假節，讓他領部曲萬口。顧、陸、朱、張四姓子弟擔任郡縣守令的更多，《三國志．吳書．朱治傳》稱「公族子弟及吳四姓多出仕郡，郡吏常以千數」。實際上吳國的政治為吳郡四大姓長期操縱。

[51]《文選》卷四四陳琳〈檄吳將校部曲文〉。
[52]《三國志》卷六一〈吳書．陸凱傳〉。
[53]《三國志》卷五八〈吳書．陸遜傳〉。

圖十　世家大族生活圖漆盤

江南大族在政治上的特殊地位，使他們名聲顯赫。吳郡顧、陸、朱、張更是聞名於世的望族。《世說新語．賞譽》載吳四姓舊目說：「張文、朱武、陸忠、顧厚。」可見吳郡四大姓已經形成獨特的家風，而為當時人們熟知。除四大姓外，吳郡尚有八族。陸機〈吳趨行〉說：「屬城咸有士，吳邑最為多。八族未足侈，四姓實名家。」㊹八族就是陳、桓、呂、竇、公孫、司馬、徐、傅八姓㊺。在會稽郡有孔、魏、虞、謝四族。《世說新語．賞譽》稱晉時「會稽孔沈、魏顗、虞球、虞存、謝奉，並是四族之儁，於時之傑」。會稽四族就是在東吳時興起的。〈吳都賦〉稱「其居則高門鼎貴，魁岸豪傑。虞魏之昆，顧陸之裔」，左思將會稽虞、魏二族與吳郡顧、陸並稱，足見虞、魏二族聲望之高。其中虞翻「少好學，有高氣」㊻，聞名於東吳。

江南大族利用他們的特殊地位和特權，進一步在經濟上發展勢力。顧、陸等大姓所立屯邸甚多，公然違反國家法令，招納流亡人口。《世說新語．政事》載吳郡太守在顧、陸大姓的屯邸中，「檢校諸

㊹《文選》卷二八陸機〈吳趨行〉。
㊺《文選》卷二八陸機〈吳趨行〉注引張勃《吳錄》。
㊻《三國志》卷五七〈吳書．虞翻傳〉注引韋昭《吳書》。

顧、陸役使官兵及藏逋亡，……罪者甚眾」。這些大族還占有大量私有的土地，擁有豐厚的家產。他們擁有的田莊分佈在各地，「僮僕成軍，閉門為市，牛羊掩原隰，田池布千里」57。顯然江南大族具有雄厚的經濟實力，使他們可以數代享有望族的聲譽，長期保持高門的社會地位，直到南朝陳亡，他們的社會地位還沒有下降。

第六節　吳國的衰亡

自孫權黃武元年（二二二年）在江東建國，歷會稽王孫亮、景帝孫休、末帝孫皓三朝的統治。在孫權統治時，採取「限江自保」的方略，使東吳政權得到鞏固。但孫權個人存在諸多的缺點。他沉湎於酒，飲酒成風，開了以後東吳君臣酗酒成風的先河。他又剛愎自用，不能夠納諫，因此使他處理國家重要事務出現不少的失誤。到孫權晚年，統治集團內部的矛盾逐漸開始激化。這表現在皇位繼承權的爭奪上。孫權曾立長子孫登為太子，但孫登先孫權而亡。孫權又立孫和為太子，封孫和弟孫霸為魯王。孫權寵愛孫霸，孫霸想奪取太子的地位。在擁立太子的問題上，朝臣分為兩大派。陸遜、諸葛恪、顧譚、朱據、滕胤、施績、丁密等人擁護太子孫和；步騭、呂岱、全琮、呂據、孫弘等人支持孫霸。孫權害怕身後釀成大亂，就廢太子孫和，迫使孫霸自殺，立九歲的少子孫亮為太子。在兩派朝臣的鬥爭中，一些人阿諛逢迎，結黨營私，敗壞了開國初年積極進取的風氣。

57 葛洪《抱朴子．外篇．吳失篇》。

神鳳元年（二五二年），孫權病死，孫亮即位，改元建興，由孫權生前安排好的大將軍諸葛恪輔政。諸葛恪是諸葛瑾的長子，他年輕的時候就為孫權所器重，陸遜死後，諸葛恪代替陸遜領兵。諸葛恪輔政後，「息校官，原逋責，除關稅，事崇恩澤，眾莫不悅」㊳，可見他開始試圖使國內的矛盾得到緩和，也要使統治階層的矛盾得到一些緩解。但由孫權廢太子而引起的統治上層矛盾還是沒有消除。諸葛恪本來應該著力整頓內政，解決矛盾，可是他卻輕易地發動對曹魏的戰爭。建興二年（二五三年），諸葛恪徵發近二十萬士兵，圍攻曹魏合肥新城。從四月圍攻到八月，「攻守連月，城不拔。士卒疲勞，因暑飲水，泄下流腫，病者大半，死傷塗地」㊴。諸葛恪不得已，只好退兵。退兵時，「士卒傷病，流曳道路。或頓仆坑壑，或見略獲，存亡忿痛，大小呼嗟」㊵。由於對曹魏戰爭失利，「由此眾庶失望，而怨黷興矣」㊶。東吳宗室孫峻趁機殺諸葛恪，他自己以丞相身份輔政。太平元年（二五六年），孫峻死，其從弟孫綝輔政。太平三年（二五八年），孫綝廢孫亮，擁立孫權第六子孫休為帝，即景帝。東吳政權內部的鬥爭，使國家的統治力量大為削弱。

孫休做皇帝六年，永安七年（二六四年）病死。丞相濮陽興、左將軍張布等擁立故太子孫和子孫皓為皇帝。這時蜀漢剛剛滅亡，原來三國鼎立，變為魏、吳對峙的局面，東吳西部和北部都受到曹魏

㊳《三國志》卷六四〈吳書．諸葛恪傳〉。
㊴《三國志》卷六四〈吳書．諸葛恪傳〉。
㊵《三國志》卷六四〈吳書．諸葛恪傳〉。
㊶《三國志》卷六四〈吳書．諸葛恪傳〉。

軍隊的威脅。吳帝孫皓認為有長江天險足以遮罩東吳，因此他修建宮殿，窮盡技巧，功役費用以億計。他粗暴驕盈，濫施酷刑，對不順從他的臣下「或剝人之面，或鑿人之眼」[62]，刑罰之酷烈，令人髮指。他還貪酒好色，在與群臣宴飲時，孫皓「無不竟日，坐席無能否，率以七升為限，雖不悉入口，皆澆灌取盡」[63]。在飲酒時，還對違背他旨意的臣下，隨意加以處罰，甚至殺戮。常侍王蕃「沉醉頓伏。皓疑而不悅，轝蕃出外。頃之，請還，酒亦不解。蕃性有威嚴，行止自若，皓大怒，呵左右於殿下斬之」[64]。孫皓後宮宮女甚多，「後宮數千，而採擇無已」[65]。孫皓荒淫暴虐，「昵近小人，刑罰妄加，大臣大將，無所親信，人人憂恐，各不自保」[66]，使東吳上下離心，完全失去了支持的力量。

東吳國內的社會衝突也在加劇。在蜀漢滅亡後，東吳為了加強長江的防務，補充需要的兵力，取消原來屯田客不服兵役的規定，開始抽調民屯的屯田客萬人充兵。由於屯田客負擔的加重，不僅使糧食的收穫量減少，也使一些屯田客「父子相棄，叛者成行」[67]。孫皓擁有一支龐大的軍隊，軍隊人數達二十三萬，而東吳的人口只有二百三十萬，已經到了平均十人負擔一個士兵的程度，因此他又利用各種名目增加稅收，結果弄得「民力困窮，鬻賣兒子，調賦相仍，日以疲極」[68]，國內人民生活困苦

[62]《三國志》卷四八〈吳書．孫皓傳〉。
[63]《三國志》卷六五〈吳書．韋曜傳〉。
[64]《三國志》卷六五〈吳書．王蕃傳〉。
[65]《三國志》卷四八〈吳書．孫皓傳〉。
[66]《三國志》卷五三〈吳書．薛綜傳〉注引干寶《晉紀》。
[67]《三國志》卷六五〈吳書．賀邵傳〉。

不堪。交州的呂興、永康的施旦、廣州的郭馬先後率農民反抗。施旦率領一萬多人的反抗隊伍甚至攻打到距離建業三十里的地方。東吳境內的社會衝突已經激化到無法調和的程度。

天紀三年（二七九年），晉軍分六路大舉攻吳。晉龍驤將軍王濬率水軍順長江而下，吳軍望風投降。次年三月，王濬水軍抵達建業。孫皓開城投降，東吳滅亡。從孫權黃龍元年（二二九年）稱帝開始，到孫皓天紀四年降晉，東吳存在了五十一年。如果從孫堅、孫策和孫權在江東的經營算起，時間就更長了。

本章重點

東吳建國後，孫權實行了有利於鞏固政權的積極措施，諸如屯田制、世襲領兵制等。孫權還進行了平定山越的戰爭，並留意給與江南大族的特權。由於實行這些有利於統治的措施，使社會經濟獲得了比較明顯的發展。

複習與思考

1. 試析東吳征伐山越的意義。
2. 東吳統治時期，江南經濟的發展有何特色？
3. 江南大族對東吳政權的影響為何？

㊳《三國志》卷六一〈吳書．陸凱傳〉。

第二篇

西晉、東晉與十六國

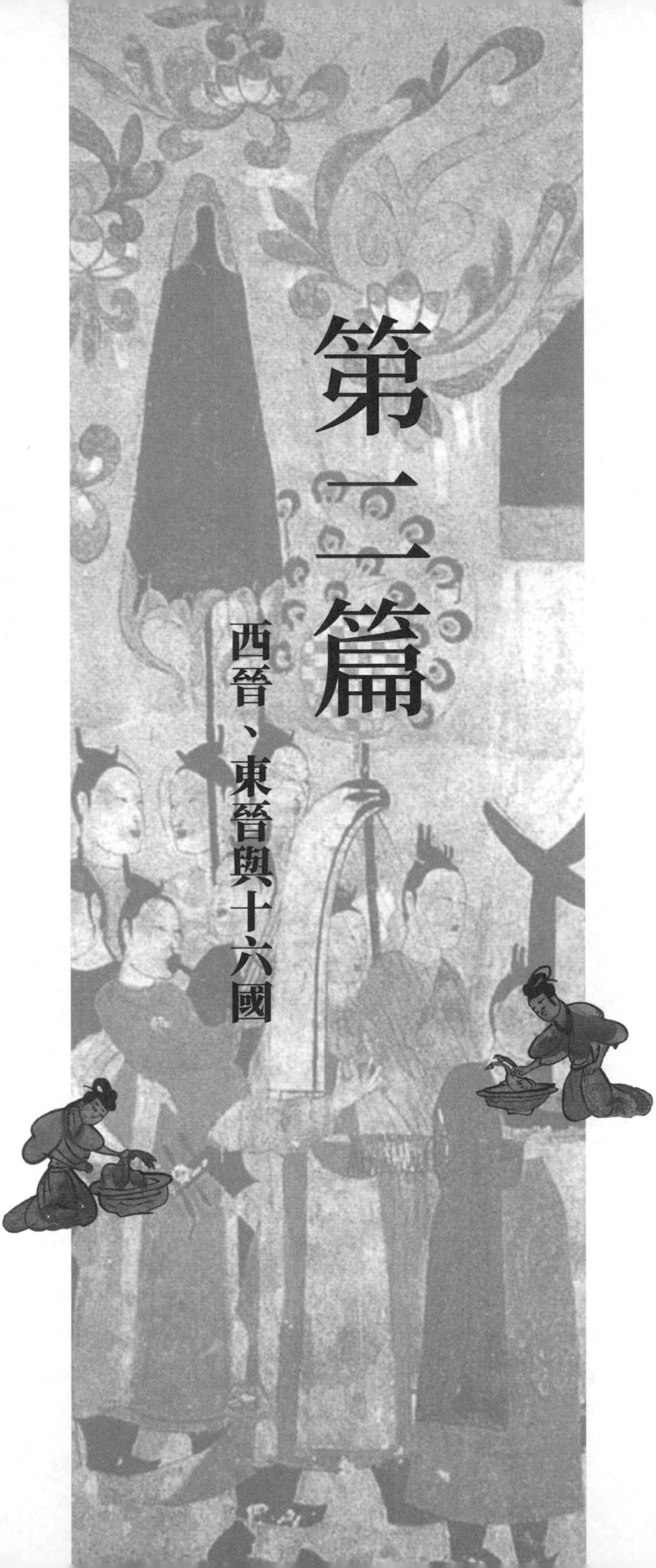

第七章 西晉的統一及其統治

晉武帝司馬炎發動攻吳戰役，消滅吳國，實現了全國的統一。西晉滅吳前後，在政治和法律上，實行了一些有利於鞏固國家統治的制度和措施。在職官的設置上，中央的尚書臺、中書機構和門下省占據重要位置。西晉對宗王進行分封，同時又實行宗王出鎮的措施。在滅吳後，又罷除了郡國兵。晉武帝採行的這些措施和制度，目的在於加強中央集權統治。但這些制度和措施也隱藏著禍患，尤其是宗王出鎮的措施。另外，晉武帝頒行《晉律》，強化了國家統治，也影響南朝和北朝法律的制定。

第一節 滅吳之戰與統一全國

咸熙二年（二六五年）底，司馬炎在洛陽南郊設壇，柴燎告天，舉行禪位禮，魏帝曹奐退位。司馬炎即皇帝位，國號為晉，定都洛陽，改元泰始。司馬炎稱帝後，封曹奐為陳留王，追封司馬懿為宣帝，司馬師為景帝，司馬昭為文帝，司馬氏宗室皆封為王。

司馬炎稱帝後，最重要的事務就是統一全國，所以他積極為平吳做準備。他任命近臣羊祜為都督荊州諸軍事、衛將軍，出鎮襄陽，與東吳守將陸抗對峙。羊祜在荊州大力收買東吳人心，熟悉東吳國情，積極準備伐吳。由於羊祜經略荊州有功，晉武帝將他升為征南大將軍、開府儀同三司。羊祜以為「伐吳必藉上流之勢」①。他舉薦大司農王濬任益州刺史。晉武帝為王濬加龍驤將軍號，任監益州諸軍事，「密令修舟楫，為順流之計」②。王濬修造大量的戰船，有的「大船連舫，方百二十步，受二千餘人。以木為城，起樓櫓，開四出門，其上皆得馳馬來往」③。晉武帝又任東莞王司馬伷為鎮東大將軍、都督徐州諸軍事，出鎮下邳。司馬伷在徐州「鎮御有方，得將士死力，吳人憚之」④。

晉武帝為征伐東吳，曾與羊祜祕密商議。中書令張華、度支尚書杜預等人贊成出兵攻伐東吳。咸寧二年（二七六年），羊祜上疏晉武帝，闡明滅吳的方略，疏中說：「今江淮之難，不過劍閣；山川之險，不過岷漢；孫皓之暴，侈於劉禪；吳人之困，甚於巴蜀。而大晉兵眾，多於前世；資儲器械，盛於往時。今不於此平吳，而更阻兵相守，征夫苦役，日尋干戈，經歷盛衰，不可長久，宜當時定，以一四海。」⑤但羊祜的平吳之策，尚書令賈充、祕書監荀勖「固諫不可」⑥，群臣也「多以為不可」⑦。晉武帝對羊祜上疏中的平吳主張頗為贊同，採納了他的主張。咸寧四年（二七八年），羊祜病

①《晉書》卷三四〈羊祜傳〉。
②《晉書》卷三四〈羊祜傳〉。
③《晉書》卷四二〈王濬傳〉。
④《晉書》卷三八〈宣五王．琅邪武王伷傳〉。
⑤《晉書》卷三四〈羊祜傳〉。
⑥《晉書》卷三九〈荀勖傳〉。
⑦《晉書》卷三六〈張華傳〉。

死，晉武帝任杜預為都督荊州諸軍事，對東吳作進攻的態勢。咸寧五年（二七九年），杜預與王濬上表請求伐吳。晉武帝下詔：「兵興以來，八十餘年。戎車出征，罔有寧歲。死亡流離，傷害和氣。朕每惻然悼心，思戢兵靜役，與人休息。……今孫皓犯境，夷虜擾邊。此乃祖考之遺慮，朕身之大恥也。故繕甲修兵，大興戎政，內外勞心，上下戮力。以南夷句吳，北威戎狄。然後得休牛放馬，與天下共饗無為之福耳。」⑧晉武帝任張華為度支尚書，掌管漕運糧餉，主持伐吳大計。十一月，晉武帝命鎮軍將軍、琅邪王司馬伷率軍隊數萬，從涂中進軍；安東將軍王渾率軍出江西；建威將軍王戎率軍攻武昌；平南將軍胡奮出夏口；鎮南大將軍杜預出江陵，派參軍樊顯、尹林、鄧圭、襄陽太守周奇等率眾循江西上；龍驤將軍王濬、廣武將軍唐彬率領巴蜀之眾，沿江而下，分兵進軍。東西各路軍隊總共二十餘萬。晉武帝任命賈充為大都督，假黃鉞，「總統六師」⑨，以冠軍將軍楊濟為副統帥，駐紮襄陽。

太康元年（二八〇年）初，各路晉軍所向披靡。杜預軍攻克江陵，胡奮軍攻克江安。王渾軍在進軍中，遭遇東吳丞相張悌、大將軍孫震等人率領的數萬軍隊，晉軍斬敵首七八千級，「吳人大震」⑩。王濬、唐彬等率軍連克長江沿岸東吳險隘，沿江東下。東吳在長江要害處，以鐵鎖橫截江面，又將一丈多長的鐵錐暗置江中，攔截晉軍船隻。王濬事先做好數十大筏，上面樹立草人，被甲持杖。他先讓善泅水的士兵隨筏先行，遇到江下面的鐵錐，鐵錐就隨筏而去。他又製作長十餘丈，大數十圍的火炬，

---

⑧《文館詞林》卷六六二引〈晉武帝伐吳詔〉。
⑨《晉書》卷四〇〈賈充傳〉。
⑩《晉書》卷四二〈王渾傳〉。

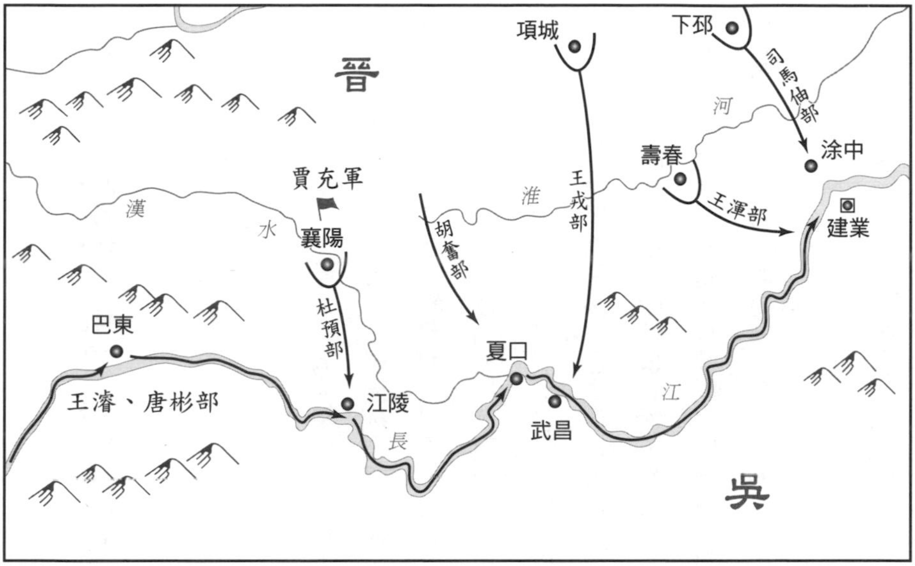

圖十一　滅吳之戰示意圖

澆灌上麻油，船行遇到鐵鎖，火炬燃燒，很快便將鐵鎖熔化。東吳的防禦設施，無法阻擋晉軍水師的前進。王濬大軍順流而下，勢如破竹，很快攻克武昌，直指建業。三月，王濬率大軍八萬人攻至石頭城下。吳主孫皓聽說王濬軍隊「旌旗器甲，屬天滿江，威勢甚盛，莫不破膽」⑪，只好「素車白馬，肉袒面縛，銜璧牽羊，大夫衰服，士輿櫬」⑫，率太子孫瑾等二十一人，到王濬營門前請降，東吳滅亡。西晉伐吳戰役大獲全勝。

西晉滅吳後，「收其圖籍，克州四，郡四十三，縣三百一十三，戶五十二萬三千，吏三萬二千，兵二十三萬，男女口二百三十萬」⑬，對東吳地方牧守以下官員不作變動，一仍其舊，廢除東吳的苛政，穩定了東吳的民心。西晉滅吳，結

⑪《晉書》卷四二〈王濬傳〉。
⑫《晉書》卷四二〈王濬傳〉。
⑬《晉書》卷三〈武帝紀〉。

束了從漢獻帝初平元年（一九〇年）董卓之亂後延續九十年之久的分裂割據局面，國家又歸於統一。

第二節　政治、軍事與法律制度的制定與實施

一、國家職官的設置

西晉建立後，開始實行有利於國家統治的職官制度。晉武帝在中央設置了「八公」。「八公」包括太宰、太傅、太保、太尉、司徒、司空、大司馬、大將軍。這種「八公」是將古代的三公、漢代的三公以及在過去不同時期設置的大司馬、大將軍混合而成的制度。晉武帝即位之初，以安平王司馬孚為太宰，鄭沖為太傅，王祥為太保，義陽王司馬望為太尉，何曾為司徒，荀顗為司空，石苞為大司馬，陳騫為大將軍。當時稱「八公同辰，攀雲附翼者也」⑭。「八公」任職者「皆蕭然自放，機爾無為」⑮，其地位雖然很高，但實際權力並不大。

為管理國家政事，西晉還設置了尚書臺。尚書臺是承襲曹魏的制度，設有尚書令、尚書僕射、六曹尚書、尚書左、右丞，以及尚書郎等職。設置二位尚書僕射時，則稱為尚書左僕射、尚書右僕射。西晉時，六曹尚書的設置多有變化。西晉初，六曹尚書包括吏部、三公、客曹、駕部、屯田、度支六

⑭《晉書》卷二四〈職官志〉。
⑮《文選》卷四九干寶〈晉紀總論〉六臣注。

曹，無兵曹。太康年間（二八〇—二八九年），六曹尚書有吏部、殿中、五兵、田曹、度支、左民六曹，無駕部、三公、客曹。六曹尚書下設三十五曹郎。尚書左、右丞則為固定的設置。尚書左丞掌臺內禁令、宗廟祠祀、朝儀禮制、選用署吏，及假兼糾彈之事；右丞掌臺內庫藏廬舍，凡諸器用之物，及賑濟的租布，刑獄兵器，登錄遠道文書章表奏事。

西晉還設置中書監、中書令，其下設中書侍郎四人，這也是承襲曹魏的制度。中書監和中書令掌管起草詔令、國家的重要文書及機要之事，「多為樞機之任」⑯。中書監、中書令和尚書令號為宰相之任，國家重視中書之官「居喉舌之任，則尚書之職，稍以疏遠」⑰。

西晉也設置侍中、散騎常侍、散騎侍郎。上朝時侍中居左，散騎常侍居右，「備切問近對，拾遺補闕」⑱。侍中、散騎常侍、散騎侍郎還「共平尚書奏事」⑲。

此外，西晉還設置太常、光祿勳、衛尉、太僕、大鴻臚、宗正、大司農、將作大匠等卿官掌管庶務。並承襲舊制，置廷尉「主刑法獄訟」⑳。

在武職方面，西晉規定「大司馬、大將軍、太尉、驃騎、車騎、衛將軍、諸大將軍，開府位從公者為武官公」㉑，設置的將軍職銜有驃騎、車騎、衛將軍、伏波、撫軍、都護、鎮軍、中軍、四征（征

⑯《通典》卷二一〈職官三〉。
⑰《通典》卷二二〈職官四〉。
⑱《晉書》卷二四〈職官志〉。
⑲《晉書》卷二四〈職官志〉。
⑳《晉書》卷二四〈職官志〉。

南、征北、征東、征西)、四鎮(鎮南、鎮北、鎮東、鎮西)、龍驤、典軍、上軍、輔國將軍等,同時,還設置了眾多的雜號將軍。西晉為保證對屯駐在首都的中央軍隊的控制,設置了中軍將軍,統二衛、前、後、左、右、驍衛等營兵,晉懷帝改中軍將軍為中領軍;設置護軍將軍,又稱中護軍;設左、右衛將軍、驍騎將軍、遊擊將軍。「及晉,以領、護、左右衛、驍騎、遊擊為六軍」㉒。晉武帝重視兵官,「故軍校多選朝廷清望之士居之」㉓。西晉為控制地方,承襲曹魏制度,設置了都督諸州軍事,「及晉受禪,都督諸軍為上,監諸軍次之,督諸軍為下」㉔。都督諸州軍事是西晉派往各地方負責軍事鎮戍的中央職官。除了司州外,西晉也陸續在各州都設置都督諸州軍事,「太康中,都督知軍事,刺史理人,各用人也。惠帝末,乃並任,非要州則單為刺史」㉕。都督諸州軍事鎮戍的地區稱為都督區。

西晉在地方實行州、郡、縣三級行政制度。平吳之後,西晉在全國設置了司、冀、兗、豫、荊、徐、揚、青、幽、平、并、雍、涼、秦、梁、益、寧、交、廣,凡十九州;設郡國一百七十三。州設刺史,屬官有別駕、治中從事、諸曹從事等。又有主簿、門亭長、錄事、記室書佐、諸曹佐、守從事、武猛從事等,凡吏四十一人,卒二十人。邊州或有山險,瀕近寇賊羌夷的州,又置弓馬從事五十餘人。徐州又置淮海,涼州置河津,各州置都水從事各一人。荊州又置監佃督一人。涼、益為重州,置吏八

㉑《晉書》卷二四〈職官志〉。
㉒《晉書》卷二四〈職官志〉。
㉓《晉書》卷二四〈職官志〉。
㉔《晉書》卷二四〈職官志〉。
㉕《通典》卷三二〈職官十四〉。

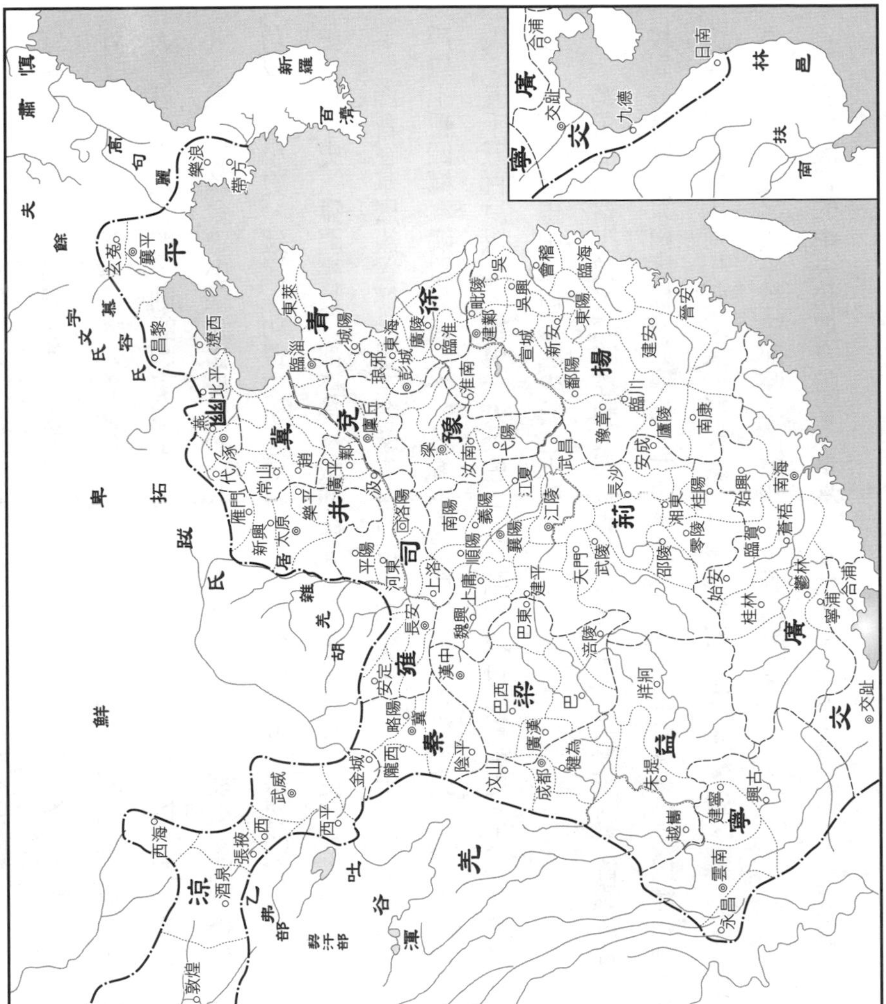

圖十二　西晉疆域圖

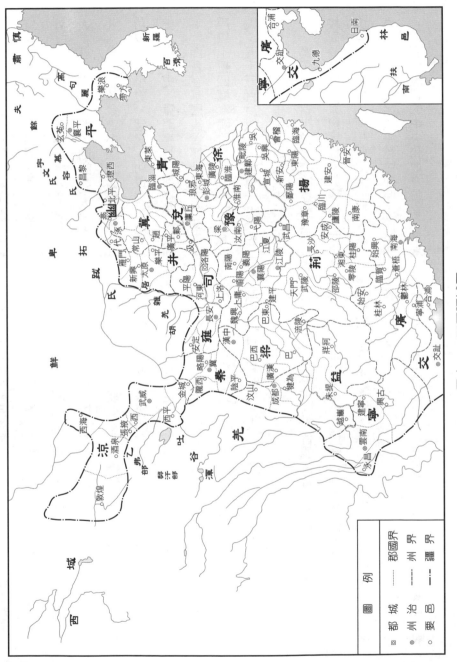

十五人，卒二十人。郡設太守，因河南郡為京師洛陽所在地，另稱為尹。各王國設內史，其職與郡太守相同。郡太守屬官有主簿、主記室、門下賊曹、議生、門下史、記室史、錄事史、書佐、循行、幹、小史、五官掾、功曹史、功曹書佐、循行小史等。郡國戶口不滿五千戶的，置職吏五十人，散吏十三人；五千戶以上的，則設職吏六十三人，散吏二十一人；萬戶以上的，設職吏六十九人，散吏三十九人。大縣設縣令，小縣設縣長，屬官有主簿、錄事史、主記室史、門下書佐、幹、遊徼、議生、循行功曹史、小史、廷掾、功曹史、小史書佐幹、戶曹掾史幹、法曹門幹、金倉賊曹掾史、兵曹史、吏曹史、獄小史、獄門亭長、都亭長、賊捕掾等。各縣設置方略吏四人，洛陽縣設置六部尉。

西晉在基層設置鄉、里。各縣五百戶以上都設置鄉，三千戶以上置二鄉，五千戶以上置三鄉，萬戶以上置四鄉。鄉置嗇夫一人。各鄉不滿千戶以下，置治書史一人；千戶以上置史、佐各一人，正一人；五千五百戶以上，置史一人，佐二人。縣一般百戶置里吏一人。在地廣人稀的地方，可根據情況設置里吏，但里中人口不能少於五十戶。

為了加強對少數民族的控制，西晉設置護羌、夷、蠻等校尉。晉武帝置南蠻校尉於襄陽，置西戎校尉於長安，置南夷校尉於寧州。元康年間（二九一－二九九年），以涼州刺史兼任護羌校尉，雍州刺史兼西戎校尉，荊州刺史兼南蠻校尉。又設護匈奴、羌、戎、蠻、夷、越中郎將，「或領刺史，或持節為之」㉖。後又設平越中郎將，治廣州，主護南越。

西晉設置的中央和地方職官，是為了強化專制中央集權的統治，但隨著世家大族勢力的增長，國

㉖《晉書》卷二四〈職官志〉。

家設官分職也要顧及他們的利益，因此使官署、屬官和兼職都明顯增多，官員眾多，機構臃腫，以致使國家機器運行遲緩，毫無生氣可言。

二、分封制度的實施與宗王出鎮

泰始元年（二六五年），晉武帝開始分封諸侯王。他封子弟為王者二十七人，「以郡為國」㉗，將封國分為三個等級，有戶口二萬戶的為大國；有戶口萬戶的為次國；有戶口五千戶的為小國。大國可以有軍隊五千人，次國有軍隊三千人，小國有軍隊一千五百人。另外還有公國和侯國，「公、侯邑萬戶以上為大國，五千戶以上為次國，不滿五千戶為小國」㉘。

在晉武帝所封的諸侯國中，平原、汝南、琅邪、扶風、齊為大國，梁、趙、樂安、燕、安平、義陽為次國。小國封地在兗州的有任城、東平國，在豫州的有沛、譙國，在冀州的有高陽、中山、常山國，在并州的有太原、西河國，在秦州的有隴西國，在梁州的有廣漢國，在平州的有遼東國，在青州的有東萊、濟南、渤海國，在徐州的有彭城、下邳國。從晉武帝到晉懷帝，儘管封國情況有變化，有的封國變為郡，有的郡變為封國，但封國總數大體保持在三十個左右。

晉武帝開始分封時，大部分受封的諸侯王沒有去封國，留在京城洛陽。直到咸寧三年（二七七年），衛將軍楊珧與中書監荀勖奏請晉武帝，使諸侯王就國，「諸公皆戀京師，涕泣而去」㉙。實際上

㉗《晉書》卷一四〈地理志上〉。
㉘《晉書》卷一四〈地理志上〉。

從西晉開始分封到咸寧三年，共十二年時間，晉武帝的分封措施並沒有完全落實。

西晉的封國「法同郡縣，無成國之制」[30]，諸侯王在封國內，只衣食租稅，並不能夠統治國民。諸侯王所食的戶調田租，也不是全部數量，戶調為三分之一，田租為二分之一。王國的相（後改為內史）由國家任命，與太守無異，王國的官員不能夠掌握地方政權。

西晉設置十九州，一百七十三郡。晉武帝分封諸侯國的地方只有二十八個郡，其所占地區與西晉控制的全部國土相比，真是微乎其微。

晉武帝分封的主要目的是欲使諸侯王國能夠藩衛中央政府，但分封王國的狀況，很難實現這一目的。因此晉武帝末年劉頌上疏說：「臣之愚慮，以為宜早創大制，遲回眾望，猶在十年之外，然後能令君臣各安其位，榮其所蒙，上下相持，用成藩輔。如今之為，適足以虧天府之藏，徒棄穀帛之資，無補鎮國衛上之勢也。」[31]明確指出了分封制實行過程中的弊端。晉武帝為了加強宗室的權勢，使宗王能起到維護司馬氏政權的作用，實行了宗王出鎮的措施。

西晉建國前後，晉武帝陸續使諸侯王出任都督諸州軍事。從泰始元年到泰始十年（二六五－二七四年），先後有汝陰王司馬駿、太原王司馬輔、太原王司馬瓌都督豫州諸軍事；濟南王司馬遂、梁王司馬肜、高陽王司馬珪、彭城王司馬權都督鄴城守諸軍事；扶風王司馬亮、汝陰王司馬駿都督雍涼州諸

---

[29]《晉書》卷二四〈職官志〉。
[30]《晉書》卷四六〈劉頌傳〉。
[31]《晉書》卷四六〈劉頌傳〉。

軍事；琅邪王司馬伷都督兗州諸軍事；東莞王司馬伷都督徐州諸軍事；隨王司馬政、下邳王司馬晃都督沔北諸軍事。宗王出鎮的這些地方，都是國家統治的重要地區。

咸寧三年（二七七年），晉武帝要求諸侯王就國，但出任都督諸州軍事的諸侯王，大多數鎮戍的地方不在封國內。因此晉武帝使這些任都督的諸侯王「各徙其國使相近」㉜，也就是移封就鎮。晉武帝在世時嚴格實行了這一措施，使宗王的都督諸州軍事任職變為長期的。西晉的豫州、冀州、雍涼州和青徐州，從西晉建國到西晉末年，基本上都是由司馬氏宗王出任。宗王出鎮地方，不僅擴大了他們的權勢，也加強了他們對地方的控制。

三、罷除州郡兵

西晉建國後承襲曹魏制度，在各州郡設置州郡兵。在地方州郡置兵始於曹操統治的後期，當時丞相主簿司馬朗建議「今雖五等未可復行，可令州郡並置兵，外備四夷，內威不軌，於策為長」㉝。至魏明帝太和年間（二二七—二三三年），曹魏控制的十二州中，沿邊的八州都有州兵的設置，在一些郡也設置了郡兵。西晉建國初，晉武帝以都督諸州軍事兼領刺史職，或者為刺史加將軍號，來統領州郡兵。除了京師洛陽所在的司州外，其他各州都設置了州兵。因此在西晉平吳之前，州郡兵是一支重要的武裝力量。

㉜《資治通鑑》卷八〇〈晉紀二〉咸寧三年條。
㉝《三國志》卷一五〈魏書．司馬朗傳〉。

太康元年（二八〇年），西晉平吳後，晉武帝開始整頓軍事事務。太康三年（二八二年），晉武帝「罷刺史將軍官」㉞，開始實行刺史不加將軍號、不領兵的制度。沒有將軍號、不領兵的刺史所領州，稱為輕州。晉武帝又使都督諸州軍事不再兼領刺史職，「都督知軍事，刺史治民，各用人」㉟。他還使涼州、雍州和荊州刺史不再兼任校尉職，「詔以軍州始分」㊱。晉武帝實行這些兵民分離措施時，又於太康三年罷除了州郡兵。他下詔：「今賴宗廟之靈，士大夫之力，江表平定，天下合之為一。當韜戢干戈，與天下休息。諸州無事者罷其兵，刺史分職，皆如漢氏故事。」㊲只在大郡置武吏百人，小郡置武吏五十人。

晉武帝罷除了州郡兵，但並不是在州郡都不設兵。太康六年（二八五年），晉武帝以梁、益州為重州，二州刺史均加將軍號，則此二州又有州郡兵的設置。邊遠的交州則一直保留州兵。

晉武帝罷除州郡兵，並不是要削弱國家的武力，因為西晉的主要軍事力量是集中在首都洛陽附近的中軍，在各地方屯駐的由都督諸州軍事統領的外軍也是很強的武裝力量。平吳後罷除州郡兵，在一定程度上可以減輕人民的負擔，隨著戶調式的實行，可以擴大承擔賦役的丁口。

㉞《北堂書鈔》卷七二引王隱《晉書》。
㉟《南齊書》卷一六〈百官志〉。
㊱《金石錄》卷二〇〈晉護羌校尉彭祈碑〉。
㊲《續漢書・郡國志三》劉昭注引〈晉太康初武帝詔〉。

四、《晉律》的頒行

早在司馬昭任晉王時，「患前代律令本注煩雜，陳群、劉邵雖經改革，而科網本密」㊳，他命賈充主持，由鄭沖、荀顗、荀勖、羊祜、王業、杜友、杜預、裴楷、周雄、郭頎、成公綏、柳軌、榮邵等人參與，制定律令。泰始四年（二六八年），新律修成，晉武帝將其頒行全國。因《晉律》修成於泰始年間，所以又稱「泰始律」。

《晉律》的修定基本依照漢《九章律》，又在《九章律》基礎上，增加十一篇，共有二十篇，六百二十條，二萬七千六百五十七字。《晉律》二十篇目錄為刑名、法例、盜律、賊律、詐偽、請賕、告劾、捕律、繫訊、斷獄、雜律、戶律、擅興、毀亡、衛宮、水火、廄律、關市、違制、諸侯。《晉律》的內容「禮律並重」，因此其體例和內容都比較嚴謹、完善。衛宮律加強了對皇室和專制國家的保護；違制律規定了官吏瀆職罪的懲罰條例，確保國家的統治效能；諸侯律是針對國家實行的分封制而制定的，要求各諸侯國、宗室和世族集團服從皇權，所以諸侯律是維持君臣上下關係的保證。律學家張裴、杜預還為《晉律》作了注解，將科釋律，防止一科二律。

賈充制定新律的同時，又撰《晉令》四十篇，有戶、學、貢士、官品、吏員、俸廩、服制、祠、戶調、佃、復除、關市、捕亡、獄官、鞭杖、醫藥疾病、喪葬、雜（三篇）、門下散騎中書、尚書、三臺祕書、王公侯、軍吏員、選吏、選將、選雜士、宮衛、贖、軍戰、軍水戰、軍法（六篇）、雜法（二

㊳《晉書》卷三〇〈刑法志〉。

篇）等令。晉令與漢令、魏令存在明顯的差別，它以令設教，違令有罪才入律，使律令分離。令不再作為律的補充形式，獨立為教令法，解決了自漢律以來，因律令混雜而相互矛盾的現象。《晉律》和《晉令》加在一起共有六十卷，二千九百二十六條，十二萬六千三百餘字，與七百餘萬字的漢律相比已經大為精簡了。

另外，賈充等人還撰有《故事》三十卷。「故事」㊴是一種新的法律形式。它是當時制書、詔誥等法律文書的匯編。《晉故事》將前代的事例，即習慣法，編為成文法，主要的內容是百官行事及處分的規程。

《晉律》用刑較寬，刪除了《魏律》苛穢的條目，相對減輕了動輒獲罪、輕重無情的弊病。《晉律》將死刑分為三種，即梟、斬、棄市。髡刑分為髡鉗五歲刑加笞二百、四歲刑、三歲刑、二歲刑。贖刑分為贖死刑、贖五歲刑、贖四歲刑、贖三歲刑、贖二歲刑。贖金可以用黃金，也可以兼用絹。另外還有奪爵、除名、禁錮、徙邊、罰金、雜抵罪、沒為奚奴等處罰。皇室的親、故、賢、能、功、貴、勤、賓八種人擁有特權，他們犯罪可以議減刑甚至免罪。

《晉律》的頒行，有利於國家維護統治秩序，適應於安定的統一帝國的需要。《晉律》對於後世也產生重要的影響，它綜合了漢、魏以來律令的長處，律文嚴密、簡明，所以直接影響南北朝的法律。南朝基本上承用《晉律》，北朝初年的律令大多數也取自《晉律》。

㊴「故事」這種法律形式只存在於魏晉間，南朝宋、齊時，稱為「簿狀」，梁時改稱為「科」，隋唐以後併入「式」中。

第七章
西晉的統一及其統治

本章重點

本章的重點是比較全面的說明西晉政權在政治、軍事、法律方面各項制度的制定以及統治措施的實行。西晉建國後，完善了職官的設置，實行分封制度、頒行了《晉律》，並且，實行廢除州郡兵、宗王出鎮措施。這些制度和措施的實行無疑對加強國家中央集權的統治起到重要的作用。因此，深入瞭解這些制度和措施的實行狀況，對研究西晉國家統治的特點是具有重要意義的。

複習與思考

1. 西晉職官的設置突出了尚書臺、中書和門下機構的地位，這對國家權力機構的運轉有何意義？晉官制與漢官制有哪些不同？
2. 請問西晉罷除州郡兵以及宗王出鎮的影響為何？
3. 試述《晉律》頒行的意義。

第八章
戶調式的實施與世家大族經濟勢力的發展

西晉平吳後，實行戶調式。戶調式包括三方面的內容，即占田制、戶調制、品官占田蔭客制。這是西晉政府解決土地占有的制度，也是國家賦稅徵收的制度，同時也是對於官員蔭客的限制。這一制度的實行，保證不同社會等級對土地的占有，尤其是對編戶農民更是如此。此制的實行也使西晉政府有了固定的賦稅徵收規定。西晉世家大族已經形成，他們的勢力在發展，對於社會的影響也越來越大，成為支配社會運作的重要階層。

第一節　戶調式的實施

太康元年（二八〇年），晉武帝平吳之後，開始推行戶調式。西晉實行戶調式，是適應經濟狀況的需要。早在曹魏時期便實行屯田制，有使用士兵的軍屯，也有使用屯田客的民屯。到曹魏統治後期，民屯開始破壞。曹魏咸熙元年（二六四年），司馬昭「罷屯田官，以均政役，諸典農皆為太守，都尉皆為令長」①。這一措施使屯田客轉變成為國家郡縣的編戶民。這個過程是逐步實現的。泰始二年（二六六年），西晉又下令「罷農官為郡縣」②，民屯上的屯田客基本上都變成國家的編戶了。民屯的廢除和屯田客身份的改變，促使西晉政府需要在土地占有以及徵收田租賦稅上，採取相應的措施。

自曹魏到西晉初年，因戰爭的影響，當時存在許多荒蕪的土地和逃亡的人口。曹魏時推行屯田制，使農業發展取得良好的成果，但荒地和流亡人口的問題依然嚴重，「地有餘羨，而不農者眾」③，「天下千城，人多游食」④。西晉初年，晉武帝多次下詔鼓勵各地開墾荒地。王宏任汲郡太守，「督勸開荒五千餘頃」⑤，羊祜鎮襄陽，「墾田八百餘頃」⑥，足見當時荒地之廣。西晉初年，國家嚴重缺乏勞動力，在平吳之後，戶口也只有二百四十五萬戶，相當於兩漢時期的四分之一。西晉政權想要穩定政權、增加稅收，就必須開墾更多荒地，將游離土地的勞動人口固定在土地上，因此在田制和賦稅制度上，需要採取有益統治的措施。

曹魏統治以來，豪勢之家大量占有私有土地的情況不斷發展，「舊大族田地有餘，而小民無立錐之土」⑦。西晉初年，這種情況還很嚴重，國家需要對私人占有土地作必要的限制。豪勢之家還占有眾多的依附人口。中山王司馬睦募徙國內八縣「受逋逃、私占及變異姓名、詐冒復除者七百餘戶」⑧作

---

① 《三國志》卷四〈魏書·陳留王奐紀〉。
② 《晉書》卷三〈武帝紀〉。
③ 《晉書》卷三八〈齊獻王攸傳〉。
④ 《晉書》卷五一〈束皙傳〉。
⑤ 《晉書》卷九〇〈王宏傳〉。
⑥ 《晉書》卷三四〈羊祜傳〉。
⑦ 《三國志》卷一六〈魏書·倉慈傳〉。

為佃客，為晉武帝禁止，將他貶為縣侯。顯然晉武帝已看出私人大量占有依附人口不利於國家的統治。

晉武帝在平吳後，頒行了戶調式，試圖解決土地、人口以及賦稅問題。戶調式包括占田制、品官占田蔭客制和戶調制。

占田制規定了諸侯的芻藁田數量。《晉書．食貨志》載：「國王公侯，京城得有一宅之處。近郊田，大國田十五頃，次國十頃，小國七頃。城內無宅城外有者，皆聽留之。」

占田制規定了編戶民所占土地的數量。《晉書．食貨志》載：「男子一人占田七十畝，女子三十畝。其外丁男課田五十畝，丁女二十畝，次丁男半之，女則不課。」男子占田七十畝，女子占田三十畝這個數字，當來自於曹魏屯田客所耕田畝面積的規定，因為西晉占田制與曹魏的屯田制有相承的關係。西晉規定占田面積是農民可以實行耕作的田畝面積，不是假定的指標。課田為占田的一部分，是交納田租的土地。

品官占田蔭客制，包括對官員所占土地和蔭客數量的規定。從官員應按品級占田的情況來看，《晉書．食貨志》載：「其官品第一至於第九，各以貴賤占田，品第一者占五十頃，第二品四十五頃，第三品四十頃，第四品三十五頃，第五品三十頃，第六品二十五頃，第七品二十頃，第八品十五頃，第九品十頃。」

戶調制是對農民應該承擔的戶調規定。《晉書．食貨志》載：「丁男之戶，歲輸絹三匹，綿三斤，女及次丁男為戶者半輸。其諸邊郡或三分之二，遠者三分之一。夷人輸賨布，戶一匹，遠者或一丈。」

---

⑧《晉書》卷三七〈高陽王睦傳〉。

戶調又規定了男女負擔戶調的年齡。《晉書·食貨志》載：「男女年十六已上至六十為正丁，十五已下至十三、六十一已上至六十五為次丁，十二已下六十六已上為老小，不事。」國家還規定了田租的徵收額，《晉故事》：「凡民丁課田，夫五十畝，收租四斛，絹三疋，綿三斤。凡屬諸侯，皆減租穀畝一斗，計所減以增諸侯；絹戶一匹，以其絹為諸侯秩；又分民租戶二斛，以為侯奉。其餘租及舊調絹，二戶三匹，綿三斤，書為公賦，九品相通，皆輸入於官，自如舊制。」⑨這就是說，西晉的田租和戶調是一戶以一丁計，按戶徵收。徵收租調時，官員事先要將交納租調的戶按照貧富分為九等，按等定數。《晉故事》所載「凡民丁課田，夫五十畝，收租四斛，絹三疋，綿三斤」，則是租調的平均指標。西晉確定的這種徵收租調的辦法，也稱為「九品混通」。

西晉戶調式的實行，是為了通過田租、戶調的調整盡可能的加強對農民的控制，強化中央的統治。就占田制來看，不是准許農民有權占有法令上所規定的田畝，占田農民也不可能只占田而不耕作。實際上，實行占田制使農民獲得了小塊可耕作的土地，在這些土地上，他們的耕作意願極高，「河濱海岸，三丘八藪，耒耨之所不至者，人皆受焉。農祥晨正，平秩東作，荷鍤贏糧，有同雲布」⑩。

西晉國家規定諸侯應占的芻藁田和官吏按品級占田的數額，在法令上限制貴族官僚的占田數量。不過，在西晉國家實行占田制時，並沒有追回貴族官僚侵占的土地，並還規定一品官可占田五十頃，九品官也能夠占田十頃，實際上這是對豪門權勢之家利益的保護。然而，此制對於抑制兼併還是起到

⑨《初學記》卷二七〈絹九〉引。
⑩《晉書》卷二六〈食貨志〉。

了作用。在占田制頒行後，貴族官員強占土地過限的情況受到限制。比如少府夏侯承「取官田，立私屋」⑪，被御史中丞傅咸彈劾而免官。藍田令張輔懲處西州大姓龐宗，「奪宗田二百餘頃」⑫。

西晉政府實行占田制的目的，是要將勞動力和土地妥善結合在一起，而占田制實行後，確實收到了積極的效果。當時很多地方的荒地得到開墾，能夠抑制豪強，使力役均平。《晉書．食貨志》稱：「是時天下無事，賦稅平均，人咸安其業而樂其事。」社會經濟得到恢復，出現「牛馬被野，餘糧棲畝，行旅草舍，外閭布閉」⑬的景象。太康年間（二八〇－二八九年），人口劇增，很多流亡人口歸籍，獲得了土地。太康三年（二八二年），西晉戶數上升到三百七十七萬，與兩年前初行占田制相比增加了一百三十餘萬。戶口的增加擴大了國家的賦稅來源，使國家的財政收入明顯增多。太康年間，「世屬升平，物流倉府，宮闈增飾，服翫相輝」，以致到永寧初年，在洛陽「尚有錦帛四百萬，珠寶金銀百餘斛」⑭。占田制的實行，明顯促進了西晉社會經濟的發展。

⑪《全晉文》卷五二〈奏劾夏侯承〉。
⑫《晉書》卷六〇〈張輔傳〉。
⑬《全晉文》卷一二七引干寶〈晉紀總論〉。
⑭《晉書》卷二六〈食貨志〉。

第二節　世家大族經濟勢力的發展

西晉世家大族經濟勢力的發展，與他們擴大對私有土地的占有關係密切。繼承漢魏，世家大族占有私有土地有了很大的發展空間。依西晉占田制規定，官員可以按官品高低占有土地，一個九品官員就可以占有十頃土地，而一個農民只能夠占有七十畝土地，二者相差甚多，至於高品官員可以占有的土地數量就更驚人了。因此占田制的規定就為官員大量占有私有土地開闢了道路。西晉官員按品級還可以獲得菜田，《晉書．職官志》記載，太宰、太傅、太保等諸公以及位從公官品第一者，「給菜田十頃，田騶十人」；特進等品秩第二者，「菜田八頃，田騶八人」；光祿大夫、尚書令等，「給菜田六頃，田騶六人」。一些官員還能夠得到廚田的賞賜。如晉武帝曾賜予大司馬陳騫「廚田十頃，廚園五十畝，廚士十人」⑮，賜給太保衛瓘「廚田十頃、園五十畝」⑯。西晉這些做法使官員在土地占有上，享有更多特殊優惠的待遇。在西晉政府這些政策之下，世家大族對私有土地的占有明顯發展起來。如石崇有「水碓三十餘區，蒼頭八百餘人，他珍寶貨賄田宅稱是」⑰；幽州刺史王浚「並廣占山澤，引水灌田」⑱。一些豪門大姓不僅侵占民田，而且還敢染指官田。尚書令裴秀「占官稻田」⑲；立進令劉友、

⑮《晉書》卷三五〈陳騫傳〉。
⑯《晉書》卷三六〈衛瓘傳〉。
⑰《晉書》卷三三〈石苞傳附石崇傳〉。

前尚書山濤等「各占官三更稻田」⑳。豪門大姓大土地私有制的發展，成為他們擴大經濟勢力的基礎。

西晉世家大族經濟勢力的發展還具有勞動力的保證。西晉政府公佈的戶調式中包括品官占田蔭客制。《晉書．食貨志》載：

又各以品之高卑蔭其親屬，多者及九族，少者三世。宗室、國賓、先賢之後及士人子孫亦如之。而又得蔭人以為衣食客及佃客，品第六已上得衣食客三人，第七第八品二人，第九品及舉輦、跡禽、前驅、由基、強弩、司馬、羽林郎、殿中冗從武賁、殿中武賁、持椎斧武騎武賁、持鈒冗從武賁、命中武賁武騎一人。其應有佃客者，官品第一第二者佃客無過五十戶，第三品十戶，第四品七戶，第五品五戶，第六品三戶，第七品二戶，第八品第九品一戶。

「衣食客」、「佃客」都是依附人口。實際上品官占田蔭客制是西晉對不同品級官員占有依附人口數量的規定，承認了官員占有依附人口的特權。品官占田蔭客制規定官員可以公開合法占有的依附人口的數量是很少的，因而能夠在一定程度上限制官宦大族對依附人口的占有。不過，西晉政府規定可以占有的依附人口不適應官宦大族占有大量土地的情況，因此蔭庇依附人口的數量遠遠超過法令的規

⑱《晉書》卷三九〈王沈傳附王浚傳〉。
⑲《晉書》卷三五〈裴秀傳〉。
⑳《晉書》卷四一〈李憙傳〉。

定，蔭客制的限制很難有效執行。西晉賦予官員具有蔭客的特權，卻促使了依附關係的發展，因此在世家大族土地上的主要生產者是依附人口。這些依附人口除了有衣食客、佃客外，還有稱為客戶、田客、部曲、門生的依附民。豪門大族還役使奴隸在他們的土地上生產。豪強大族擁有的奴隸，一般稱為奴婢、蒼頭、僮僕等。

一些世家大族採取田莊的形式進行生產經營。如石崇擁有金谷園、「河陽別業」。金谷園中，「有清泉茂林、眾果竹柏、藥草之屬，金田十頃、羊二百口，雞豬鵝鴨之類，莫不畢備。又有水碓、魚池、土窟，其為娛目歡心之物備矣」[21]；王戎「廣收八方，園田水碓，周遍天下」[22]。這種多種經營田莊的大量存在，是世家大族經濟發展的體現。

世家大族的發展，是西晉社會經濟恢復的反映。世家大族經濟的發展促進了社會內部依附關係的進一步強化，各種依附人口增多，而隨著經濟勢力增長，也使他們在地方的勢力不斷滋長，影響力越來越大。

本章重點

本章重要的問題是關於戶調式的實行情況。戶調式中的占田制只是政府規定，還是真正實行了，這是理解占田制的關鍵問題。對這一問題，還存在諸多的分歧意見。本章著重討論了占田制實施的情

㉑《世說新語》卷中〈品藻〉注引石崇〈金谷詩序〉。
㉒《晉書》卷四三〈王戎傳〉。

況，應該說占田制確實實行了，並對西晉社會經濟的發展產生積極的影響。

複習與思考

1. 占田制實行的情況如何？
2. 說明西晉世家大族在經濟上如何發展其勢力？

第九章 西晉的衰亡

西晉政權的建立依靠世家大族的支持。西晉統治者立國之始，就陷入腐化墮落之中。晉武帝司馬炎死後，統治集團內部的矛盾越來越尖銳，使宮廷內部爭奪權力的鬥爭發展成為宗王之間的軍事鬥爭。八王之亂爆發，中原地區陷入一片混亂。內戰使西晉的國家實力大大削弱，八王之亂不久，劉淵、石勒入主中原，西晉的首都洛陽很快在外族的進攻下被攻克。不久，逃往長安的晉愍帝也被劉曜俘虜，西晉滅亡。

第一節　統治集團的腐朽

晉武帝憑藉司馬氏新貴族集團取代了曹魏政權。這個貴族集團在形成的時候就表現出對財富和權力的貪欲。晉武帝為獲得這個集團的支援，儘量滿足他們的要求，瘋狂的占有欲彌漫在統治階層中。在西晉取代曹魏，進而又統一全國後，統治集團的貪欲進一步膨脹，表現出異常的貪婪、奢侈、腐敗和殘暴。

晉武帝雖為開國之君，但在政治上缺少作為，反而貪財好利，追求荒淫的生活。他為獲取更多的

圖十三　西晉貴族使用的青瓷香熏

財利，竟然不惜以賣官來達到這一目的。當時人劉毅批評晉武帝說：「桓、靈賣官，錢入官庫；陛下賣官，錢入私門。以此言之，殆不如也。」①足見晉武帝對財利的追求，已經達到十分貪婪的程度。

晉武帝的生活也極為腐敗，為滿足淫欲，他拚命擴大後宮。泰始九年（二七三年），他下詔採擇公卿以下女子，以備六宮，「采擇未畢，權禁斷婚姻」②。這一次，司徒李胤、鎮軍大將軍胡奮、廷尉諸葛沖等許多世族官員之女，都被選入宮。滅吳之後，他又選孫皓妓妾五千人入後宮，「自此掖庭殆將萬人。而並寵者甚眾，帝莫知所適，常乘羊車，恣其所之，至便宴寢」③。晉武帝的生活已糜爛之極。

西晉朝廷中的官員也紛紛仿效，追求荒淫生活的風氣甚盛。他們的飲食極盡奢侈。比如太尉何曾日食萬錢，「猶曰無下箸處」④，其子何劭更甚，竟然日食二萬。侍中王濟以人乳飼豬蒸燉，味道甚

① 《晉書》卷四五〈劉毅傳〉。
② 《晉書》卷三〈武帝紀〉。
③ 《晉書》卷三一〈后妃上．胡貴嬪傳〉。
④ 《晉書》卷三三〈何曾傳〉。

美，盛於琉璃器皿中，供饌晉武帝。他們極力占有豐厚的財富，貪婪的程度達到極點，又喜炫耀豪華的排場。石崇與王愷比富就是典型的事例。《晉書．石苞傳附石崇傳》載，「愷以粭澳釜，崇以蠟代薪。愷作紫絲布步障四十里，崇作錦步障五十里以敵之。崇塗屋以椒，愷用赤石脂」。王愷以高二尺的珊瑚樹出示給石崇，石崇將它擊碎，王愷以為石崇嫉妒，極為惱怒，石崇「乃命左右悉取珊瑚樹，有高三四尺者六七株，條幹絕俗，光彩耀日，如愷比者甚眾」。由於這些官僚貪婪占有財富的欲望，使他們莫不嗜錢如命，欲壑難填。魯褒作〈錢神論〉加以諷刺。文中說：「洛中朱衣，當途之士，愛我家兄，皆無已已。執我之手，抱我終始，不計優劣，不論年紀，賓客輻輳，門常如市。諺曰：『錢無耳，可使鬼。』凡今之人，惟錢而已。」⑤對官僚貴族無限的金錢欲望給予辛辣的諷刺。對於西晉統治集團這種奢侈、糜爛的生活，一些清醒的士人甚為憂慮。傅咸上書稱「奢侈之費，甚於天災。……今者士廣人稀而患不足，由於奢也」⑥。可見統治集團的奢侈風氣已經給社會帶來了極大的危害。

在統治集團追求荒淫生活、窮極奢侈享受的同時，他們又大談玄學，來為他們貪婪、無恥的行徑辯解，聲稱自然為體，名教為用，自然為名教之本，這樣就將尊顯的達官與清高的名士集於一身。因此使朝廷官員崇尚和醉心於清談，「皆雅崇拱默，以遺事為高」⑦。清談的盛行，讓誤國的空氣彌漫朝野上下。

⑤《晉書》卷九四〈魯褒傳〉。
⑥《晉書》卷四七〈傅玄傳附傅咸傳〉。
⑦《世說新語》卷下〈輕詆〉劉注引〈八王故事〉。

第二節　八王之亂

太熙元年（二九〇年），晉武帝司馬炎病死，次子司馬衷即位，就是晉惠帝。晉惠帝是一個白癡。他在華林園聽到蝦蟆叫，就問左右的人這是為官鳴叫，還是為私鳴叫？左右的人敷衍他說，在官地叫，就是為官，在私地叫，則是為私。在天下大亂後，百姓餓死者眾，他卻說：「何不食肉糜？」⑧真是癡呆之極。這樣的糊塗皇帝自然無法掌管朝政。晉惠帝之妻賈后（名南風）是西晉開國功臣賈充的女兒。賈后心狠手辣，妒忌多權詐，權勢欲極強。她為了讓她的家族壟斷政權，試圖除掉當政的楊駿。

楊駿是晉武帝繼后楊氏的父親，弘農大族。他專權好利，至晉武帝末年，權勢更重，與其弟楊珧、楊濟，號稱三楊。晉武帝死，惠帝初立，尊楊皇后為太后，楊駿以太尉、都督中外諸軍事、侍中、錄尚書事，總攬朝政。楊駿大權獨攬，賈后與晉宗室都極為不滿。永平元年（二九一年），賈后與掌管禁軍的楚王司馬瑋合謀，殺楊駿及其弟楊珧、楊濟和楊氏黨羽，皆夷三族，之後改元元康。楊太后被廢後，囚之於金墉城，次年餓死。

賈后除掉楊駿，開始出現悍婦控制白癡皇帝的局面。可是，由於汝南王司馬亮被任命為太宰，衛瓘為太保，共同輔政，使賈后很難專權。汝南王司馬亮和衛瓘與楚王司馬瑋又存在矛盾。因司馬瑋殺楊駿有功，控制禁軍，威脅司馬亮和衛瓘的地位，他們企圖遣宗室諸王歸封國，奪司馬瑋的兵權。司

⑧《晉書》卷四〈惠帝紀〉。

馬瑋聯合賈后，使晉惠帝下詔，誅殺司馬亮和衛瓘。司馬亮和衛瓘既死，賈后又誣稱司馬瑋偽造詔書，殺戮大臣，將其處死。楚王司馬瑋死，朝中大權盡歸賈后。

賈后依靠族兄賈模、內侄賈謐和母舅郭彰把持了朝政。為穩固控制朝政，她起用名士張華為司空，大族裴頠為尚書僕射，裴楷為中書令，王戎為司徒，讓他們共掌機要。因賈謐與他們同心輔政，使國家政局出現七、八年的相對穩定，但宮廷中的鬥爭並沒有停止。

在晉惠帝即位後，立他唯一的兒子司馬遹為太子，但司馬遹是惠帝後宮謝氏所生。賈后在穩操朝政大權後，因司馬遹非其親子，決定要廢掉太子。元康九年（二九九年），賈后誣陷太子司馬遹要殺害惠帝和她自己，廢太子為庶人，將他囚之於金墉城，次年將其殺害，後謚為愍懷太子。

在賈后廢棄太子殘酷鬥爭的背後，隱藏更大的權力之爭。賈后為鞏固她的地位，在元康六年（二九六年）徵召趙王司馬倫入京，成為禁軍將領。因司馬倫諂事賈后，掌握了禁軍和朝政，被視為賈氏一黨。賈后殺害太子司馬遹後，禁軍對賈后的行為非常不滿。趙王司馬倫揭露真相，趁機與梁王司馬彤等一起舉兵廢殺賈后，並殺張華、裴頠，賈謐及其黨羽也都被處斬。趙王司馬倫自封為相國、都督中外諸軍事。永康二年（三〇一年），趙王司馬倫又廢晉惠帝，自立為帝。這樣，宮廷政變轉化為司馬氏皇族之間爭奪政權的鬥爭，最後演變為「八王之亂」。

「八王之亂」的八王，為汝南王司馬亮（司馬懿四子）、楚王司馬瑋（晉武帝五子）、齊王司馬冏（其父司馬攸為司馬昭子，後過繼給司馬師）、趙王司馬倫（司馬懿九子）、成都王司馬穎（晉武帝十六子）、河間王司馬顒（司馬孚之孫）、長沙王司馬乂（晉武帝六子）、東海王司馬越（高密王司馬泰次子）。實際上捲入「八王之亂」的不只是這八王，因事變的發生與此八王關係最大，唐人編《晉書》將

表一　八王之亂關係表

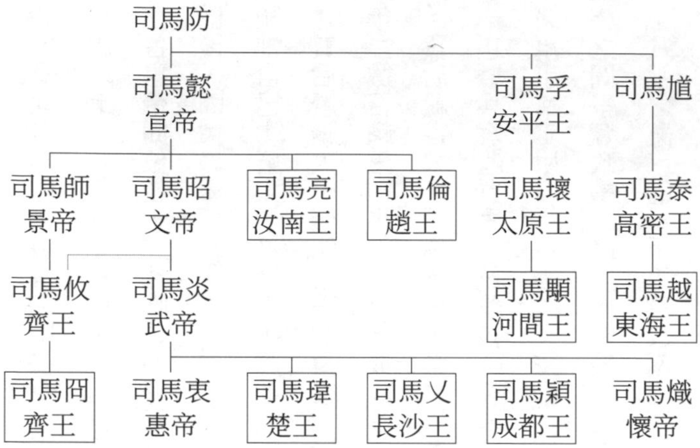

他們合為一傳，因此通稱為「八王之亂」。（編按：以上諸王齒序依《晉書》所記）

趙王司馬倫稱帝不久，永寧元年（三〇一年），出鎮許昌的鎮東大將軍齊王司馬冏傳檄成都王司馬穎（出鎮鄴）、河間王司馬顒（出鎮關中）等人，聯合起兵聲討趙王司馬倫。趙王司馬倫出兵迎戰，戰鬥規模不斷擴大，戰場也從洛陽、長安發展到黃河南北的廣大地區。三王聯軍擊敗司馬倫的軍隊，攻入洛陽，斬司馬倫等，晉惠帝復位。齊王司馬冏任大司馬、都督中外諸軍事，入朝輔政，掌握大權。但司馬氏諸王為爭奪權力和地位，矛盾十分尖銳。太安元年（三〇二年），戰事又起，河間王司馬顒聯合長沙王司馬乂，舉兵進攻司馬冏。司馬冏兵敗被殺，晉惠帝任用司馬乂為太尉、都督中外諸軍事，掌握朝政。

河間王司馬顒聯合司馬乂起兵的本來目的，是企圖在司馬乂進攻齊王司馬冏時，借司馬冏之手除掉司馬乂，然後將司馬乂被殺之事傳檄四方，最後討滅司馬冏，廢掉晉惠帝，立成都王司馬穎為帝，他自己做宰相。但沒有料到事情的結果卻是司馬乂殺掉司馬冏，並掌握了朝政大權。因此，太安二年（三〇三年），司馬顒又聯合成都王司馬穎進攻司馬乂。司馬顒命都督張方率領精兵七萬，自函谷關向洛陽推進。司馬穎調動大軍二十餘萬，由前鋒都督陸機率領，渡河南向洛陽。司馬乂能夠指揮的洛陽軍隊也有數萬人。三王集結的軍隊人數在三十萬以上，這是八王之亂以來動員軍隊人數最多的一次。司馬乂固守洛陽，屢敗司馬穎軍，斬獲六、七萬人。但雙方畢竟兵力懸殊，司馬穎和張方收縮對洛陽的包圍，使司馬乂陷入困境，洛陽統治集團內部開始分裂。東海王司馬越勾結部分禁軍拘禁司馬乂，將他交給司馬顒部將張方，張方用火將司馬乂活活烤死。

成都王司馬穎既殺司馬乂，於永興元年（三〇四年），被命為皇太弟、都督中外諸軍事、丞相，仍居於鄴，遙控朝政。河間王司馬顒為太宰，仍居長安。司馬穎居功自傲，政務廢弛，大失人心。因此東海王司馬越率領洛陽禁軍，擁戴晉惠帝，出兵討伐司馬穎。司馬越與司馬穎軍在蕩陰（河南湯陰西南）會戰，司馬越戰敗。司馬穎軍俘獲惠帝，司馬越逃回封國。河間王司馬顒趁機派部將張方率軍占領洛陽。這時，安北將軍王浚、司馬越弟東瀛公司馬騰，又聯合進攻司馬穎，進占鄴城。司馬穎挾持晉惠帝出奔洛陽，占據洛陽的張方強迫晉惠帝和司馬穎前往長安。司馬穎到長安後為司馬顒削去皇太弟封號，立豫章王司馬熾為皇太弟。司馬顒又任都督中外諸軍事。

永興二年（三〇五年），東海王司馬越又起兵，西攻河間王司馬顒。次年，司馬越兵攻入長安，司馬顒逃往太白山。司馬越迎晉惠帝還洛陽，任太傅、錄尚書事，大權盡落他手中。成都王司馬穎在前往鄴城的路上被擒獲，在鄴被縊殺。隨後司馬越毒殺晉惠帝，立晉武帝第二十五子豫章王司馬熾為帝，即晉懷帝，同時又召河間王司馬顒入洛陽，於途中殺司馬顒。至此，八王之亂結束。從永平元年（二九一年）賈后殺楊駿開始，至光熙元年（三〇六年），司馬越殺晉惠帝、立晉懷帝為止，內亂共歷時十六年。

八王之亂是統治階級內部為爭奪權力的大混戰。在長達十六年的內亂中，西晉諸宗王相互殘殺，危害極大，生靈塗炭，大量人口在戰禍中死亡。趙王司馬倫之亂，「自兵興六十餘日，戰所殺害僅十萬人」⑨。長沙王司馬乂與成都王司馬穎部將陸機在洛陽鹿苑交戰，「機軍大敗，赴七里澗而死者如積焉，水為之不流」⑩。東海王司馬越部將祁弘率鮮卑兵攻河間王司馬顒，「大掠長安，殺二萬餘人」⑪。戰禍波及地區，無處不被燒殺洗劫，人民流離失所，或死或亡，使北方的生產受到極大破壞。

在八王之亂中，司馬氏宗王骨肉相殘，可以說是自掘墳墓，使西晉統治集團的力量消耗殆盡，直接削弱了西晉國家的統治，促使了西晉國家崩潰早日來臨。

第三節　西晉滅亡

光熙元年（三〇六年）十一月，皇太弟司馬熾即皇帝位，是為晉懷帝。晉懷帝是晉武帝最小的兒子，他即位後試圖要有一番作為，希望改變西晉的統治現狀。但晉懷帝缺乏統治經驗，同時又受制於

⑨《晉書》卷五九〈趙王倫傳〉。
⑩《晉書》卷五四〈陸機傳〉。
⑪《晉書》卷四〈惠帝紀〉。

東海王司馬越，因此沒有辦法扭轉險惡的政局。

晉懷帝即位的第二年，即永嘉二年（三〇八年），匈奴貴族劉淵在平陽（山西臨汾西北）稱帝，國號漢。羯人石勒和漢人王彌都以劉淵為共主，形成了共同反晉的力量。

劉淵，字元海，是南匈奴單于於扶羅之孫，左賢王劉豹之子。曹操分匈奴為五部後，劉豹為左部帥。劉豹死後，劉淵繼之。太康末年，劉淵改任北部都尉。楊駿輔政時，為五部大都督。東瀛公司馬騰、安北將軍王浚進攻成都王司馬穎時，劉淵以助司馬穎抗擊司馬騰、王浚為由，回到匈奴部眾所在的左國城（山西離石北）。永興元年（三〇四年），劉淵自稱大單于，不久稱漢王，有眾五萬。司馬騰派兵鎮壓，結果兵敗，劉淵勢力日益發展。

石勒，羯族人，曾被賣到茌平為田奴，放免後與王陽等十八人起事。石勒與魏郡汲桑取得了聯繫，部下多牧人。成都王司馬穎部下公師藩起兵時，石勒與汲桑率部眾投靠他。公師藩敗後，石勒隨汲桑攻鄴，殺司馬騰。汲桑被晉軍擊殺後，石勒投奔劉淵。石勒廣收胡人部眾，至永嘉三年（三〇九年），石勒的軍隊發展到十萬以上，在河北一帶活動。

王彌，山東東萊人，世吏二千石。永興三年（三〇六年），東萊劉伯根起兵，王彌參軍，擔任劉伯根的長史。劉伯根被鎮壓後，王彌轉入長廣山一帶活動。他在青、徐、兗等州連敗晉兵，進逼洛陽。在王彌打到襄城時，潁川、襄城、汝南、南陽、河南等郡的并州流民數萬家燒城殺官，響應王彌。王彌的部眾不斷擴大。

劉淵獲得石勒、王彌等人的支持，於是逐漸攻取洛陽周圍的郡縣。永嘉四年（三一〇年），石勒從河北渡河出襄陽，連續攻占了長江以北堡壁三十多所。洛陽處於包圍之中，糧食供應極為困難。晉懷帝傳羽檄徵調四方軍隊來保衛京城，但各方鎮自顧不暇，不能發兵來救。因為洛陽危急，執掌大權的東海王司馬越以討伐石勒為名，率領甲士四萬人和大批朝臣，試圖東駐項城（河南項城南），避難自全。但永嘉五年（三一一年），司馬越抵達項城後，憂懼病死。襄陽王司馬範、太尉王衍等奉司馬越靈柩還葬東海，被石勒軍追及。石勒以騎兵將晉軍包圍，放箭射之。晉軍將士自相踐踏，王公以下及士卒被殺死者十多萬人，王衍及晉宗室四十八王，都被石勒俘虜。石勒焚燒司馬越靈柩，夜晚推倒屋牆壓死王衍。司馬越帶出的晉軍主力全部被殲。

晉懷帝在洛陽苦苦支撐。這年六月，匈奴貴族劉曜與石勒、王彌等聯軍攻陷了洛陽，晉懷帝被擄至平陽，不久被害。劉曜等破洛陽時，縱兵燒殺搶掠。宮殿官府都被燒盡，王公百姓被殺者有三萬餘人，洛陽全部化為灰燼。

洛陽被攻破後，劉曜進略長安。晉臣賈疋、麴允、閻鼎等聚眾十餘萬，多次擊敗劉曜軍。劉曜不得不停止進攻長安，驅略關中男女八萬餘口，退往平陽。永嘉六年（三一二年）八月，賈疋等人擁立秦王司馬鄴（晉武帝孫）為皇太子，次年四月，晉懷帝死訊傳到長安，皇太子司馬鄴即皇帝位，就是晉愍帝。這時長安受到很大破壞，人口稀少，房屋毀壞，遍地荊棘，全城公私車輛只有四乘。晉愍帝為了得到關中地方豪強的支援，為塢壁、塢壘的主帥加銀印青綬和將軍號。依靠關中地方勢力的支持，晉愍帝的政府勉強維持了四年，局面沒有任何改觀，人民生活更加困苦。建興四年（三一六年），劉曜軍再次攻入關中，進圍長安，使長安城中糧食消耗殆盡，糧食一斗價值黃金二兩，城中人口死亡大半。太倉中只有麵餅數十枚，磨屑為粥供晉愍帝食用。十一月，長安城被攻破，劉曜擄晉愍帝，送至平陽，西晉滅亡。第二年，晉愍帝在平陽被殺，琅邪王司馬睿在江南建立政權，史稱東晉。

本章重點

本章重點是八王之亂諸問題。八王之亂是西晉時期的重大事件，其發生不僅使中原地區因為戰亂而受到極大破壞，也加速了西晉政權的滅亡。

複習與思考

1. 八王之亂爆發的原因為何？有何影響？
2. 請分析永嘉之亂的成因。

第十章 東晉建國與偏安江南

東晉建國是一個複雜的歷史過程。晉元帝司馬睿要在江南立足，既要依靠南遷的北方世家大族，也要獲得江南世家大族的支持。然而在這個過程中，東晉政權需要與江南世家大族緩和關係，也要平息反對勢力的叛變，其中最重要的是王敦之亂和蘇峻之亂。東晉政權正是在不斷地緩和內部矛盾的過程中，維持偏安江左的局面。

第一節 東晉建國

東晉王朝是司馬睿（二七六―三二三年）在王導的輔佐下建立的。司馬睿是司馬懿曾孫，他的祖父是琅邪王司馬伷，晉武帝時所封，其父司馬覲襲封。司馬覲死後，司馬睿襲其父封爵。晉惠帝時，八王之亂發生，北方變亂的局面出現。司馬睿與琅邪大族王導深相結納，王導知道天下已亂，因而勸司馬睿早歸封國。成都王司馬穎敗東海王司馬越於蕩陰時，司馬睿就逃至下邳（江蘇睢寧西北）。永嘉元年（三〇七年），晉懷帝任司馬睿為安東將軍、都督揚州江南諸軍事、假節鎮建鄴（晉武帝改「業」為「鄴」），司馬睿開始了對江南的經營。

第十章
東晉建國與偏安江南

西晉以來，江南是各種社會矛盾交織的地方。社會各階層之間的矛盾和南北民族矛盾交織在一起，形成了複雜的政治局面。

西晉滅吳之後，江東的世家大族沒有隨東吳政權的滅亡而消失，他們的經濟基礎一點也沒有動搖。西晉政權對江東大族採取了籠絡的措施，但這些世家大族到洛陽任官的人數並不多。一些大族不甘心東吳政權的失敗，憑藉所具有的經濟實力，在地方擴大其影響，因此他們在江南的潛在勢力和社會地位依然有舉足輕重之勢。在北方的變亂發生之後，江東的世家大族採取徘徊觀望的態度，尋找自保其利益的辦法。

晉惠帝統治時（二九〇－三〇七年），江南地區的社會矛盾也開始尖銳。太安二年（三〇三年）五月，在長江和沔水之間爆發了義陽蠻張昌領導的流民反抗。張昌別帥石冰率部眾攻下揚州，進破江州（治豫章，今江西南昌），聲勢浩大。八月，張昌在江夏戰敗，但石冰等仍然率領部下在揚、徐一帶活動。石冰的義軍嚴重地威脅了江東世家大族的利益。江東大族義興周玘聯絡江東大族，推東吳四郡之首的顧祕為都督揚州九郡軍事，動員江東大族的私人武裝與政府軍一起討伐石冰。廣陵郡之寒族陳敏也率兵參與鎮壓，先率軍攻入建鄴。石冰戰敗被殺，起事力量被平定下去。

永興二年（三〇五年），陳敏收兵占據歷陽（安徽和縣），趁中原戰亂，舉兵反晉，自稱揚州刺史。陳敏向南略有江州，向東占據吳越之地，又自稱都督江東軍事、大司馬、楚公。他企圖建立割據江東的新政權，所以禮召江東大族和名士。為組成官署，他任命江東首望顧榮等四十餘人為將軍和郡守。但江東大族卻以陳敏為「倉部令史，七第頑冗，六品下才」①，又是江北人，不願擁戴他做江東之主。永嘉元年江東大族周玘、顧祕、甘卓等，共同起兵，攻殺陳敏。

在陳敏試圖割據江東之時，吳興人錢璯也起兵討伐陳敏。陳敏敗亡，東海王司馬越任命錢璯為建武將軍，令他率軍救援洛陽。錢璯軍抵達廣陵，聽說劉聰攻逼洛陽，不敢進軍，卻在廣陵舉兵反晉，殺晉度支校尉陳豐。永嘉四年（三一〇年），錢璯自稱西平大將軍、八州都督，率兵渡過長江，進攻義興。周玘又聯合大族私人武裝，擊滅錢璯。

以周玘為代表的江東世家大族平定石冰、陳敏和錢璯的反叛，不僅穩定了江南的政局，也表現出他們在控制江南形勢上，具有很大的力量，所以司馬睿要立足江東就必須要依靠江東大族。

自西晉末年以來，江東大族受到流民起事以及試圖占據江南的割據勢力衝擊，同時也感覺到北方胡族活動對他們的威脅，因而他們開始改變對司馬睿的方針，放棄了對司馬睿初鎮江左時不予理睬的態度。王導認識到江東大族的意向，向司馬睿建議：「顧榮、賀循，此土之望，未若引之以結人心。二子既至，則無不來矣。」②司馬睿請王導拜訪顧榮、賀循，對他們禮遇有加，於是顧榮、賀循應命而至，「由是吳會風靡，百姓歸心焉。自此之後，漸相崇奉，君臣之禮始定」③。從此南北世家大族集團開始了合作。

除了江東大族，東晉政權能夠建立，還因為獲得了隨司馬睿南下的北方大族，也就是僑姓大族的支持。王導、王敦為首的琅邪王氏是擁立司馬睿的主力。王敦都督江、揚、荊、湘、交、廣六州軍事，

①《晉書》卷一〇〇〈陳敏傳〉。
②《晉書》卷六五〈王導傳〉。
③《晉書》卷六五〈王導傳〉。

在長江中游掌握重兵；王導從任安東司馬內史到擔任丞相，在朝內輔助司馬睿。因此有「王與馬，共天下」④之說。從江北南渡的僑姓大族還很多，諸如汝南周凱、范陽祖逖、太原溫嶠、高平郗鑒、彭城劉隗、渤海刁協、濟陰卞壺、汝南應瞻、琅邪劉超、穎川鍾雅、河東郭璞、河南庾亮、譙國桓彝、太原王承、穎川荀崧、南陽范堅、范汪、琅邪諸葛恢、陳留蔡謨、陳郡殷浩、平陽鄧攸、陳郡袁瓌、陳國謝鯤等。史稱「洛京傾覆，中州士女，避亂江左者十六七」⑤。王導勸司馬睿「收其賢人君子，與之圖事」⑥。王導協助司馬睿搜羅南渡的士人，不僅使他們捨棄了憂慮之心，安下心來，並且使他們為司馬睿服務，逐步奠定了建國的基礎。

司馬睿依仗南渡的世族，又儘量招引江東大族，建立起僑姓大族和江東大族的聯合政權。他用「顧榮為軍司馬，賀循為參佐，王敦、王導、周顗、刁協並為腹心股肱，賓禮名賢，存問風俗，江東歸心焉」⑦。司馬睿在王導協助下，還設置學校，建置史官，制定制度，使東晉粗具立國規模。

建武元年（三一七年），司馬睿在建康（因避晉愍帝司馬鄴諱，改建鄴為建康）開始稱晉王。司馬睿從永嘉元年移鎮此地到稱王，經過了整整十年的時間。在這十年間，因採取了適當的措施和政策，他在江南站穩了腳跟。司馬睿稱王後，用王敦為大將軍，王導領中書監、錄尚書事，刁協為尚書左僕

④《晉書》卷九八〈王敦傳〉。
⑤《晉書》卷六五〈王導傳〉。
⑥《晉書》卷六五〈王導傳〉。
⑦《晉書》卷六〈元帝紀〉。

「王與馬，共天下」

琅邪王司馬睿鎮守建鄴，原以為到這裡會受到隆重的歡迎，可沒想到江南有名望的大士族嫌司馬睿地位低，根本沒把他放在眼裡，到建鄴一個多月，一個也不來拜見他。司馬睿很著急，要他的好友琅邪王王導想辦法。王導也知道要在江南站住腳，沒有這些大士族的支持是不可能的。王導就把堂兄揚州刺史王敦請到了建鄴，王導對他說：「琅邪王仁義德行雖厚，但名望還不夠大，你現在威望名聲已經很高了，應該幫一幫琅邪王才對。」正值三月上巳，司馬睿出外郊遊，觀看人們的修禊活動，乘著肩輿，擺著全副儀仗，而王敦、王導等大族名士都騎馬跟隨。吳人紀瞻、顧榮悄悄地前來觀看，見王敦、王導等人竟如此恭敬司馬睿，都大吃一驚，於是相繼在路邊施禮拜迎。王導因而再向司馬睿獻策說：「現在天下喪亂，神州大地四分五裂，建國大業才剛剛開始，正是需要人才的時候。顧榮、賀循是當地有聲望的大族名人，要好好結納他們，以收攬人心。如果這兩人到了，其他的人沒有不來的。」司馬睿於是就派王導親自去造訪賀循、顧榮，兩人都應召而至。從這以後，江南大族紛紛擁護司馬睿，司馬睿在建鄴也就站穩了腳跟。司馬睿登基以後，為了感謝王導、王敦兄弟的大力扶持，拜王導為尚書，掌管朝內的大權，即民間流傳的「王與馬，共天下」。

射，周顗為吏部尚書，賀循為太常等。次年，即大興元年（三一八年）三月，晉愍帝司馬鄴的死訊傳至建康，司馬睿改稱皇帝，是為元帝，東晉王朝於是建立起來。

第二節　南、北世家大族矛盾的緩和

東晉政權是依靠北方大姓和江南大姓的共同支持才建立起來的，但僑族大姓與江南大姓卻存在矛盾。這種矛盾首先表現在對經濟利益的分割上。自中原的變亂發生後，眾多的北方大姓遷移到江南。他們帶著自己的宗族、鄉里、賓客和部曲到達江南後，迫切需要解決土地問題。自東吳割據江南以來，這裡的土地大部分為江南大族所有。如果北來的世家大族再向同一地區發展，顯然要損害江南大族的利益，因此江南大族必然要強烈反對北來大族的做法。在經濟利益分割上的衝突，使僑姓大族與江南大族之間的矛盾不斷發展，迫使東晉新政權不能不解決這個矛盾。

雖然東晉政權需要依靠北方大族和江南大族的共同支持，但主要依靠的力量還是北方大族，因此在東晉政權中，北方大姓大多居於顯位，而江南大姓只是徒具虛名，並無實權。如賀循只擔任太常，紀瞻和陸曄也只任侍中而已。司馬睿重用北方世家大族，爭取他們來輔佐帝業的做法，自然要引起江南大族的不滿。因為在江南大族的眼中，南渡的北方大族不過是一群喪家南徙的流浪難民，但他們在東晉政權中，卻能夠居於江南大族之上，駕馭江南大族，這種狀況是江南大族非常難以忍受的。所以在東晉政權內部，表現出南北地域上嚴重的派別鬥爭。

早在司馬睿稱帝以前，部分江南大族與北方大族的矛盾已開始表面化。司馬睿為拉攏江南大族，曾任周玘為吳興太守。周玘治理吳興頗有成效，司馬睿另立義興郡來表彰周玘的功勞，但司馬睿對周玘也心存疑忌，對他在地方上的勢力和影響力深感不安。周玘又被北方大族刁協所輕慢，使他憤怒不已。因此周玘與王恢等人合謀，準備起兵，推江南大族的代表執政。後事機洩漏，司馬睿並不處置周玘，只是略示輕視之意，使周玘憂憤而死。周玘臨死時，對兒子周勰說：「殺我者，諸傖子，能復之，乃吾子也。」⑧

因吳人對北方大族的怨恨，周勰又暗中聯繫吳興郡功曹徐馥等，以討伐王導和刁協為名，準備起兵。他們要奉周勰叔父周札為主，周札以為徐馥等貿然起兵，勝算很少，將事情告發。周勰發動的武裝反叛完全失敗。可是司馬睿認識到義興周氏在江南的勢力，並不窮究其事，還同過去一樣對待周勰。

不過江南大族與北方大族的矛盾，發展到像周玘父子這樣採取武裝反抗的地步，讓司馬睿以及南渡的北方大族不能不感到害怕。他們知道僅僅依靠籠絡的政策，無法使江南大族完全順從。因此司馬睿不得不將過去的一味籠絡改為多方面的分化，以達到使江南大族自相削弱的目的。對於擁有武裝的義興周氏、吳興沈氏，則通過離間的手法，製造他們之間的矛盾。北方大族王敦就千方百計拉攏吳興沈充，與沈充關係甚密。他承諾如果沈充同意與王敦共滅周氏，王敦將使沈充擴大勢力。因此王敦製造藉口，誣稱周札叔侄企圖叛亂，派沈充誅滅周氏。義興周氏覆滅，沈充與王敦勾結更深。後來王敦反叛東晉，沈充也參與叛亂。王敦失敗，沈充也被殺。江南周、沈兩大姓就在東晉政權的分化政策和內訌中同歸於盡。

⑧《晉書》卷五八〈周處傳附周玘傳〉。

「強龍難壓地頭蛇」

「三定江南」中為東晉保有吳地的義興周玘，宗族武裝十分強大，在江南地區享有相當高的威望。功高震主，司馬睿對他提防有加，周玘不僅官位原地不動，而且還要看刁協的臉色，心情無比鬱悶，便與東萊王恢密謀造反，要殺掉騎在頭上的北方佬。王恢遂與流亡在淮泗的流民首領夏鐵等勾結，讓夏鐵打頭陣，周玘以三吳之眾相應。不巧夏鐵的行動被臨淮太守蔡豹發覺，夏鐵被殺。王恢畏罪逃奔周玘，周玘殺王恢滅口，將王恢的屍體埋在豬圈中。司馬睿知道後不動聲色，下令徵調周玘入建康任鎮東司馬，行至中途，又改授建武將軍、南郡太守。當周玘南行到達蕪湖，司馬睿復命他返回建康，改任軍諮祭酒。周玘終於明白司馬睿是在故意戲弄他，憂憤而死。周勰對父仇刻骨銘心，暗地聯絡族人及吳地世族，招兵買馬，準備與司馬氏政權一決高下，但由於周勰的叔叔周札告密而失敗。不過因為周氏宗族在吳地勢力最大，司馬睿害怕激起吳地大族的反抗，最終也沒有「窮治」此案。周勰失志歸家，經常對人說：「人生幾時，但當快意耳！」因酒色過度卒於家中。

東晉政權意識到江南大族與北方大族矛盾的根本，在於其經濟利益受到侵犯，因此為長久計，東晉政權必須在經濟上對江南大族作出讓步，也就是不能夠過多地侵犯江南大族的經濟利益。這樣，北方大族開始轉向東土，也就是浙、閩地區的開發，不只在太湖流域一帶求田問舍，使江南大族在太湖流域的經濟利益受到了照顧。而這時，會稽一帶的世家大族如孔、魏、虞、謝四姓，尚遠不及太湖流域的顧、陸、朱、張以及吳興的丘、沈諸族，因而以王、謝為首的南渡北方大族率領其宗族、賓客、部曲紛紛向浙東會稽一帶發展，進而又向溫、台一帶拓展其勢力。北來的林、黃、陳、鄭、詹、丘、何、胡八大姓則流寓閩地一帶。北、南世家大族開始從經濟上劃分了各自的範圍，相互之間不再侵犯，就使他們之間激化的矛盾得到了一定程度的緩和。江南大族的經濟利益獲得保障，也就不再採取對抗的態度，轉而支持東晉政權的存在。

第三節　王敦之亂

東晉時期，從區域上來看，荊、揚二州是國家的經濟和軍事重心。兩州的戶口數占江南的一大半。以軍事形勢而論，揚州被視為內戶，荊州則被視為外閫。雖然揚州為京畿，是東晉國家政治統治的中樞，但長江上游的荊州屯集重兵，憑藉軍事力量又有可能控制長江下游，因而出現了荊、揚州之爭。東晉最早出現的荊、揚州之爭，始自王敦之亂。

王敦是王覽之孫，娶司馬炎女襄城公主為妻。晉懷帝時，王衍將王敦推薦給東海王司馬越，司馬越用他為青州刺史，後轉為揚州刺史。司馬睿初鎮江東時，王敦與王導共同輔助司馬睿。王敦經營長江上游，討滅流民杜弢的反叛後，都督江、揚、荊、湘、交、廣六州軍事、江州刺史，鎮武昌。王敦掌握了長江上游的軍隊，私自任命將官，專擅荊州一帶的企圖日益彰顯。司馬睿稱帝後，又進王敦為征南大將軍、侍中、大將軍，其權位更重。晉元帝畏懼王氏勢力的逼迫，信用劉隗、刁協等人，疏遠王導。王敦上疏為王導申述，與司馬睿的矛盾加深。

大興四年（三二一年），晉元帝為了防範王敦，作了必要的軍事部署。他任命戴淵為征西將軍、都督兗豫幽冀雍并六州諸軍事，劉隗為鎮北將軍、都督青徐幽平四州諸軍事，各率萬人，分駐合肥、泗口（江蘇淮陰西南），名義上為討伐石勒，實際上是要防備王敦。晉元帝還釋放揚州地區淪落為奴的北方流民，將他們組成軍隊，充實中央軍的力量。

永昌元年（三二二年），王敦以誅劉隗為名，於武昌起兵。晉元帝急召劉隗、戴淵還衛京城，用陶侃領江州，甘卓領荊州，各率軍隊，攻打王敦後方，但王敦大軍已經抵達建康。王敦入據石頭城，劉隗、戴淵、周顗等反攻王敦皆告失敗。王敦殺了戴淵、周顗、刁協，劉隗逃奔石勒。王敦自任丞相、都督中外諸軍事、錄尚書事，還鎮武昌。晉元帝司馬睿於這一年憂憤而死，其子司馬紹即位，是為晉明帝。王導受晉元帝遺詔輔政。

王敦雖在武昌，但大權在握。他以王導為尚書令、司徒，兄王含為荊州刺史，官員罷免和改任的有上百人。太寧元年（三二三年），王敦移鎮姑孰（安徽當塗），自領揚州牧，以王含都督揚州江西諸軍事，從弟王舒、王彬、王邃分別為荊州、江州、徐州刺史。王敦「既得志，暴慢愈甚，四方貢獻多入己府，將相嶽牧悉出其門」⑨。這時，王敦已經病重，但卻急於篡奪帝位，因而準備再舉兵東下。

太寧二年（三二四年）六月，晉明帝用王導為大都督、假節、領揚州刺史；丹陽尹溫嶠為中壘將軍，與下敦守石頭城。又徵兗州刺史劉遐、徐州刺史王邃、豫州刺史祖約等，入衛京師。七月，王敦病重不能領兵，以王含為帥，率水陸將士五萬，突進至秦淮河南岸。溫嶠燒朱雀橋，退守北岸，阻擋王含軍。蘇峻、劉遐等大敗王含軍。王敦聽說王含軍敗，焦慮而死。王含父子逃往荊州，荊州刺史王舒將他們沉之於長江。王敦叛亂平定。

王敦之亂主要是南渡的北方大族間矛盾的一次爆發，表面上看來是長江上游地方的軍事力量與長江下游中央的軍事力量之爭，但實際上反映出一些北方大族憑藉其勢力，不願意受到皇權的約束，甚至要左右皇帝的意志。在東晉門閥政治充分發展的形勢下，東晉皇權是軟弱無力的。在王敦之亂後，雖然王敦、王含敗亡，但琅邪王氏仍然是數一數二的世家大族。王導以司徒進位太保，王舒遷湘州刺史，王舒子王允後為江州刺史，王導從弟王彬為度支尚書，王彬子王彪後為尚書令。王氏在朝廷官位不衰。東晉政權需要門閥大族的支援，因此對王氏大族不能不做最大的讓步。

第四節　蘇峻之亂

東晉政權解除王敦在長江上游的軍事威脅後不久，又發生了歷陽內史蘇峻的叛亂。

蘇峻是長廣掖縣（山東萊州）人，仕郡為主簿，十八歲時被舉為孝廉。中原戰亂，百姓流亡，蘇峻在本縣糾集數千家，築壘自保，被推舉為塢主，後率領數百家渡海南奔，在東晉任官。因在平王敦

⑨《晉書》卷九八〈王敦傳〉。

之亂中立功，蘇峻被任命為使持節、冠軍將軍、歷陽內史，威望逐漸提高。蘇峻擁有精兵萬人，武器精良，東晉讓他擔任防守江北的重任。隨著蘇峻權勢日大，野心也與日俱增。他對大族庾亮、卞壼等執掌朝政，深為不滿，抱怨沒有任用他為執政。

太寧三年（三二五年），晉明帝病死，其子司馬衍即帝位，是為晉成帝。成帝年幼，王導與外戚潁川大族庾亮輔政。咸和二年（三二七年），庾亮發現蘇峻越加驕橫，打算削奪他的兵權，所以內調他任大司農。蘇峻拒不應召，聯合祖約，以討庾亮為名，舉兵南渡長江。次年春天，蘇峻軍攻入京城，尚書令卞壼、丹陽尹羊曼等人皆戰死。庾亮率軍與蘇峻戰於建康建陽門，又被蘇峻擊敗，庾亮等僥倖逃脫。蘇峻攻建康時，因風放火，城內各官寺被火燒盡。城破之時，又縱兵搶掠，東晉大庫中存有的二十萬匹布、五千斤金銀、億萬錢、萬匹絹全數被掠走。蘇峻既占建康，分兵轉戰吳縣、海鹽、嘉興、餘杭，又攻陷宣城，聲勢浩大。

東晉的邊防，上游在荊、襄，下游在淮南，蘇峻起兵反晉，實際是淮南的方鎮對抗中央，因此東晉政權不能不依靠長江上游荊、襄的力量來平定叛亂。江州刺史溫嶠聯合荊州刺史陶侃，並推陶侃為盟主，與庾亮等共同舉兵進攻蘇峻。陶侃部將楊謙與溫嶠、庾亮一起在石頭城攻打蘇峻。蘇峻戰死，其弟蘇逸代領其部眾。咸和四年（三二九年），晉軍攻斬蘇逸等，收復建康。祖約投奔石勒，但全家都為石勒所殺。至此，蘇峻之亂被平定。

蘇峻是「單家」出身，他開始任官時，不過是郡主簿，因此只是一般庶族。與蘇峻聯合的祖約雖為范陽舊族，但其聲望遠在庾、卞諸族之下。因此，這次東晉的內亂只是庶族反對執政的世家大族的內爭。

蘇峻之亂平定後，陶侃返回荊州，由江陵移鎮巴陵（湖南岳陽）。溫嶠返回江州，出鎮武昌。庾亮請求外鎮，出任豫州刺史，鎮蕪湖（安徽蕪湖）。王導仍然執掌東晉朝廷大政。這種格局的出現，使東晉政權得以轉危為安，有了數十年比較安定的統治，能夠偏安於江左。

本章重點

東晉能夠在江南立足很重要的一點，便是使南遷的北方世家大族與南方世家大族的矛盾得到緩和。因此學習本章需要注意在東晉偏安江左的過程中，南、北世家大族逐漸消除了在經濟利益上的爭奪。這是南遷世家大族與江南世家大族矛盾能夠緩和的重要原因。

複習與思考

1. 南遷世家大族與江南世家大族矛盾衝突的原因為何？
2. 試述平定王敦之亂的重要意義。

第十一章 東晉北伐與淝水之戰

東晉建國後，一直將北伐中原視為重要問題。重要的北伐有祖逖北伐，庾亮、庾翼和殷浩北伐以及桓溫北伐。在這些北伐中，只有祖逖北伐取得的成效最大。可是這些北伐都因不同的原因而失敗了。

在東晉統治集團內部相對穩定以後，又開始面臨北方前秦的進攻。前秦苻堅在統一北方之後，傾全國之力對東晉發動進攻。雖然苻堅動員了數量眾多的軍隊，但東晉卻以寡擊眾，大敗苻堅的前秦軍隊。淝水之戰，東晉的勝利，使南北繼續保持對峙的局面，但北方卻因前秦的失敗，又陷入新的分裂之中。

第一節　祖逖北伐

東晉建立之初，入主中原的少數民族不斷擴大勢力。匈奴人劉聰擴張到晉南、豫北和關中一帶；羯人石勒南進江漢失敗，退而北拒襄國，在河北一帶經營。劉聰、石勒對漢人非常仇視，他們在北方大加殺戮，激起漢人的堅決反抗。漢人或建立塢壁以自保，或相互聯合，以少擊眾，堅持反抗。如李矩的軍隊收復洛陽，擊敗劉聰大軍，使劉聰氣憤至極，發病而死。北方的紛亂形勢，對東晉北伐收復失地非常有利。但東晉統治集團內部充滿各種矛盾和鬥爭，削弱了統治的力量，也牽制了北伐。此外，晉元帝司馬睿也無意收復北方，只有范陽人祖逖堅持要求率軍收復失地。

祖逖（二六六－三二一年），字士稚，范陽舊姓，世代為二千石官。祖父祖武曾任上谷太守。祖逖年少時，州郡舉孝廉、秀才，為司州主簿。京城洛陽大亂時，祖逖率宗親鄉黨數百家，避難到淮泗地方。祖逖到達泗口時，司馬睿時鎮建鄴，用他任徐州刺史，又徵為軍諮祭酒，徙居京口（江蘇鎮江）。祖逖懷有振興晉室之志，招募一些賓客義徒，請求司馬睿讓他北伐。這時司馬睿正在拓定江南，並不準備北伐。但在祖逖的堅決要求下，司馬睿任祖逖為奮威將軍、豫州刺史，只「給千人廩，布三千匹」①，不給兵器，也不給士兵，讓祖逖自己招募士兵。建興元年（三一三年），祖逖率領原來追隨他流徙南下的部曲數百家渡過長江。史載，祖逖中流擊楫而誓曰：「祖逖不能清中原而復濟者，有如大江！」②祖逖先在江陰（江蘇淮陰西南）起鐵冶，鑄造兵器，陸續招募到二千多人，進屯雍丘（河南杞縣），多次派兵進攻石勒軍。

祖逖沉重打擊石勒軍，連連獲勝。中原塢主、地方武裝歸附祖逖的人越來越多。黃河以南力量強大的塢主有李矩、魏浚、郭默等，他們經過祖逖的說服，都願意受他指揮，因此黃河以南的地方都被收復。石勒因祖逖的力量日益強大，請求通使交市。祖逖不回信答覆，而聽任互市，收利十倍，因此公私豐贍，士卒和戰馬日益增多。黃河北岸塢壁間的人民對祖逖也都非常支持，只要石勒一有軍事行

①《晉書》卷六二〈祖逖傳〉。
②《晉書》卷六二〈祖逖傳〉。

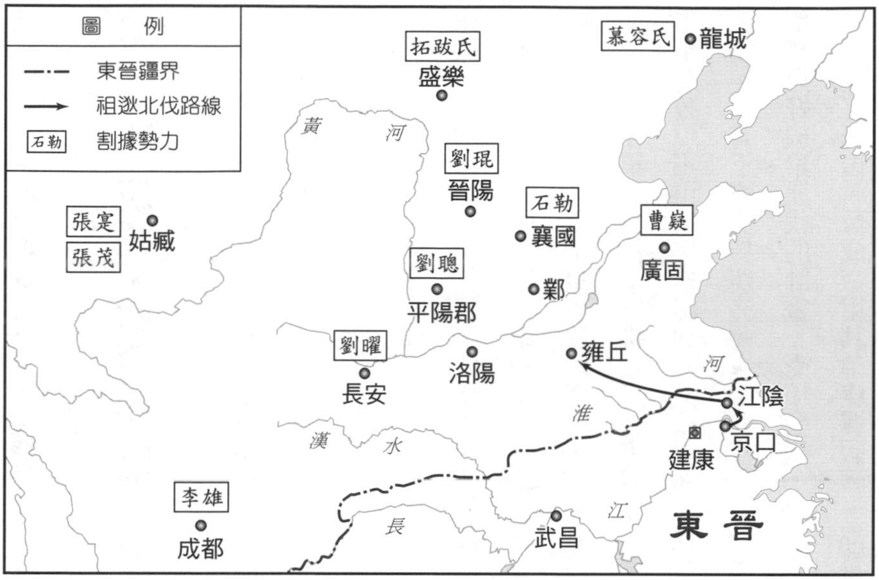

圖十四　祖逖北伐形勢圖

動，他們就立即將情況報告給祖逖。在這種形勢下，石勒的軍隊不敢貿然向黃河以南開進。

在祖逖將北方的局面剛剛打開，正在積蓄、準備力量向黃河以北推進，掃清河朔時，東晉統治階級內部的矛盾卻尖銳起來。晉元帝司馬睿與王敦對抗，內亂一觸即發。晉元帝派戴淵為征西將軍、都督兗豫等六州諸軍事、司州刺史，鎮合肥，防備王敦，祖逖也受戴淵的節制。祖逖認為戴淵是吳人，有才望而無宏圖遠見，但他拼力斬除荊棘，收復的河南地方，卻要歸戴淵這樣的人來管轄，因此心懷憂憤。祖逖又聽說王敦與劉隗、戴淵等人的矛盾日益加深，知道東晉將有內亂，因而北伐大業很難成功。大興四年（三二一年），祖逖感憤發病而死，時年五十六歲。豫州百姓聽到祖逖病故的消息，如喪父母，在譙、梁間立祠紀念他。不久，王敦之亂爆發，祖逖收復的淮河、漢水以北的失地，又全部被石勒攻占。

祖逖的北伐在東晉的幾次北伐中，取得成就最大，這正是祖逖矢志不渝，盡全力收復中原失地的結果。只是由於祖逖身死之後，後繼無人，他收復的黃河以南的土地才得而復失。

第二節 庾亮、庾翼和殷浩的北伐

在平定蘇峻之亂後，庾亮自以為這次內亂是由他引起的，於是要求出任豫州刺史，出鎮蕪湖。陶侃死後，庾亮進位征西將軍、都督江荊豫益梁雍六州諸軍事、領江荊豫三州刺史，鎮武昌。這時石勒剛死不久，庾亮認為已經有了恢復中原的機會。

庾亮辭去豫州刺史之職，將此職交與征虜將軍毛寶擔任，使他與西陽太守樊峻，領精兵一萬戍守株城；以陶稱為南中郎將、江夏相，率領部曲五千人入沔中；以其弟庾翼為南郡太守，鎮江陵；以武昌太守陳囂為輔國將軍、梁州刺史，出子午谷。庾亮還派遣偏師伐蜀，擒蜀荊州刺史李閎等，押送建康。庾亮自率大軍十萬，移鎮襄陽，作為各路軍隊的後援。

庾亮在軍事上作了安排後，上書晉成帝準備北伐。朝臣多不同意庾亮意見。郗鑒認為軍事物資準備不充分，不可以大舉出兵。蔡謨以為北伐是以我之短，攻敵所長，不可貿然北進，只有劃江而守為上策。只有王導支持庾亮，主張北伐。這時，石虎派將軍樊安率五將軍攻株城，毛寶、樊峻都戰死。庾亮只好放棄北伐的計畫，憂憤發病，咸康六年（三四〇年）病死。

庾亮死後，晉成帝用其弟庾翼假節、都督江荊司雍梁益六州諸軍事、安西將軍、荊州刺史，代庾亮出鎮武昌。庾翼有才幹，他常以滅胡為己任。晉康帝即位後，建元元年（三四三年），庾翼上書要求北伐。他曾遣使東約前燕慕容皝、前涼張駿，定期出兵。庾翼的主張，只有庾翼兄庾冰和桓溫等人贊成，大多數朝臣都反對。但庾翼銳意北伐，他上表用桓宣為都督司雍梁及荊州四郡諸軍事、梁州刺史，前往丹水（河南、陝西之間），桓溫為前鋒小督、假節，率軍入臨淮（江蘇盱眙）。庾翼本來打算進駐襄陽，但唯恐朝廷不允許，託言先至安陸。他從武昌至夏口後，上表要求徙鎮襄陽。東晉朝廷同意庾翼的要求，並任庾冰為都督荊江益梁等七州諸軍事、江州刺史，鎮武昌，為庾翼後援。

庾翼有部眾四萬，到達襄陽後，大會僚佐，陳兵誓眾。他派桓宣在丹水攻後趙將李黑，但桓宣戰敗，被貶官，隨即慚憤病死。建元二年（三四四年），晉康帝和庾冰都相繼病故，庾翼只好由襄陽退還夏口，但他還修繕兵器，屯糧積穀，準備再次舉兵。永和元年（三四五年）七月，庾翼病死。庾氏兄弟的北伐都以失敗告終。

在庾氏兄弟北伐之後，堅持北伐的是殷浩。殷浩是豫章太守殷羨的兒子，年輕時就很有名氣，善於玄談，時人將他比之於管仲、諸葛亮。桓溫平定蜀地後，威名大振。這時，會稽王司馬昱執政，輔佐晉穆帝。因殷浩富有盛名，朝野皆服，因此司馬昱將殷浩引為心腹，參與朝政，來與桓溫相抗衡。

永和五年（三四九年），後趙石虎死，桓溫、褚裒等人都準備乘機北伐。東晉任褚裒為征北大將軍、征討大都督，率軍北伐。褚裒在代陂，被後趙將李農大敗，褚裒敗退廣陵，後慚憤而死。褚裒雖敗，但東晉任用殷浩為中軍將軍、都督揚豫徐兗青五州諸軍事，進軍北伐。永和八年（三五二年），殷浩以規復中原為己任，率軍自壽春進發。殷浩所領安西將軍謝尚與苻健的將領張遇戰於許昌，謝尚大敗，死者一萬五千人，謝尚敗退淮南，殷浩也退屯壽春。

殷浩敗退後，準備再次舉兵。王羲之寫信與殷浩，勸他停止北伐，以長江自保。但殷浩執意出兵。

這時，桓溫占據荊江八州，所有的人力、物力都歸他所有，朝廷無法調用，因此殷浩北伐，受到桓溫很大的牽制。殷浩在作戰上，並沒有出眾的才能，很難控制北伐作戰的複雜局面。永和九年（三五三年），殷浩又率軍七萬，自壽春北伐，準備進駐洛陽，修復園陵。殷浩所用的羌將姚襄叛變，在山桑（安徽蒙城北）襲擊殷浩，殺傷萬餘人。殷浩敗逃至譙城，武器、輜重全部丟失。桓溫聽說殷浩北伐失敗，上疏要求將殷浩發配到荒遠之地。朝廷將殷浩廢為庶人，徙於東陽之信安縣（浙江衢縣）。數年後，殷浩病死於發配之地。

庾氏兄弟和殷浩的北伐，都在剛剛出兵或出兵不久就歸於失敗，收效甚微。他們北伐多懷有個人目的，特別是殷浩北伐，是要抵制桓溫勢力的發展，因此北伐就更難以取勝，而北伐的失敗卻成了可以詆毀、加害政敵的口實，這種北伐毫無成就可言。

第三節　桓溫北伐

永和元年（三四五年），出鎮荊州的庾翼病死，東晉朝廷以桓溫任都督荊司雍益梁寧六州諸軍事、荊州刺史，接替庾翼。長江上游的軍政大權集於桓溫一身。次年，晉穆帝用司馬睿少子司馬昱輔政，荊、揚之間又形成分爭對立的局面。

桓溫（三一二—三七三年），譙國龍亢（安徽懷遠西北）人，其父桓彝渡江後，仕至散騎常侍、宣城內史，死於蘇峻之亂。桓溫娶晉明帝女南康公主為妻，任駙馬都尉，後遷至徐州刺史，又代庾翼鎮荊州。桓溫有雄才，立志要收復中原，同時還試圖通過軍事上的勝利來提高他的威望。永和二年（三四六年），桓溫上表朝廷，要求伐蜀。這時，成漢的李勢驕淫不理國事，統治集團內部矛盾重重。桓溫率益州刺史周撫、南郡太守譙王司馬無忌等人，在這年年底出兵進攻蜀地。桓溫軍沿江直上，直指成都。李勢戰敗投降，成漢滅亡。桓溫平蜀後，威名日盛。

桓溫試圖乘機要求北伐，幾次上表朝廷，但朝廷害怕桓溫北伐成功，更無法控制，故意將桓溫的建議擱置起來。後褚裒、殷浩北伐均告失敗，因此朝廷再也無法阻止桓溫北伐。永和十年（三五四年）二月，桓溫率步騎四萬，發江陵水軍，自襄陽入均口（湖北均縣西），步兵自淅川趨武關，以攻前秦苻健。又命梁州刺史司馬勳出子午道，為另一路。桓溫軍攻上洛（陝西商縣），俘獲前秦荊州刺史郭敬，又在藍田大敗苻健軍，進軍灞上（陝西西安東）。當地居民都持牛酒，歡迎桓溫軍。年老長者感動地流淚說：「不圖今日，復見官軍。」③桓溫軍取得勝利，迫使苻健退保長安，深溝自固，不敢交戰。

桓溫進軍關中時，由於運輸困難，沒有多帶糧食。原來估計關中春麥成熟，可以割取以作軍糧，但苻健早已將春麥收割，實行堅壁清野。桓溫的北伐軍在糧食供應上遇到了很大的困難。後桓溫軍在白鹿原與苻健大將苻雄交戰，晉軍戰敗，死者萬人。桓溫只好退兵。

永和十二年（三五六年），羌族酋長姚襄入據許昌，進攻洛陽。東晉朝廷進封桓溫為征討大都督、都督司冀二州諸軍事，委以專征之任，再次出兵北伐。桓溫從江陵進軍，與姚襄在伊水交戰，擊潰姚襄。姚襄逃往平陽，洛陽守將周成開城投降。桓溫進駐洛陽原太極殿前，又移居金墉城，遷三千餘家於江漢之間。桓溫又命毛穆之、陳佑、戴施等人戍守洛陽。在對洛陽草草修繕後，桓溫上表朝廷，要

③《晉書》卷九八〈桓溫傳〉。

求還都洛陽，並主張將永嘉之亂後遷徙到江南的北人，全部北遷到河南。南遷的世家大族已經在江南廣占田土，興置田莊，自然不願意北遷，紛紛對桓溫的建議提出異議，所以桓溫要求復都洛陽的建議，只好作罷。

自桓溫留將領戍守洛陽後，洛陽為東晉所控制，但前燕慕容氏的勢力不斷向南發展，洛陽時刻都

「樹猶如此，人何以堪！」

東晉永和十二年，桓溫從江陵二次北伐，行經金城，看見自己年輕任琅邪太守時栽種的柳樹都已十圍了，心頭思緒萬千，自己多年北伐沒能成功，感歎地說：「樹尚且如此，人哪能不老！」手握枝條，淚流滿面。於是渡過淮河、泗水，踏入北方境內。桓溫同諸僚屬登上樓船，放眼遠眺中原，感慨地說：「致使神州淪陷，百年間變成廢墟，王衍等人不能不負責任！」袁宏說：「天運有興有廢，哪是諸人的過失！」桓溫變色動容對同僚說：「聽說劉表有條千斤重的大牛，咀嚼豆子多於常牛十倍，可是負重行遠，卻不如一條瘦牛，曹操進入荊州後，把牠殺了犒勞軍士。」話中意思是把袁宏比作大牛，要殺了他。諸人聽了都大驚失色。北伐大軍見桓溫收復中原的意志如此堅定，遂英勇奮戰收復了洛陽。

在前燕的威脅之下。升平三年（三五九年），慕容儁派軍進攻東阿。東晉派泰山太守諸葛攸帶兵二萬迎敵，結果大敗。東晉又命謝萬至下蔡（安徽鳳臺），郗曇至高平（山東金鄉西），應戰前燕軍隊。謝萬毫無軍事才能，又心高氣盛，當他進兵援救洛陽時，郗曇因病退還彭城，而謝萬卻誤認為前燕軍太強，迫使郗曇退軍，因此他倉皇逃跑，部眾也都狼狽逃散。謝萬、郗曇敗退後，許昌、潁川、譙、沛諸城，相繼被前燕攻占，對洛陽形成了包圍的形勢。興寧三年（三六五年），慕容恪攻占洛陽，守將沈勁被俘，不屈而死。

太和四年（三六九年），桓溫自兼徐兗二州刺史。四月，桓溫自姑孰率兵五萬北伐。六月，北伐大軍抵達金鄉（山東金鄉）。因夏季氣候乾旱，水位低落，運輸糧食給養的航道不暢通，五萬大軍無法北進。桓溫令冠軍將軍毛穆之鑿鉅野澤三百里，引汶水會於清水。桓溫自清水引舟船入黃河，進至枋頭（河南浚縣內）。桓溫又派建威將軍檀玄從陸路進軍，在黃墟（河南杞縣東南）擊潰前燕征討大都督、下邳王慕容厲的二萬軍隊。前鋒鄧遐、朱序又在林渚（河南鄭州東北）擊敗前燕將領傅顏的軍隊。軍事形勢的發展對東晉非常有利。枋頭距離前燕國都鄴城只有二百里路程。前燕君臣非常恐慌，他們向前秦王朝求救，請求前秦從洛陽出兵，牽制晉軍北進，同時又做好準備，出奔龍城（遼寧朝陽）。為抵禦晉軍，前燕國主慕容暐派慕容垂為南討大都督，率軍五萬南進。

桓溫到達枋頭後，卻不敢直趨鄴城。到九月時，北方繼續缺水，開鑿的運河水位低落，接近乾涸，舟船不能航行。在桓溫進兵之初，曾命豫州刺史袁真進軍譙、梁，直達滎陽，命他打開滎陽的石門（即汴口），將黃河水引進蒗蕩渠下注汴渠，溝通淮、泗水運，使水軍能由此水路退至淮水。雖然袁真攻克了譙、梁，卻不敢向滎陽進兵，打不開石門。慕容垂命其弟慕容德率領精兵一萬五千人，加強對石門的防禦。因前燕增兵守石門，袁真更打不開石門，水運道路受阻。桓溫懸軍深入，糧草已竭，只好退兵。在退兵時，因無法走水路，只能將船艦焚毀，丟棄兵器輜重，改走陸路。桓溫軍由東燕（河南延津東北），經倉垣（河南開封東北），步行七百餘里，退至襄邑（河南睢陽西）。慕容垂率騎兵八千人跟蹤追擊。慕容德在襄邑西南先埋伏精兵四千人，與慕容垂夾擊桓溫軍。桓溫軍大敗，士卒死亡三萬多人。東晉收復的淮河以北失地，又全部喪失。

桓溫前後十多年致力於北伐，但由於統治階級內部荊、揚之爭的持續和擴大，使其北伐受到牽制。桓溫試圖利用北伐作為他集權的手段，也使北伐受到不利的影響。由於這些因素的制約，桓溫北伐很難獲得勝利，使南北統一的希望難以實現。

第四節　淝水之戰

寧康元年（三七三年），桓溫病死。東晉以謝安任司徒，執掌朝政。桓溫弟桓沖任都督江荊梁益等州諸軍事、荊州刺史，鎮守上游；謝玄為廣陵相、兗州刺史監江北諸軍事，後又加號冠軍將軍，加領徐州刺史，鎮廣陵。由於北方前秦勢力強大，面對強敵，東晉統治階級內部的矛盾暫時緩和了，因此東晉政權處於相對穩定的時期。在謝玄鎮守廣陵時，他招募了一批勁勇之士諸如劉牢之、何謙、諸葛侃等，每戰必勝，號稱北府兵，是東晉的勁旅。

前秦統一北方後，苻堅試圖消滅東晉，統一全國。在伐晉問題上，前秦統治集團內部意見很不一致，大多數人都不贊成對東晉用兵。苻堅的同母弟征南大將軍苻融、太子苻宏、中山公苻詵等人，都持反對意見。朝會後，苻堅留下苻融單獨商議。苻融申述了不可伐晉的原因，並讓苻堅重視已故丞相王猛的遺言。苻融強調不可以伐晉的主要理由是，兵將疲倦，不願意再打仗；鮮卑、羌、羯人是心腹之患，但苻堅執意出兵伐晉，不採納其意見。

太元八年（三八三年）七月，苻堅下令進攻東晉。他規定在前秦的統治地區內，所有公私馬匹全部徵用，平民十丁抽出一丁當兵。選良家子為羽林郎三萬人，以秦州主簿趙盛之為少年都統，統領這些羽林郎。到八月，苻堅任命苻融為前鋒都督，指揮慕容垂等所率步騎二十五萬人先行；以兗州刺史姚萇為龍驤將軍，率領蜀軍東下。苻堅親自從長安出發，率步卒六十餘萬、騎兵二十七萬，前後千里，旗鼓相望。苻堅到達項城時，涼州之兵才到達咸陽；蜀漢之軍正順流而下，幽冀之眾才進至彭城；東西萬里，水陸並進，運船萬艘，從黃河入石門，到達汝、潁。這支聲勢浩大的百萬大軍，在苻堅出師前，就被吹噓為「投鞭於江，足斷其流」④。但實際投入戰鬥的，只有苻融指揮的到達潁口的三十萬先遣軍隊。

苻融先鋒部隊三十萬，先行攻陷壽春，俘虜東晉平虜將軍徐元喜、安豐太守王先。慕容垂的軍隊則攻克了鄖城（湖北安陸）。苻融攻克壽春後，派使者通告苻堅，讓他火速前進，防止晉軍逃走。苻堅將大軍留在項城，率領輕騎八千，兼程趕到壽春。

東晉以尚書僕射謝石為征虜將軍、征討大都督，以徐兗二州刺史謝玄為前鋒都督。他們所率部眾與輔國將軍謝琰、西中郎將桓伊等所率軍隊合在一起，共有八萬人。另外，又派龍驤將軍胡彬，率水

④《晉書》卷一一四〈苻堅載記〉。

軍五千人救援壽春。謝玄等人率領的北府兵，成為戰鬥的主力。東晉軍八萬人與苻堅的前鋒軍隊三十萬相比，在人數上少了很多。

建康城中居民聽到這種情況，都感到恐慌。桓沖要派三千人前來保衛建康，謝安拒絕，反命桓沖留在原地自衛。謝玄率軍出發前，向謝安請教破敵之策。謝安竟出遊別墅，與謝玄下圍棋，遊涉到半夜才回家。謝安有意表現出鎮靜，以此使人心穩定。

胡彬率軍救援壽春，尚未到達，壽春已經失守，只好帶軍隊退保硤石（安徽壽縣西北）。謝石、謝玄領軍在距洛澗二十五里處駐屯下來，不敢再前進。

苻堅到達壽春後，派東晉降將朱序來遊說謝石等投降。朱序原來是東晉的襄陽太守。朱序到東晉的軍營中，不但不勸說謝石投降，反而為謝石出謀劃策。他說：如果苻堅的百萬大軍都到了，就難以抵擋了。現在應該趁其大軍沒有集中前，趕快打敗他的前鋒，先聲奪人，就可以取得勝利。謝琰也勸說謝石接受朱序的意見。因此謝石派劉牢之率精兵五千人，直攻洛澗的前秦軍。前秦將領梁成隔洛澗佈陣以待。劉牢之渡水出擊，打破梁成軍，斬殺梁成、王顯等。前秦部眾崩潰，爭赴淮水，士卒死者一萬五千人。東晉軍取得了初戰的勝利。

謝石、謝玄等乘勝率水陸軍齊進，與苻堅軍相持於淝水。苻堅登壽陽城觀望晉軍，見晉軍陣勢嚴整，開始露出害怕的神色。他甚至將城外八公山上的草木，也當成了東晉的軍隊。他對身旁的苻融說：「這是一支勁旅，怎麼能說弱呢？」

因為前秦軍阻淝水為陣，晉軍無法通過。謝玄派使者對苻堅說：「你們懸軍深入，但卻逼水為陣，這不是想早日決戰，而只是作持久戰的打算。如果使我軍能渡水一戰，豈不快哉！」苻堅的部下都主

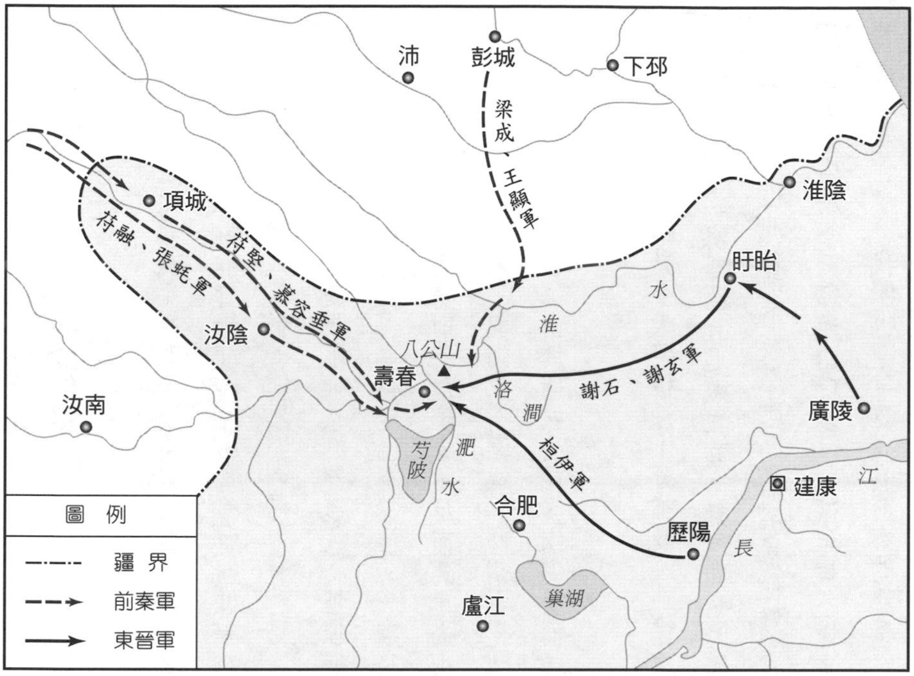

圖十五　淝水之戰形勢圖

張不能讓晉軍渡過淝水，認為這是萬全之計。苻堅卻堅持要讓晉軍渡河，利用晉軍半渡時，以騎兵圍而殲之。因此苻堅揮軍稍退，可前秦軍卻退卻不止。謝玄、謝琰、桓伊等，乘機渡過淝水，奮擊秦軍。苻融馳馬略陣，想整頓陣勢，不幸戰馬摔倒，被晉軍斬殺。投降前秦的東晉將領朱序等人又在陣後大喊：「秦軍敗了！秦軍敗了！」前秦軍大敗，潰逃不止。謝玄等乘勝追擊，至於青岡。潰敗的前秦軍，自相踐踏，死者十之七八，蔽野塞川。落荒而逃的前秦士兵聽到風聲鶴唳，也以為是追趕的晉軍，狼狽不堪。原來被前秦軍俘虜而降的朱序、徐元喜和前涼國主張天錫等人一起投奔東晉。東晉收復壽陽，俘虜前秦淮南太守郭褒。苻堅身中流矢，只帶少數人逃回淮北。

謝安鎮定自若敗苻堅

東晉太元八年八月，前秦皇帝苻堅率領百萬大軍，南下進攻東晉。前秦軍勢力強大，東晉眾將接連敗退。而執掌朝政的東晉宰相謝安卻毫不畏懼秦軍的攻勢，任命弟弟謝石為征討大都督，侄兒謝玄為前鋒都督，兒子謝琰為輔國將軍，率軍阻擊前秦軍。十一月前秦軍直逼淝水，京師建康人心惶惶。大戰之前，謝玄向謝安請教退敵之策，謝安神情泰然地說：「朝廷已有安排。」隨後默默不語。謝玄不敢再問，便派部下張玄再去請示。謝安則不加理會，反而駕車去山中別墅，與眾多的親朋好友聚會。他泰然自若地坐下來，與謝玄下圍棋，賭別墅。大敵當前，謝玄根本沒心思下棋。謝安平常棋藝不如謝玄，由於謝玄心慌，謝安反而勝了謝玄。隨後，謝安便登山遊玩，到晚上才返回。

謝安的舉動令大將桓沖十分擔憂，他請求從荊州派三千精兵保衛京師。謝安卻不允，說：「朝廷已有退敵之計，無須向京師派兵，荊州防線也很重要，不能隨便抽調軍隊。」桓沖對部下歎息說：「謝安是位好宰相，有治國的大才，但他根本不懂打仗。今大敵當前，只顧遊山玩水，又派年輕不懂事的青年將領上前線，敵眾我寡，東晉無疑要滅亡了，我們也遲早要成為前秦的俘虜。」

其實謝安早已成竹在胸，就在當天夜裡，他召來眾將領，面授機宜，分派各自的職守，將退敵的部署安排妥當。不久，東晉軍便與苻堅在淝水決戰，晉軍大獲全勝。謝玄立即派人將大敗苻堅的捷報傳送給謝安。這時，謝安正與客人下棋。他看完之後，便把報捷信丟在床上，全無喜色，依舊下棋。客人詢問，他才慢慢答道：「小兒輩已大敗秦軍。」謝安下完棋回到內室，再也抑制不住內心的喜悅，過門檻時，他腳上穿的木屐的屐齒被碰斷了都不知道。因謝安指揮有方，功勳卓著，朝廷任命他為太保。

淝水之戰，東晉戰勝前秦，原因是多方面的。苻堅統一北方後，社會秩序並不穩定。他將氐人遷徙到各地，實際上分散了氐人的力量；他對征服的少數民族實行所謂的懷柔政策，是在養虎為患。他在不適當的時機發動淝水之戰，加劇了國內的各種矛盾。他在各州郡人民都不願意參戰的情況下，強徵他們入伍，自然激起很大的憤慨。雖然出師的人數號稱百萬，但由於士兵不滿被徵召，因此軍隊毫無鬥志，意志消沉，不願意積極作戰。前秦軍中的漢人面對晉軍，更不願意自相殘殺。前秦各路軍的統帥也都各懷異志，或者要保存實力，或者準備投降東晉；有的在戰前向晉軍通報軍情，有的則想趁機東山再起，如慕容垂、姚萇贊成苻堅起兵攻晉，是要促成苻堅的失敗，趁亂奪取政權。與此相反，東晉在淝水之戰前，在經濟上，出現了穀帛充盈的局面；在政治上，則是「君臣和睦，上下同心」⑤；

⑤《晉書》卷一一四〈苻堅載記〉。

在軍事上，組成了一支百戰百勝的北府兵。北府兵成員多為流亡南渡的北方人，他們深受北方少數民族貴族壓迫之苦，因此作戰時無不以一當十，拼死殺敵，奮不顧身。前秦與東晉在經濟、政治、軍事等方面存在明顯的差別，這對戰爭的勝負影響很大。除此之外，苻堅的驕傲自大和缺乏在複雜軍事鬥爭中的應變氣度，也直接促使前秦軍迅速地慘敗。

淝水之戰是中國歷史上一次以少勝多的著名戰役。東晉勝，前秦敗，東晉政權得以延續下去，南方的經濟、文化免遭北方少數民族的破壞，南方人民避免受到北方少數民族的統治。然而苻堅的失敗，卻使前秦國家無法維持北方統一的局面，導致了前秦統治迅速瓦解。鮮卑、匈奴和羌族貴族乘機紛紛起來建立政權，北方又陷入分崩離析的混戰之中。

本章重點

淝水之戰是東晉、十六國時期的大事，淝水之戰不僅是以少勝多的戰例，也表明在東晉與前秦對峙時期，尚不具備統一全國的條件，所以東晉戰勝前秦決不是偶然的。

複習與思考

1. 祖逖北伐為什麼不能夠深入發展而以失敗告終？
2. 試析淝水之戰東晉勝利的意義。

第十二章 北方人民的南遷與社會經濟的發展

自永嘉之亂後，北方人民大量南遷，東晉政府為南遷人口設置僑立州郡縣加以安置，並實行一些優撫的措施。但經過一些時間，南遷的僑人與土著居民的差別越來越小，東晉政府為了增加賦稅來源，採取土斷的辦法，對僑人與土著居民用黃、白籍加以區分。東晉實行多次土斷，其中以桓溫的「庚戌」土斷和劉裕的土斷最為嚴格。東晉政權在解決南遷人口安置問題的同時，努力發展農業、手工業和商業，使江南經濟出現繁榮局面。

第一節　北方人民的南遷和僑立州郡

一、北方人民南遷

西晉永嘉之亂後，少數民族入主中原。進入中原的少數民族統治者，對漢人進行了異常殘酷的欺壓和盤剝。他們還對漢人大加歧視，稱其為「漢狗」、「賊漢」，肆意殺戮漢人。北方少數民族政權相互攻伐，戰爭接連不斷，局面極其混亂。在水深火熱中的北方漢人，不能夠忍受受欺壓的動盪生活，紛紛外遷。漢人的外遷避難有三個方向：一是遷往遼西；二是遷往隴右；三是遷往長江以南。但大多數的人遷往江南，因為江南地區社會局面穩定，自然條件優越，土地肥沃，吸引大量北方人民南移。

中原人民流徙南下，主要集中在荊、揚、梁、益諸州。東部地區的北方人民主要遷移到南方的東部；西部地區的北方人民主要遷移到南方的西部。

遷移的漢人有西晉皇室、洛陽的公卿大夫、北方的中低世族和普通平民。南渡的官宦和世家大族往往帶著宗族、部曲，並在沿途召集流散的人口，擴大他們的部曲隊伍。一般南渡的人通常是按籍貫聚集若干家，一段距離一段距離的南移，形成了一個個的流民群。北方人民南遷到達長江流域的，總人數至少有七十萬人，還有二十萬的南遷人民沒有到達長江，聚集在今山東和江蘇北部地區。

北方世家大族遷往長江下游後，分佈在不同的地區。上層的世家大族雖然在首都建康進行政治活動，但在經濟上則向會稽、臨海一帶發展，殖產興利，廣占田宅，諸如王、謝兩大世族就在這裡求田問舍，以求經濟上的發展。下層世族人數較多，他們無法與上層世族爭奪經濟上的利益，為了生存，他們在較為安全的長江南岸居住下來，選擇往地廣人稀的京口、晉陵一帶發展。居住在晉陵的流民集團有很強的戰鬥力，他們組成的北府兵在淝水之戰中大獲全勝，後來創建宋、齊、梁霸業的也都是出自這個集團以及他們的子孫。

遷至長江上游的上層世族主要居住在江陵、南郡近旁一帶。因為江陵一帶距離北方少數民族勢力較遠，比較安全，並且江陵還是長江上游的政治中心，如上層世族庾氏從南陽新野南渡後，就在江陵一帶發展。下層世族則多徙居襄陽，遷徙到襄陽的南陽、新野和雍、秦流民集團都擁有武力，戰鬥力很強。

據《晉書．地理志》和《宋書．州郡志》的記載推測，永嘉之亂以來，北方平均八人中就有一人遷徙至南方。在東晉、劉宋所轄境內，國家的編戶齊民中六分之五為本土舊民，六分之一為北方遷徙來的人口。

這些遷徙到南方的北方人，正如《隋書．食貨志》稱：「晉自中原喪亂，元帝寓居江左，百姓之自拔南奔者，並謂之僑人。」除了一部分人淪落為世家大族的部曲、奴客外，餘下的僑人或者開墾荒地，以保證生活需要；或者流浪各地，以維持生計，國家沒有將他們編入戶籍，因此被稱為「浮浪人」。東晉政權如果不能妥善處理這些人口，使之受到控制，就會發生像西晉末年的流民叛亂。所以，東晉政府必須採取適當的控制措施。

二、僑立州郡的設置

東晉政府為了控制這些人口，在僑人集中的地方，諸如長江南北、梁、益通路，陸續設置了與僑人舊地同名的僑州、僑郡、僑縣，以此保證僑人著籍。東晉政權設立的僑州郡的情況大略如下：

司州。晉元帝渡江，僑置司州於徐。後又因弘農人流寓尋陽，僑立弘農郡。因河東人流寓武陵，僑立河東郡，下統八個僑置的縣。

南兗州。晉元帝僑立兗州於京口。晉明帝以郗鑒為刺史，寄居廣陵，後改稱南兗州。

豫州。晉成帝在江淮之間僑立豫州，居蕪湖，後移鎮姑孰，改稱南豫州。

雍州。晉元帝僑置雍州，鎮酇城，後取消。孝武帝又僑立雍州於襄陽，下統京兆、始平、扶風等七個僑郡。

徐州。晉元帝渡江，徐州只有一半屬東晉，因此僑置淮陽、陽平、濟陰、北濟陰四郡。又僑置琅邪郡。後僑置南徐州，治京口。

這些僑州、僑郡、僑縣沒有實土，並且時置時廢，時合時分，情況非常複雜。在僑立州郡內，也不全都是僑人。如南徐州有人口四十二萬，其中僑人只有二十二萬人，這是僑置州中，僑人最多的地方。在原來的州郡縣中，除了本土居民外，也有一些僑人。

東晉政府使僑人著籍僑州郡的戶口名簿上，就可以獲得優撫、免除調役等優待。因為國家兵役和租調，是加在編戶齊民身上的沉重負擔，因此國家的這種規定對中原人民渡江南來，具有巨大的吸引力。同時，優撫的規定也使國家的編戶齊民不至於迅速的破產，因而對他們無限制地流入私家，能夠起到有效的限制作用。此外，當時北方來的世家大族，互相標榜閥閱，因此設置僑州郡，對於南渡的北方世家大族來說，使他們可以誇耀的出身地望也得到了保證，這也適應了東晉門閥政治發展的需要。

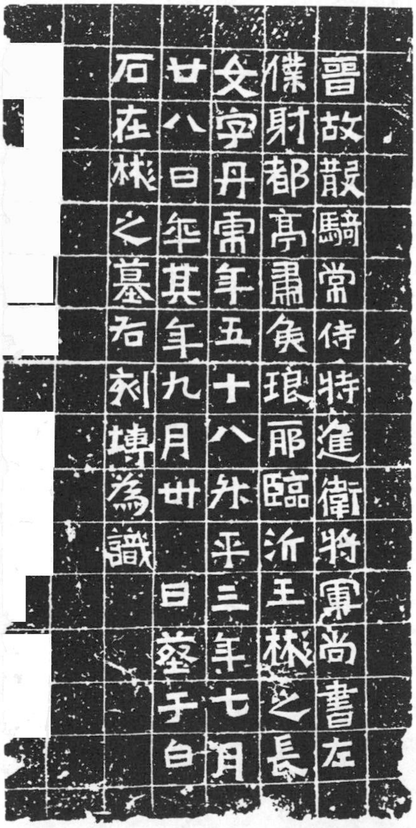

圖十六　南京出土的王丹虎墓誌拓片，南遷的王氏仍保留「琅耶（邪）臨沂」的原籍貫，東晉政府設置僑州郡加以管理。

第二節　土斷的實行

東晉對南渡的北方僑人，以僑州、僑郡、僑縣來管理，並實行優撫的政策。但隨著時間的推移，僑人在南方的時間歷久年深，他們與當地農民在經濟地位上的差別越來越小，他們的生產有了保障，生活也安定下來。因此東晉統治者認為優待僑立州郡人民，對他們進行優撫，已經失去了原有的意義。國家需要擴大賦稅的來源，增加財政收入；國家也需要更多服兵役的人口，因此有必要實行新的措施控制僑人，取消原來優撫的種種辦法。

從東晉成帝咸和年間（三二六—三三四年）開始，國家一再用「土斷」的辦法來加強對僑人的控制。東晉政府先後進行了四次土斷。第一次土斷在東晉咸和年間，其具體內容，文獻記載缺佚。第二次土斷，在晉成帝咸康七年（三四一年）。這次土斷，主要為了使北來的僑民在收復故土後，還能夠保留恢復原籍的希望，因此在取消流寓郡縣之後，將戶籍分為兩種顏色。一種是南方土著居民的黃色戶籍，即所謂的「黃籍」；另一種是北來僑人的白色戶籍，「實編戶，王公已下皆正土斷白籍」①。第三次土斷，在晉哀帝興寧二年（三六四年）三月庚戌日。因為這次土斷的命令是在庚戌日頒佈的，所以稱為「庚戌制」，也稱為庚戌土斷。這是東晉最有名的一次土斷，由桓溫主持。

在東晉政府取消對僑民的優撫等辦法後，北來僑民承受的賦稅和兵役負擔加重，因此北來僑民常

① 《晉書》卷七〈成帝紀〉。

常在土斷之際，隱匿不報戶口，或者流入世家大族之家，成為部曲或者佃客。桓溫在執行土斷法時，採取了嚴厲打擊隱匿戶口的世家大族的做法。如東晉宗室彭城王司馬玄「會庚戌制不得藏戶，玄匿五戶，桓溫表玄犯禁，收付廷尉」②；會稽內史王彪之使「亡戶歸者三萬餘口」③，足見庚戌土斷的徹底。後來宋武帝劉裕充分肯定了這次土斷的成績，他說：「及至大司馬桓溫，以民無定本，傷治為深，庚戌土斷，以一其業。於時財阜國豐，實由於此。」④在這次土斷之後，東晉政府的財政收入明顯地增多。後來謝安執政能夠組建北府兵，也是以這一次土斷為基礎的。

晉安帝義熙八、九年（四一三、四一四年），東晉政府又進行了一次大規模的土斷。這時劉裕當政，對土斷執行得很嚴格。此前，會稽四大姓中的餘姚虞亮藏匿亡命千餘人，被劉裕處以死刑，並罷免會稽內史司馬休之。劉裕的做法使「豪強肅然，遠近知禁」⑤。因此，劉裕推行這次土斷，更是大刀闊斧。在劉裕消滅劉毅後，下令江、荊二州，「凡租稅調役，悉宜以見戶為正。……州郡縣吏，皆依尚書定制實戶置」⑥。可見這次土斷先從長江上游荊、江二州開始，接著在全境內實行。劉裕又上表提出，自庚戌土斷後，時間一長，弊端又起，「畫一之制，漸用頹弛。雜居流寓，閭伍弗修」⑦，必須

② 《晉書》卷三七〈宗室．彭城穆王權傳附司馬紘傳〉。
③ 《晉書》卷七六〈王廙傳附王彪之傳〉。
④ 《宋書》卷二〈武帝紀中〉。
⑤ 《宋書》卷二〈武帝紀中〉。
⑥ 《宋書》卷二〈武帝紀中〉。
⑦ 《宋書》卷二〈武帝紀中〉。

再重新實行庚戌土斷的科條。按著劉裕的規定，除了南徐、南兗、南青三州在晉陵郡界（江蘇鎮江、常州一帶）的人，不在土斷之例外，其餘都依界土斷，「諸流寓郡縣，多被併省」⑧。這是東晉最後一次大規模的土斷，也是劉裕稱帝前，在經濟上採取的一項重要措施。

經過東晉政府的多次土斷，在南來的僑人中，散居者大部分被納入國家的戶籍；南來的僑人被國家以鄉里的組織形式編制起來，固著在土地上，成為國家可以控制的對象。一些沒有實行土斷或者人口太少的僑郡縣被省併。在土斷開始時，南來的北方僑人被立為白籍，以此與著黃籍的南方土著居民相區別。後來，南渡的北方僑人大都被編入黃籍，白籍逐漸消失。南來的北方僑民和當地的土著一樣，都成為國家賦役的承擔者，國家對南渡的北方僑人和南方的土著民的控制逐漸一致。

第三節　江南經濟的發展

一、農業的發展

東晉時期，江南的經濟呈現發展的趨勢。當時農業生產的發展是顯著的。由於大量的北方人民渡江南遷，為農業生產增加了大量的勞動人手，補充了南方農業勞動力的不足，也帶來了許多比較先進的生產工具和生產技術。如西晉末年，渡江南來的郭文，隱居在吳興大滌山中，以區種菽麥為生。區

⑧《宋書》卷二〈武帝紀中〉。

種法⑨就是由北方農民帶往江南的先進農業生產技術。南、北農民的結合，北方旱田耕作與南方水田耕作技術的結合，都促進了江南的農業生產的進步。

東晉統治者為了保證政權的存在和穩定，對於農業生產是比較重視的。大興元年（三一八年），晉元帝司馬睿下令，在徐、揚二州推廣種麥，「可督令熯地，投秋下種，至夏而熟，繼新故之交，於以周濟，所益甚大」⑩。晉元帝積極實行鼓勵農耕的措施，他對州郡長吏的考核，以入穀多少作為檢查先進和落後的標準。東晉統治者還大力推行屯田。晉明帝時，應詹上疏稱：「三臺九府，中外諸軍，有可減損，皆令附農。」⑪應詹所說的，就是一種軍屯。應詹還建議：「江西良田，曠廢未久，火耕水耨，為功差易。宜簡流人，興復農官，功勞報賞，皆如魏氏故事，一年中與百姓，二年分稅，三年計賦稅以使之，公私兼濟，則倉盈庾億，可計日而待也。」⑫屯田生產用流人，則為流人屯田。這兩種屯田，在東晉一直實行。晉穆帝時，荀羨任北府都督，「起田於東陽之石鱉，公私利之」⑬，足見屯田取得了明顯的成效。

東晉統治者重視水利事業的建設。他們使南方的水利灌溉系統，在過去的基礎上得到推廣和修理。一些地方官員重視當地的水利設施的興修。張闓任晉陵內史，「立曲阿新豐塘，溉田八百餘頃，每歲豐

⑨所謂區種法，就是在耕作時，要作區深耕，等距離點播，還要集中進行施肥、灌溉和中耕除草。這都要在區中進行。
⑩《晉書》卷二六〈食貨志〉。
⑪《晉書》卷七〇〈應詹傳〉。
⑫《晉書》卷二六〈食貨志〉。
⑬《晉書》卷二六〈食貨志〉。

稔」⑭。孔愉任會稽內史，「修復故堰，溉田二百餘頃，皆成良業」⑮。江南河渠縱橫，只要將這些水道的水流控制起來，就能夠灌溉和水運，這就必須根據水勢的高下，建立堰閘，遏水為埭。當時，在錢塘江西岸有柳浦埭，錢塘江東岸有南津埭，曹娥江東岸有南津埭。天旱則開棣，引江水灌溉；澇則閉棣，避免江水淹潰。東晉對水利設施的興修，成為農業生產發展的保證。

南方優越的自然條件也十分有利於農業生產。在江淮一帶，土地肥沃。襄陽、淮南田土肥美，淮南「沃野有開殖之利」⑯；襄陽左右，「田土肥良，桑梓野澤，處處而有」⑰。三吳一帶遍佈良田，是糧食的主要產區，有「今之會稽，昔之關中」⑱之說。

當地的農民和南渡的北方農民，充分利用這些優越的生產條件，辛勤耕耘，使南方的農業發展起來。東晉孝武帝時，「天下無事，時和年豐，百姓樂業，穀帛殷阜，幾乎家給人足矣」⑲。當時南方成為重要的糧食產地，尤其三吳地區的糧食產量更多，故史載「地廣野豐，民勤本業，一歲或稔，則數郡忘飢」⑳。

⑭《晉書》卷七六〈張闓傳〉。
⑮《晉書》卷七八〈孔愉傳〉。
⑯《南齊書》卷一四〈州郡志上〉。
⑰《南齊書》卷一五〈州郡志下〉。
⑱《晉書》卷七七〈諸葛恢傳〉。
⑲《晉書》卷二六〈食貨志〉。
⑳《宋書》卷五四〈孔季恭、羊玄保、沈曇慶傳〉史臣語。

二、手工業生產的進步

東晉時期，手工業生產也有很明顯的進步，紡織業、造船業都占有重要的地位。在紡織業中，以織布業更為發達。因此國家賞賜大臣兼用布、絹，與西晉賞賜只用絹很不相同。如平王敦之亂後，賜溫嶠絹五千四百匹，布千匹；平蘇峻之亂後，賜陶侃絹八千匹，布千匹。桓溫死，先賜布二千匹，後又賜絹二萬匹，布十萬匹，可見東晉布的產量之多。

東晉的造船業在吳國原有的基礎上，有較大的發展。當時不僅船隻打造的數量多，並且可以生產出巨大的船隻。如桓溫與劉毅在崢嶸洲大戰，可以出動船隻二百艘。盧循能夠「作八槽艦九枚，起四層，高十餘丈」㉑。當時湘州成為生產大船的重要生產地點，「湘州七郡，大艑之所出，皆受萬斛」㉒。因此萬斛大船在大江中破浪航行，在當時是很常見的情況。

東晉的造紙業技術有了新的發展。東漢時期，蔡倫採用樹皮、麻頭、破布等為造紙原料，監造了

圖十七　吐魯番出土的東晉紙畫，紙質平滑可見其技術進步。

㉑《太平御覽》卷七七〇〈舟部三〉引李軌《晉義熙起居注》。

㉒《太平御覽》卷七七〇〈舟部三〉引《荊州土地記》。

一批紙張，風行全國，被稱為「蔡侯紙」，從此造紙術在各地推廣開來。到東晉時，在造紙原料上，除了利用麻、楮皮外，還用桑皮、藤皮來造紙。這樣紙的原料更容易獲得，成本更為降低。當時紙張的產量很多。王羲之一次就將會稽郡庫存的九萬張紙送給謝安。此時也出現了質地特別好的紙張，此即藤角紙。這種紙是用藤皮作原料生產出來的，在官府和民間較為廣泛使用，因此當時范寧主張土紙不可以作文書，應該全部使用藤角紙。藤角紙的產地主要集中在剡溪一帶，餘杭由拳村出產的藤角紙最為出名。由於紙張的出產量增多，桓玄下令各官府「用簡者，皆以黃紙代之」㉓。到了這時，紙張完全代替了簡帛。

三、商業的活躍

由於農業和手工業的發達，東晉的商業也日益活躍，特別是在長江沿岸和三吳地區，有更多的商人從事貨物交換。江南地區大小河道將城市與農業區聯繫起來，也將城市和城市聯繫起來。首都建康是最大的商業城市，秦淮河「北有大市百餘，小市十餘所」㉔。長江上游的江陵，南通湘廣，北抵襄陽，是中南地區貨物的集散地，也是商品交換的大都市。襄陽是漢水中游的重鎮，為四方貨物匯集之處，也是南北通商的重要據點。由於商業的活躍，東晉政府為了徵收商業稅而立了文券，「晉自過江，凡貨賣奴婢馬牛田宅，有文券，率錢一萬，輸估四百入官，賣者三百，買者一百。無文券者，隨物所

㉓《太平御覽》卷六〇五〈文部二一〉引《桓玄偽事》。

㉔《隋書》卷二四〈食貨志〉。

堪，亦百分收四，名為散估」㉕。同時還設立了關津。建康西有石頭津，東有方山津，設津主等官員，對過往貨物徵稅。國家對商業稅的徵收，在一定程度上反映當時貨物交換的發達。

東晉時期，海外貿易也很發達。東晉國家與南方的林邑、扶南、西方的大秦、波斯等國，都有貿易往來。諸如玻璃杯、金剛石指環、綠松石珠、瑪瑙等珍貴產品，都從域外傳入東晉。

本章重點

北方人口的南遷、僑立州郡的設置以及土斷的實行，江南經濟出現了前所未有的發展局面，這些都是研究東晉社會的重要問題。加深認識這些問題，能夠更清楚認識東晉政權存在的原因以及江南社會經濟發展的特色。

複習與思考

1. 東晉政府設置僑立州郡和實行土斷的意義為何？
2. 請說明江南社會經濟發展的特色。

㉕《隋書》卷二四〈食貨志〉。

第十三章 東晉的衰亡

在淝水之戰後，東晉統治階層內部不但矛盾重重，也日益腐化墮落。統治集團內部的矛盾，發展為長江上游軍事集團和下游軍事集團的對立和鬥爭。此時，浙東地區又爆發了孫恩和盧循領導的道教徒反叛，對東晉統治者的打擊沉重。荊州軍事集團的桓玄乘機篡奪帝位，建立楚政權，但很快覆滅。在複雜的鬥爭中，劉裕的勢力發展起來。他完全控制了北府兵，也操縱了東晉的政局，最後奪取了東晉的帝位，東晉滅亡。

第一節 淝水之戰後東晉的政局

淝水之戰後，由於東晉外部的威脅消除，統治階級內部的矛盾開始逐漸尖銳化。在皇室內部、皇室與世家大族之間，中央和方鎮，也就是荊州和揚州之間，展開了錯綜複雜的鬥爭。東晉政治上形成了兩大派，一派為司馬道子、茹千秋、王愷、王國保、王忱；另一派為王珣、王恭、殷仲堪、徐邈、戴逵。

司馬道子是在淝水之戰前被起用的。太元八年（三八三年），孝武帝使他的弟弟司徒、琅邪王司馬道子「錄尚書六條事」。此前，孝武帝已經為謝安加中書監、錄尚書事。孝武帝這樣做，等於分了謝安的相權。謝安在淝水之戰勝利後，進位太保、太傅、都督揚、江、荊、司、豫、徐、兗、青、冀、幽、并、寧、益、雍、梁十五州諸軍事，聲望極高，因此招致了孝武帝的猜忌，主相之間漸生隔閡。謝安上疏要求以都督揚江等十五州的身份，興師北伐。司馬道子乘機撥弄是非，迫使謝安不得不請求出鎮廣陵。謝安被排擠出朝廷，朝議完全由司馬道子所控制。不久，謝安病死，司馬道子就以司徒、錄尚書事、兼領揚州刺史、都督中外諸軍事，代謝安為相。謝安執行的「鎮之以靜」的方針也隨之改變。

在東晉統治集團內部，腐化之風開始越來越重。孝武帝整日沉湎於酒色之中，「不親萬機，但與道子酣歌為務」①。司馬道子更是肆意揮霍，「為長夜之宴，蓬首昏目，政事多闕」②。司馬道子與他的同黨拼命的聚斂財物，極盡奢侈之能事。他開東第，「築山穿池，列樹竹木，功用鉅萬」③。他的兒子司馬元顯「聚斂不已，富過帝室」④。他的同黨王國寶「貪縱聚斂，不知紀極，後房伎妾以百數，天下珍玩充滿其室」⑤。

不久，孝武帝與司馬道子，也就是皇帝與相之間、兄與弟之間又發生了摩擦，並且矛盾日漸擴大。孝武帝在朝廷內用王珣為尚書僕射，王雅為太子少傅；又任命王恭為南兗州刺史，鎮北府；任命殷仲

① 《晉書》卷六四〈簡文三子．會稽文孝王道子傳〉。
② 《晉書》卷六四〈簡文三子．會稽文孝王道子傳〉。
③ 《晉書》卷六四〈簡文三子．會稽文孝王道子傳〉。
④ 《晉書》卷六四〈簡文三子．會稽文孝王道子傳〉。
⑤ 《晉書》卷七五〈王湛傳附王國寶傳〉。

堪為荊州刺史，掌握長江上游事權。其目的是「以張王室，而潛制道子也」⑥。孝武帝所用的王珣、王恭、殷仲堪等人擁護謝安執政時實行的政策，他們反對以司馬道子為首的腐朽勢力，希望東晉能夠恢復政治清平，因而成為司馬道子的敵對派。實際上孝武帝採取了培植方鎮的力量來牽制以司馬道子為首的權臣的做法。由於兩派的激烈鬥爭，加劇了統治集團內部的分裂。

太元二十一年（三九六年），孝武帝死，其子司馬德宗即位，是為晉安帝，司馬道子攝政。晉安帝是一位「自少及長，口不能言，雖寒暑之變，無以辯」⑦的白癡皇帝，朝廷的大權自然落到了司馬道子手中。司馬道子任王國寶為中書令、尚書左僕射，參掌朝政。他們首先要誅殺反對派王恭。

隆安元年（三九七年），王恭以誅王國寶為名，在京口舉兵。殷仲堪也在荊州舉兵，回應王恭。東晉組建北府兵，是為了拱衛首都建康，充實長江下游的力量。現在北府兵在王恭的率領下，卻與荊州軍聯合在一起反對中央。司馬道子無法抵禦王恭、殷仲堪的進攻，只好將王國寶、王緒等人殺死，請求王恭退兵。

隆安二年（三九八年），王恭第二次舉兵。荊州刺史殷仲堪、廣州刺史桓玄等起兵回應，使南郡相楊佺期率領水軍為前鋒，沿江東下。司馬道子以其子司馬元顯為征討都督，統帥軍隊，抵禦王恭等人。王恭以北府兵將領劉牢之為前鋒，進攻司馬元顯。司馬元顯派人勸說劉牢之反對王恭，答應事成之後，用他代替王恭任南兗州刺史。劉牢之聽信司馬元顯，倒戈襲擊王恭，王恭兵敗身亡。殷仲堪、桓玄等

⑥《晉書》卷六四〈簡文三子．會稽文孝王道子傳〉。

⑦《晉書》卷一〇〈安帝紀〉。

聽說王恭被殺，倉皇退兵。他們退到尋陽（江西九江），共推桓玄為盟主。桓玄早就圖謀消滅殷仲堪，又派兵進攻殷仲堪、楊佺期軍。桓玄滅殷仲堪等人後，占據了長江上游的荊州。東晉政府任桓玄為都督荊、司、雍、秦、梁、益、寧、江八州諸軍事、荊州刺史、江州刺史。荊州本是桓氏的勢力範圍，長期在這裡經營，故舊甚多，因此桓玄大力網羅心腹，招募軍隊，勢力日益強大。

司馬元顯消滅王恭後，又採用手段將揚州刺史的職位搶奪到手。他又總錄尚書事，因此稱司馬道子為東錄，稱司馬元顯為西錄。司馬道子昏醉多病，朝廷中的事務，無論大小，都由司馬元顯決定。司馬元顯實際控制了中央的大權。

司馬元顯感到占據荊州的桓玄勢力威脅日益增強，也認為北府兵難以控制，因此要組建一支由他親自指揮的軍隊。可是，當時兵員十分匱乏，司馬元顯下令徵發浙東諸郡曾經為奴，但已經被放免做佃客者，以及父祖為奴、已經被放免者，由他們擔任兵役，將他們集中在京城，稱之為「樂屬」。司馬元顯的這種做法，令世家大族對東晉政權普遍不滿，東晉政權因此失去了一些世家大族的支持。對已經被放免成為佃客的奴隸來說，也使他們承受了沉重的壓迫。因為他們將喪失已經獲得的自由身份，又要重新淪為社會地位低下的兵戶。司馬元顯的命令一下達，使「東土囂然，人不堪命」⑧，因此司馬元顯很難控制惡化的東晉政局，各種矛盾都開始激化了。

⑧《晉書》卷六四〈簡文三子．會稽文孝王道子傳〉。

第二節　孫恩、盧循之亂

一、孫恩之亂

東晉隆安年間，浙東地區出現了孫恩的反叛。孫恩之亂是東晉末年的大事。孫恩之亂的出現，涉及到東晉末年宗教信仰和社會矛盾的尖銳問題。

孫恩是琅邪郡孫秀的同族人。孫秀做過趙王司馬倫的謀主，但他的門第很低，少為郡吏，為大族所不齒，因此琅邪孫氏屬於社會的下層。孫恩世居江南，他與南來的下層北人一樣，經過土斷，成為南方社會下層的一員。但孫氏家族與五斗米道有很深的關係，世代信奉五斗米道。

五斗米道是道教的一支。在西晉時，主要在社會下層中傳播，世族信奉五斗米道的很少。葛洪將五斗米道與儒學結合在一起，將修道與出仕也結合在一起，為五斗米道在世家大族中傳播創造了前提。因此東晉時期，世家大族信奉五斗米道的人數劇增。如琅邪王家世代信奉五斗米道；陳郡殷仲堪、會稽孔愉都信奉五斗米道；吳興沈警也信奉五斗米道。五斗米道取得了世家大族和當權者的承認，使五斗米道在江南廣泛傳播。在一般平民中，信奉五斗米道的人數更多，很多人甚至「皆竭財產，進子女，以祈福慶」⑨。五斗米道信徒成為隱伏於朝野的一股強大社會勢力。

⑨《晉書》卷一〇〇〈孫恩傳〉。

孫恩的叔父孫泰曾拜錢塘杜子恭為師，向他學習道術。杜子恭是錢塘很有威望的五斗米道道師，浙東的大族和京城的權貴都拜他為師。杜子恭死後，孫泰繼續傳道，信奉者越來越多，敬之如神。尚書僕射王珣認為孫泰擾亂民心，將他流放到廣州。可是廣州刺史王懷之卻用孫泰代行鬱林太守。後來，王雅又向孝武帝推薦，說孫泰知道養性之方，將他從廣州召回。孫泰官至輔國將軍、新安太守，許多大族官僚又向他學習道術。東晉朝廷的執政者司馬元顯也屢次向他求學「祕術」。

當南兗州刺史王恭起兵討伐司馬道子時，孫泰聚眾數千人，名義上是為朝廷征討王恭，實際上別有用心。他「以為晉祚將終，乃扇動百姓，私集徒眾，三吳士庶多從之」⑩，利用五斗米道，準備起兵反叛。會稽內史謝輶發現了孫泰的計畫，向司馬道子舉報。司馬道子誅殺孫泰和他的六個兒子，孫泰的侄子孫恩逃脫，躲入海島。孫泰死後，他的信徒以為他蟬蛻登仙，資給海島上的孫恩。孫恩聚集逃亡海上的百餘人，尋找機會，準備報仇。

東晉末年，朝廷執政的司馬道子、司馬元顯腐朽的統治，使浙東地區的社會秩序混亂。隆安三年（三九九年），司馬元顯徵調「免奴為客」者充兵，更使無辜的農民蒙受很大的災難，激起了浙東農民的騷動。孫恩乘機帶一百多人從海上登陸，攻下上虞，殺上虞令，又襲破會稽，信奉五斗米道的會稽王凝之，也被孫恩殺死。於是會稽謝鍼、吳郡陸瓌、吳興丘尫、義興許允之、臨海周胄、永嘉張永、東陽和新安等八郡，一時俱起。不過十多日，反叛者增至數十萬人，聲勢浩大。東晉的官僚世族如吳興太守謝邈、永嘉太守司馬逸、嘉興公顧胤、南康公謝明慧、黃門郎謝沖、張琨、中書郎孔道、太子

---

⑩《晉書》卷一〇〇〈孫恩傳〉。

洗馬孔福、烏程令夏侯愔等，都被殺死。吳國內史桓謙、義興太守魏隱、臨海太守司馬崇等，紛紛棄城逃跑。遭叛亂者殺死的王凝之全家、謝邈、謝沖一門、孔道、孔福兄弟，都是居於浙東的世家大族。

在浙東的叛亂中，謝鍼、陸瓌、丘尪、許允之、周胄、張永等人回應孫恩，與五斗米道的信仰有關。這些人都有「長生人」的稱號，是信奉五斗米道的上層人物。因此，他們的起事實際是帶領五斗米道的信徒來回應他們的教主。

從另一方面來看，這些五斗米道的上層人物都是浙東大族，如謝鍼出於會稽大姓謝氏；陸瓌出於吳郡謝氏，為當地名族；丘尪出於吳興大族丘氏。他們都擁有土地和佃客，當司馬元顯要使「免奴為客」者服兵役時，也損害了他們的經濟利益。因此他們起兵也是要維護其自身利益，只是蒙上了宗教的色彩。

在孫恩的反叛之中，一些五斗米道信徒被殺，如王凝之一家，只是因五斗米道內部政見不同所致。在浙東的五斗米道信徒中，不全是追隨孫恩的。一些人採取逃避的態度，如信徒沈警雖篤事孫恩，但拒不參與叛亂，躲藏起來。另一些人則站到了孫恩的對立面，孫恩視其為異己，「宣語令誅殺異己，有不同者戮及嬰孩，由是死者十七八」[11]。可見五斗米道信徒內部的鬥爭也是非常殘酷的。

孫恩占據會稽後，自稱征東將軍，以山陰縣為活動中心。當時不僅浙東八郡都被孫恩占領，京城建康一帶也「畿內諸縣，處處蜂起，朝廷震懼，內外戒嚴」[12]。東晉政府任命謝安的兒子謝琰為會稽

[11] 《晉書》卷一〇〇〈孫恩傳〉。
[12] 《晉書》卷一〇〇〈孫恩傳〉。

內史、兼督吳興、義興兩郡軍事，和輔國將軍、北府兵統帥劉牢之一起，鎮壓孫恩，收復浙東。

隆安三年十二月，謝琰率軍攻克義興，殺孫恩部屬許允之，又進兵吳興，敗孫恩將丘尫，進駐烏程。然後，分兵配合劉牢之，向錢塘江推進。

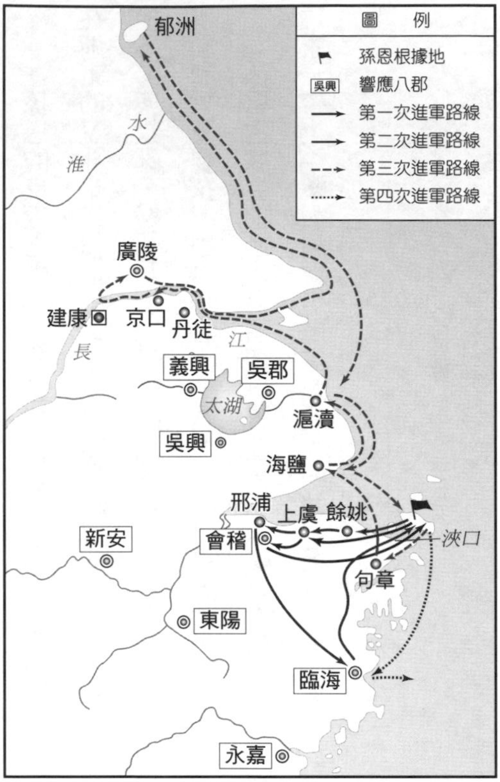

圖十八　孫恩之亂路線圖

當孫恩知道劉牢之率北府兵精銳渡過錢塘江後，就帶男女二十餘萬口向東逃跑。北府兵攻破山陰縣，孫恩部屬陸瓌、丘尫、錢穆夫都被劉牢之軍殺死。孫恩將財物寶貨丟棄在道路上，東晉軍爭相拾取，孫恩才得以逃脫至海島。

孫恩退至海島後，東晉統治者害怕孫恩再起，就用謝琰任會稽內史、都督五郡諸軍事，率領徐州部眾，鎮守東土。但謝琰自以為在淝水之戰打過勝仗，又是一流大族，過於自負，完全忽視了對孫恩的戒備。隆安四年（四〇〇年）四月，孫恩又從浹口（浙江甬江口處）入餘姚，破上虞，進至邢浦（浙江紹興北），被謝琰派軍擊退。幾天後，孫恩軍再次進攻邢浦，謝琰部將張虔碩戰敗。孫恩軍乘勝追擊，在山陰（浙江紹興）與謝琰軍大戰，斬殺驕傲自負的謝琰和他的兩個兒子。孫恩軍又轉攻臨海一帶，消息傳到建康，朝廷大震，增派冠軍將軍桓不才、輔國將軍孫無終、寧朔將軍高雅之堵擊孫恩。

十一月，孫恩軍在餘姚大敗高雅之，死者十之六七。東晉政權緊急任命劉牢之都督會稽、臨海、東陽、永嘉、新安五郡軍事，統軍進攻孫恩。孫恩退至海島。劉牢之東屯上虞、劉裕戍守句章，防禦孫恩。劉牢之又命吳國內史袁山松，築滬瀆壘，緣海佈防。

隆安五年（四〇一年）春，孫恩率軍自浹口攻句章，轉而攻海鹽，被劉裕擊破。五月，孫恩軍北上，浮海北攻滬瀆，殺袁山松，死者四千人。六月，孫恩軍溯江而上，進至丹徒（江蘇鎮江東），有戰士十餘萬，樓船千餘艘，建康震動，內外戒嚴。劉牢之急命劉裕馳往截擊孫恩。劉裕倍道兼程，與孫恩軍於京口相遇。雙方在京口西蒜山激戰，孫恩戰敗，退至船上，但還準備整頓軍隊，進攻建康。東晉調兵遣將，加強了建康的防衛。孫恩軍樓船高大，溯江而進，為風浪所阻，行駛得很慢。孫恩原來計畫在東晉軍集中前迅速進攻建康。但此時晉軍已經在建康佈防嚴密，劉牢之的軍隊也趕到京口，孫恩不得已，只好回軍，又攻克廣陵（江蘇揚州），進占郁洲（江蘇連雲港東），生擒東晉將領高雅之。這時，劉裕率軍追趕孫恩軍，在郁洲大敗孫恩。孫恩率軍沿海南還，又在滬瀆和海鹽遭到劉裕的重創，孫恩軍死傷萬餘人，迫使孫恩率軍由浹口再退回海島，其力量日益衰落。

東晉加強對沿海地區的防務，孫恩軍得不到給養，疫病又在軍中流行，戰士死亡大半。元興元年（四〇二年）三月，孫恩又進攻臨海，被晉軍擊敗，士卒死亡甚多，所存無幾。孫恩與其家屬及部下一百多人投海而死。五斗米道有尸解（刀、兵、水、火之解）成仙之說。孫恩投海是要通過水解成仙，因此人們傳說孫恩成為「水仙」。

二、盧循之亂

孫恩部眾還餘下數千人，都推孫恩妹夫盧循為首領。盧循是范陽涿（河北涿州）人，出身於北方大族。但其家族因晚渡江，「婚宦失類」，為社會所鄙視。孫恩起兵，盧循就投入他軍中。孫恩與盧循的結合，以信奉五斗米道為基礎。

盧循取得孫恩軍的領導權時，東晉政權已經落到桓玄手中。桓玄想代晉稱帝，試圖穩定浙東局勢，因此他表請盧循為永嘉太守。盧循在孫恩失敗後，也想爭取一個喘息的機會，所以接受了讓他擔任永嘉太守的任命。

元興二年（四〇三年）正月，盧循派其妹夫徐道覆進攻東陽，八月又進攻永嘉，都被劉裕擊敗。劉裕追盧循到晉安（福建福州），盧循浮海南向廣州。次年十月，盧循攻克番禺（廣東廣州），生擒廣州刺史吳隱之。盧循自攝廣州刺史事，稱平南將軍，遣使入朝。東晉剛平定桓玄之亂，正值多事之秋，就於義熙元年（四〇五年）四月，任命盧循為征虜將軍、廣州刺史、平越中郎將。盧循部屬徐道覆占據始興郡（廣州韶關西南），東晉命他為始興相。盧循答應將俘虜的前廣州刺史吳隱之和流寓廣州的大族王誕一併放回。

義熙六年（四一〇年）盧循已經占據廣州六年，這時，劉裕出兵北伐南燕慕容超。徐道覆建議盧循乘機北伐，並已經做好了出兵的準備。盧循同意了徐道覆的計畫，決定分路出兵北伐。盧循率一支軍隊，由廣州北向湘水流域，進攻湘中諸郡；徐道覆率領一支軍隊，則由始興向南康、廬陵、豫章郡進攻。盧循、徐道覆軍一路勢如破竹，東晉許多地方官紛紛逃跑。這年三月，徐道覆軍沿贛江直逼豫章，東晉鎮南將軍、江州刺史何無忌在豫章率軍迎戰。

盧循、徐道覆軍中的士兵，既有跟隨他南至廣州的浙東人，也有後加入的「始興溪子」，即居於水濱的少數民族。他們勇敢善戰，有很強的戰鬥力。何無忌率水軍與徐道覆交戰，結果大敗，何無忌戰死。五月，東晉衛將軍、豫州刺史劉毅率軍由姑孰抵禦義軍。盧循一路沿湘江北進，在長沙，敗荊州刺史劉道規，直指巴陵，逼向江陵。徐道覆得知劉毅軍將至，遣使者急速通告盧循，暫不進攻江陵，兩人合軍，共同進攻劉毅。盧循、徐道覆軍與劉毅軍在桑洛洲（江西九江東北江中）相遇，大敗劉毅軍。因在劉牢之之後，劉裕、劉毅、何無忌成為北府兵的三支主力，在當時聲望甚高，所以當盧循軍大敗何無忌和劉毅軍的消息傳至建康，震動東晉朝廷。東晉政權緊急召回北伐的劉裕，由京口至建康。同時還召青州刺史諸葛長民、兗州刺史劉藩、并州刺史劉道憐等，率軍入衛京師。

五月中旬，盧循軍到達淮口（秦淮河入長江口），東晉內外警戒。琅邪王司馬文德都督宮城諸軍事，屯中堂皇；劉裕屯石頭城。徐道覆建議將船焚毀，從新亭至白石，分數道進攻劉裕。盧循多疑而少決斷，不敢孤注一擲，坐失良機。他與劉裕相持不下，進攻石頭柵失利，船艦又為風暴漂沒。盧循無可奈何，只好轉攻南岸，進攻京口各縣，無所收穫。由於士卒疲憊不堪，不得不退軍。

七月中旬，盧循軍從蔡洲南撤，到達尋陽。他留下部屬范崇民率五千兵守南陵（安徽宣城）。劉裕一面派兵追擊盧循，一面又派兵南襲番禺。十月，徐道覆率軍三萬進攻江陵，被劉道規大敗，士卒死者萬餘人。徐道覆單舟逃往湓口（江西九江西）。十一月，劉裕部下王仲德等又在南陵大敗范崇民，范崇民逃跑。十二月，盧循、徐道覆重整軍隊，率軍數萬，連艦而東下。他們在大雷（安徽望江）與劉裕軍遭遇。劉裕以輕舟強弩，攻擊盧循軍，又乘風放火，盧循大敗。船艦大部分被火燒毀。盧循打算

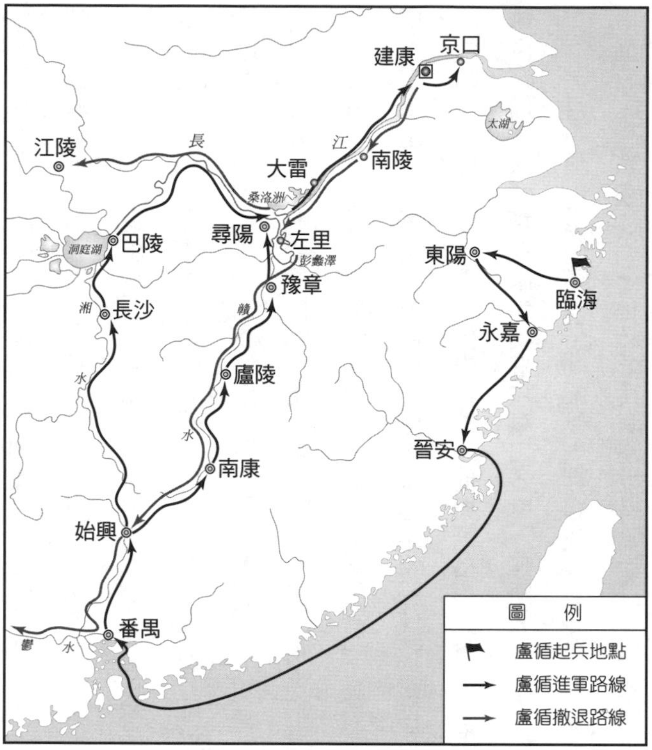

圖十九　盧循之亂路線圖

退至豫章，就柵斷左里（鄱陽湖口），作為退路。劉裕率軍攻柵，盧循又敗，士卒死者萬餘人。盧循、徐道覆只好率殘部數千人南撤。盧循回番禺，徐道覆回始興。

義熙七年（四一一年），劉裕派劉藩等人率軍進攻始興。始興城被攻破，徐道覆戰敗被殺。盧循到達番禺，而番禺已經被劉裕部將孫處攻占。盧循進攻番禺二十餘天。劉藩派沈田子救孫處，擊敗盧循。四月，盧循逃往交州，又被交州刺史杜慧度擊敗。盧循鴆殺妻子、妓妾、兒女十餘人，自投水而死，也是「水解」。至此，孫恩、盧循叛亂徹底失敗。

孫恩、盧循之亂，是五斗米道的上層分子利用五斗米道的傳播，發動的反晉叛亂。反叛的目的是要維護信奉五斗米道上層的自身利益，只是他們的這種目的被濃厚的宗教色彩掩蓋了。在宗教的掩蓋下，反叛者誅殺異己，甚至「燒倉廩，焚邑屋，刊木堙井，虜掠財貨」⑬，給生產造成很大的危害。因此，孫恩、盧循之亂的性質是淝水之戰後東晉上層社會內部鬥爭的繼續和擴大。

第三節　桓玄篡位

在孫恩、盧循反叛期間，東晉統治集團內部的鬥爭也非常激烈。占據荊州的桓玄，積極擴大他的勢力。

桓玄是桓溫的庶子，桓溫很喜愛他。桓溫死後，玄襲爵南郡公。隆安元年（三九七年），桓玄被任命為都督交、廣二州諸軍事、建威將軍、平越中郎將、廣州刺史。這年王恭起兵，殷仲堪在長江上游響應，桓玄也參與殷仲堪的軍事行動。殷仲堪給桓玄五千士兵，與楊佺期同為前鋒。後王恭敗死，朝廷任命桓玄為江州刺史，又加桓玄都督荊州四郡。桓玄先後除掉楊佺期、殷仲堪，占據長江上游。桓玄自己擔任了都督荊、江、司、雍、秦、梁、益、寧八州諸軍事，兼荊、江二州刺史，又上表要求，使其兄桓偉任雍州刺史，從子桓振任淮南太守。這樣，桓玄控制的地區以荊州為基礎，西起梁（陝西南部）、益（四川），南至寧（雲南），東抵首都建康近郊。

⑬《晉書》卷一〇〇〈孫恩傳〉。

從當時長江上、下游的形勢來看，出現了很大的變化。由於孫恩在浙東地區的叛亂，使這個地區遭受了巨大的破壞，殘破不堪。會稽一帶「帶海傍湖，良疇亦數十萬頃，膏腴上地，畝直一金」⑭，因此這裡是東晉政權糧食的重要來源，但動亂後遭到破壞，使東晉政權的糧食極為匱乏。反之，桓玄控制的長江上游地區，由於社會秩序相對穩定，因而經濟持續發展。生產遭到破壞的揚州無法與荊州相比，因此桓玄的荊州勢力就凌駕在揚州之上。

在孫恩軍逼近建康時，桓玄「建牙聚眾，外託勤王，實欲觀釁而進」⑮。孫恩從建康退兵後，桓玄返回荊州，繼續擴大其勢力。他使桓偉鎮夏口，輔國將軍司馬刁暢鎮襄陽，桓振、皇甫敷、馮該等人戍湓口，遷移沮漳蠻二千戶至江南，立武寧郡；還召集各地的流民，立綏安郡。桓玄認為他的力量已經很強大，「自謂三分有二，知勢運所歸，屢上禎祥以為己瑞」⑯。

桓玄在長江上游勢力的不斷發展，使東晉政權的執政者感到恐懼，於是以司馬元顯為征討大都督、劉牢之為前鋒都督，率軍討伐桓玄。桓玄也上表指斥司馬元顯的罪狀，然後發佈討司馬元顯的檄文，揮師東下，直指建康。元興元年（四〇二年）三月，桓玄收買劉牢之，北府兵不戰而投降桓玄，司馬元顯潰敗被俘。桓玄長驅入建康，先後殺司馬道子、司馬元顯。元興二年（四〇三年），桓玄逼晉安帝退位，他登位做皇帝，國號楚。

⑭《宋書》卷五四〈沈曇慶傳〉。
⑮《晉書》卷九九〈桓玄傳〉。
⑯《晉書》卷九九〈桓玄傳〉。

桓玄雖改朝換代，但國內還是危機四伏。東土諸郡無數農民在饑餓中死去；三吳地區戶口減半，臨海、永嘉郡人口幾乎死散殆盡。新王朝不能夠解決這樣嚴重的問題，問題反而還在加深。桓玄的生活日益荒淫，「自篡盜之後，驕奢荒侈，遊獵無度，以夜繼晝」⑰。

桓玄代晉後，對北府兵一直心存顧慮。他認為要鞏固荊州系統的新政權，主要在於削弱北府兵將領的力量。因此，他首先奪取劉牢之的兵權，將劉牢之轉為會稽太守。劉牢之試圖舉兵反抗，但兵敗身亡。桓玄又先後殺北府兵舊將吳興太守高素、輔國將軍竺謙之、高平相竺朗之、輔國將軍劉襲、彭城內史劉季武、冠軍將軍孫無終等。同時桓玄又不得不提拔一些北府兵後起的將領，諸如劉裕等人，作為他的幫手，使北府兵對他效忠。但桓玄對劉裕既欣賞，又心存疑忌。劉裕以勸進手段和偽裝忠心，騙取桓玄的信任，同時又聯絡北府兵舊人諸如劉道規、劉毅、何無忌、諸葛長民等人密謀推翻桓玄的統治。

元興三年（四〇四年）二月，劉裕在京口，劉毅在廣陵，同日起兵。劉裕殺徐、兗二州刺史桓修，劉毅殺青州刺史桓弘，領兵渡江至京口，兩軍會師，進攻建康。

桓玄聽到北府兵叛變的消息，萬分恐慌，立即派兵堵擊。桓玄以後將軍卞範之屯兵覆舟山西，桓謙屯兵覆舟山東北，又派頓丘太守吳甫之、右衛將軍皇甫敷率兵東向應敵。

劉裕軍在江乘（江蘇龍潭）與吳甫之、皇甫敷遭遇。劉裕在陣前斬殺吳甫之，率軍推進至羅落橋，又大敗皇甫敷軍，皇甫敷兵敗身亡。吳甫之和皇甫敷都是桓玄的驍將，兩將被殺，使桓玄震驚。劉裕

⑰《晉書》卷九九〈桓玄傳〉。

軍又攻至覆舟山東，桓謙所率士卒多北府舊兵，平素畏懼劉裕，聽說劉裕軍到，毫無鬥志。劉裕和劉毅分兵數隊，猛攻桓謙軍，鼓噪之聲震天動地，士兵無不以一當百，桓謙大潰。

桓玄全軍被劉裕擊潰，他只好放棄建康，倉皇退往荊州軍的根據地江陵。桓玄撤退時，還將退位的東晉皇帝司馬德宗一起帶走。退到江陵之後，桓玄又徵集二萬多士卒，樓船、器械甚盛，率軍沿江東下。在崢嶸洲（湖北黃岡附近）與劉毅所率北府兵展開激戰。北府兵只有數千人，但鬥志高昂，桓玄兵多，卻士氣低落。劉毅命士卒乘風縱火，桓玄軍大亂，劉毅軍拼死爭先，桓玄潰敗，燒掉輜重，逃往江陵，不久桓玄被殺。劉毅等傳桓玄首級，梟首於大桁，「百姓觀者莫不欣幸」⑱。但桓氏殘餘勢力還在荊、湘一帶繼續活動，劉裕經過了一年多的時間，才將他們完全消滅。東晉安帝司馬德宗也被迎回建康，恢復帝位。

第四節　劉裕專權與東晉滅亡

劉裕起兵討伐桓玄篡位，獲得成功，他以侍中、車騎將軍、都督中外諸軍事、領南徐、南青二州刺史的身份鎮京口。後又解除南青州刺史，加領南徐州刺史，北府重兵完全為劉裕一人控制。義熙四年（四〇八年），劉裕又入為揚州刺史、錄尚書事，開始控制東晉政權。

劉裕（三六三—四二二年），字德輿，小名寄奴，彭城縣綏輿里人。傳說是漢高祖劉邦弟弟楚元王

⑱《晉書》卷九九〈桓玄傳〉。

劉交的後代。劉裕的曾祖父劉混，永嘉之亂時，渡江僑居京口，做過武原令；祖父劉靖任東安太守；父親劉翹任郡功曹。劉裕出身於下層世族，門第並不低賤，是尚未進入文化世族群中的豪族。劉裕為過江僑民，其父過世又早，因此他的早年生活並不優越，從事過農耕、砍柴等勞動。後來，劉裕加入北府兵，擔任北府將領冠軍將軍孫無終府司馬，又任前將軍劉牢之府參軍，因作戰有功，累官至建武將軍、下邳太守。在參與平定孫恩叛亂的過程中，劉裕開始顯露頭角。桓玄篡權後，又獲得桓玄的信任，然而他卻成為平定桓玄篡位的大功臣。

劉裕控制東晉大權後，北方南燕慕容超乘東晉內部的變亂，又開始襲擾東晉的邊境，騎兵不斷攻入東晉境內，搶掠人口做奴婢。義熙五年（四〇九年）四月，劉裕開始北伐，他試圖通過北伐緩和國內的矛盾，同時也利用對外用兵的勝利，建立以他為首的北府兵將領的威望。

劉裕率舟師自建康出發，沿淮河、泗水至下邳，劉裕將船艦、輜重留下，從陸路抵達琅邪。六月，劉裕軍進圍廣固（山東青州西北）。次年二月，劉裕攻克廣固，生擒慕容超，送至建康斬首，南燕王公以下三千人被殺，南燕滅亡。劉裕收復了青、兗州廣大地區。

劉裕滅南燕後，因盧循北襲建康，劉裕星夜趕回，大敗盧循。義熙七年（四一一年），劉裕回師建康，被封為大將軍、揚州牧。劉裕推辭，因改封為太尉、中書監，執掌朝權。義熙八年（四一二年），劉毅由豫州刺史轉任荊州刺史。劉毅自認為他的功勞與劉裕相當，不服劉裕。因劉毅有雄才大志，結交了一大批朝臣，諸如尚書僕射謝混、丹陽尹郗僧施等都與劉毅深相交結。在劉毅移鎮荊州時，又帶走豫州舊府的文武將吏，並請郗僧施任荊州所屬的南蠻校尉。他聲稱病重，上表要求用他的從弟豫州刺史劉藩擔任他的副職。劉裕發現劉毅對他不服，是他奪權的障礙，於是先發制人。他假意同意調劉藩到荊州，乘劉藩到達建康時，逮捕劉藩和謝混，將他們處死。同年冬，劉裕親自率軍征討劉毅。前鋒王鎮惡急速進軍，很快攻入江陵。劉毅兵敗被殺。劉裕到江陵後，又殺掉南蠻校尉郗僧施。劉裕鏟除了與他敵對的一大勢力。

劉裕對與他同時起兵反對桓玄的北府軍將領諸葛長民也多有戒備之心。劉裕進攻劉毅時，用諸葛長民監太尉留府事，而以心腹劉穆之任建威將軍，監視諸葛長民。諸葛長民害怕殃及自己，試圖謀反。劉裕既殺劉毅，自江陵急速返回建康。諸葛長民聞訊，匆忙去見劉裕。劉裕埋伏壯士於幕中，使壯士襲殺諸葛長民，並殺其弟諸葛黎民。至此，北府兵實力派只餘劉裕一人。

義熙十一年（四一五年），繼劉毅之後任荊州刺史的司馬休之與雍州刺史魯宗之對劉裕專權不滿，持反對的態度。司馬休之、魯宗之又甚得江漢一帶人民的擁護。劉裕堅決要鏟平敵對勢力司馬休之等人，因此再次率軍西上。司馬休之等人戰敗，投奔後秦姚興。義熙十二年（四一六年），劉裕由都督二十二州進為中外大都督。東晉統治階層中與劉裕相抗衡的敵對勢力全部被劉裕消滅，劉裕牢牢地掌握了東晉的統治大權。

劉裕在清除敵對勢力的過程中，還對東晉的政治、社會方面的問題進行整頓，除去了東晉不少的弊政。他做太尉輔政後，嚴格執法，殺死藏匿亡命千人的庾亮。要求州郡選送的秀才、孝廉，要按規定進行嚴格考試，因此阻斷一些沒有學識才能、濫竽充數的世家大族子弟仕進之途。劉裕翦除劉毅後，革除荊州的弊政，整頓荊州、江州戶籍租役以及不利於編戶的徵斂，按現有的戶數徵收租稅。他還規定嚴禁門閥世族和官員霸占屯田池塞和壟斷山湖川澤。他又實行土斷法，執行得很嚴格。平定司馬休之後，劉裕堅決革除荊州「老稚服戎，空戶從役，或越紼應召」⑲的苛政。

劉裕對來自北方胡族在邊境的騷擾，持堅決回擊的態度，積極準備進行第二次北伐。對東晉邊境造成重大危害的是後秦政權，姚興利用投降他的司馬休之、魯宗之等人在荊襄一帶的影響，不斷進擾東晉邊境。後來姚興病死，姚泓繼位。姚泓昏庸軟弱，碌碌無為，年年與赫連勃勃、北魏拓跋氏大動干戈，連戰不止。劉裕抓住這個機會，舉兵北伐姚泓。義熙十二年八月，劉裕率軍分五路前進。龍驤將軍王鎮惡、冠軍將軍檀道濟，率步兵從淮河、淝水，向許昌、洛陽進發。新野太守朱超石、寧朔將軍胡藩攻陽城。振武將軍沈田子、建威將軍傅弘之奔武關。建武將軍沈林子、彭城內史劉遵考率水軍出石門，自汴水入黃河。冀州刺史王仲德開掘鉅野澤入河。九月，劉裕進至彭城。王仲德一路從黃河至滑臺。北魏軍嚴防河北，東晉軍沿河南而行。王鎮惡、檀道濟所率軍進展很快，於十月，攻至洛陽。後秦洛陽守將姚洸戰敗投降。劉裕命冠軍將軍毛穆之留守洛陽。

義熙十三年（四一七年）正月，劉裕從彭城出發，率水軍由淮入泗，由泗入河。然後沿黃河西進。四月，劉裕軍抵達洛陽。在王鎮惡等攻克洛陽後，劉裕曾命令他們等候大軍集結完畢，再進軍西攻長安。可是王鎮惡等貿然進兵，雖戰勝後秦軍，奪取潼關，但後秦軍憑藉險要地形加強防守，王鎮惡軍一時難以取勝。這時軍中缺乏糧食，很難解決，王鎮惡到弘農督勸百姓，當地百姓爭獻糧食，才解決了軍糧問題。七月，劉裕軍到達潼關。

因姚泓內亂，元氣大傷，東晉軍占據潼關，使他們驚慌失措。這時，東晉軍沈田子、傅弘之一路又攻入武關，進屯青泥（陝西藍田）。八月，姚泓打算先消滅沈田子軍，然後親自率軍抵抗劉裕。姚泓

⑲《宋書》卷二〈武帝紀中〉。

率數萬騎兵攻至青泥。沈田子軍只有千人，但人少兵精，士卒英勇。他們奮勇衝鋒，姚泓軍大敗，士卒戰死萬餘人，姚泓只好屯軍灞上。王鎮惡率領水軍自河入渭，直指長安。王鎮惡到達渭橋，下令將士飽食，攜兵器上岸，然後讓戰船逐流而去。王鎮惡身先士卒，將士們奮勇爭先，攻陷長安城。次日姚泓率妻子群臣投降。劉裕殺後秦投降的王公大臣，將姚泓押往建康，斬首示眾。劉裕攻占關中，獲得很高的聲望，為他篡奪東晉的帝位奠定了基礎。

劉裕占據關中不久，為劉裕留守建康的劉穆之病故。在劉裕北伐期間，劉穆之內總朝政，外供軍旅，是劉裕最信任的大臣。劉裕害怕劉穆之死後，朝廷政局有變，權力他移，匆忙由長安南返建康，留下十二歲的兒子劉義真為安西將軍，鎮守長安。劉裕還用王修任安西府長史，王鎮惡為司馬、領馮翊太守，沈田子、毛德祖為中兵參軍，沈田子領始平太守，毛德祖領秦州刺史，希望依靠這些將領來穩定關中的局勢。

劉裕南返不久，關中變亂發生。劉裕留下鎮守關中的各位將領並不團結，王鎮惡與沈田子爭功；王鎮惡又貪財好利，竊取長安府庫財物無數，眾將領憤憤不平。義熙十四年（四一八年）正月，夏主赫連勃勃起兵進攻長安。這時，因沈田子忌恨王鎮惡，誣蠛王鎮惡造反，將他殺害。王修又以擅殺的罪名，殺沈田子。劉義真聽信陷害王修的讒言，以為王修殺沈田子是圖謀造反，又將王修殺掉。赫連勃勃得知長安政局混亂，趁機攻占長安附近的咸陽。

關中變亂的消息傳到建康，劉裕馬上任命朱齡石為都督關中諸軍事、雍州刺史，代替劉義真鎮守長安，調劉義真立即返回建康。十一月，劉義真命將士在長安大肆搶掠，載珍寶婦女，撤離長安。赫連勃勃在青泥趕上劉義真，縱兵追殺。東晉將士大多數或者被殺，或者被俘，劉義真單騎逃脫。朱齡石等將領，也都戰敗身亡。劉裕占領關中不到一年半，得而復失，精兵良將損失甚多。不過，黃河以南、淮河以北及漢水上游大片地區卻被劉裕牢牢占領。

同年六月，劉裕在建康受封為相國、宋公。年底，劉裕派王韶之縊殺晉安帝司馬德宗，另立其弟司馬德文為皇帝，是為晉恭帝。元熙二年（四二〇年）六月，劉裕以禪讓的名義，奪得皇帝位，東晉滅亡。劉裕稱帝，國號為宋，改元為永初，是為宋武帝，仍以建康為國都。

本章重點

東晉滅亡是一個複雜的歷史過程。東晉統治集團腐化墮落以及內部的矛盾和鬥爭是促使東晉滅亡的內在因素。孫恩和盧循道教徒的叛亂，則促進了東晉政權的滅亡。但是，東晉政權最後被取代，是由劉裕實現的。因此，本章比較全面綜合地考慮到東晉滅亡的諸種因素，這是需要注意的重要問題。

複習與思考

1. 試析孫恩、盧循之亂的性質與影響。
2. 劉裕軍事集團勢力壯大的原因及禪代東晉的意義為何？

第十四章 五胡十六國在北方的統治

五胡十六國是北方陷入大混亂的時期。這一歷史時期可以劃分為二個階段，即十六國前期和十六國後期。在十六國中影響較大的是漢（前趙）、後趙、前燕、前秦、後燕、前涼和大夏等國。由於這些割據國家相互之間的混戰，少數民族貴族對漢人的歧視和殺戮，使中原地區的經濟受到很大的破壞。儘管這一時期民族歧視占主流位置，但一些少數民族統治者也開始「變夷從夏」。在社會底層，由於漢族與少數民族勞動者在生產活動不斷接觸，使民族融合開始顯露端倪。

第一節 五胡十六國概況

自三〇四年劉淵在并州建立漢國開始，至四三九年北魏統一北方為止，共一百三十六年的時間，被稱為五胡十六國時期。在這個歷史時期中，一般認為北方先後有十六個國家建國，但嚴格說來，北方共建有二十多個國家。其中有拓跋鮮卑族所建國家代國，後來改稱為魏，還有立國時間很短的慕容沖所建的西燕，以及漢人冉閔所建的冉魏等。

對於五胡和十六國的文獻記載，最早見之於《晉書》、《魏書》和《十六國春秋》，但這些文獻對五胡和十六國的記載存在一些差別。儘管如此，這些記載仍為我們提供了認識五胡十六國的史料依據。

關於「五胡」名稱的出現，最早見之於《晉書》和《魏書》的記載。《晉書．后妃下．康獻皇后傳》詔令稱：「五胡叛逆，豺狼當路。」《魏書．天象志》稱：「自五胡蹂轥生人，力正諸夏，百有餘年。」因此，「五胡」的名稱，應該是在西元四世紀中期開始出現的。《晉書．劉曜載記》稱：「置左右賢王已下，皆以胡、羯、鮮卑、氐、羌豪桀為之。」後世胡三省、王應麟都認為這是「五胡」的次序。實際上「五胡」只是對三到五世紀在華北一帶活動的少數民族的統稱。因為這一時期在中國北方活動的少數民族，並不限於匈奴、羯、鮮卑、氐、羌族，還有丁零、烏桓、扶餘、高句麗等民族。

另外在益州還有氐、賨人所建的成漢國。但在不同時期的文獻記載中對北方存在國家的記載並不一致，有一些區別。《晉書．載記序言》中提到北方存在十九個國家，反映了三至五世紀北方建立的國家的一般情況，也是《晉書》編寫者對北方存在國家的認識。

表二一　《晉書．載記序言》中所提之十九國表

序	建國者	建國時間	民族	根據地	國名
1	劉淵	三〇四年	匈奴	離石	漢
2	石勒	三一三年	羯	襄國	後趙
3	張重華	三四九年	漢	河西	前涼
4	冉閔	三五〇年	漢	鄴	冉魏
5	苻健	三五一年	氐	長安	前秦
6	慕容儁	三五二年	鮮卑	遼東	前燕
7	慕容垂	三八三年	鮮卑	鄴	後燕

8	慕容沖	三八五年	鮮卑	阿房	西燕
9	乞伏國仁	三八五年	鮮卑	枹罕	西秦
10	慕容永	三八六年	鮮卑	上黨	西燕
11	呂光	三八六年	氐	姑臧	後涼
12	慕容德	三九八年	鮮卑	滑臺	南燕
13	禿髮烏孤	三九八年	鮮卑	廉川	南涼
14	段業	三九八年	漢	張掖	北涼
15	李玄盛	四〇一年	漢	敦煌	西涼
16	沮渠蒙遜	四〇二年	匈奴	張掖、武威	北涼
17	譙縱	四〇六年	漢	蜀	譙蜀
18	赫連勃勃	四〇八年	匈奴	朔方	大夏
19	馮跋	四一〇年	漢	和龍	北燕

在《魏書》各列傳所載不同人物提到的北方先後建立的國家有前趙、後趙、夏、前燕、西燕、後燕、南燕、前秦、後秦、後涼、成漢、北燕、前涼、西秦、前涼、西涼、北涼等十七國。這就是說，在北魏人一般看法中，尚無出現固定的十六國的名稱。實際上十六國的名稱來源於崔鴻的《十六國春秋》。《魏書．崔光傳附崔鴻傳》說明崔鴻確定十六國的標準是「能建邦命氏，成為戰國者」。崔鴻將十六國確定為劉淵、石勒、慕容儁、苻健、慕容垂、姚萇、慕容德、赫連勃勃、張軌、李雄、呂光、乞伏國仁、禿髮烏孤、李暠、沮渠蒙遜、馮跋所建國家。在現在流行的《十六國春秋纂錄》中記載的十六國為前趙、後趙、前燕、前秦、後秦、蜀、前涼、西涼、北涼、後涼、後燕、南涼、南燕、西秦、

北燕、夏。十六個國家的排列順序與《魏書．崔鴻傳》所列建國者的順序有很大的不同。因此十六國應該是對三至五世紀北方所建國家的不斷變化的認識，並不是固定的看法。不過，需要指出成漢並不在北方。

表三　各族所建國家一覽表

民族	國家	建國者	都城
匈奴	漢—前趙	劉淵	左國城、平陽、長安
	夏	赫連勃勃	統萬
	北涼	沮渠蒙遜	張掖、武威
羯	後趙	石勒	襄國、鄴
鮮卑	前燕	慕容皝	棘城、龍城、薊、鄴
	後燕	慕容垂	中山、襄國
	南燕	慕容德	廣固
	西秦	乞伏國仁	苑川、武威
	南涼	禿髮烏孤	樂都、武威
氐	前秦	苻健	長安
	成漢	李雄	成都
	後涼	呂光	武威
羌	後秦	姚萇	長安
漢	前涼	張軌	武威
	西涼	李暠	敦煌、酒泉
	北燕	馮跋	龍城

因為冉閔所建冉魏立國時間較短，崔鴻沒有將他列入列國之列，但漢人冉閔所建冉魏在十六國前期，還是產生了較大的影響。

十六國時期是少數民族開始對中原地區發生重大影響的時代。這個時期，各民族主要在以長安為中心的關中地區，和以鄴、襄國、中山為中心的關東地區進行爭奪。這兩個地區建立的國家是十六國中的強國，同時兩地的政權還出現東西對立的情況，主要表現在前趙和後趙、前燕和前秦、後燕和後秦的對抗中。前趙和後趙對抗的結果是後趙滅前趙，結束了前趙在關中的統治。從東北建國的前燕進入中原，又使後趙不能不敗退。在前燕和前秦的對抗中，前秦從關中地區發展，不斷向關東地區用兵，最後統一了北方。但後來前秦發動淝水之戰戰敗，統一國家迅速瓦解。後燕和後秦的對抗還沒有結果，就因為北方新興的北魏和夏國的攻擊，使兩國很快就被消滅。最後北魏統一了北方。

在關中和關東兩個地區之外的周邊地區也興起一些國家。其中在西南益州建立的成漢是統治時間較長的國家。四世紀後半葉，在西北黃河以西建立的前涼，對西北地方保持比較穩定的統治。前秦瓦解後，從四世紀末至五世紀前半葉，西北地方一直存在一些相互攻伐的小國。其中甘肅南部有前仇池和後仇池的建國和衰亡；四世紀中期，在今遼寧和山東有北燕的興起；五世紀初期，在這裡又存在後燕殘餘的割據勢力。

十六國時期，以前秦統一北方和淝水之戰為標誌，劃分為兩個階段，即十六國前期和十六國後期。最後以北魏統一北方作為這一歷史時期的結束。

第二節　十六國前期各國

一、成漢的建立和衰亡

成漢也稱為後蜀。一般認為成漢建國在晉永安元年（三〇四年）十月，也就是李雄開始自稱成都王的時候。

在成漢建國之前，李雄之父李特就在益州發展勢力。李特是巴氐人，在其祖父李虎時，被曹操遷移至渭水上游的略陽（甘肅秦安）。晉元康六年（二九六年），氐族人齊萬年反叛，關中一片混亂，加上連年的災荒，湧現出大量的流民。元康七年（二九七年），李特率領關中流民團南下漢中，他向西晉政權要求寄食在巴蜀地區。西晉朝下詔，不准許流民進入巴蜀，並派侍御史李苾前去慰勞和監視。李苾接受流民的賄賂，反而上書替流民請求進入蜀中，分散到蜀中各地。這時，益州刺史趙廞被任命為大長秋，他不願意入朝，圖謀占據蜀中。因李特等人壯勇，趙廞將他收為部下。後趙廞打敗並殺死繼任的益州刺史耿滕，又對李特勢力的壯大心存忌慮，便殺死李特弟李庠等。李特襲擊趙廞，進占成都。趙廞逃跑，為部下所殺。

西晉繼續派羅尚任益州刺史。羅尚強迫流民歸返故鄉，並派部屬催促，奪取流民的財物，激起了流民的反抗。太安元年（三〇二年），李特召集流民起兵，巴蜀的漢人也都歸附李特。李特自稱使持節、大都督、鎮北大將軍，定年號為建初。實際上，成漢政權已經建立。李特率軍猛攻成都，益州刺史羅尚拒守成都大城。李特認為大功就要告成，將軍隊分散到各村落。羅尚乘機進攻李特，這時晉惠帝派的援兵也到達成都，一起進攻李特。李特敗死，其弟李流繼續統領流民作戰，不久病死。李特子李雄繼立。李雄於永興元年（三〇四年），攻克成都，開始稱王，國號大成，年號建興。

大成建立過程中，吸收了不少的漢族流民。在成漢政權的中樞機構中，也有一些漢族官員。在中原地區陷入戰亂時，大量的流民湧入巴蜀，巴蜀地區成為避難所。李雄對投奔來的漢族士人量才任用。李氏政權實際上是由巴氐人、秦州土著和益州豪族共同組成的。在中央，設置丞相以下的百官；在地方，實行郡縣制。李氏政權採用的完全是漢人的統治體制。李雄注意到，從東漢末年以來，漢中到巴蜀廣大地區，五斗米道非常盛行。為了獲得支持，李雄將五斗米道的天地太師范長生吸收到政權中來。李雄的做法有效地控制了巴蜀地區的局勢。李雄在位的三十一年間，巴蜀社會是比較安定的。

晉咸和九年（三三四年），李雄病死，兄子李班繼位。後李雄子李期殺李班自立。咸康四年（三三八年）李驤（李特弟）子李壽又殺李期自立，將國號改為漢。李壽大修宮室，生活奢侈荒淫，人民承受嚴酷的徭役壓迫，對其統治極其不滿。李壽死，子李勢繼立，大肆殺伐，上下離心，國勢更加衰弱。永和三年（三四七年），東晉桓溫率兵入蜀，李勢投降，成漢滅亡。從李特起兵至李勢敗亡，成漢立國共四十四年。

二、劉淵的建國和前趙的衰亡

西晉末年，在中原首先建立政權的匈奴人劉淵，國號為漢，至劉曜時改稱為趙，也就是前趙。

劉淵（？—三一〇年），字元海，南匈奴單于於扶羅之孫，左賢王劉豹之子。八王之亂時，成都王

第十四章

五胡十六國在北方的統治

司馬穎結劉淵為外援，遣劉淵回并州調發匈奴五部。劉淵至左國城（山西離石北），為匈奴貴族推為大單于。晉永安元年（三〇四年），劉淵改稱漢王，建都左國城。永嘉二年（三〇八年），劉淵稱帝，遷都平陽（山西臨汾西北），國號漢。

當時在青、徐州活動的王彌，在趙、魏擁兵的汲桑、石勒，上郡四部鮮卑陸逐延、氐族酋長單徵等，以劉淵為盟主。王彌、石勒等不斷對西晉用兵，擴大軍事力量。永嘉三年（三〇九年），劉淵派兵攻占黎陽，又在延津擊敗西晉將領王湛，將男女三萬餘口沉入黃河，另外又派其子劉聰包圍洛陽。

永嘉四年（三一〇年），劉淵病死。劉和繼位，不久劉聰殺劉和自立為皇帝。劉聰派族弟劉曜、王彌率眾四萬出洛陽，在洛陽周圍盤旋，達到孤立洛陽的目的。永嘉五年（三一一年），石勒在苦縣的寧平城（河南鄲城北），將西晉主力十多萬人全部消滅。同年夏，劉曜、王彌攻占洛陽，俘虜晉懷帝。建興四年（三一六年），劉聰又派劉曜攻破長安，俘虜晉愍帝，滅亡西晉。

劉聰攻下了洛陽和長安，但他實際控制的地方，不過晉西、豫北、隴阪以東、太行山以西的局部地區。劉聰大將劉曜曾攻占晉陽，但西晉劉琨請拓跋猗盧為助，擊敗劉曜，晉陽仍為劉琨占據，後石勒又占領晉陽。西晉洛陽陷落後，王彌為石勒所殺，王彌部將曹嶷占據青齊地方；石勒占據河北，都試圖割據一方。鮮卑慕容氏自東北內遷，拓跋氏則進入代北（山西北部及河北西北部一帶）。可見劉聰能夠控制的地區範圍並不廣大。

劉聰在位時，可以說是漢國最盛的時代。劉聰為他的政權設置了一套統治機構。建興二年（三一四年），劉聰開始設置百官。在中央設置了丞相、太師、太傅、太保、大司徒、大司空、大司馬等七公。又設置輔漢、都護、中軍、上軍、撫軍等十六大將軍營，每營各配兵二千人，這些大將軍都由他的兒子擔任。

劉聰對漢人和匈奴等少數民族分別設置統治機構，就是實行胡漢分治的方法。劉聰在他的統治區內，設置了左、右司隸，各領二十餘萬戶。每一萬戶設置內史一人，共設內史四十三人，對漢人進行統治。另外又設置大單于，其下置單于左、右輔，「各主六夷十萬落，萬落置一都尉」①。所謂六夷，胡三省以為是指匈奴、羯、鮮卑、氐、羌和巴氐，或說有烏桓而無巴氐。大單于的權力極大，其實就是副王。劉淵時，以劉聰為大司馬、大單于，錄尚書事，置單于臺於平陽西，統領十萬以上的軍隊。劉聰即位後，以其子劉粲為相國、大單于，總百揆，也是副王。後來劉曜在關中，以其子劉胤為大司馬、大單于，置單于臺於渭城（陝西咸陽），更置左、右賢王以下，用匈奴、羯、鮮卑、氐、羌酋豪充任。將漢人和少數民族分兩個系統來治理，一般說來，少數民族部落系統用於打仗，漢人編戶系統用於生產。因此用於作戰的少數民族部落集中在京邑單于臺；從事生產的漢人則散佈在各州郡，以皇帝的名義進行統治。在劉聰政權中，也任用了一些漢人，但大權都被匈奴貴族所控制。

劉聰的統治既殘暴又腐敗，他沉湎於酒色之中，荒淫無度，先後立皇后三人，後使七人加佩皇后璽綬。他終日在宮中宴飲，甚至在宮中立市，與宮人飲酒作樂，竟然酒醉三日不醒。劉聰對臣下肆意殺戮，先後殺太中大夫公師彧、尚書王琰、大司農朱誕等。因魚鱉供應不及時，就殺左都水使者；因宮殿修建不滿意，就殺將作大匠。劉聰晚年更加暴虐無道，他將皇太弟劉乂殘暴處死，坑殺士卒一萬五千人，使平陽城街巷為之一空，氐、羌人反叛的有十多萬部落。大興元年（三一八年），劉聰病死，

①《晉書》卷一〇二〈劉聰載記〉。

太子劉粲即皇帝位。劉粲以劉景為太宰、劉驥為大司馬、劉顗為太師、朱紀為太傅、呼延晏為太保，並錄尚書事，又以靳準為大司空領司隸校尉。

劉粲也荒淫無度，不理政事。靳準利用其女得寵於劉粲，圖謀奪權，反誣告劉景篡權。劉粲殺劉景、劉顗等人，靳準控制了漢國的大權。他趁機發動政變，殺死劉粲，將劉氏男女不分老幼，都在東市斬首，並掘劉淵、劉聰墓。靳準自稱大將軍、漢天王，遣使者稱藩於東晉。劉淵族子劉曜，時任相國、都督中外諸軍事，鎮守長安。他聽到靳準叛亂的消息，從長安出兵，並即皇帝位。劉曜軍攻至平陽，盡殺靳氏男女，次年遷都長安，改國號趙（史稱前趙，區別於石勒所建後趙）。劉曜曾求助於石勒，共攻靳準。後石勒進占平陽，從此平陽以西、洛陽以東地區，都為石勒所占。

劉曜移都長安後，以關中作為發展勢力的根本。因關中數年災害，人民死者什之三四，所以劉曜先後將上郡氐、羌二十餘萬口、隴右民萬餘戶、秦州大姓楊、姜諸族二千餘戶遷至長安。劉曜多次平定巴氐豪酋的叛亂，使關中的局勢趨於穩定。在劉曜最興盛的時期，一次征伐可以出動軍隊二十八萬多人，武力已經很強大。關中的氐、羌都臣服於他。

劉曜在關中勢力壯大時，他與後趙石勒的矛盾越來越尖銳。晉太寧三年（三二五年），石勒派將領石佗，從雁門出上郡，進攻前趙安國將軍盆句除，俘虜人口三千餘落，獲馬牛羊百餘萬頭。劉曜聞訊大怒，派中山王劉岳追擊，斬殺石佗，將後趙搶掠的人畜盡數追回。從此，前、後趙國攻戰不止。同年，劉曜派中山王劉岳率軍一萬五千人攻石勒將石生於洛陽，將石生包圍在金墉城。石勒派石虎率兵四萬救援石生，與劉岳在洛水西岸大戰。石虎軍大敗劉岳，劉岳中流矢落荒逃跑，被包圍在石梁（洛陽東、洛水北岸）。石虎將劉岳團團圍住，劉岳軍內外斷絕，軍中無糧食，只好殺馬充饑。劉曜親自率領大軍來援，駐於洛陽近郊的金谷（河南洛陽西北）。夜中劉曜部眾無故胡亂驚叫，士卒奔潰，退往澠池（河南澠池西）屯駐。入夜劉曜軍士卒又相互驚擾，劉曜無奈，只好退回長安。石虎隨後攻下石樑，生擒劉岳和將領八十餘人，將他們押往襄國（河北邢台），並將前趙士卒一萬六千人全部坑殺。

晉咸和三年（三二八年），石勒又派石虎率兵四萬，出軹關（河南濟源境內），西攻劉曜。河東五十餘縣人響應石虎，石虎軍推進至蒲阪（山西永濟西）。劉曜親率精銳，水陸並進。石虎害怕，立即退兵。劉曜率軍追趕，在高侯（山西聞喜境內）追上石虎。兩軍展開殊死大戰，劉曜軍斬石虎將石瞻，石虎大敗潰逃，沿途二百里都是石虎士卒的屍體，丟棄的輜重軍械無數。石虎逃往朝歌（河南淇縣），劉曜乘勝進圍石生於金墉城。後趙滎陽太守尹矩、野王太守張進相繼投降劉曜。石虎戰敗的消息傳至襄國，震驚石勒。經過周密考慮，石勒於十二月在成皋集結步兵六萬人、騎兵二萬七千人，部眾皆卷甲潛行，銜枚疾進，由鞏縣渡洛水，推進至洛陽城下。

劉曜聽說石勒親率大軍來援，撤走了包圍金墉城的軍隊，將他所率的十多萬軍隊在洛陽西列陣，軍陣南北長十多里。石勒率軍進入洛陽城。到進行決戰的時候，石虎率步卒三萬，自城北而西，進攻劉曜的中軍，石堪、石聰等人各率精銳騎兵八千，自城西而北，進攻劉曜前鋒。兩軍大戰於洛陽西面的宣陽門外。兩軍交鋒後，石勒親自率領後趙軍主力，出閶闔門，夾擊劉曜軍。劉曜準備與石勒交戰時，飲酒數斗，待騎馬出戰時，又飲酒斗餘。到西陽門，劉曜已經昏醉不能作戰。後趙軍趁劉曜軍陣移動，迅猛衝擊，劉曜士卒大潰。劉曜在昏醉中敗退，為石勒生擒。石勒斬獲前趙士卒首級五萬，前趙的主力軍幾乎全部被消滅。

劉曜被俘後，不久為石勒所殺。次年，劉曜子劉熙、劉胤等聽說劉曜被俘，放棄長安逃奔上邽（甘肅天水），石生率後趙軍進占長安。九月，石勒派石虎連敗劉胤軍，攻克上邽，殺劉熙、劉胤兄弟及公卿將相三千人。將前趙文武官吏、關東流民、秦雍大族九千餘人遷至襄國，又在洛陽坑殺前趙王公及五郡屠各五千餘人。自劉淵起兵起（三〇四年），至劉熙被殺止（三二九年），前趙歷二十六年而亡。

三、石勒的建國和後趙的衰亡

石勒（二七四－三三三年），羯人。《隋書》中石國，即今天的塔什干。石勒的祖先可能是石國人，移居中原後，就以石為姓。石勒的祖、父都是部落的小帥。石勒出生在上黨武鄉縣（山西榆社北），十四歲時，隨同部落的人到洛陽販賣貨物，後又回鄉耕田。晉惠帝末年，并州大饑荒，并州刺史東瀛公掠賣胡人做奴隸，換購軍糧，石勒也在其中。後他被賣給茌平（山東茌平西）人師歡家做耕奴，又被放免做佃客。石勒後來召集王陽等八人作了「騎盜」。

八王混戰時，成都王司馬穎被殺，他的部將公師藩起兵趙、魏，有部眾數萬，要為司馬穎報仇。石勒投奔公師藩，後來又歸附劉淵，軍隊發展到十餘萬人。晉永嘉五年（三一一年），石勒追擊西晉軍隊主力於苦縣寧平城，全殲西晉軍，又與劉曜、王彌合兵攻破洛陽。不久，石勒殺王彌，吞併王彌部眾，進軍江、漢，兵敗，撤兵北進，占據襄國。西晉東北八州，石勒占據了七州。晉建興二年（三一四年），石勒殺王浚，奪取幽州。後來，石勒又擊敗晉將劉琨。晉大興二年（三一九年），石勒自稱大單于、趙王，定都襄國。後他又率軍消滅鮮卑段氏，趁東晉祖逖病死，進兵河南，盡有河南之地。晉咸和四年（三二九年），石勒滅前趙，占據關隴地區。北方地區，除了遼東慕容氏、隴西張氏，基本都為石勒統一。咸和五年（三三〇年），石勒改稱大趙天王、行皇帝事，同年又稱皇帝，改元建平，立其子石弘為太子。後又營建鄴都，並以洛陽為南都。

石勒對占領的地區，實行有利於統治的各種辦法。與前趙一樣，石勒也在占領的地區推行胡漢分治的統治政策。後趙專設大單于來統領胡羯。石勒開始做趙王時，就兼大單于，用石虎做單于元輔。石勒稱皇帝後，以兒子石弘為太子，又以兒子石宏為大單于。大單于「鎮撫百蠻」，對胡族事務，石勒也設專官管理，如石勒以中壘將軍支雄、遊擊將軍王陽並領門臣祭酒，專門掌管少數民族的司法訴訟。他還以張離、張良、劉群、劉謨等為門生主書，「司典胡人出內，重其禁法，不得侮易衣冠華族」②。石勒又以魏郡、汲郡、中山、廣平、陽平、渤海、上黨、漁陽等三十四郡為趙國封內，設置內史統治。在後趙，羯人和漢人的區別很明顯。當時規定稱呼羯人為「國人」、漢人為「趙人」，嚴禁漢人稱羯人為胡人。羯人的社會地位遠遠高於漢人，還可以隨時搶奪漢族官吏的財產。因此實行胡漢分治，在後趙的少數民族和漢族之間，還存在諸多的矛盾和隔閡。

石勒起兵後，出於民族仇恨的心理，殺掉了很多被俘虜的西晉王公和世家大族。但石勒對投降他的世家大族採取了寬容的態度，吸收他們參加政權機構。石勒還在河北轉戰時，就用當地的漢族大族，組成「君子營」。石勒還以漢族失意士人張賓作為他的謀臣，後又任大執法，總管朝政。後趙建國後，石勒將朝臣掾屬以上世族三百戶遷徙至襄國崇仁里，專門設置公族大夫管理他們，後又將司、冀州豪右三千餘家遷往襄國。石勒下令要求胡人不能侮辱「衣冠華族」。石勒在官員的選舉上，實行九品官人制度，使一些漢族世家大族走上仕途。如河東裴憲（裴楷子）事後趙，官至司徒、太傅；范陽盧諶（盧

② 《晉書》卷一〇五〈石勒載記下〉。

毓曾孫）官至侍中、中書監；渤海石璞（石苞曾孫）官至司徒；北地傅暢（傅祗子）官至大將軍右司馬；潁川荀綽（荀勖孫）官至參軍；清河崔悅（崔林曾孫）官至司徒左長史；崔遇（崔琰曾孫）官至特進；滎陽鄭略官至侍中。

石勒攻取河北後，在襄國設立太學，選拔明經善書吏做文學掾，教授將佐子弟三百人。後又在襄國四門增設宣文、宣教、崇儒、崇訓等十餘所小學，選豪右子弟百餘人到這些學校學習。石勒還在各郡國立學官，每郡置博士祭酒一人，弟子一百五十人。入學者要經過三次考核，成績優異者，由郡國推薦到中央和地方，破格錄用。

石勒還注意律令的制定。他認為在天下大亂之後，律令繁雜，應該採集律令的主要內容，作為實行的條制。因此命法曹令史貫志制定《辛亥制度》五千文，作為律令。石勒還命程機等撰《上黨國記》，中大夫傅彪等撰《大將軍起居注》，參軍石泰等撰《大單于志》。這些儀注的制定使石勒朝會常以天子禮樂宴饗群臣，「威儀冠冕，從容可觀矣」③。

晉咸和八年（三三三年），石勒病死。石勒稱王稱帝共十五年，死時年六十歲。石勒子石弘繼位，但次年石虎便廢殺石弘。

石虎，字季龍，早孤，為石勒母親收養。石勒、石虎為叔侄關係，有時也稱為兄弟。在石勒建立政權的過程中，石虎出力很大。石勒稱趙王後，石虎任單于元輔，都督禁衛諸軍事，常掌專征之任。但石虎為人殘忍貪暴，任情殺戮。他十四歲時，常以彈弓彈人，成為軍中的禍害。石勒打算處死石虎，

③《晉書》卷一〇五〈石勒載記下〉。

卻被石勒的母親王氏阻止。及至石勒病危時，石弘母舅程遐等人勸石勒殺掉石虎，但石勒以為天下尚未平定，不可以殺功臣。石勒死後，石虎就先殺程遐等人，自任丞相、大單于，加九錫，總握朝政。石勒妻劉氏與彭城王石堪（石勒養子）合謀起兵，但為石虎誅殺。鎮守關中的石生和鎮守洛陽的石郎起兵征討石虎，先後兵敗被殺。咸和九年（三三四年）十一月，石虎稱趙天王，次年又稱皇帝，改元建武，大封百官，並遷都至鄴城。

後趙在石虎統治下，眾役繁興，軍旅不止，人民所承受的兵役、力役負擔以及受到苛刻的盤剝，超過以往任何時期。石虎討伐慕容皝時，大量徵兵，下令司、冀、青、徐、幽、并、雍州具有免除兵役特權的家庭，要五丁取三，四丁取二；沒有免役特權的家庭，全部壯丁都要徵發。經過這次徵發，與鄴城原有的軍隊合在一起，人數多達五十萬人。可見在石虎統治後趙時，人民兵役負擔沉重之極。石虎還大興土木，修建宮殿，在鄴城建盛興宮，起臺觀四十餘所；又營建長安、洛陽二宮。修建宮殿服勞役者多達五十萬人。他為了向南、向西用兵，準備輜重，在統治區中，徵發各州造甲冑的人也有五十多萬人。凡有軍事行動，石虎就迫使被徵士卒承擔額外軍用物資。一次，石虎為進攻東晉，下令每五人準備車一乘、牛二頭、米各五十斛、絹十匹，凡不按規定辦的，全部斬首，迫使窮苦人家多賣子女來滿足征斂。不能夠做到的人，只好在路上自殺，屍體佈滿道路。石虎為了滿足他的糜爛生活，還徵集十三到二十歲以下的民女三萬餘人充實後宮。地方官員為了向石虎獻媚取寵，強奪已婚貌美的婦女九千餘人充數，因此石虎被當時人視為荒淫至極的暴君，已經達到奪民妻女充盈後宮的程度。石虎為了維持他的統治，施行了殘酷的法令。他確定了「私論」、「偶語」的律條，允許下級官員告發上級官員，允許奴婢告發主人，使百官在朝會時，不敢說話，只能以目相視。石虎的殘暴統治使中原地區的人口大為減少，農業生產受到嚴重的破壞，人們很難在這樣殘酷的環境中生存。因此後趙統治區中階級和民族矛盾都在激化。

在石虎宮廷內部矛盾也很尖銳。由於石虎是殺石勒子石弘搶奪帝位的，因此上行下效，他的兒子都想殺他搶奪帝位。石虎的太子石邃就對左右的人說：「官家難稱，吾欲行冒頓之事，卿從我乎？」④這是說石邃要準備殺石虎而自立為皇帝。石虎知道後，立即殺石邃和他的妻子、兒女二十六人，埋於一個石棺中。石虎又立石宣為太子。後石宣殺其弟石韜，準備在石虎臨喪時殺父自立。事情敗露，石虎又殺石宣，並將東宮衛士十餘萬人，都謫配至涼州。石虎的幾位兒子對皇位覬覦以及相互的殘殺，使他不能不處處設防。最後，石虎只好立當時才十歲的幼子石世為太子。

東晉永和五年（三四九年），石虎病死，太子石世即皇帝位。石世年幼，地位不穩，石虎兒子之間又展開爭奪帝位的戰爭。石虎子石遵在姚弋仲、苻洪的支持下，與石閔等起兵攻至鄴，廢殺石世，自立為帝。後鎮守薊城的石沖起兵反石遵，兵敗被殺。石虎另一子石鑒，為石閔（即冉閔）、李農說服，殺石遵，自立為帝。石鑒稱帝後，用石閔為大將軍，李農為大司馬，並錄尚書事，掌握朝廷大權。但石氏害怕大權旁落，用石倉等人謀殺石閔、李農，結果失敗。石閔、李農等盡殺胡人，並殺石鑒，推翻後趙的統治。後趙自晉大興二年（三一九年）石勒稱趙王開始，至晉永和六年（三五〇年）石閔殺石鑒為止，建國歷時三十一年。

---

④《晉書》卷一〇六〈石季龍載記上〉。

暴君石虎

後趙皇帝石虎是十六國時期最出名的暴君。在沒當皇帝時就嗜好殺人，石虎曾在攻下廣固後要把大塢堡主曹嶷的部眾全部殺死，他新委任的青州刺史劉征說：「沒有可管的人，要我這個空頭刺史還有什麼用啊？」石虎於是留下男女七百多人交給劉征。當了皇帝後，他在首都鄴城以南建了一個規模巨大的狩獵圍場，任何人都不許向野獸擲一塊石頭，否則就是「犯獸」，要處死刑。官員們就利用「犯獸」作為敲詐勒索的口實，百姓如果有美麗的女兒和牛馬就被指控為「犯獸」，攪得山東百姓根本無法安居。石虎又不斷徵集美女。一次，一下子就徵集三萬人，地方官挨家搜捕，美女的父親或丈夫如果拒絕獻出他的女兒、妻子，即被處決，為此被殺或上吊的有三千多人。當美女送到鄴城時，石虎龍心大悅，凡是超額完成的地方，都晉封侯爵。但當這項暴政引起人民大規模的逃亡反抗時，石虎又責怪那些新晉封侯爵的地方官不知道安撫人民，一律斬首。

四、冉魏的興亡

冉魏是由冉閔建立的政權。冉閔（?—三五二年），字永曾，是石虎的養孫，因名石閔。石閔幼而果銳，長成後身長八尺，勇力絕人，善於謀劃。石虎即帝位後，封石閔建節將軍、修武侯，歷任北中郎將等官。

晉永和六年（三五〇年），石閔既殺諸胡和石鑒後，即位稱帝，國號為魏，改元永興，恢復原姓，為冉氏。

自石勒以來，後趙政權採取胡、漢分治的政策，胡人入居中原地區的有數十萬之多。胡族貴族公開搶掠漢人和其他少數民族，後趙政權並不過問。他們對漢人的奴役、虐殺達到十分殘暴的程度，因此漢人和其他少數民族與後趙統治階層之間的矛盾異常尖銳。冉閔為了鞏固他的政權，採取依靠漢人，堅決打擊胡羯人的措施。他下令大開鄴城門，向城中人宣佈：「與官同心者住，不同心者各任所之。」⑤城中的羯人紛紛出城，將城門擠得水泄不通，而百里內的漢人卻全部自動入城。冉閔知道羯人與他不同心，於是下令殺羯人，無論男女老幼，一律斬殺，共殺二十餘萬人，被殺者拋屍城外，全部為野犬豺狼所食。在各地戍守的將領接到冉閔的命令，也將當地的羯人全部殺光。「於時高鼻多鬚，至有濫死者半」⑥。冉閔展開反胡羯的行動，是迫於當時形勢不得不採取的措施，但不分青紅皂白的

⑤《晉書》卷一〇七〈石季龍載記下〉。
⑥《晉書》卷一〇七〈石季龍載記下〉。

大屠殺，實在是歷史的悲劇，只會促使中原地區各民族之間的關係更加惡化。

由於冉閔堅決打擊羯人，受到了中原漢人的擁護，他們積極支援冉魏政權。冉閔派遣使者前往東晉，希望能夠派軍隊前來，共同經營中原。可是東晉國家卻因冉閔已經稱帝，對他的請求置之不理。

冉魏政權建立後，在政策上有諸多的失誤。冉閔沒有與漢族大臣李農維持好關係。李農被冉閔任命為太宰、太尉、錄尚書事，但他對李農不充分信任，而心存芥蒂，後來又將李農和他的三個兒子殺死。李農與在北方活動的乞活軍聯繫密切，因此李農被殺後，冉閔自然與乞活軍失去聯繫。

冉閔在政治上採取了「清定九流，準才授任，儒學後門，多蒙顯進」⑦的做法。他穩定一批世族士人，也提拔了一批寒族士人，但沒有尋求更多的依靠力量。這些世族和寒族士人反對少數民族統治者的決心並不大，他們為了使自己的財富和權勢地位不受侵害，有時甚至會利用機會進行政治投機。因此冉魏政權的支持力量是不穩定的。

冉魏政權建立時，關中地區鄉豪建立塢壁有三十多處，聚眾五萬，響應東晉。冉閔沒有與這些漢族武裝力量取得聯繫，以獲得他們的支援。

冉閔在鄴稱帝時，後趙政權的殘餘勢力石祇（石虎之子）也在襄國稱帝，諸六夷據州郡擁有兵力者都響應石祇。石祇派部下劉國等進攻冉閔。冉閔擁戎卒三十餘萬，鐘鼓綿亙百餘里，大敗石祇軍。隨後鮮卑慕容氏、羌族姚弋仲與石祇聯合進攻冉閔。冉閔大敗，死者十多萬人。從此之後，冉閔與石祇無月不戰。後來，冉閔雖然消滅了石祇，但連年戰爭使冉魏政權的實力大損。

---

⑦《晉書》卷一〇七〈石季龍載記下附冉閔載記〉。

這時，氐族貴族苻健已經率眾西歸，占據關中。鮮卑慕容儁則從遼西進兵幽、薊，蠶食趙、魏地方，集中兵力進攻冉魏。永和八年（三五二年），慕容儁派大將慕容恪略地至冀州，冉閔率軍應擊。兩軍相接，冉閔軍初戰獲勝。冉閔既勝而驕，輕騎出擊，雖力戰而終敗。冉閔被俘，被押往龍城斬首。冉魏政權為慕容儁所滅，立國凡三年。

冉閔建立冉魏後，頗想有所建樹，但連年不斷的戰爭使他很難在政治和經濟上有作為。冉魏政權滅亡後，大多數漢人都不願意在中原地區再過長期被壓迫、被侮辱和隨時可能被虐殺的生活，因此他們奔往江南，想回到漢人建立的東晉統治區去。河北的漢人二十餘萬口已經渡過黃河，請求東晉政權派兵應援，但東晉政權沒有配合好，使二十多萬漢人「皆為慕容皝及苻健之眾所掠，死亡咸盡」⑧。

五、前涼的興亡

一般認為前涼是張軌建立的國家。張軌（二五五—三一四年），安定烏氏（甘肅平涼西北）人，家世以儒學知名。晉惠帝時，他在京城洛陽做散騎常侍。趙王司馬倫當國，張軌看到政局混亂，準備前往離洛陽較遠的河西走廊一帶。永寧元年（三〇一年），政府任命他為護羌校尉、涼州刺史。張軌到任後，穩定了地方的局面，開始向自立的方向發展。他勸課農桑，提拔賢才，設立學校，涼州一帶成為中原人士的避難之地。在洛陽失陷、晉懷帝被俘後，中原地區來避難者，日月不斷。晉愍帝立都長安，封張軌為太尉、涼州牧。張軌派三千人保衛長安。建興二年（三一四年），張軌病死，長子張寔繼立。

⑧《晉書》卷九三〈外戚．褚裒傳〉。

晉愍帝任命張寔為都督涼州諸軍事、涼州刺史、西平公。張寔因長安守衛困難，派遣軍隊救援長安。大興三年（三二〇年），張寔被帳下督閻沙等所殺，張寔弟張茂誅閻沙等，自稱涼州牧。後前趙主劉曜親率大軍二十八萬多人，進攻涼州，沿黃河列營一百多里，聲稱要進攻姑臧。張茂屯軍姑臧東面的石頭，堅壁不戰，要同劉曜打持久戰。劉曜不敢貿然過黃河，讓張茂稱藩後，便很快退兵。張茂做了五年涼州牧，治理涼州很有政績。

晉太寧二年（三二四年），張茂病死，無子，兄張寔子張駿繼立，稱涼州牧、西平公。不久劉曜被石勒所併，張駿乘機拓展勢力，盡有隴西之地，兵馬強盛。張駿又精心治理河西地區，使這裡的局勢更加穩定。這時西域各城邦都派使者前來貢獻方物，其中有汗血馬、火浣布、孔雀、巨象及其他珍品二百多種。張駿在今吐魯番地區設置了高昌郡。張駿在位時，因仇池氐族楊氏歸附東晉，河西與江南暢通無阻，每年使者往來不斷，涼州一直沿用晉愍帝年號。

晉永和二年（三四六年），張駿病死，子張重華繼位，稱涼州牧、假涼王。後趙石虎趁張重華年幼，命大將麻秋攻下涼州金城郡。張重華命謝艾為中堅將軍，率軍東擊麻秋，斬首五千級。張重華與石虎多次交戰，重創後趙軍。張重華在抗擊石趙的戰爭中最後全面獲勝，後趙王朝很快瓦解。永和五年（三四九年），張重華應官屬要求，稱丞相、涼王、雍秦涼三州牧。張駿、張重華統治時期，前涼疆域南逾河、湟，東至秦、隴，西抵蔥嶺，北達居延，是前涼政權最興盛的時期。

永和九年（三五三年），張重華病死，子張曜靈繼立，年齡才十歲。張重華庶兄張祚輔政，不久張祚廢張曜靈，自稱涼州牧、涼公。第二年，又稱涼王。張祚兇殘淫虐，河西人民對他很不滿。張祚族人張瓘為河州刺史，鎮枹罕，擁有重兵。張祚不放心張瓘，永和十一年（三五五年）派兵偷襲枹罕，反為張瓘擊敗。張瓘進軍姑臧，張祚十分惶恐，害怕臣下擁立張曜靈，將其誅殺。敦煌人宋混、宋澄兄弟在姑臧西集合軍隊一萬多人，響應張瓘，攻破姑臧城。張祚為臣下殺死，張瓘進入姑臧，立張曜靈弟張玄靚為涼王，張瓘自任都督中外諸軍事、尚書令、涼州牧，以宋混為涼州僕射。張玄靚才七歲，前涼的權力實際為張瓘和宋混控制。後張瓘又與宋混矛盾尖銳，宋混殺死張瓘，成為輔政大臣。張玄靚取消涼王稱號，改稱涼州牧。不久，宋混病死，宋澄代替宋混輔政。晉升平五年（三六一年），張玄靚族人張邕起兵殺宋澄，自任中護軍，以張重華弟張天錫為中領軍，兩人共同輔政。後張邕驕縱專權，被張天錫殺死。晉興寧元年（三六三年），張天錫暗中殺死張玄靚自立。張天錫奪權後，沉湎於酒色之中，不理政事，無法挽回前涼的頹勢。晉太元元年（三七六年），前秦苻堅率領步騎兵十三萬人渡過黃河，進攻前涼。張天錫先後調集十萬軍隊抵抗前秦的進攻，數次激戰，前涼大敗，張天錫投降前秦，前涼滅亡。淝水之戰後，張天錫逃往東晉，隆安二年（三九八年），病死在建康。

前涼政權在河西地區的存在，對保護漢人和其他少數民族的農業和畜牧業不受破壞、使中原地區流亡到河西地區的人民安定下來起到了重要作用。在張氏前涼政權的統治下，河西走廊成為發展漢人先進文化的重要據點。

前涼共歷九主，從永寧元年（三〇一年）至太元元年，立國共七十六年。在十六國時期，前涼是存在時間最長的國家。

六、前燕的建立和衰亡

前燕的創建者是鮮卑族慕容廆。據說他的曾祖莫戶跋在曹魏初年率部入據遼西，後隨司馬懿征討公孫淵有功，被封為率義王，始建國於棘城（遼寧義縣西南）之北。後部族長的地位先後由慕容木延、慕容涉歸接替。慕容涉歸時，迫於宇文部的壓力而向遼東遷移。慕容廆就是慕容涉歸的兒子。晉元康四年（二九四年），慕容廆遷居至大棘城，教以農桑，法制皆學漢人。永嘉元年（三〇七年），慕容廆自稱鮮卑大單于，開始向自立方向發展。同年十二月，慕容廆殺害西晉遼東太守龐本、東夷校尉李臻，向遼東發展勢力。永嘉五年（三一一年），由於永嘉之亂，很多漢人開始流入遼東、遼西地區。慕容廆在棘城附近設置冀陽、成周、唐國、營丘等僑郡吸引和安置漢族流民。這些漢族流民將中原地區先進的農耕技術帶到遼東和遼西，促進了這一地區經濟的發展。慕容廆還將當地和遷移來的一些漢族士人吸收到他的政權中。東晉成帝時，慕容廆進一步提出慎刑、選賢、重農、戒酒色四大治國要點，進一步鞏固了慕容氏的立國基礎。晉咸和八年（三三三年）慕容廆死，他的第三子慕容皝繼立。

慕容皝繼立後，東晉仍然以慕容皝為鎮軍大將軍、大單于、遼東公。他開始設置百官，東晉又進封他為燕王，前燕開始建國。慕容皝遷都至龍城，屢屢擊敗段部和宇文部，聲威日震。後又滅段部、宇文部和夫餘，臣服高句麗，成為遼西地區的強國。

慕容皝為了適應當時地狹人多的實際情況，開放過去圈占為園苑、牧地的土地，任憑流民耕種。他實行按照魏晉屯田制的分成辦法，採取六四或五五分租。慕容皝在敗段氏後，略戶五千；破高句麗，掠男女五萬餘口；滅宇文部，徙其部落五萬餘人於昌黎；襲夫餘，虜其部眾五萬餘口。這些被征服的人民以及慕容氏統治下的鮮卑族人，也漸漸在生產上農業化了。因此慕容皝政權能夠擁有較多的戶口，能夠保障軍隊士兵的供給，也使文化達到了較高的水準。

永和四年（三四八年），慕容皝病故，第二子慕容儁繼位。永和五年（三四九年），東晉冊封慕容儁為使持節、中外大都督、大將軍、大單于、燕王。慕容儁已經有兵二十多萬。由於遼西地區農業生產的發展，軍隊的戰鬥力也隨著提高。永和八年（三五二年），慕容儁出兵擊滅冉魏，自稱燕皇帝，初建都薊城（北京），後定都鄴，史稱前燕。前燕疆土南至汝、潁，東盡青、齊，西抵崤、黽，北至雲中，相當於今天的河北、河南、山西、山東廣大地區，與關中的苻秦政權平分了黃河流域。實際上南方的東晉、西方的前秦和東方的前燕形成了三國鼎立的局面。

慕容儁稱帝後，斷絕與東晉的聯繫，準備攻滅東晉和前秦，統一中國。他下令各州郡檢查戶口，每戶留一丁，其餘全部當兵，準備湊足一百五十萬大軍，實現他的意圖。但慕容儁的計畫沒有實現，於晉升平四年（三六〇年）病死。第三子慕容暐即皇帝位。他設置太宰、太傅、太保、太尉、太師、大司馬、司徒、司空八公，實際權力由任太宰的慕容儁之弟慕容恪掌握。前燕不斷向南拓展勢力，攻占了洛陽，並對淮北形成了進逼的態勢。東晉黃河以南，淮河以北的疆土，全部為前燕占領。在慕容恪執政的七年間，是前燕政治比較穩定的時期。

後慕容恪病死，由慕容評主持朝政。這時，東晉桓溫北伐，到達枋頭（河南濬縣西南），距離前燕首都只有二百里路程。慕容暐、慕容評異常驚慌，作好遷都龍城的準備，慕容垂卻請求由他率領抵禦晉軍。慕容暐任命慕容垂為征討大都督，率兵五萬大敗桓溫，追至襄邑（河南睢縣）。慕容垂的這次勝利將前燕從危亡中拯救出來，可是慕容評卻忌賢妒能，對慕容垂有功不賞，反要加害他，逼使慕容垂只好投奔前秦。前燕內部這樣尖銳的矛盾，使其統治力量大大的削弱。

慕容氏從龍城遷鄴城後，統治集團在富裕的生活中日益腐化。前燕主慕容暐後宮妃妾有四千餘人，「日費之重，價盈萬金；綺縠羅紈，歲增常調；戎器弗營，奢玩是務」⑨。慕容氏統治集團為了滿足他們驕奢淫逸的生活，對人民拼命搜刮。他們甚至霸占山泉，不准人民自由取用，軍民飲水，一概納絹一匹，水二石。這樣殘酷的盤剝，使國內的社會矛盾異常尖銳。

前燕在慕容評的操縱下，政治更加腐敗。慕容暐的尚書左丞申紹上疏，列舉前燕的弊政主要有：一是沒有很好的選拔地方官，沒有進行考績和賞罰升降。二是官多民少，官員對人民過分驅擾，搞得民不聊生。三是官吏趁有事之時，肆意盤剝，以飽私囊。當時政局正是「內則暐母亂政，評等貪冒，政以賄成，官非才舉，群下切齒焉」⑩。

慕容氏政權不再採取胡漢分治的政策。在中原蔭戶制的影響下，慕容鮮卑貴族開始蔭庇大量的戶口。當時中原地區從事農業的編戶齊民，忍受不了繁重的兵役和沉重的賦稅，不得不放棄自己的自由身份和擁有的土地，請求為慕容鮮卑貴族和漢族世家大族所蔭庇。隨著蔭庇制度的發展，大量的國家編戶齊民淪為私家的衣食客和佃客。這樣做的結果，使前燕統治區內國家的戶口明顯少於私家，大大地削弱了前燕的政治、經濟和軍事力量。晉太和三年（三六八年），慕容暐接受尚書左僕射悅綰的建議，下令「宜一切罷斷諸蔭戶，盡還郡縣」⑪。悅綰親自指揮搜括戶口，一次就查出蔭戶二十多萬戶，幾乎占前燕總人口的十分之一。但悅綰的做法激怒了以慕容評為首的鮮卑貴族，不久他就被暗殺，搜括戶口的舉動也就停止了。這就使前燕國家面臨的危機更加深了。

⑨《晉書》卷一一一〈慕容暐載記〉。
⑩《晉書》卷一一一〈慕容暐載記〉。
⑪《資治通鑑》卷一〇一〈晉紀二三〉。

因為慕容暐統治時期，前燕國內的各種矛盾都在激化，所以其政權很難繼續統治下去。晉太和五年（三七〇年），前秦苻堅派輔國將軍王猛、鎮南將軍楊安等，率軍六萬進攻前燕。八月，王猛攻克壺關。九月，王猛率軍助楊安攻克晉陽。前燕慕容評率軍三十萬駐紮在潞川一帶，與王猛軍相持。王猛派騎兵乘夜走小路繞道燕軍後方，焚燒前燕軍輜重，火光沖天，慕容暐在鄴城都可以看到火光。在這種形勢下，慕容評只好出戰，結果燕軍大敗，五萬士卒被殺。前秦軍乘勝追擊，迫使十多萬燕軍投降。三十萬燕軍主力就這樣輕而易舉地被前秦軍消滅了。王猛又從潞川率軍東進與秦王苻堅軍會合，進攻鄴城。十一月，慕容暐率領數十騎從鄴城逃跑，被前秦兵追及俘獲。苻堅入鄴，收前燕名籍，凡郡百五十七、縣一千五百七十九、戶二百四十五萬八千九百六十九、口九百九十八萬七千九百三十五。苻堅將慕容暐及其王公以下並慕容鮮卑四萬餘戶遷至長安附近。

前燕從西晉太康六年（二八五年）慕容廆統部至慕容暐為苻堅俘虜國滅，共歷四世，八十五年。從慕容儁滅冉魏，入主中原，至慕容暐滅國，只經歷了十九年。

第三節　前秦統一中國北方

一、前秦的興起

前秦是由氐族苻氏建立的國家。氐族苻氏居於略陽臨渭（甘肅秦安境內），世代為氐族部落小帥。起初苻氏稱為蒲氏，蒲、苻同音。永嘉之亂時，蒲洪被推為氐族部落的盟主。蒲洪自稱護氐校尉、秦州刺史、略陽公。劉曜占據長安後，封蒲洪為率義侯。劉曜敗後，蒲洪投降石虎，被封為冠軍將軍。後又任龍驤將軍、流人都督，率領部族駐屯枋頭。石虎死後，諸子爭奪帝位，相互攻伐，局面混亂。蒲洪擁眾十多萬，於晉永和六年（三五〇年），一度服屬東晉。東晉任蒲洪為征北大將軍、都督河北諸軍事、冀州刺史、廣川郡公。這時，羌人姚弋仲也試圖占據關中，派其子姚襄率兵五萬進攻蒲洪，被蒲洪擊敗。蒲洪自稱大將軍、大單于、三秦王，事實上開始自立。蒲洪還將姓改為苻。但不久苻洪被石趙的降將麻秋毒殺。

苻洪第三子苻健繼立。苻健為了獲得漢人支持，廢棄了三秦王的旗號，只稱東晉的封爵。這時，關中豪族京兆人杜洪自稱東晉雍州刺史，占據長安，實際是地方割據勢力。苻健繼承苻洪遺志，試圖占據關中，密謀西歸，因此必須鏟除杜洪的勢力。苻健率軍猛攻關中，杜洪敗走，苻健進入長安。永和七年（三五一年），苻健自稱天王、大單于，國號大秦，建元皇始，設置百官，以弟苻雄為丞相、都督中外諸軍事、車騎大將軍、領雍州刺史。次年，苻健稱皇帝。

苻健建國後，直接控制的地區不過渭水流域的一部分，因此需要擴大疆域和鞏固政權。他在豐陽縣（陝西山陽）立襄州，保證能夠使南方的貨物流通到疆域內，招徠遠方的商人，與東晉通關市，因而使「國用充足，而異賄盈積矣」[12]。在苻健的努力經營下，前秦政權日益鞏固。

永和十年（三五四年），東晉桓溫率軍四萬，北伐關中。苻健採取堅壁清野的做法，使桓溫軍的給養供應遇到困難，桓溫大敗而還。苻健乘機發展勢力，使疆域擴大到全部關中地區。

⑫《晉書》卷一一二〈苻健載記〉。

苻健在擴大疆域的同時，在長安平朔門內建立來賓館，招徠遠人，又在杜門興修靈臺。他修尚儒學，禮遇耆老，留心政事。他還實行寬鬆的統治政策，與百姓約法三章，減輕賦稅，節省開支，因此使國家經濟有明顯好轉，關中地區家給人足。

永和十一年（三五五年），苻健病故，第三子苻生繼位，改元壽光，以母強氏為皇太后，以呂婆樓為侍中、左大將軍。苻生剛愎自用過度，又隨意殺戮臣下。他曾命尚書令辛牢主管勸酒事宜，有坐而未飲者，苻生竟然射殺辛牢。他寵幸的妃妾，如果違背他的意志，也要將她殺死，流屍渭水。他不但殘暴，還不分晝夜的飲酒嬉戲。晉升平元年（三五七年），苻堅、苻法等人入宮，殺死苻生。據說苻生被殺時，還處在昏醉狀態。苻生被殺後，苻堅即皇帝位。

二、前秦統一北方

苻堅（三三八—三八五年），字永固，一名文玉，苻洪少子苻雄之子。苻堅年幼時，就博學有才氣。他結交王猛、呂婆樓等有才幹之人，希望有所作為。苻堅殺苻生後，曾讓位其兄苻法，但苻法堅決不肯接受。苻堅登基後，稱大秦天王，改元永興，追尊其父苻雄為文桓皇帝，殺苻生倖臣董龍、趙韶等二十餘人，大封百官。

苻堅在施政上，重用漢人王猛等人。他開始任王猛為中書侍郎，參掌機要，後又轉尚書左丞。苻堅對王猛的重用，是他進行統一事業的明智之舉。

王猛（三二五—三七五年），字景略，北海人，居於魏郡。他家世貧寒，曾在洛陽市上以販畚為業。後來居於華陰，博學好讀兵書，氣度雄遠。桓溫入關時，王猛去拜見他，捫蝨而談，旁若無人。

桓溫署王猛為高官督護，要王猛隨他一起南下，但王猛以為自己是寒人，在東晉門閥政治下，不會得到重用，不肯隨桓溫南行。苻堅有大志，聽說王猛的大名，派呂婆樓邀之相見，一見面便像交往已久的老朋友。苻堅登基後，使王猛與呂婆樓等共掌機要，對王猛更是言聽計從。

苻堅在王猛的輔助下，在政治上加強中央集權，抑制氐族部落勢力的發展。氐族與匈奴、鮮卑、羯、羌等族比較，由於受漢文化的影響較大，因此文明程度最高。從西漢以來，漢王朝就在氐人聚居的地區設置郡縣，但氐人的社會組織沒有因為漢王朝的統治而改變，依然保留氐族社會的結構，氐族內部的貴族占據重要的地位。氐族部落貴族試圖繼續保持分散的統治方式。但在永嘉之亂後，氐族因為戰爭與不斷地遷徙，促進了氐族部落軍事組織的鞏固和發展。在氐族流徙和戰鬥的過程中，部落酋長需要對征服地區進行軍事防衛，對內也需要集中權力，所以強化王權，實行集權統治，成為前秦必須解決的問題。但前秦實行集權統治與氐族部落貴族分散權力的要求是相矛盾的。

王猛從前秦的長遠利益著眼，堅決抑制氐族部落貴族勢力的發展，實行中央集權統治，強化王權。當時的氐族貴族，包括宗室近戚、勳舊重臣，對王猛的做法都非常不滿，可是王猛獲得苻堅的支持。氐族大臣樊世曾輔佐秦主苻健立有大功，他尤其看不起王猛。一次樊世與王猛在苻堅面前發生爭執，樊世破口大罵，苻堅因此而發怒，將樊世在西廄處斬。特進強德是苻健的妻弟，在地方橫行霸道，成為百姓的禍害，王猛堅決將他捕殺，並陳屍於市。他還誅殺貴戚豪強二十餘人，對抵制他政策推行的氐族貴族實行堅決的打擊。

在苻堅的支持下，王猛加強王權的政策取得顯著的效果。苻堅感慨地說：「吾今始知天下之有法也，天子之為尊也！」⑬前秦中央權力得到強化，氐族貴族的勢力被有效遏制。在中央集權下的前秦政權可以支配大規模的經濟、軍事等方面的活動，對國家的控制力大大加強了。

王猛輔助苻堅，在促進國家發展上，還實行了一些行之有效的措施。苻堅採取了禁奢侈、與民休息的政策。在苻堅稱帝的第二年，為平定部將張平的叛亂，他在經過的地方，減田租一半。由於秋季大旱，他不允許後宮妃妾穿著羅紈；將山澤之利，由國家與私人共用；將減少的宮廷膳食費用，分給作戰的士兵；全國偃甲息兵，停止勞民的行動。他還嚴令不是國家命士以上的官員，在都城百里之內不允許駕車乘馬，奴婢不可以佩戴、穿著金銀錦繡，如果違反，處以死刑。

苻堅在教育上，實行了廣興學校的政策。在首都長安興建太學，讓各郡國能通一經者，前來學習。公卿以下的子弟，也要來學習。對學習成績優異者，則要大加表揚。苻堅還親臨太學考試學生，根據學生瞭解經義的好壞，而定下不同的等級。苻堅在宮中也設置博士授經。

苻堅在農業上，實行勸課農桑、開放山澤之利的政策。苻堅曾經親耕籍田，這種象徵性的勸農舉動，使國內君臣更注意對農耕的重視。苻堅看到由於關中地區多有水旱災害，因此他徵發王侯以下至豪富的奴隸三萬多人，開鑿涇水上流，起堤通渠，灌溉低窪的鹽鹼土地，明顯改善了當地農業生產的條件。他還大力推廣區種法來提高糧食產量。苻堅的這些做法，使前秦農業得到發展，糧食的積儲日益增多。

從苻堅即位開始，到他舉兵滅前燕，共有十多年的時間。苻堅在王猛的輔佐下，使前秦出現了相對安定的環境。《晉書．苻堅載記》稱：「自永嘉之亂，庠序無聞，及堅之僭，頗留心儒學，王猛整齊

⑬《晉書》卷一一三〈苻堅載記〉。

風俗，政理稱舉，學校漸興。關隴清晏，百姓豐樂，自長安至於諸州，皆夾路樹槐柳，二十里一亭，四十里一驛，旅行者取給於途，工商貿販於道。」可以說在十六國戰爭不斷、風雲多變的時代，苻堅在關中地區營造了使人民能夠安居樂業的局面。這個局面的出現正是苻堅能夠集中氐族的武裝力量統一北方的基礎。

晉太和五年（三七〇年），苻堅派王猛等人攻伐前燕，占領鄴城，俘虜慕容暐，前燕亡。苻堅滅前燕後，以王猛為使持節、都督關東六州諸軍事、車騎大將軍、開府儀同三司、冀州牧，鎮守鄴。此後，苻堅又進攻仇池，降服巴氐。接著又命楊安等攻蜀，於晉寧康元年（三七三年），攻下益州，以楊安為右大將軍、益州牧，鎮守成都。晉太元元年（三七六年），苻堅又攻滅前涼，涼王張天錫投降，後苻堅又乘鮮卑拓跋氏衰落之時，攻代王什翼犍，俘虜什翼犍，滅代國，散其部落。太元七年（三八二年），苻堅又命氐族貴族呂光進駐西域，整個北方地區大部分為前秦統一。前秦的疆域「東極滄海，西并龜茲，南苞襄陽，北盡沙漠」⑭。相當於現在淮河到秦嶺以北的地方以及西南的一部分。東北的新羅、肅慎，西北的大宛、康居、于闐以及天竺等六十二國，都遣使與前秦建立友好關係。前秦苻堅勢力達到最興盛的時期。

⑭《高僧傳》卷五〈釋道安傳〉。

王猛滅前燕

前秦丞相王猛不僅在政治上有著傑出的才能，在統兵打仗上也很有一套。東晉太和五年，王猛率領楊安、張蠔、鄧羌等十位將領和步騎兵六萬人討伐前燕。苻堅親自送王猛到霸橋以東，鼓勵王猛一心攻伐。王猛一路所向披靡，相繼攻下壺關、晉陽等地。經過半年攻伐，最後在渭源誓師，準備與燕軍決一死戰。為鼓舞士氣，他對士兵們說道：「我王猛受國家厚恩，現在和大家深入敵境，我們都應該各自奮進，不可退卻。希望大家在陣前效力，以報答朝廷的恩惠。得勝以後，大家在朝廷中領受爵賞，父母妻子也擺酒慶賀，這不是很美的事嗎？」士兵個個摩拳擦掌，砸鍋棄糧，大聲高喊，奮勇前進。決戰當天，燕軍數倍於秦軍。王猛激勵鄧羌：「今日之戰，只有將軍你出馬才能成功。」鄧羌高臥，回答道：「如果答應封我做司隸，您就不用再擔心戰事了。」王猛最終答應了鄧羌的要求。於是，鄧羌在帳中飽飲了一頓，與張蠔、徐成等大將跨上戰馬，揮舞長矛，攻進前燕軍中，四出四進，旁若無人。到了中午，前燕軍隊大敗，被俘獲、斬首者五萬多人，王猛又乘勝追擊，繼續斬殺、收降十萬多人。最終，前秦軍隊攻陷鄴城，俘虜燕主慕容暐，消滅了前秦統一北方的最大障礙。

三、前秦統治政策的失誤及其滅亡

在苻堅統一北方的過程中，輔佐大臣王猛於東晉寧康三年（三七五年）病故。因為王猛的病故，使苻堅失去可以幫助他制定正確治國方略的助手，所以苻堅在統一北方後，實行了一些錯誤的政策。

苻堅對臣服的少數民族上層貴族實行懷柔的政策，試圖拉攏他們。比如前秦滅前燕後，慕容暐被封為新興侯，慕容評被任命為給事中，皇甫真被任命為奉車都尉，「燕之諸王悉補邊郡」⑮。苻堅征伐仇池，仇池主楊統率其部落投降，被封為平遠將軍、南秦州刺史。

苻堅實行的懷柔政策，是對北方少數民族變亂以來各民族一直奉行的仇殺政策的否定。但這種政策在前秦統一的時候實施，是不合時宜的。因為當時民族矛盾激烈，特別是少數民族上層貴族，他們對其他民族一直抱有仇視和敵對的心理，苻堅的懷柔政策很難改變這種狀況。與苻堅的出發點相反，懷柔政策的實行，使這些被征服國家的貴族可以有效地保存其軍事實力，成為前秦國家的一大隱患。

苻堅採取了軍事分封的政策。他以長樂公苻丕（苻堅庶長子）為都督關東諸軍事、征東大將軍、冀州牧，出鎮鄴城；以仇池部落貴族楊膺為苻丕征東大將軍府的左司馬，領氐族一千五百戶；以九嵕氐族部落貴族齊午為苻丕征東大將軍府的右司馬，領氐族一千五百戶；楊膺、齊午二人成為苻丕長樂公封地的世卿。又以毛興（氐部落貴族）為河州刺史，鎮枹罕，領氐族三千戶；以王騰（氐部落貴族）為并州刺史，鎮晉陽，領三千戶；以平原公苻暉為豫州牧，鎮洛陽，領氐族三千二百戶；以鉅鹿公苻

⑮《資治通鑑》卷一〇三〈晉紀二五〉。

敘為雍州刺史，鎮蒲阪，領氐族三千二百戶。

苻堅實行軍事分封的目，是要消除關中氐族貴族之間的矛盾以及氐族與其他民族的矛盾，又要使氐族宗親鎮戍方鎮，更有效地統治當地民族。苻堅的分封政策滿足了氐族貴族對關東各民族盤剝的需要，但也使氐族貴族與藩鎮地方各民族的矛盾加深，當地人民對氐族宗親的不滿非常強烈。分封政策的實行，也削弱了前秦的軍事力量。因為前秦的軍事力量主要是氐族人組成的。苻堅使氐族宗親率領軍隊到關東方鎮，以致關中的氐族人口數量明顯減少，在京畿的軍隊當然也隨之銳減。苻融在淝水之戰前，就進諫苻堅說：「陛下寵育鮮卑、羌、羯，布諸畿甸，舊人族類，斥徙遐方。今傾國而去，如有風塵之變者，其如宗廟何！監國以弱卒數萬留守京師，鮮卑、羌、羯，攢聚如林，此皆國之賊也，我之仇也。」⑯可見由於分封的實行，削弱關中地區氐族的軍事力量，很難控制遷徙到關中的鮮卑、羌、羯等少數民族。

苻堅還實行了徙民政策。前秦向關中主要遷徙的是鮮卑、羌、羯等少數民族。比如苻堅滅前燕，遷移關東豪族及諸雜夷十萬戶於關中，充實關中；在滅前涼後，遷涼州豪族七千餘口於關中；遷烏丸雜類於馮翊、北地；遷丁零翟斌於新安。由於苻堅向關中徙民，使這裡異民族數量眾多，族屬複雜。苻堅徙民的目的就是要使被征服的少數民族遠離本土，削弱其勢力，也是為了充實京城長安的人力和物力。但前秦的這個政策是在民族矛盾尖銳的時期進行的，而且徙民時，並未打破原來的部落組織，只是整族簡單遷徙。這樣被遷徙的征服民族可以利用部落組織，維護其自身利益，讓前秦很難行使其

⑯《晉書》卷一一四〈苻堅載記下〉。

號令，並使被征服的民族對京畿的威脅增強。一旦前秦控制力削弱時，他們就可以依靠部落組織，成為瓦解前秦的力量。這實際上是前秦的心腹大患，但苻堅並沒有認識到問題的嚴重性。

苻堅實行錯誤民族政策的同時，還被勝利沖昏了頭腦。他認為黃河流域和長江上游廣大地區已經被他用武力征服，只有東晉與他為敵，因此日夜想滅亡東晉。他拋棄了王猛臨終前「勿以晉為圖」的規勸，在王猛死後第三年（東晉太元三年，三七八年），苻堅命其長子苻丕等率領步騎十七萬圍攻襄陽，生俘東晉守將朱序。同時他又派將領俱難、毛當、彭超等率步騎七萬攻下東晉彭城、淮陰等城。然後苻堅又派步騎六萬，圍攻東晉的三阿（江蘇寶應），東晉征虜將軍謝石率軍援救三阿，三阿圍解。前秦與前秦和東晉的淮上戰事膠著在徐州以南和淮水以北。在荊州一線，兩軍在襄陽附近戰事不斷。前秦與東晉的這些戰爭孕育更大戰爭的到來。

東晉太元七年（三八二年）十月，苻堅召集文武大臣，計畫要親自率領九十七萬大軍，一舉消滅東晉。對苻堅的錯誤決策，尚書左僕射權翼、太子左衛率石越、陽平公苻融都持反對意見。但苻堅征服江東的意見絲毫沒有動搖，執意起兵大舉進攻東晉。太元八年（三八三年）七月，苻堅下令進攻東晉。動員戍卒六十餘萬、騎兵二十七萬，浩浩蕩蕩，水陸並進。

東晉以謝石為征討大都督、謝玄為前鋒都督，與將軍謝琰、桓伊等率軍八萬，抗擊秦軍。前秦軍靠著壽陽東面的淝水佈陣。東晉軍進至淝水東岸，乘前秦軍後撤之時，發起進攻，大敗前秦軍。

苻堅在淝水大敗，身中流矢，單騎逃到淮水北岸。他強迫徵調來的軍隊，絕大部分已經潰散，只有慕容垂率領的一支三萬人的軍隊完整地保存下來。同年十一月，苻堅從壽陽前線來到慕容垂的軍中，慕容垂護送他遷往洛陽。慕容垂要求回鄴掃墓，苻堅同意他的請求。苻堅沿路搜集散兵，到達洛陽時有了十多萬人。年底，苻堅回到長安。

太元九年（三八四年），慕容暐的弟弟慕容泓，起兵於華陰，稱濟北王。這是西燕的開始。慕容沖也在河東起兵，共同反對苻堅。苻堅派苻叡討伐慕容泓，苻叡輕敵，戰敗被殺。慕容泓稱皇帝，改元燕興。苻堅又用竇沖進攻慕容沖，慕容沖大敗，率八千騎投奔慕容泓，慕容泓軍增至十餘萬，聲威大振。後因慕容泓執法嚴酷，為士卒所殺而立慕容沖為主，率軍進攻長安。

羌人姚萇原來隨苻叡攻打慕容泓，但苻叡兵敗身亡，姚萇害怕苻堅怪罪，叛逃至渭北。苻堅率軍進攻姚萇，先勝後敗。後聽說慕容沖軍距離洛陽只有二百里，立即引兵退保長安。

慕容沖軍立即包圍長安，圍城時間長達一年之久。他縱兵搶掠，關中居民流散，道路斷絕，千里無人煙。太元十年（三八五年）五月，苻堅留太子苻宏守長安，自率百餘騎攜夫人張氏與幼子及二女逃往五將山（陝西岐山東北）。七月，姚萇派騎兵包圍五將山，活捉苻堅及其家屬，苻堅被勒死在新平的佛寺中，家屬全部自殺。

不久，苻宏也從長安逃出，輾轉投奔東晉。慕容沖入據長安，縱兵燒殺搶掠，死者不計其數。慕容沖占據長安後，知道慕容垂已經在河北稱王，勢力強大，不敢東歸。鮮卑慕容氏原來在河北建國，因此慕容沖部屬都想東還。在慕容沖統治集團內部發生了多次相互的殘殺，最後由慕容永勝出。太元十一年（三八六年），他率領關中鮮卑人東行至河東，在長子（山西長子境內）即帝位。太元十九年（三九四年），慕容永被慕容垂攻滅。西燕自慕容泓至慕容永，共經歷十年。西燕是在關中首先稱王反對苻堅的國家。

淝水之戰時，苻堅的庶長子苻丕鎮守鄴城。慕容垂率軍離開苻堅到達鄴城時，苻丕派慕容垂到河南鎮壓丁零翟斌的反抗。慕容垂前往河南，不但不同翟斌作戰，還殺掉了苻丕派去監視他的苻飛龍，回軍攻打鄴城。苻丕堅守鄴城，慕容垂沒有得手，只好退屯新城，等待苻丕自動撤兵返回關中。

太元十年，苻丕率領軍民六萬人西入晉陽，才知道苻堅敗死，長安失守。苻丕隨即在晉陽稱帝。因氐族的根據地在關隴一帶，苻丕率部眾四萬到達平陽，準備再返回關中，正好遇到慕容永率軍東下，要求借道河東。苻丕堅決不答應，雙方在襄陵（山西襄汾境內）展開激戰，結果苻丕軍大敗，他的部將王永等人都戰死。苻丕只好率殘兵南逃，被東晉將領馮該殺死。苻丕族子苻登稱帝。

苻登曾在苻堅朝任過殿中將軍等職，因事被貶，就在前秦鎮守枹罕的毛興手下任司馬。在羌人姚萇等人起兵反前秦後，枹罕氐人共推苻登為首，率軍東下，與姚萇等人連年作戰，互有勝負。苻丕封苻登為南安王。苻登即皇帝位後，繼續與姚萇作戰，屢敗姚萇軍。太元十八年（三九三年），姚萇病死，其子姚興繼立。次年，苻登與姚興作戰，他輕視姚興，結果戰敗。他不得已，只好以兒子汝陰王苻宗為人質，向西秦乞伏乾歸求救。乞伏乾歸派兵二萬人來援，與姚興再戰，又被擊敗，苻登被殺。其太子苻崇逃到湟中（青海西寧），仍自稱帝。不久，苻崇被乞伏乾歸所殺，前秦最後滅亡。前秦自苻健建國（三五一年），到苻崇敗亡（三九四年），共歷四十四年。

第四節　十六國後期各國

一、後燕的興亡

後燕的建立者是慕容垂。慕容垂（三二六—三九六年），字道明，是慕容皝的第五子。前燕慕容儁在位時被封為吳王。慕容暐即位後，慕容垂曾敗東晉桓溫於枋頭，名聲大振，遭到慕容評的嫉妒，逃跑到前秦，被苻堅任命為冠軍將軍、宜都侯。王猛認為慕容垂有野心，曾勸苻堅殺掉他，但苻堅堅決不肯。苻堅準備進攻東晉，慕容垂是堅定的支持者。淝水之戰苻堅大敗，大部分軍隊都損失了，只有慕容垂一軍無損，幫助苻堅收拾殘兵，返回長安。慕容垂也乘機藉口掃墓，前往鄴城，走上獨立發展的道路。

鄴城有前秦苻丕鎮守，他命慕容垂進攻丁零翟斌。慕容垂殺死苻丕派來監視他的將領苻飛龍，盡坑氐族兵，聯合翟斌進攻鄴城。東晉太元九年（三八四年），慕容垂自稱大將軍、大都督、燕王，承制行事，建元燕元，立慕容寶為太子，分封百官，史稱後燕。

慕容垂封翟斌為河南王，又命其子慕容農等率兵，共同圍攻鄴城。後燕兵有二十餘萬，兵力很強，攻克鄴外城。苻丕堅守中城，一時難以攻克。慕容垂掘壕圍困中城，又分派老弱者到魏郡肥鄉築新興城（河南肥鄉境內），儲備輜重軍械，並引漳水灌鄴城。在慕容垂準備攻取鄴城時，內部發生矛盾。翟斌要做尚書令，慕容垂不同意，因此翟斌與苻丕暗中聯繫，打算掘圍放水。慕容垂得知情況，殺死翟斌。慕容垂與丁零翟氏之間發生戰爭，矛盾十分尖銳。不久，苻丕放棄鄴城，西走晉陽。慕容垂定都於中山（河北定縣），太元十一年（三八六年），慕容垂自稱皇帝，改元建興。

丁零翟斌被殺後，其弟翟真北走邯鄲（河北邯鄲），又被下屬司馬鮮于乞所殺。丁零內部相互殘殺，直到翟真從弟翟遼遷居滑臺（河南浚縣境內），開始稱魏天王，建元建光，設置百官。翟遼死後，翟釗繼立。太元十七年（三九二年），慕容垂南攻翟釗，翟釗戰敗，單騎逃往長子。慕容垂獲翟釗所統七郡，得戶三萬八千。

慕容垂滅丁零翟氏後，太元十九年（三九四年），慕容垂採納其弟慕容德的意見，率領步騎七萬人，西攻長子，殺慕容永，得其所部八郡，戶口七萬六千八百以及乘輿、服飾、珍寶等。慕容垂既滅西燕，又命其子慕容農等進攻東晉青、兗等州。慕容農攻克廩丘（山東鄆城西），殺東晉東平太守韋簡。東晉泰山（山東泰安）、琅邪（山東膠南西北）等郡太守，都棄城潰逃，慕容農一直進軍到海邊。慕容垂占據關東黃河中下游地區以及幽、并州後，就不急於向關中進軍，只想在關東割據稱雄，因此形成了後秦占據關中、後燕占據關東的局面。

在後燕勢力發展的時候，鮮卑拓跋氏在長城以北壯大起來。東晉太元十一年，拓跋珪建立了北魏，定都在盛樂（內蒙古和林格爾）。後燕與北魏開始持友好的關係，但因為北魏不提供後燕名馬，使兩國關係開始惡化，以致斷絕外交關係。北魏國主拓跋珪採取聯合西燕、抗拒後燕的政策。太元十九年，後燕攻西燕，西燕慕容永向拓跋珪求救。拓跋珪派五萬騎兵，進至今山西忻州附近，聲援西燕。慕容垂滅西燕後，就命太子慕容寶等率軍八萬討伐北魏。拓跋珪知慕容寶來攻，遷部落畜產於河西，在黃河南岸部署兵力，準備反擊。慕容寶出兵半年，士卒已經疲憊不堪，又誤傳慕容垂病故，只好燒船撤退。拓跋珪派拓跋遵率騎兵七萬，堵截後燕軍南歸之路。他親自率領精騎二萬，渡黃河追擊慕容寶。太元二十年（三九五年）十一月九日，後燕軍宿營參合陂（內蒙古涼城西北匣子溝）東，當天黃昏，拓跋珪率騎兵追擊到參合陂西。拓跋珪乘夜部署軍隊，準備凌晨襲擊後燕軍。後燕軍並未警惕，不作防備。十日清晨，北魏軍登山，從陂上下衝燕軍。拓跋珪先派拓跋遵率領騎兵七萬阻截燕軍退路，他又率軍奮擊，前後夾擊燕軍。燕軍亂不成軍，紛紛赴水逃命，自相踐踏壓死和溺死者成千上萬。燕軍四、五萬人，紛紛放下武器，束手就擒。慕容寶、慕容德等逃還者，不過數千人。北魏俘獲後燕文武將吏有數千人，繳獲兵器、衣甲、糧草無數。拓跋珪將俘虜的後燕士兵四五千人全部坑殺。參合陂一戰，是後燕衰落、北魏興起的關鍵一戰。後燕損失慘重，精銳士卒大部分被殲。

慕容寶以參合陂慘敗為恥，不甘心失敗，勸說慕容垂再舉兵攻打北魏。太元二十一年（三九六年）三月，慕容垂從中山祕密出兵，率大軍越過光昌嶺，鑿山通道，直指平城（山西大同東北）。北魏陳留公拓跋虔率部落三萬餘家鎮守平城，出戰敗死，慕容垂盡收其部落。拓跋珪退保陰山。慕容垂退兵至參合陂時，見去年作戰處，積屍如山，軍士痛哭，聲震山谷。慕容垂已經七十一歲，經不起這般勞累和刺激，病情更為沉重，只好立即退兵。四月，燕軍回到沮陽（河北懷來南），慕容垂就病死了。慕容垂這次出兵，沒有損害北魏軍的主力，也難以挽回後燕的頹勢。

慕容垂既死，太子慕容寶即位，改元永康。慕容寶遵照慕容垂的遺令，開始檢括戶口。慕容寶檢括戶口的目的，是要將鮮卑貴族和漢族世家大族蔭庇的戶口，變為國家的編戶齊民，以增加後燕的財政收入。慕容寶的做法，使鮮卑貴族和漢族世家大族失去大量的蔭戶，因而激起他們很大的不滿；漢族農民因為國家租調和力役的繁重，寧願當蔭戶也不願充當國家的編戶齊民，所以也不滿意檢括戶口，結果出現「百姓思亂者十室而九焉」⑰的局面。後燕內部的矛盾非常尖銳，國家統治秩序很不穩定。北魏主拓跋珪乘此機會，在慕容寶即位八個月後，親率大軍四十萬進攻後燕。

後燕立國，主要依靠五處戰略據點，即都城中山、龍城、鄴城、晉陽和薊。拓跋珪首先進攻晉陽。他趁并州旱霜，饑荒乏食，輕而易舉地就攻占了晉陽。隨即拓跋珪移師河北，很快攻下常山（河北正定南）、信都（河北冀州）。河北地區很多後燕的郡縣守宰，紛紛投降。

慕容寶在中山擁有步兵十二萬、騎兵三萬七千，全部出動與拓跋珪大戰，結果大敗。慕容寶和慕容德等棄軍，率騎兵逃回中山城內，北魏軍進圍中山。晉隆安元年（三九七年）三月，慕容寶率領萬餘騎兵退往龍城，留慕容詳守中山。十月，拓跋珪攻克中山，後燕公卿將吏及士卒投降北魏的有二萬多人。

慕容寶北奔龍城後，又出兵南下，但因士卒不滿連年作戰，起而反抗，慕容寶只好退回龍城。隆安二年（三九八年），慕容寶被鮮卑貴族蘭汗所殺。蘭汗自稱大都督、大將軍、大單于、昌黎王。不久，慕容寶兒子慕容盛又殺蘭汗自立。他先稱長樂王，後即稱帝。

自慕容寶奔龍城以後，後燕控制的地方只有遼西地方，地狹力弱，內部矛盾重重。慕容盛經歷前秦、西燕和後燕，閱歷豐富，但他用刑嚴酷，宗親、勳舊多被誅殺，人人自危。隆安五年（四〇一年），慕容盛被部下段璣殺死，其叔父慕容熙繼立。

慕容熙是慕容垂的少子，他即位後，改北燕臺為大單于臺，設置左右輔，恢復胡漢分治的做法，

---

⑰《晉書》卷一二四〈慕容寶載記〉。

比起慕容垂的統治政策明顯落後。慕容熙的生活極為荒淫糜爛，他整日沉湎於酒色之中，寵愛兩個苻氏，濫用民力，大建宮苑，給遼西各族人民帶來巨大的災難，人民在繁重的勞役中大量死亡。晉義熙三年（四〇七年），慕容熙的昭儀苻氏病死，他命令公卿以下至兵民，家家都要營造陵墓，陵墓周圍數里，規模很大。苻氏靈柩下葬時，慕容熙親自出城送葬。龍城的中衛將軍馮跋等將吏推高雲（高句麗王族，仕後燕，侍衛慕容寶有功，慕容寶收為養子，賜姓慕容氏）為首，堅決拒絕慕容熙回城。慕容熙無奈，只好逃到龍騰苑，被馮跋誅殺。後燕滅亡。自西元三八四年慕容垂稱燕王，至西元四〇七年慕容熙被殺，後燕立國共二十四年。

二、北燕和南燕的興亡

北燕的建立者是馮跋。馮跋（？－四三〇年），字文起，長樂信都（河北冀縣）人。祖父馮和，在永嘉之亂時，避亂至上黨（山西長子境）。其父馮安，曾仕於慕容永。後慕容永敗亡，遷居龍城。馮跋在慕容寶統治末年，任中衛將軍。慕容熙荒淫無道，馮跋與高雲等人殺慕容熙，推高雲為主。高雲任馮跋為使持節、都督中外諸軍事、錄尚書事、武邑公，掌握軍政大權。後高雲為寵臣離班、桃仁等所殺，馮跋帳下督張泰、李桑殺離班等人。馮跋即於晉義熙五年（四〇九年），在昌黎自稱天王，建元太平，國號仍舊為燕，史稱北燕。馮跋立太子，分封諸弟馮素弗、馮弘和大臣孫護、張興等。馮跋雖是漢人，但承襲後燕制度，由太子馮永領大單于，置四輔，實行胡漢分治的政策。

馮跋廢除前朝苛政，務從簡易。他嚴禁賄賂得官，發現後，處以死刑；鼓勵農桑，減輕徭賦；營建太學，提倡儒學。遼西地區社會秩序出現安定局面，農業生產也得到恢復和發展。

宋元嘉七年（四三〇年），馮跋病死，其弟馮弘盡殺馮跋諸子，自立為燕天王。宋元嘉九年（四三二年），北魏開始進攻北燕，遼東六郡投降，北魏遷六郡民三萬餘戶。以後，北魏不斷進攻北燕。宋元嘉十三年（四三六年），馮弘率眾投奔高句麗，北燕滅亡，地盡入魏。兩年後，高句麗殺馮弘。北燕馮跋至馮弘，共歷二十八年。

南燕的建立者是慕容德。慕容德（三三六－四〇五年），字玄明，前燕國主慕容皝的幼子，歷仕慕容儁、慕容暐，前燕滅亡，被遷往長安。淝水之戰後，慕容德隨兄長慕容垂前往鄴。慕容垂稱燕王後，任命他為車騎大將軍、范陽王。慕容寶繼位後，以慕容德鎮守鄴城，總管後燕南方六州軍政。

北魏進軍中原，進攻河北郡縣，慕容寶北走龍城，魏軍攻克中山，後燕被切斷為兩部分。從中山前來投奔的慕容麟向慕容德建議，鄴城難守，應該南據滑臺（河南滑縣東）。晉隆安二年（三九八年），慕容德率戶四萬，車二萬七千乘，南遷黃河南岸的滑臺。他仿照慕容垂的做法，稱元年，設置百官，稱燕王。不久，慕容德的部下乘他出征時，以滑臺降於北魏。尚書潘聰建議慕容德遷都廣固（山東益都西北），慕容德接受建議，攻占廣固，於隆安四年（四〇〇年）稱帝，改元建平，史稱南燕。

南燕最興盛時，擁有步兵三十七萬，車一萬七千乘，騎兵五萬三千。其疆域東至海，南抵泗上，西達鉅野，北到黃河。

南燕在青、兖一帶立國，這裡農業經濟比較發達。南燕沒有實行胡漢分治的政策，因此鮮卑貴族和漢族大族使很多漢族農民成為部曲和佃客，他們「迭相蔭冒，或百室合戶，或千丁共籍，……公避課役，擅為姦宄」⑱。慕容德必須進行戶口清理的工作。為保證檢括戶口的進行，慕容德派宗室慕容鎮率騎兵三千人，在邊境設防，防止百姓逃跑，足見慕容德檢括戶口決心之大。他搜括出戶口五萬八千戶之多，當時青州僅有十萬編戶，蔭戶數目之多，令人驚歎。

慕容德還立學官，選公卿子弟及二品士門子弟二百人為學生。他在商山立冶鐵，在烏常澤立鹽官，來保證國家的供給。這些措施都有利於南燕國家的發展。

晉義熙元年（四〇五年），慕容德病死，無子，其侄慕容超繼位。慕容超寵信倖臣公孫五樓，專事遊獵，不理政事，國中百姓都怨憤不止。義熙五年（四〇九年），東晉劉裕北伐，攻克廣固，俘虜慕容超，將其斬於建康，南燕滅亡。自慕容德至慕容超，南燕立國共十一年。

三、後秦的興亡

後秦的建立者是姚萇。姚萇（三三〇—三九四年），南安赤亭（甘肅隴西境內）羌人。其父姚弋仲，在永嘉之亂時，率部落東移到榆眉（陝西千陽境）。隨從姚弋仲遷移的羌人有數萬人，他自稱護西羌校尉、雍州刺史、扶風公。石虎統治時，徙關中氐、羌以實河北，姚弋仲及其部落數萬人，被遷移至清河（河北清河境），並封他為西羌大都督、襄平縣公。後趙敗亡後，姚弋仲於晉永和七年（三五一年）投降東晉。東晉封姚弋仲為使持節、六夷大都督、都督江淮諸軍事、車騎大將軍、大單于、高陵郡公。又封其子姚襄為持節、平北將軍、都督并州諸軍事、并州刺史。次年，姚弋仲病死，姚襄統領其部眾。後姚襄與東晉殷浩發生矛盾，倒戈大敗殷浩的北伐軍，占據許昌，進攻洛陽。永和十二年（三五六年），桓溫從江陵北伐，大敗姚襄。姚襄敗退後，企圖占據關中。姚襄返回關中，在三元（陝西三

⑱《晉書》卷一二七〈慕容德載記〉。

原境內）為前秦主苻生所派苻堅、鄧羌擊敗，鄧羌殺姚襄。姚襄弟姚萇率部投降前秦。

姚萇是姚弋仲的第二十四子，多權謀。他投降前秦後，苻堅封他為揚武將軍，歷任郡守、刺史等官，為苻堅屢立戰功。淝水之戰，苻堅失敗，退回長安。關中氐族勢力大大削弱，而羌族勢力卻大大發展起來。姚萇背叛苻堅前往渭北，關隴一帶豪族尹詳、趙曜、王欽等人推舉姚萇為盟主。東晉太元九年（三八四年），姚萇自稱大將軍、大單于、萬年秦王，改元白雀，分封百官，進駐北地（陝西耀縣境），準備取苻堅而代之。

姚萇勢力發展很快，渭北羌胡歸附他的有十多萬戶。苻堅率大軍進攻，但都被擊敗。後來鮮卑人在慕容沖的率領下，包圍長安，苻堅逃至五將山，被姚萇殺死。西燕慕容永撤離長安東歸，姚萇輕易占據長安。太元十一年（三八六年），姚萇在長安稱帝，建元建初，國號大秦。為與苻氏前秦相區別，史稱後秦。

雖然姚萇奪取關中，但苻登的氐族殘餘勢力始終不服從後秦的統治，舉兵反抗。姚萇連年同苻登作戰，還沒有消滅氐族殘餘勢力，就在太元十八年（三九三年）病死。次年，其子姚興在槐里稱皇帝，改元皇初。

姚興（三六六－四一六年）是姚萇長子。姚萇稱帝後，就立姚興為太子。姚興繼帝位後，擊殺苻登，散氐族部落。關隴一帶的割據勢力，逐漸也都被姚興消滅，因此隴右、河西一帶都成為後秦的勢力範圍。姚興乘慕容垂滅西燕，派兵進占河東。又乘東晉衰落，攻占洛陽。後秦的疆域，南至漢川，東逾汝、潁，西達西河，北抵上郡。在十六國後期，慕容垂的後燕和姚興的後秦，是北方國力比較強盛的兩個國家。

姚興是比較有作為的君主。他能夠知人善任。他任用叔父姚緒、姚碩德掌管軍事，任用尹緯為尚書僕射，負責政務。尹緯出身天水大族。天水尹氏在前秦被禁錮，姚興卻對尹緯加以重用，成為後秦的開國功臣。姚興對能夠忠於職守的官員，大力提拔。城門校尉王滿聰守衛長安平朔門，一次姚興出獵晚歸，打算從此門進城，王滿聰因天黑不能夠分辨奸良，沒讓姚興進城，他只好從別的城門而入。第二天早晨，就立即提升了王滿聰，以表彰他恪盡職守。他還實行有效的選舉制度選拔人才，規定郡國每年要推舉清行、孝廉一人，還命令百官推薦殊才異行之士。

姚興重視法律的建設，在推行刑法上採取了一些措施。在長安，設立了律學，調集郡縣沒有任職的令史到長安來學習，學習結束後，回原郡縣處理刑事問題。如果州郡遇到疑難的案件，不容易判決，就送交廷尉來斷案。有時皇帝還要親自參聽判決，儘量減少冤獄。他還將不符合時宜的陳舊法律條文，全部革除。姚興的做法改變了十六國以來統治者以殺戮立威，刑法濫酷，人民生命毫無保障的狀況。

姚興還大力提倡儒學。他請天水姜龕、東平淳于岐、馮翊郭高等碩德老儒前來長安傳授儒學。他們各有門徒數百人，地方上前來求學的人更多。姚興在處理政務後，經常召見姜龕等人到東堂，講論經術。涼州大儒胡辯在苻堅統治末年遷往洛陽講授儒學，有弟子千餘人，關中後學多向他請教學業。姚興下令關都尉，對前往洛陽向胡辯問學的學子，往來出入，不要按常法盤查，要給與優待。

姚興信奉佛教。他遵奉名僧鳩摩羅什為國師，親自率領沙門和群臣聽鳩摩羅什宣講佛經。他又讓鳩摩羅什翻譯佛教經論三百卷。姚興如此信奉佛教，公卿以下群臣爭相仿效。沙門從邊遠地方前來關中和長安的有五千多人。姚興還起佛圖於永貴里，立波若臺於中宮。由於姚興的提倡，佛教在後秦廣泛傳播，在地方信奉佛教的人，「十室而九矣」⑲。佛教在後秦日益興盛。

姚興注意實行寬緩的統治方略。他下令讓各郡將因災荒自賣為奴婢的人，全部放免為良人。他在消滅苻登後，將氐族部落打散，讓這些氐族人都從事農業生產。在戰爭頻仍的時代，他能夠讓敗降的敵對民族士兵歸農，足見他對農業生產的照顧。姚興在生活上，還是比較節儉的。他的車馬沒有金玉裝飾，崇尚清素的生活，為國家財政節約了不少的開支。

姚興治理國家採取的上述做法，有利於政治上的統治、文化的發展和生產的恢復。所以在姚興稱帝的二十二年中，是後秦最強盛的時期。

儘管姚興努力加強他的統治，但在姚氏貴族內部還是矛盾重重。姚興稱帝後，很早就立長子姚泓為太子，可他又寵愛姚泓弟姚弼。在姚興病重之時，宮中爆發了武裝爭奪皇位的鬥爭，姚興不得不抱病而起，處死姚弼。東晉義熙十二年（四一六年），姚興病死，姚泓繼位。

姚泓繼位不久，東晉太尉劉裕率大軍北伐，討伐後秦。劉裕北伐大軍節節勝利，很快攻克洛陽。後秦政權面臨危機，但姚氏貴族內部仍然骨肉相殘。姚泓弟姚懿鎮守蒲阪（山西永濟境），竟然稱帝，進攻姚泓。姚泓不得不集中較多的兵力對付姚懿，將其俘獲。不久，鎮守安定（甘肅涇川北）的齊公姚恢（姚泓從兄），又率領安定鎮戶三萬八千人，北攻長安，自稱大都督、建義大將軍，移檄州郡，要清君側。姚泓將鎮守潼關的軍隊撤回，才平定了姚恢的反叛。

雖然姚恢的叛亂被平定，但東晉軍隊卻乘機向後秦境內進軍，很快攻克潼關。劉裕軍長驅而入，所向披靡，連下後秦諸城鎮，攻占長安。義熙十三年（四一七年），姚泓投降，劉裕將他押往建康處

⑲《晉書》卷一一七〈姚興載記上〉。

斬，後秦滅亡。後秦從姚萇建國，至姚泓亡國，歷時三十三年。

四、西秦的興亡

西秦的建立者是乞伏國仁（？—三八八年），出自鮮卑乞伏部。在民族大遷移的時代，鮮卑乞伏部從漠北南出大陰山，前往隴西。在遷移的過程中，乞伏部與弗斯部、出連部、叱盧部，四個部落聯合在一起，組成一個部落聯盟。其中乞伏部有一酋長名叫紇干，驍勇善騎射，四部都服其勇武，被推為統主，稱為乞伏可汗。以後統領四部的是乞伏佑鄰，他是乞伏國仁的五世祖，進據高平川（寧夏清水河一帶），後又遷居苑川（甘肅榆中境內）一帶，高平川是有名的苦水，不適宜放牧，所以石勒滅劉曜時，乞伏部又遷至苑川水（甘肅榆中東北）、麥田山（甘肅靖遠境）、度堅山（甘肅靖遠東北）一帶，有一個半世紀之久。苑川水一帶土地肥沃，適宜農業，也適合畜牧，乞伏鮮卑在這裡定居後，部落的力量逐漸壯大起來。

苻堅稱帝時，乞伏部首領司繁投降前秦，苻堅命令他鎮守勇士川（甘肅榆中大營川一帶）。司繁死後，乞伏國仁繼立。淝水之戰後，乞伏國仁召集部落，擁眾十餘萬，成為隴山以西一支重要的軍事力量。他自稱大都督、大將軍、大單于、領秦、河二州牧，建元建義。前秦主苻登於太元十二年（三八七年），封他為大將軍、大單于、苑川王。乞伏國仁在位四年（三八五—三八八年），死後，其弟乞伏乾歸繼位。

乞伏乾歸遷都金城（甘肅蘭州西北），苻登封他為金城王。後乞伏乾歸擊敗並殺死氐族首領楊定，奪取隴西、巴西之地。太元十九年（三九四年），苻登敗死，乞伏乾歸稱秦王，史稱西秦。以後乞伏乾歸又遷都苑川，與後秦對抗。不久，乞伏乾歸為後秦所敗，姚興召他留在長安三年，留其子乞伏熾磐於苑川統領部落。後乞伏乾歸返回本部，當時夏赫連勃勃日益強盛，威脅後秦秦嶺北部城鎮，屢次與姚興交戰，姚興已經沒有力量經營隴西。東晉義熙五年（四〇九年），乞伏乾歸乘機又稱秦王。義熙八年（四一二年），乞伏乾歸為其侄乞伏公府所殺。其子乞伏熾磐又殺乞伏公府，繼立為秦王，遷都枹罕（甘肅臨夏東北）。

乞伏熾磐在位時，是西秦國力最強盛的時期。義熙十年（四一四年），乞伏熾磐乘南涼連年災害、國內饑饉、其王禿髮傉檀又出兵西征之時，滅掉南涼，遷其民萬餘戶於枹罕；他又擊敗吐谷渾，將疆域擴大到青海湖以東地區；他還掠奪契丹汗部落的牛羊五十餘萬頭。西秦的疆域西逾浩亹（青海樂都東），東抵隴坻，北至黃河，南達吐谷渾。

宋元嘉四年（四二七年），乞伏熾磐病死，其子乞伏暮末繼位。乞伏暮末施政嚴酷，部落民多背叛，內外分崩離析。元嘉七年（四三〇年），西秦旱災嚴重，國內人民多逃散流亡。乞伏暮末打算前往上邽，歸附北魏，率領一萬五千戶行進到南安的高田谷，遭遇到夏主赫連定的阻截，只好退保南安城。第二年，赫連定包圍南安，乞伏暮末和宗族五百人出降，都為赫連定殺死，西秦滅亡。自乞伏國仁始，至乞伏暮末，西秦立國共四十六年。

五、夏的興亡

夏的建立者是赫連勃勃。赫連勃勃（三八一—四二五年），字屈子，為匈奴右賢王去卑的子孫，劉淵的同族人。他的曾祖父劉虎，在劉聰稱帝時，被封為樓煩公、安北將軍、監鮮卑中郎將。祖父劉豹子（即劉務桓），石虎任命他為平北將軍、左賢王、丁零單于。父劉衛辰，為鮮卑什翼犍的女婿。但劉衛辰屢屢受到拓跋鮮卑的攻擊，轉而歸附了苻堅。苻堅封劉衛辰為西單于，督河西諸部，屯駐代來城（內蒙古東勝境）。淝水之戰後，劉衛辰勢力得到發展，擁有朔方之地及精兵三萬八千人。東晉太元十六年（三九一年），北魏拓跋珪率軍自五原金津（內蒙古包頭西南）渡黃河，直攻代來城，劉衛辰被部下所殺。拓跋珪殺劉衛辰子弟宗黨五千人，獲馬三十餘萬匹、牛羊四百餘萬頭。

赫連勃勃為劉衛辰第三子，他輾轉投靠後秦高平公破多羅沒亦于（鮮卑族）。沒亦于將赫連勃勃招為女婿。不久，後秦姚興封他為安遠將軍、陽川侯，助沒亦于戍守高平。後又進封他為持節、安遠將軍、五原公，配以三交五部鮮卑二萬餘落，鎮朔方。姚興對赫連勃勃非常器重，認為他有濟世之才，可以用他共同平定天下。

東晉義熙三年（四〇七年），赫連勃勃率軍三萬騎，到高平川偽裝打獵，乘岳父破多羅沒亦于沒有防備，偷襲殺害沒亦于，盡併其眾。六月，赫連勃勃自稱天王、大單于，建元龍昇元年，設置百官。他認為匈奴是夏侯氏的後代，故國號大夏。他既不願意姓漢姓劉氏，又不願意姓匈奴姓屠谷、獨孤。當時少數民族融合過程中的部族，一般胡父、鮮卑母，姓鐵弗；鮮卑父、胡母姓禿髮或拓跋。因為劉衛辰曾娶拓跋什翼犍女為妻，赫連勃勃又娶鮮卑破多羅沒亦于之女為妻，因此當時都稱他的部落為鐵弗部。但赫連勃勃不願意接受這個姓氏，他下令改姓為赫連氏。因為他認為「帝王者，係天為子，是為徽赫實與天連，今改姓曰赫連氏，庶協皇天之意，永享無疆大慶」⑳。不過，只有皇室的正統才可

⑳《晉書》卷一三〇〈赫連勃勃載記〉。

以姓赫連，其餘支庶，都以鐵伐為姓。「鐵伐」就是「鐵弗」的異譯。

赫連勃勃稱大夏天王後，部下勸他在土地肥沃、地勢險要的高平定都，但遭到他的拒絕。他認為不可以固守一城，而應該使用騎兵，採取出其不意的突襲作戰方法，與後秦相持。或突然出現在它的前部，或又出現在它的後部，使之疲於奔命，不用十年，大夏就可以占領嶺北河東。赫連勃勃的這種作戰方略，對於後秦的威脅很大，攻取了後秦很多地方，也消滅了後秦很多的軍隊。

後秦與大夏的戰爭連年不斷。後秦姚興派將領齊難伐夏，全軍覆沒，赫連勃勃俘虜其將士二萬餘人，收戎馬萬匹。後赫連勃勃不斷進攻後秦。他攻取定陽（陝西宜川西北），坑殺後秦士卒四千餘人；他攻占安定（甘肅涇川北），降後秦士卒四萬五千人，獲戰馬二萬匹；他攻克杏城（陝西黃陵西南），坑殺後秦降卒二萬人；他占領上邽（甘肅天水），斬殺後秦將士五千人。在後秦滅亡前夕，後秦嶺北的郡縣大部分都被赫連勃勃占領了。

劉裕滅後秦、奪取長安後，匆匆南回準備奪取東晉帝位，留其子劉義真鎮守長安。赫連勃勃乘機奪取長安。晉義熙十四年（四一八年），赫連勃勃在霸上即皇帝位。然後他留太子赫連璝鎮守長安，他返回統萬（內蒙古烏審旗南白城子），建都於統萬。夏國疆域南抵秦嶺，東達蒲津，西至秦、隴，北到黃河。雖然夏國版圖不如後秦最強盛時期廣大，但軍事實力明顯超過後秦。

赫連勃勃不以長安為都，將都城定在統萬，是為了防備北魏。他為了使統萬城起到應有的作用，命令將作大匠叱干阿利徵發嶺北胡漢各族人民十萬多人修建統萬城。他對統萬城的修建要求極為嚴格。築城所用土全部蒸熟，築成後，用鐵錐刺土，如果刺進一寸，就殺死築城的人。統萬城修建完畢後，城高十仞，基厚三十步，城上寬十步，宮牆五仞，其堅固可以磨礪刀斧。

赫連勃勃為人極其狂妄，也極端殘忍。他將統萬城的南門稱做朝宋門，東門稱做招魏門，西門稱做服涼門，北門稱做平朔門，認為他可以一統天下，君臨萬邦。赫連勃勃經常置弓、劍於身旁，臣下有敢於以抵觸的目光看他者，就刺瞎眼睛；有敢於笑者，就割掉他的嘴唇；有敢於誹謗他的，先割掉他的舌頭，然後處斬。在他的淫威下，「夷夏囂然，人無生賴」㉑。

赫連勃勃攻取長安後，在長安置南臺，以太子赫連璝錄南臺尚書事，鎮守長安。到赫連勃勃晚年，他準備廢掉太子赫連璝，立幼子酒泉公赫連倫為太子。赫連璝從長安出兵進攻赫連倫，赫連倫敗死，赫連勃勃第三子赫連昌又率兵攻殺赫連璝。赫連勃勃只好立赫連昌為太子。宋元嘉二年（四二五年），赫連勃勃病死，赫連昌繼位。

元嘉三年（四二六年），北魏拓跋燾乘赫連勃勃新死，派大將奚斤等率軍四萬五千人，攻占蒲阪，奪取長安。拓跋燾親率騎兵二萬，渡黃河襲擊統萬，獲牛馬十餘萬，徙其民一萬餘家。元嘉四年（四二七年），赫連昌派赫連定率軍攻長安，拓跋燾動員十萬大軍乘機攻統萬，赫連昌戰敗，魏軍占領統萬，赫連昌逃往上邽（甘肅天水）。元嘉五年（四二八年），北魏軍進攻上邽，生擒赫連昌，赫連勃勃第五子赫連定稱帝。元嘉八年（四三一年）赫連定滅西秦，虜西秦民十多萬口，準備渡黃河進攻北涼，奪取其地。在赫連定半渡黃河時，遭到吐谷渾王慕璝的襲擊。赫連定被俘，吐谷渾將他送往平城，被處死。夏國滅亡。從赫連勃勃建國至赫連定亡國，歷三主，共二十五年。

㉑《晉書》卷一三〇〈赫連勃勃載記〉。

六、後涼和南涼的興亡

後涼是氐族人呂光建立的國家。呂光（三三七—三九九年），字世明，略陽（甘肅天水東北）人。他的家族世代為氐族酋豪。其父呂婆樓，在苻堅時官至太尉。呂光曾跟隨王猛滅前燕，封為都亭侯。東晉太元八年（三八三年），苻堅命呂光率領將軍姜飛、彭晃、杜進等，統兵七萬，騎兵五千，進軍西域。次年呂光先後敗焉耆、龜茲，使西域三十餘國都來投降。苻堅以呂光為使持節、散騎常侍、都督玉門以西諸軍事、安西將軍、西域校尉。

淝水之戰，前秦戰敗，長安危急。呂光部將勸他立即返回關中。他用駱駝二萬餘頭負載西域珍寶、殊禽怪獸等以及駿馬萬餘匹，返回玉門。前秦涼州刺史梁熙發兵五萬，將呂光拒之於酒泉，但為呂光所敗。呂光乘勢奪取姑臧，自領涼州刺史、護羌校尉。後聽說苻堅被姚萇殺死，呂光於太元十一年（三八六年），自稱使持節、侍中、中外大都督、督隴右河西諸軍事、大將軍、領護匈奴中郎將、涼州牧、酒泉公，建元太安，史稱後涼。後呂光又敗王穆，奪取酒泉，於太元十四年（三八九年），改稱三河王，改元麟嘉。太元二十一年（三九六年），呂光奪取枹罕，又稱天王，改元龍飛，分封百官，命其子呂覆鎮守高昌。

呂光能夠稱霸河西，主要依靠他的七萬五千人軍隊。這支軍隊以氐人為骨幹。可是河西走廊原來並不是氐族居住的地區，呂光要擴大他的軍隊就要受到限制。後涼又要經常與周圍的部落作戰，軍隊損失不少，軍事力量就逐漸削弱了。呂光在涼州實行嚴刑峻法，晚年又聽信讒言，因此後涼政權很不穩定。呂光的部將沮渠蒙遜、段業等人都背叛他自立，後涼積弱不振。東晉隆安三年（三九九年），呂光病死，太子呂紹繼位。

呂光庶出長子呂纂當年就殺呂紹自立，不久呂光侄子呂隆又殺呂纂自立。後涼統治集團內部自相殘殺，削弱了其統治的力量。統治者政事也很敗壞。呂纂遊獵無度，沉湎酒色；呂隆殘殺無辜，以殺伐立威。他們的做法使河西人民難以忍受。由於連年的戰爭，河西地區的生產受到很大的破壞。呂光時，穀價貴到一斗五百文錢。後姚興、南涼禿髮傉檀、北涼沮渠蒙遜相繼入侵後涼，後涼難以應付。沮渠蒙遜進攻呂隆，包圍姑臧，城中穀價昂貴，一斗值五千文錢，因饑餓而死者，有十餘萬口。百姓要求出城做奴婢，呂隆恐人心動搖，將這些百姓全部殺掉。由於南涼、北涼頻頻犯境，呂隆不得已，只好向後秦請降，請求姚興接管姑臧城。東晉元興二年（四〇三年），呂隆投降後秦，後涼滅亡。呂隆被姚興遷往長安，任命為散騎常侍，後受謀反株連被殺。後涼四主，共歷十八年。

南涼的建立者為禿髮烏孤。禿髮烏孤（？—三九九年）是河西鮮卑人，他的祖先與北魏拓跋氏同出一系。「禿髮」當為「拓跋」的異譯。漢、魏之際，拓跋氏的一支，由部落酋長禿髮匹孤率領，從塞北遷到河西，稱為河西鮮卑，禿髮鮮卑居住在這個地區有兩個多世紀。禿髮部原來是遊牧部落，定居後，除了從事畜牧業外，也開始經營農業。泰始年間（二六五—二七四年），起兵反晉的樹機能，就是禿髮烏孤的祖上。到禿髮烏孤時，部落人口增多，開始修築廉川堡（青海樂都東），作為統治的中心。呂光占據涼州，封禿髮烏孤為冠軍大將軍、河西鮮卑大都統、廣武縣侯。東晉隆安元年（三九七年），禿髮烏孤自稱大都督、大將軍、大單于、西平王，建元太初，都於廉川堡，史稱南涼。後禿髮烏孤攻占金城，改稱武威王，遷都樂都（青海樂都）。禿髮烏孤準備進攻西涼，因墜馬傷肋而死，其弟禿髮利鹿孤繼立，遷都西平（青海西寧）。隆安五年（四〇一年），禿髮利鹿孤改稱河西王。雖然禿髮利鹿孤稱王，但還向後秦姚興稱臣。次年禿髮利鹿孤死，弟禿髮傉檀繼位，還建都於樂都，改稱涼王，改元弘昌。但禿髮傉檀仍然向姚興稱臣。

自後涼呂隆投降姚興後，姚興取得了姑臧，可是河西走廊一帶是羌人從來沒有定居過的地方，姚興要鞏固姑臧這個據點需要動用四、五萬人的兵力。姚興為了安撫禿髮傉檀，就任命他為車騎大將軍、領護匈奴中郎將、涼州刺史，鎮守姑臧。東晉義熙三年（四〇七年），禿髮傉檀進攻北涼沮渠蒙遜，為沮渠蒙遜所敗。赫連勃勃又來進攻禿髮傉檀，搶掠百姓二萬七千餘口，牛馬羊數十萬頭。禿髮傉檀追擊赫連勃勃，又為赫連勃勃大敗。姚興乘機準備復取姑臧，但兵敗而還。義熙四年（四〇八年），禿髮傉檀恢復涼王的稱號，改年號為嘉平。南涼疆域，東自金城，西至青海，南有河、湟，北據廣武，從此南涼捲入爭奪河西走廊霸權的連年戰爭中。由於南涼屢次受到沮渠蒙遜的進攻，禿髮傉檀只好再還都樂都。北涼主沮渠蒙遜進取姑臧後，繼續對南涼進攻，三次包圍樂都城。因南涼不斷受到北涼的進攻，農業生產無法進行，莊稼連年不收，人民陷入饑餓中。禿髮傉檀為了暫時解決境內的糧食危機，準備掠奪青海乙弗部的牲畜。他親自率領騎兵七千人襲擊乙弗部，搶掠牛馬羊四十餘萬頭。西秦主乞伏熾磐率領步騎二萬人，乘樂都空虛，偷襲攻占樂都。禿髮傉檀的下屬將士聽說樂都失陷，大多數都四下逃散。東晉義熙十年（四一四年），禿髮傉檀投降乞伏熾磐，次年被殺。自禿髮烏孤至禿髮傉檀，南涼三世滅亡，共歷十八年。

七、西涼和北涼的興亡

西涼的建立者是李暠。李暠（三五一—四一七），字玄盛，隴西狄道（甘肅臨洮）人。家族世代為隴西大姓。高祖、曾祖在西晉任郡守，祖父在前涼任武衛將軍，封亭侯。呂光統治末年，段業占據張掖，自稱涼州牧，以李暠為效穀令，後任敦煌太守。段業繼稱涼王，其部下索嗣企圖奪取敦煌太守位，被李暠所敗。東晉隆安四年（四〇〇年），李暠自稱大都督、大將軍、涼公、領秦涼二州牧、護羌校尉，建年號為庚子，史稱西涼。

李暠分封官吏，攻取玉門關以西地區，廣田積穀，為東征做物資準備。他又設立學校，收高門學生五百人。義熙元年（四〇五年），李暠為了抗擊北涼沮渠蒙遜，遷都至酒泉，並上書東晉。

在前秦統治時，苻堅曾遷江漢人萬餘戶到敦煌，中原人也遷來七千餘戶，張掖、武威以東，西遷敦煌的人也有數千戶。李暠遷都敦煌，這些人戶也都隨遷到酒泉郡。李暠分南人五千戶置會稽郡，中州人五千戶置廣夏郡，剩餘的一萬三千戶分別設置武威、武興、張掖三郡。這都是僑置郡。李暠實際控制的地區只有酒泉、敦煌、張掖三郡，地狹民少。他擁有的軍隊只有步騎兵三萬人，軍事力量虛弱。李暠起兵時，認為可以繼承張軌的事業，不到一年就可以占領河西十郡。但李暠不能夠如願，他又受到北涼沮渠蒙遜的進攻。義熙十三年（四一七年），李暠病死，子李歆嗣位。

李歆統治時，大規模興建宮室，用刑嚴酷，喪失民心。西涼的近鄰北涼，軍事力量強大，不斷進攻西涼。西涼很難對抗，日益衰敗。東晉元熙二年（四二〇年），李歆聽說北涼主沮渠蒙遜東伐西秦乞伏熾磐，準備乘機偷襲北涼的根據地張掖。沮渠蒙遜佯裝引兵東發，卻將軍隊埋伏在李歆進軍的路上。李歆率軍三萬東出，被北涼埋伏的軍隊擊敗。李歆不肯退兵，與沮渠蒙遜在蓼泉（甘肅高臺西）決戰。李歆全軍覆沒，他也戰死。沮渠蒙遜占據酒泉。李歆弟李恂拒守敦煌，次年春，李恂為沮渠蒙遜殺死。李歆孫子李寶逃往伊吾，後投降北魏。西涼自李暠建國，至李恂亡國，歷三主，共二十二年。

北涼的建立者是沮渠蒙遜。沮渠蒙遜（三六六—四三三年）是臨松（甘肅張掖境內）的盧水胡。匈奴設置左、右沮渠官，沮渠蒙遜祖上世代任匈奴左沮渠，就以官為姓氏。盧水即今甘肅黑河。沮渠蒙遜祖上世代居住在盧水，是這裡部落的酋長。沮渠蒙遜的祖父祈復延，封狄地王。其父法弘襲爵，曾任苻堅的中田護軍。後沮渠蒙遜代其父率領部曲，受到各部落的擁戴。

盧水胡分佈雖然很廣，但河西走廊張掖郡一帶是他們集中居住的地方。在十六國時期，盧水胡為了保衛自己的部落，逐漸形成一支武裝力量。割據河西走廊的呂光、段業都想利用這支武裝力量。東晉隆安元年（三九七年），後涼主呂光命沮渠蒙遜的伯父羅仇、麴粥隨從他征討乞伏乾歸。呂光弟呂延戰死，前軍大敗。呂光歸罪於羅仇、麴粥，處死他們。沮渠蒙遜因而起兵，與從兄沮渠男成共推呂光部下建業太守段業為主。段業自稱大都督、涼州牧、建康公，建元神璽，以沮渠蒙遜為鎮西將軍、張掖太守，沮渠男成為輔國將軍、酒泉太守，輔佐執政。但段業是一個儒生，沒有武略權謀，很難控制局面。隆安五年（四〇一年），沮渠蒙遜誣告沮渠男成謀反，殺死沮渠男成，乘機攻殺段業。沮渠蒙遜自稱使持節、大都督、大將軍、涼州牧、張掖公，改元永安，史稱北涼。

沮渠蒙遜占據張掖後，屢次與西涼李氏交戰，大敗李氏。他又攻取了禿髮傉檀占據的姑臧，就遷都到這裡。東晉義熙八年（四一二年），沮渠蒙遜稱河西王，改元玄始，設置百官。後沮渠蒙遜滅西涼，攻占酒泉、敦煌，河西走廊完全被他占領。北涼全盛時，擁有武威、張掖、敦煌、酒泉、西海、金城、西平、樂都等郡。西域鄯善王比尤也前來朝見沮渠蒙遜，西域三十六國都向他稱臣。沮渠蒙遜則視自己為東晉、劉宋的藩臣，雙方互派使臣往來。東晉封沮渠蒙遜為涼州刺史。劉宋又封他為涼州牧、河西王。

宋元嘉十年（四三三年），沮渠蒙遜病死，第三子沮渠牧犍（《晉書》、《宋書》作茂虔）繼位。沮渠牧犍對北魏實行和親政策，將他的妹妹嫁到北魏。北魏主拓跋燾也將他的妹妹武威公主下嫁沮渠牧犍。但拓跋燾為了統一，很快打破這種局面。元嘉十六年（四三九年），拓跋燾親自率領大軍進攻北涼，包圍姑臧，很快姑臧這座擁有二十多萬人口的城市就陷落了。沮渠牧犍投降北魏，北涼滅亡。北涼立國自沮渠蒙遜至沮渠牧犍，歷二世，共三十九年。沮渠牧犍被俘後，其弟沮渠無諱、沮渠安周還在高昌稱王多年，後被柔然所滅。

北魏滅亡北涼，統一了中國北方，結束歷時一百三十五年的十六國分裂局面。

表四　十六國時期各國興亡一覽表

國名	自稱國名	建國者	建國時間(西元)	亡國時間(西元)	統治民族
成漢	大成—漢	李雄	三〇四	三四七	巴氐
前趙	漢—趙	劉淵	三〇四	三二九	匈奴
後趙	趙—大趙—趙	石勒	三一九	三五〇	羯
冉魏	大魏	冉閔	三五〇	三五二	漢
前燕	燕—大燕	慕容皝	三三七	三七〇	鮮卑(慕容氏)
前仇池	仇池	楊茂搜	二九六	三七一	氐
前涼	涼	張軌	三〇一	三七六	漢
代	代—西平	拓跋猗盧	三一〇	三七六	鮮卑(拓跋氏)
前秦	秦—大秦	苻洪	三五一	三九四	氐

西燕	燕	慕容泓	三八四	三九四	鮮卑（慕容氏）
後燕	燕	慕容垂	三八四	四〇七	鮮卑（慕容氏）
南燕	燕	慕容德	三九八	四一〇	鮮卑（慕容氏）
北燕	大燕—燕	馮跋	四〇九	四三六	漢
翟魏	魏	翟遼	三八八	三九二	丁零
後秦	秦—大秦	姚萇	三八四	四一七	羌
西秦	河南—秦	乞伏國仁	三八五	四三一	鮮卑（乞伏氏）
夏	大夏	赫連勃勃	四〇七	四三一	匈奴
後涼	酒泉—三河—大涼	呂光	三八六	四〇三	氐
南涼	西平—武威—河西—涼	禿髮烏孤	三九七	四一四	鮮卑（禿髮氏）
北涼	涼—張掖—河西	沮渠蒙遜	四〇一	四三九	盧水胡
西涼	涼	李暠	四〇〇	四二一	漢
後仇池	仇池—武都—大秦—武都	楊定	三八五	四四二	氐

第五節　五胡十六國時期的北方社會

一、北方的塢壁組織

自劉淵起兵攻入中原後，戰爭連年不斷，少數民族貴族對漢人以武力殘殺，中原地區陷入一片混亂。留在北方的漢人不得不採取自保的方式，因此塢壁組織開始出現。中原黃河流域到處都是漢人設置的塢壁。比如劉曜進軍梁、陳、汝、穎一帶，攻陷塢壁百餘處。曹嶷征伐齊魯地方，降服各郡縣塢壁四十餘所。石勒率眾三萬，攻陷冀州郡縣塢壁百餘處。塢壁也是漢人抗擊胡人進入中原燒殺搶掠的據點。比如平陽李矩為鄉人推為塢主，屯駐新鄭抗據胡人；東郡魏浚與流民數百家，屯於洛北石梁塢自保；劉遐在黃河、濟水之間築塢壁抵禦劉聰。

塢壁早在西漢末年就已經出現，是豪民統領宗族自保的軍事設置。永嘉之亂後出現的塢壁，又有新的特徵。塢壁組織的成員已經不限於同宗族的成員，基本上以家庭為單位。郗鑒被推為塢壁主，曾率千餘家到嶧山避難。三年間，發展到數萬家，足見郗鑒所領導的塢壁是很大的，其成員也十分複雜。文獻中記載塢壁中有「同族」、「庶姓」、「群士」、「州中之士」、「鄉人」、「離散」或「流人」。塢壁組織，是由推舉出的塢壁主來領導。塢壁主可以是豪族，也可以是勇武之士，有一些塢主可以由地方官員兼任。杜預子杜尹就以弘農太守的身份任宜陽界內一泉塢主。

這些塢壁組織既是軍事防禦組織，又是經濟生產組織。在塢壁中有部曲，在敵人進犯時，由塢主

圖二十　魏晉壁畫「塢壁圖」，圖片的中左方題有一「塢」字。

指揮作戰，平時不脫離生產，且耕且守。當時塢壁組織普遍採取屯墾的方式進行生產，《晉書》中關於塢壁屯田記載很多，比如李矩為塢壁主，就東屯滎陽。每一個塢壁組織基本上都是一個自給自足的自然經濟體。在戰亂頻仍的環境中，塢壁組織要生產每一個成員需要的物品，特別是糧食。在塢壁中，還有「文吏」和「將士」的區分。因此塢壁組織是軍事與經濟相結合的政治實體。

在北方戰亂的局面下，塢壁組織實際代替了被打亂的地方行政組織。各塢壁組織之間還相互結盟，推出盟主，這樣就形成了一種鬆弛的地方各級統屬關係。北方塢壁組織的存在，是造成北方少數民族政權不能夠實行穩定統治的重要因素。後來隨著漢人與各少數民族逐漸融合，漢人塢壁組織的設置逐漸減少。至北魏時期宗主督護出現後，塢壁組織才消失。

二、北方少數民族國家以軍事編制占有人口

十六國時期，由於少數民族統治者性好殺戮以及戰爭的不斷進行，大批的人口遭屠殺；由於殘酷的徭役、賦稅和災荒饑饉，使人口大量損失，中原和關中地區人口銳減。但北方少數

民族政權要維持其存在，就不能不占有中原的剩餘人口。

從各少數民族政權的軍事活動來看，他們在占領一個地區後，先是搶掠物資財富，然後就將大批的人口遷移到易於控制的地區。劉淵、劉聰曾將各族人民集中到平陽及其周圍。劉曜將今甘肅和陝北的氐、羌族人集中到長安。石勒又將平陽、長安及其附近氐、羌族人遷到黃河流域。後趙滅亡時，返回故土的氐、羌、胡、蠻人有上百萬。苻堅滅前燕，東方的鮮卑、烏桓、丁零和雜夷又被遷至關中。這些少數民族政權將降服的人口從東遷到西，從西遷到東，目的是要將這些人口控制在占領的土地上，征收賦稅和徵發徭役。在當時人口極其缺乏的情況下，對人口的占有是很重要的問題，因此各少數民族政權實行了必要的控制方式。

劉聰在他直接控制的地區，實行胡漢分治的軍事化制度控制降服的人口。他將俘虜來的六夷和漢人，分別管理，胡漢分治。在其中抽取丁壯，分離各營，分配給他的兒子。

前秦苻洪任流民都督，他所領流民包括漢人和氐羌各族人。這種領民與州郡領民不同，是部落制與部曲制的結合。姚弋仲為羌族酋長，任十郡六夷大都督，所領包括羌人，也包括漢人與其他的少數民族，也是部落制與部曲制的結合。這種領民的方式都是通過軍事組織占有人口。少數民族以軍事組織占有人口，他們要使這些人口當兵，還用這些人口進行生產。

前燕以軍事組織占有人口，稱為軍營戶，也稱為蔭戶。這些人口不屬於州郡，而屬於軍營，主持軍營的是王公貴族。慕容恪執政時，以擴大軍營封戶來消除內部的矛盾。但慕容暐卻檢閱戶口，清理營戶，使二十萬營戶入國家郡縣編戶，可見後燕營戶之多。

後秦姚氏也實行以軍營領戶。《晉書．姚萇載記》稱「並留子弟，供繼軍糧」，說明軍營領戶不但作戰，還要進行農業生產。軍營領戶可以免除徭役。後秦設營很多，都占有大量的營戶。後秦還有鎮戶。隴西太守郭播向姚興進言說：「嶺北二州，鎮戶皆數萬，若得文武之才以綏撫之，足以靖塞姦略。」㉒在後秦將要滅亡時，姚恢還率領安定鎮戶三萬八千人前來長安。這種鎮戶不同於營戶，是軍鎮統戶，但與營戶一致的地方，都是軍事組織管理的戶口。

赫連勃勃在他的統治區域中，根本不立州郡，只以軍鎮統戶。清代學者洪亮吉《十六國疆域志》稱：「自勃勃至昌、定世類皆不置郡縣。唯以城為主，戰勝克敵則徙其降虜，築城以處之。」城堡就是大軍營，軍鎮所屬的戶，就是軍營所屬的戶。赫連勃勃的軍鎮制度，遺留到北魏。北魏時的薄骨律、高平、沃野等軍鎮是因襲十六國的舊制。

十六國時期，各少數民族政權在對人口的占有上，實行了以軍事組織控制人口的制度。這種制度是從少數民族各部落發展而來的。這種制度與三國時期出現的部曲制度結合在一起，成為少數民族國家一種特殊的控制人口的方式。

三、北方少數民族國家的「變夷從夏」

十六國時期建國的少數民族成為統治民族，而漢人和其他被征服的少數民族成為被統治的民族。但北方中原是經濟和文化高度發展的地方，少數民族在這裡建立政權，就面臨本民族的社會制度與中原地區經濟文化不相適應的矛盾。這種矛盾使得少數民族政權無法在中原地區長期立足，因此這些政

㉒《晉書》卷一一八〈姚興載記下〉。

權或遲或早要走上「變夷從夏」的道路。

十六國早期民族矛盾十分尖銳，各民族間的仇殺不斷發生，尤其漢人與各少數民族的矛盾更尖銳。但一些少數民族統治者為了在中原地區立足，不得不減少殺戮和掠奪。為了收買人心，他們要請一些漢族大族出來做官，為他們的政權服務。後趙石勒曾大膽使用漢族士人。他在攻陷冀州郡縣塢壁後，就糾集漢族大族為君子營，任命張賓等一大批士人在他的政權中擔任官職。他還通過「續定九品」，「典定士族」㉓，使漢族世家大族恢復了昔日的特權地位。石勒對少數民族的一些風俗習慣也進行了改革，他「禁國人不聽報嫂及在喪婚娶」㉔。

在前燕和前秦相繼占領黃河流域時，社會出現相對穩定的局面和短暫的統一。慕容鮮卑和氐族統治者，更注意對漢人文化的吸收。前燕慕容氏在遷往遼東北後，就「漸慕諸夏之風矣」㉕。建都大棘城後，仿照中原地區的模式建立一套社會制度，使大量的漢人移民不遠千里歸附前燕，影響了慕容部的社會發展，使慕容部在鮮卑族中成為最先進的部族。

前秦統治者苻健「與百姓約法三章，薄賦卑宮，垂心政事，優禮耆老，修尚儒學，而關右稱來蘇焉」㉖，表現出一位氐族政治家的才能。苻堅繼位後，任用漢族政治家王猛，在政治上，整頓吏治，

㉓《晉書》卷一〇五〈石勒載記下〉。
㉔《晉書》卷一〇五〈石勒載記下〉。
㉕《晉書》卷一〇八〈慕容廆載記〉。
㉖《晉書》卷一一二〈苻健載記〉。

打擊不法氐族豪強；在經濟上，大力勸課農桑，發展水利；在文化上，積極宣導儒學，興辦學校，使漢文化得到傳播，文化教育出現新的面貌。因此前秦國家出現國富兵強的局面。

淝水之戰後，北方再度分裂，出現小國林立的局面。在中原建國的少數民族政權，開始改變原來的社會制度，從野蠻走向文明。在十六國晚期的少數民族統治者中，後秦姚興是有作為的政治家。他改革律令，抑制不法豪強，尊崇儒學，將一大批有才能的漢族士人吸收到他的政權中，就使後秦政權出現興盛的面貌。

十六國時期，許多少數民族統治者在漢族士人的幫助下，或多或少採取了「變夷從夏」的措施。實行這種措施使他們的政權得到鞏固。反之，一些少數民族政權固守落後的社會制度，就使其統治很難長期維持下去。

從西晉末年到十六國時期，北方地區出現民族矛盾和階級矛盾交相錯綜的形勢，民族矛盾上升到主要地位。內遷的少數民族貴族在建立政權的過程中，不同程度地實行民族欺壓和軍事掠奪的措施，對漢族人民進行殘酷的屠殺和壓榨，給北方地區造成嚴重的破壞。但內遷少數民族政權又受到先進的漢文化影響，實行「變夷從夏」的措施，使內遷少數民族與漢人的聯繫密切起來，不僅使內遷的各少數民族自身的經濟文化有了發展，也使社會矛盾發生轉化，民族矛盾逐漸趨於緩和，開始出現民族融合的趨勢。這種趨勢的出現，正是北魏時期民族大融合的開端。

本章重點

五胡十六國時期，少數民族入主中原，北方陷入大分裂。在這一時期中，民族矛盾是主要的課題。

少數民族建立政權後，一般採取胡漢分治的做法。為了爭奪土地、財產和人口，各割據政權之間的戰爭連年不斷，對北方社會造成了巨大的破壞。前秦一度實現了短暫的統一，可是由於淝水之戰的失敗，前秦統一的局面很快分崩離析。實際上前秦統一缺乏必要的社會、經濟基礎，尤其是北方的民族融合遠遠沒有實現。由於北方出現的割據政權眾多，一些國家存在時間很短，因此在綜合把握各少數民族政權建國和衰亡時，要注意各國的施政狀況。對於前秦實現短暫的統一及淝水之戰苻堅失敗後引發的後果需要給與注意。

複習與思考

1. 試述胡漢分治的具體做法。
2. 前秦苻堅治國的失誤之處為何？請稍加說明。

第三篇

南北朝時期

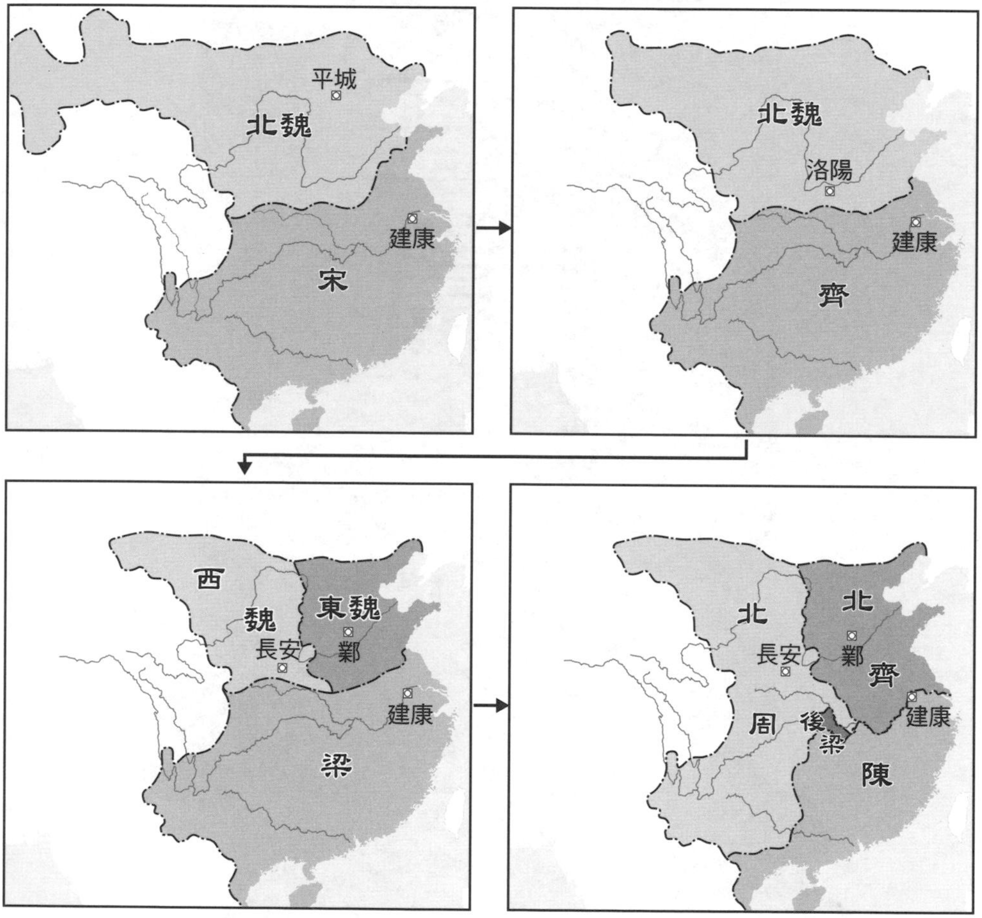

圖二一　南北朝演變圖

第十五章 南朝政權的更替

南朝是指東晉之後建立的宋、齊、梁、陳四朝。這四個朝代都是通過禪代實現了政權的更迭，其中以劉宋立國時間最長。在梁武帝統治末年，發生了侯景之亂。侯景之亂不僅直接促使梁朝滅亡，而且對江南社會破壞很大。

第一節 劉宋的興亡

東晉元熙二年（四二〇年），劉裕廢恭帝，在建康稱帝，是為武帝，建元永初，國號宋。劉裕稱帝不久，便於永初三年（四二二年）五月病死，在位不到三年。太子劉義符繼位，是為少帝，傅亮、徐羨之、謝晦等輔政，次年改元為景平元年（四二三年）。景平二年（四二四年）五月，徐羨之等因少帝失德，廢掉少帝，隨後又將他殺死，迎立劉裕第三子、荊州刺史、宜都王劉義隆為帝，這就是宋文帝。宋文帝八月至建康即皇帝位，改景平二年為元嘉元年。宋文帝不願意大權旁落，於元嘉三年（四二六年）正月，誅殺徐羨之、傅亮，並派到彥之、檀道濟討伐荊州刺史謝晦，後俘斬謝晦於建康。這樣大權便集中到宋文帝手中。

宋文帝在劉裕改革的基礎上，繼續進行了一些政治和經濟方面的改革。他的改革措施有利於社會經濟的安定和發展，因此出現了元嘉小康的局面。元嘉末年，宋文帝發動北伐。北魏太武帝拓跋燾乘機南攻，宋軍戰敗，劉宋朝從此由盛轉衰。劉宋外敗於北魏，內部也因爭奪權力和皇位而相互廝殺，連年不斷。元嘉三十年（四五三年），宋文帝準備廢掉太子劉劭，但計畫洩露，宋文帝反被太子劉劭所殺。劉劭匆忙即皇帝位。宋文帝第三子劉駿，時任江州刺史，立即起兵討伐劉劭，劉劭兵敗被殺。劉駿即帝位，是為孝武帝。孝武帝的叔父荊州刺史南郡王劉義宣在鎮十年，威名很盛，於孝建元年（四五四年）起兵反叛。孝武帝派兵殺死劉義宣，並將他的同黨曹爽、臧質等人也殺掉。後孝武帝因其弟竟陵王劉誕、海陵王劉休茂先後舉兵反叛，又殺劉誕、劉休茂等，使劉宋的政治更為衰敗。

孝武帝死後，太子劉子業即位，即前廢帝。劉子業因其叔祖太宰、江夏王劉義恭的權力太大，將他殺掉，又殺尚書令柳元景和諸叔父。文帝的第十一個兒子劉彧反對前廢帝的暴政，起兵殺掉前廢帝，自己即位稱帝，是為明帝。明帝即位後，他的侄子江州刺史晉安王劉子勳起兵反抗，會稽太守尋陽王劉子房、荊州刺史臨海王劉子頊都起兵響應，爆發了以明帝劉彧為首的文帝系諸王和以晉安王劉子勳為首的孝武帝系諸王之間的內戰。明帝遣將在晉陵（江蘇常州）、義興（江蘇宜興）一帶，擊敗自會稽北上的軍隊，進軍浙東，生擒劉子房，結束了東部戰場的軍事行動，然後專心在長江中游作戰。兩軍在鵲洲（安徽繁昌東北達江中）一帶反覆爭奪。明帝將領張興世等在貴口（安徽貴池西）襲擊劉子勳軍糧草，使劉子勳軍十萬人不戰自潰。明帝軍很快攻下尋陽，殺死劉子勳。接著又攻克江陵，殺劉子頊。孝武帝其餘十二子，也先後為明帝殺死，無一倖存。

在宋王室骨肉相殘時，參加內戰的徐州刺史薛安都等人投降了北魏，將淮水以北的廣大地區拱手

宋明帝殺宗室

泰始元年（四六五年）宋明帝劉彧剛即位，晉安王劉子勳就起兵反叛。明帝費了好大的氣力才消滅劉子勳，鞏固了皇位，隨後像割韭菜一樣，殺掉劉子勳等孝武帝劉駿的二十八子。明帝後期身體多病，太子尚幼，他深恐死後，他的弟弟們將篡位殺太子，於是他又向弟弟們開刀。泰始七年（四七一年），先從性情剛狠的晉平王劉休祐開始，命人把他從馬上擠下來毆打致死；繼而又把將他扶上皇位的建安王劉休仁喚入皇宮，逼他服毒，劉休仁臨死罵道：「皇上得天下，是誰出的力呀？劉駿屠殺兄弟，子孫滅絕，今天你也這樣，宋的國運能久乎？」劉休仁死後，劉彧下了一道詔書宣佈罪狀說：「劉休仁結交禁軍，圖謀叛亂，我不忍當眾殺他，只向他嚴厲詰責，他慚愧恐懼，自行服毒。」隨後巴陵王劉休若也與劉休仁遭到一樣的命運。最後明帝只放過了一個平庸的桂陽王劉休範。明帝又將在平定劉子勳叛亂時，立有大功的吳喜賜死。泰豫元年，明帝病得更嚴重，深怕他死之後，皇后臨朝，王景文以元舅之尊必為宰相，對兒子不利，便送毒藥將他賜死。明帝死後，由於宗室外戚功臣的勢力被嚴重削弱，權臣蕭道成逐漸掌握政權，殺後廢帝，立順帝。不到兩年，宋順帝把皇位讓給蕭道成，是為南齊高帝。

讓給敵國。淮北失守，淮南變成前線，富裕的淮南地區開始受到戰爭帶來的極大破壞。

明帝不僅殺盡了孝武帝諸子，還將自己僅存的五個弟弟也殺掉四位。泰豫元年（四七二年），明帝死，子劉昱繼位，就是後廢帝。明帝弟江州刺史、桂陽王劉休範起兵反對後廢帝。他率步兵二萬、騎兵五百，直搗建康。右衛將軍蕭道成指揮城防軍隊堅守臺城，並派將領黃回等詐降劉休範，乘機殺死他，挽回了危局。

在宋王室內部的相互傾軋中，朝廷大權為中領軍將軍蕭道成控制。昇明三年（四七九年）四月，蕭道成奪取帝位，建立南齊王朝。自劉裕建國，至順帝劉準亡國，共歷五十九年。

第二節　南齊的興亡

南齊的建立者是蕭道成。蕭道成（四二七－四八二年），字紹伯，原籍蘭陵郡蘭陵縣（山東棗莊嶧城鎮）人。蕭道成的高祖蕭整，東晉初年南遷江南。東晉在晉陵武進縣（江蘇常州）界內僑置蘭陵郡，後來這個地方被稱為南蘭陵。蕭氏就稱為南蘭陵人。蕭道成的父親蕭承之，因是劉宋外戚疏屬，又立有軍功，官升至南泰山太守、右軍將軍，封晉興縣五等男。蕭道成初隸雍州刺史蕭思話部下，後升至南兗州刺史，防禦劉宋北部邊境。宋明帝時，蕭道成被徵入朝，任散騎常侍、太子左衛率。宋明帝病死，遺令用尚書令袁粲、護軍將軍褚淵、中領軍劉勔等人輔政。褚淵與蕭道成相交甚密，引薦蕭道成同掌機密，升為右衛將軍，進入劉宋政權的中樞集團。

宋後廢帝時，先後發生江州刺史、桂陽王劉休範攻入建康和南徐州刺史、建平王劉景素在京城反叛事件，都被蕭道成率軍平定，因此蕭道成升為中領軍，又加尚書左僕射。昇明元年（四七七年），蕭道成殺後廢帝，立順帝劉準。他坐鎮東府，加司空、錄尚書事。荊州刺史沈攸之、司徒袁粲和尚書令劉秉見蕭道成權勢日大，要取代劉宋，起兵反對，但為蕭道成擊敗。不久蕭道成又進位齊公、齊王。昇明三年（四七九年），蕭道成在褚淵、王儉、垣崇祖、王敬則等人的支持下，廢宋順帝劉準，即皇帝位，為南齊高帝。他改國號為齊，改元建元，仍建都建康。

齊高帝蕭道成統治時，試圖緩和國內的社會矛盾。他下令禁止二宮諸王，不得營立屯邸，也不得封略山湖，並減免了一些賦役。他又下令禁斷招募部曲，安撫流民還鄉，檢定黃籍，整頓戶口。對從軍征戰未被錄用和鄉土淪陷的士庶，下令量才任用。他還下令修建學校，精選儒官。但蕭道成在位不到三年，就於建元四年（四八二年）三月病死了。

齊高帝死後，太子蕭賾繼位，是為齊武帝。齊武帝繼續實行高帝的改革措施。永明元年（四八三年），他恢復了百官的田祿，有利於統治階級的內部安定。他又屢次勸課農桑，減免賦役，多次蠲免和減交三調。他還注意學校教育，修建孔廟等。因此在齊武帝統治時期，出現了較為安定的局面。

永明十一年（四九三年）七月，齊武帝病死，皇太孫蕭昭業繼位。蕭昭業生長於深宮，沒有統治經驗也沒有能力，但他心胸狹窄，因叔父蕭子良聲望太高而心存忌恨。蕭子良深感顧慮，第二年便憂憤而死。國家大權旁落到受遺詔輔政的蕭鸞（蕭道成侄子）手中。蕭鸞早有野心，次年乘機廢蕭昭業為鬱林王，將他殺死，另立昭業弟昭文為帝，不久又廢昭文為海陵王，自立為帝，這就是齊明帝。

齊明帝嗜殺成性。他即帝位不久，就大殺高帝、武帝的子孫。高帝十九子，武帝二十三子除蕭嶷（高帝次子）一支有後人外，其餘都被明帝殺盡。齊明帝殺諸王時，都在夜晚派兵包圍他們的住宅，然後砸開宅門，殺掉全家，查封他們的家財。齊明帝統治末年，會稽內史王敬則起兵反對朝廷，兵敗被殺。在這時期，北魏孝文帝遷都洛陽，舉兵南向，南齊的沔北五郡南陽、新野以及北襄城、西汝南、北義陽，都被北魏攻占。齊明帝的統治陷入內外交困之中。

永泰元年（四九八年），齊明帝病死，太子蕭寶卷繼位。他是一位十分荒淫殘暴的皇帝。蕭寶卷即位之初，由始安王蕭遙光、尚書令徐孝嗣、尚書右僕射江祏、右將軍蕭坦之、侍中江祀、衛尉劉暄共同輔政，被稱為「六貴」。除了「六貴」之外，還有掌機要的寒人茹法珍、梅蟲兒等所謂「八要」。「六貴」準備廢殺蕭寶卷，蕭寶卷知情後，相繼殺掉「六貴」。不久江州刺史陳顯達自尋陽、豫州刺史裴叔業自壽陽先後舉兵。陳顯達很快兵敗被殺，裴叔業投降北魏。蕭寶卷派平西將軍崔慧景率軍討伐裴叔業，崔慧景至廣陵，擁立江夏王蕭寶玄為帝，倒戈進圍建康。蕭寶卷命蕭懿率軍抵抗。蕭懿殺蕭寶玄、崔慧景。蕭懿因功升至尚書令。後蕭懿又準備廢殺蕭寶卷，蕭寶卷殺死蕭懿，收其家屬。這時，蕭懿弟蕭衍任雍州刺史，出鎮襄陽。

永元三年（五〇一年），蕭寶融在江陵即帝位，為和帝。蕭衍自襄陽出兵，率軍東下，進圍臺城，城中禁衛軍叛變，殺死蕭寶卷，迎蕭衍入臺城。蕭衍派人迎蕭寶融於江陵，中途殺死蕭寶融。中興二年（五〇二年）四月，蕭衍在建康自立為皇帝，改國號為梁。至此，南齊滅亡。自齊高帝至齊和帝，南齊立國共二十三年。

第三節　梁朝的建立與侯景之亂

蕭衍（四六四－五四九年），字叔達，南蘭陵中都里人。蕭衍的父親蕭順之，是齊高帝蕭道成的族弟。他們同為居於南蘭陵的蕭整的玄孫。蕭順之幫助蕭道成奪取劉宋政權，故歷任侍中、衛尉、太子詹事、領軍將軍、丹陽尹等官，封臨湘縣侯，死後贈官鎮北將軍。蕭順之有子十人，長子蕭懿、次子蕭敷、三子蕭衍。

南齊東昏侯蕭寶卷統治時，蕭衍曾任雍州刺史。他向其兄蕭懿建議，趁南齊政局混亂，及時奪取政權，但蕭懿沒有採納。然而，蕭衍卻在襄陽作奪權的準備。他暗中修造器械，又砍伐許多竹木沉入檀溪中，以備造船之用。後蕭懿被殺的消息傳來，蕭衍決定出兵。他下令日夜趕造船隻，招集兵馬，得鐵馬五千匹，甲士三千人。

東昏侯蕭寶卷殺蕭懿後，派巴西、梓潼二郡太守劉山陽率軍三千人，並命荊州長史蕭穎胄，合兵進擊襄陽。蕭衍暗中派人聯繫蕭穎胄，襲殺劉山陽，因此荊、雍二州聯合前來，共同反對東昏侯蕭寶卷。永元三年（五〇一年）三月，蕭衍、蕭穎胄在江陵擁立蕭寶融為皇帝。蕭衍任左將軍、都督前鋒諸軍事，蕭穎胄為右將軍，留守江陵。不久蕭穎胄病死，蕭衍以其弟蕭偉守襄陽，親率大軍東下。蕭衍軍在加湖大敗東昏侯蕭寶卷所派援軍，又攻克郢州（湖北武昌），隨即順流而下，攻取江州，直指建康。東昏侯蕭寶卷無法抵擋，退守臺城。蕭衍修築長圍圍困臺城。南齊衛尉張稷、徐州刺史王珍國，殺東昏侯蕭寶卷，投降蕭衍。蕭衍任大司馬、錄尚書事、驃騎大將軍、揚州刺史。次年蕭衍進位相國，進封梁王。

中興二年（五〇二年）四月，蕭衍即皇帝位於建康，國號為梁，改元天監，是為梁武帝。梁武帝蕭衍自天監元年至太清三年（五四九年），稱帝共四十八年，是南朝在位最久的皇帝。在梁武帝統治前期，對政治、經濟等方面採取了一些積極措施，有助於政權的鞏固。但梁武帝卻捨身崇佛，對社會並無積極作用。崇佛造成社會財富大量流入佛寺，損失大量戶口，大量消耗了國家財力、物力、人力。

梁武帝統治後期，最大的失誤就是接納北魏叛將侯景。侯景是北魏懷朔鎮中已經同化於鮮卑的羯人。六鎮起事失敗後，侯景隨爾朱榮入晉陽，進洛陽。高歡滅爾朱氏，侯景又歸附高歡，為大丞相府長史、兼定州刺史。後在東魏歷官尚書左僕射、吏部尚書、司空、司徒、河南道大行臺，將兵十萬，專制河南有十四年之久。高歡死，子高澄削奪侯景兵權。侯景以河南十三州投降西魏。西魏丞相宇文泰知道侯景機詐多變，要求侯景交出兵權，入朝長安，侯景不從。東魏高澄也派大軍向侯景進逼。侯景在東西夾擊的不利形勢下，派使者到江南向梁武帝聯繫投降。

對侯景的投降，梁朝群臣多持反對意見，但梁武帝不顧群臣的反對，認為統一中原的機會來了，決定接納侯景的投降。他封侯景為河南王、大將軍、使持節、都督河南河北諸軍事、大行臺。侯景占據壽春，梁武帝又任他為南豫州刺史。但侯景是一個十分狡詐、貪得無厭的人，伺機準備反叛。他聽說梁朝要與東魏議和，一再表示反對，可是梁武帝不加以考慮，也未防範。侯景遂暗中強迫招募南豫州屬下的居民充兵。太清二年（五四八年）八月，侯景在壽陽舉兵反梁。侯景叛軍襲取譙州（安徽含山西南），陷歷陽（安徽和縣），引兵直抵長江。侯景還祕密勾結臨賀王蕭正德在建康作內應。

梁武帝知道侯景反叛後，認為長江天塹，侯景是無法過江的。他只命太子家令王質率領三千士兵沿江巡防。侯景卻悄悄從采石磯渡江。內應蕭正德用大船數十艘來接，渡馬數百匹，軍士八千人。梁武帝對這些情況全然不知。當侯景軍隊接近建康時，太子蕭綱才匆忙向梁武帝請示對策。梁武帝命宣城王蕭大器為都督中外諸軍事，分命諸將守衛都城建康各處。

侯景軍抵達建康，很快占領石頭城、白下城，進圍臺城。侯景築長圍圍困臺城，隔絕內外，又引玄武湖水灌臺城。臺城為皇宮所在，一時難以攻克，侯景縱兵搶掠。梁軍來援的統帥多是梁武帝子孫，他們覬覦皇位，互相猜忌，無心接戰，援軍雖多，無濟於事。太清三年（五四九年）三月，侯景攻克臺城。五月，梁武帝蕭衍餓死於臺城內文德殿。經過這次戰亂，繁華的建康城已經破敗不堪。

梁武帝死後，侯景暫立太子蕭綱為帝，就是梁簡文帝，實際權力卻為侯景掌握。次年改元為大寶元年（五五〇年），侯景自稱宇宙大將軍、都督六合諸軍事。大寶二年（五五一年）八月，侯景廢簡文帝，立豫章王蕭棟為帝，改元天正。同年十一月，侯景又廢蕭棟，自立為帝，國號漢。

侯景在京城建康篡奪梁朝最高權力之時，又派軍進攻各地的反抗勢力。大寶二年初，侯景就率軍西上，進攻梁武帝第七子湘東王蕭繹。蕭繹時任鎮西將軍、都督荊州諸軍事、荊州刺史。他派領軍將軍王僧辯抵禦侯景，又派胡僧祐等為援，大敗侯景。侯景敗退建康。次年，王僧辯從江州出發，攻克蕪湖，直指建康。同年三月，王僧辯擊敗侯景。侯景率數百騎東逃，又被追兵所敗，只餘數十人，乘單舟逃跑，在途中被羊鯤殺死，送其屍於建康。侯景攻占建康共三年，稱帝一百二十天，便滅亡了。

侯景之亂，給江南造成了很大的破壞。他縱兵搶掠，姦淫婦女，無惡不作。叛軍所到之處，屠城洗劫，殘虐無比。建康附近變成荒涼不堪的地方。侯景攻占三吳，大肆蹂躪，給東土造成極大破壞，以致大寶元年出現大饑荒，會稽地方災情更甚，死者十之七八。繁華的江南，破壞到如此程度，侯景的叛亂給江南人民帶來了巨大的災難。

侯景要在江南建立起他的統治政權，他將南朝俘虜的北方鮮卑人，全部釋放出來，授以高官厚祿，又將逃到南朝的北魏元氏宗室十餘人，封為王爵並加以重用，共同統治南方人。他為了鎮壓南方人的反抗，禁止人民二人以上交談，對違反者處以極刑。他的部下專以焚掠為事，以殺人為戲笑。但不論侯景的統治如何殘暴，如何恐怖，江南人民堅決不屈從侯景的暴政，因此侯景的統治很快崩潰。

侯景之亂被平息，承聖元年（五五二年）十一月，蕭繹於江陵稱帝，即梁元帝。這時江北諸郡多數被東魏侵占，梁、益兩州已經全部併於西魏，雍州一鎮淪為西魏的附庸。蕭梁的勢力更為削弱了。占據雍州的蕭詧為替其兄湘州刺史蕭譽報仇，率軍進攻江陵，他請西魏軍支援。承聖三年（五五四年）十一月，西魏軍圍攻江陵，蕭繹兵敗被殺。西魏將江陵男女數萬口充作奴婢，並掠至長安。次年，立蕭詧為帝，只管轄江陵一州之地，襄陽則劃歸西魏，這就是後梁。後梁只是西魏、北周的附庸，是一傀儡政權。

梁元帝蕭繹敗亡後，他的第九子晉安王蕭方智，時任江州刺史。太尉、揚州刺史王僧辯與司空、南徐州刺史陳霸先，議定以蕭方智為太宰，承制行事，迎至建康。王僧辯反覆無常，又迎蕭淵明（梁武帝侄子）至建康稱帝，改元天成。王僧辯任大司馬。陳霸先極力反對王僧辯迎立蕭淵明。紹泰元年（五五五年）九月，陳霸先於京口舉兵，進攻建康，殺王僧辯，蕭淵明退位。十月，陳霸先等人擁立蕭方智即皇帝位，改元紹泰，為梁敬帝。梁敬帝任命陳霸先為尚書令、都督中外諸軍事，朝廷實際大權全部落入陳霸先手中。陳霸先由丞相改為相國，由陳國公改為陳王，最後於太平二年（五五七年），奪取了梁的帝位，建立陳朝。蕭梁自梁武帝蕭衍建國至梁敬帝蕭方智退位，共歷五十五年。

第四節　陳朝的興亡

陳朝是由陳霸先建立的國家。陳霸先（五〇三－五五九年），字興國，是吳興長城縣（浙江長興）下若里人。他的祖上原為潁川人，永嘉之亂時遷居吳興，晉咸和年間進行土斷，即為長城人。陳霸先家世寒微，初仕鄉為里司，後至建康，為油庫吏，徙為新喻侯蕭映傳教。後蕭映任廣州刺史，陳霸先隨從他至廣州，任中直兵參軍。因平定當地少數民族叛亂有功，升為西江督護、高要太守、督七郡諸軍事。

侯景之亂時，廣州刺史元景仲與侯景勾結，陳霸先殺元景仲，起兵討侯景。陳霸先由始興（廣東韶關）出大庾嶺，沿贛江而下，與王僧辯軍會師。陳霸先起兵以討侯景為號召，得到沿途人民的響應，因此他的軍隊很快發展到甲士三萬人、強弩五千張、舟船二千乘，積累的軍糧有五十多萬石。荊州軍缺糧，陳霸先分三十萬石支援他們，戰鬥力為之大振。討伐軍破建康，滅侯景，陳霸先立功居多。梁元帝任陳霸先為征北大將軍、南徐州刺史，鎮守京口。不久，又進位為司空，兼揚州刺史，鎮京口。

梁元帝蕭繹敗亡後，陳霸先與王僧辯共同迎接蕭繹子晉安王蕭方智至建康。可是王僧辯又迎立北齊送來的蕭淵明為帝，這樣，蕭梁政權實際就由北齊來操縱了。陳霸先等人堅決反對。陳霸先襲殺王僧辯。王僧辯的弟弟吳郡太守王僧智、外甥譙、秦二州刺史徐嗣徽起兵反對。徐嗣徽舉州投降北齊，率北齊軍進攻石頭城，為陳霸先擊敗。王僧智也兵敗於吳郡，逃奔北齊。太平元年（五五六年），北齊又派蕭軌等，率兵十萬渡江進攻建康，進抵鍾山。陳霸先率軍奮勇殺敵，獲得空前大捷，將北齊軍隊殺得七零八落，逃回江北的只有十之二三。

陳霸先將北齊勢力逐出長江以南後，獲得了很高的威望，他奪取政權的時機已經成熟。太平二年（五五七年）十月，陳霸先以禪代的方式，即位稱帝，國號陳，改元永定，是為陳武帝。

陳武帝稱帝後，梁朝的殘餘勢力和地方豪強還不斷起兵反抗。梁廣州刺史蕭勃起兵北上，陳武帝陳霸先派周文育、侯安都等平定廣州，消滅蕭勃。梁湘州刺史王琳據州抗陳，陳武帝派軍進剿，都戰敗失利。王琳進軍占據江州，並求助北齊，立永嘉王蕭莊為帝，改元天啟。蕭莊任王琳為侍中、使持節、大將軍、中書監，準備東下攻陳。陳武帝用侯瑱為統帥，統領周文育、侯安都等西拒王琳。

陳武帝不及平定這些叛亂，稱帝不到一年就死去。皇帝位由其侄陳蒨繼承，是為陳文帝。陳文帝即位後，他的政權號令還不出建康千里之外。對建康威脅最大的就是盤踞湘、郢二州的王琳。天嘉元年（五六〇年），王琳舉兵東下，北齊派兵萬餘人配合，直指建康。陳文帝堅決抗擊，在蕪湖附近打敗了王琳與北齊的聯軍。王琳逃回江州，他的上游根據地湘州被北周襲取。王琳只得帶他的妻妾和左右十多人，渡江逃亡北齊。

陳文帝擊敗王琳和北齊聯軍後，先後收復了江州、郢州，進軍巴丘，截斷江路。北周軍隊在陳軍的威脅下，只得迅速撤退。

經過陳武帝和陳文帝的努力，削平了長江中游的割據勢力王琳以及各地方反叛勢力，擊退北齊和北周的軍隊，才使統治政權初步穩定下來。至此，陳朝總算統一了長江以南、蜀以東地方。在南朝政權中，陳朝的疆域最小。

陳文帝比較注意農業生產。他下令地方守宰及時勸課農作，貸給貧者種糧。他還再行土斷，整理戶口。可是陳文帝在位時間不過七年，就在天康元年（五六六年）病死。長子陳伯宗繼位，是為陳廢帝。陳伯宗軟弱無能，國家權力為其叔父陳頊控制。太建元年（五六九年），陳頊廢陳伯宗為臨海王，即位稱帝，是為陳宣帝。

陳宣帝即位後，左衛將軍歐陽紇在廣州起兵，反對陳宣帝。陳宣帝平定了這次叛亂。太建五年（五七三年），陳宣帝開始用兵淮南。當時北齊後主荒淫，不理政事，陳宣帝命大將吳明徹為都督北討諸軍事，率軍十萬北伐，攻克壽陽，生擒王琳，在軍事上取得重大的勝利。但陳軍沒有乘勝北進。太建九年（五七七年），北周滅北齊，陳宣帝又命吳明徹北伐，試圖奪取兗、豫地方。吳明徹率軍進攻徐州，聲勢甚盛。次年北周大將王軌截斷陳軍後路，陳軍潰散，吳明徹被俘。北周軍南下，奪取壽陽，淮南之地，都被北周占領。

太建十四年（五八二年）正月，陳宣帝病死，其子陳叔寶繼位，稱為陳後主。陳後主是南朝有名的荒淫帝王，他寵愛貴妃張麗華等，不理政事，國勢日益衰敗。禎明二年（五八八年），隋文帝大舉伐陳，第二年滅掉陳朝，統一南北。陳朝自陳霸先建國至陳後主亡國，共歷三十二年。

昏君陳後主

後主陳叔寶繼位後，根本不會處理政事，就知道享樂、大建宮室。他最寵愛的妃子有八個，在宮廷宴會上，每次都邀請十餘位詩人，跟八位美女雜坐在一起，飲酒作詩，如〈玉樹後庭花〉、〈臨春樂〉等，並且都配上曲子，還專門挑選了一千多個宮女演唱。八位美女之中，陳叔寶尤其寵愛張麗華和孔貴嬪。其中，張麗華秀長的頭髮可以垂到地面，光彩煥發。她性情寬厚而絕頂聰明，朝廷中的大小事件，都瞭若指掌，陳叔寶批閱公文時，張麗華就常坐在他膝上指點。於是大臣和宦官跟她勾結在一起，朝政日壞。禎明二年，楊廣率領隋軍伐陳。陳叔寶聽到消息，大笑說：「建康有王氣在此，北齊侵略過我們三次，北周侵略過我們兩次，都被擊敗，楊堅為什麼不接受歷史教訓？」次年正月，隋軍渡過長江，陳軍潰散，建康陷落。陳叔寶聽到隋軍攻入皇城，大驚說：「刀槍可不是鬧著玩兒的。」他急忙跳進景陽殿的一口深井之中。隋軍入宮搜索，在井上喊話，不見應答，威脅要向井裡投石頭，這才聽到應聲。士兵們拋下繩索拉他出來時，感到很重，等到拉出井口，才發現竟然有三個人，除了陳叔寶外，還有他的兩個寵妃張麗華和孔貴嬪。

第十五章
南朝政權的更替

本章重點

本章需要注意的是，在南方，出現宋、齊、梁、陳四朝的更迭，與各王朝統治者的腐朽、門閥政治的腐敗、荊揚州對立以及武人軍事集團的出現都有密切關係。在宋、齊、梁、陳四朝更迭過程中，本章著重說明梁武帝末年的侯景之亂。侯景之亂的出現，應該說是梁朝的大事。侯景之亂的發生，導致梁朝滅亡，也破壞了江南的經濟。江南的第一大都市建康城也在侯景之亂中被破壞。

複習與思考

1. 為什麼南方會出現宋、齊、梁、陳四朝的更替？
2. 梁武帝統治末年，侯景之亂產生了怎樣的危害？

第十六章 南朝的政治統治

宋、齊、梁、陳四朝在統治時，出現了具有不同特點的做法。其中宋文帝元嘉之治、宋文帝的北伐和梁武帝長達近半個世紀的統治，都是南朝重要的事件。為適應國家統治的需要，在宋、齊朝，出現了典籤制度。在南朝，還出現了寒人掌機要的情況，這些都對南朝的政治統治產生重要的影響。

第一節 宋文帝改革和元嘉之治

宋文帝即位後，在宋武帝的基礎上，繼續實行一些改革的措施。他對農業的發展很重視，因此在勸農方面做了不少事。元嘉八年（四三一年），因國家遊食者眾多，田地多荒蕪，他下詔給各地方官員，讓他們督課農桑，使荒地能夠開墾，種植和養蠶都能夠發展。以後他下令讓在各地遊食的人，都能夠歸農。因為災荒缺乏種糧者，由各郡縣貸給。元嘉二十一年（四四四年），他下令南徐、兗、豫和揚州的浙西屬郡，除了種水稻外，還要種麥，並令運彭城、下邳的麥種，貸給農民。徐、豫等州，原來多稻田，而民間多種旱糧，要修復陂塘，兼種水稻。湖熟有荒蕪的農田千頃，在他的命令下，都開墾為良田。這些勸農措施多少有助於農民從事生產。

宋文帝注意到減免農民賦稅。元嘉十七年（四四〇年），他下令將人民積欠國家的債務，酌情減輕，除掉估稅、市調害民者。元嘉二十一年，又下令凡是元嘉十九年（四四二年）以前所欠國家的積債，一概免除。他還下令不准封禁山澤。在災害之年，他則注意對受災人民的賑濟。元嘉十一年（四三四年），丹陽、淮南、吳興、義興一帶水災嚴重，他撥出數百萬斛稻米賑濟災民。宋文帝的這些措施，多少減輕了人民的負擔。

宋文帝又在東晉義熙土斷的基礎上，進行清理戶籍的工作。以後齊、梁時代，再度清理戶籍，都是以元嘉戶籍為依據。戶口數目比較準確，使國家稅源和兵源都有明確的依據，這是劉宋國家統治穩定的標誌。

因為劉宋國家統治的穩定，經濟不斷的發展，人民的購買力也在提高，因此貨幣流通量也就自然增加了。元嘉七年（四三〇年），宋文帝成立了魏晉以來從未設立過的「錢署」，開始鑄造四銖錢，以滿足在頻繁的交易中對貨幣的需要。「錢署」的設置，對推動經濟的發展是有益的。

宋文帝注意考察地方官員的政績。他派使者到各州郡巡行，考核守宰是否稱職。對於官員的執法情況也很留意。他經常前往延賢堂聽訟，以督促他們執法公平。他還注意招納賢才，下詔到各地求賢，命地方官員將國家有用之才推薦上來。

宋文帝對於文化事業的建設也十分重視。他修復校舍，召集生徒，親自到國子學策試諸生。元嘉十九年，他開始修理孔子墓，在孔墓旁種植柏樹六百棵，並將五戶人家留在墓旁，專門供奉灑掃。

宋文帝的這些改革措施，對於當時社會經濟的發展和社會秩序的安定，都是很有利的，因此當時出現了元嘉小康的局面。梁朝人沈約說：「自義熙十一年（四一五年），(司）馬休之外奔，至於元嘉末，三十有九載，兵車勿用，民不外勞，役寬務簡，氓庶繁息，至餘糧栖畝，戶不夜扃，蓋東西之極盛也。」①沈約的話是對宋文帝元嘉時期太平、安定局面的最好概括。

第二節 宋文帝北伐和宋魏戰爭

宋武帝劉裕建立劉宋政權的時候，北魏拓跋氏已經建國，正逐漸統一北方。劉裕從關中敗退後，洛陽、虎牢、滑臺等地相繼為北魏占領。宋文帝劉義隆即位後，就有恢復河南的志向。

元嘉七年（四三〇年）春，宋文帝命大將到彥之率軍五萬開始北伐。宋文帝派使者到北魏聲稱，河南是劉宋的舊土，一定要收復。北魏太武帝大怒說：「我出世頭髮沒有乾時，就知道河南是我的地方。你們休想來搶！我現在暫時避開，等到冬天河水封凍時，就一定再奪回來。」北魏對宋軍的進攻，採取以退為進的作戰方針，所以在到彥之北上時，北魏占據的滑臺、洛陽、虎牢等地的戍卒，都棄城而走，司、兗二州都為宋軍占領。可是到十一月時，北魏將領叔孫建、長孫道生率軍渡黃河南攻，洛陽、虎牢相繼又被北魏占領。到彥之聽到這個消息，立即放棄滑臺退兵。他焚燒舟船，步行至彭城。開始北伐時，到彥之軍糧輜重充實，但退兵後，物資消耗殆盡。宋文帝立即派檀道濟增援到彥之，但為時已晚。次年二月，北魏又奪取滑臺。檀道濟率軍轉戰到歷城（山東濟南西），因滑臺失守，又缺少軍糧，只好退兵。檀道濟退兵時，為了防止北魏軍追擊，夜中故意唱籌量沙，以少量的米覆蓋在沙土

① 《宋書》卷五四〈孔季恭、羊玄保、沈曇慶傳論〉。

上，並高聲報數，假裝存糧無虞，迷惑魏軍，因而得以安全撤退。宋文帝這次北伐在人力、財力上遭受了重大的損失；北魏也因為連年作戰，國內百姓負擔沉重，加上水災，國力難以支撐，所以兩國暫時停止戰爭。此後二十年，宋魏之間，基本沒有戰事發生。

北魏在北方先後滅掉西秦、大夏、北涼割據政權，又平定西域、大敗柔然，基本統一北方後，於元嘉二十七年（四五〇年）二月，太武帝親自率領步騎兵十萬，南下攻宋，包圍懸瓠（河南汝南）。劉宋南頓太守、潁川太守相繼棄城逃跑。懸瓠守將陳憲奮力抗擊，魏軍攻打四十多天，不能破城，只好退兵。

宋文帝對北魏的侵犯很氣憤，準備再興兵北伐。太子步兵校尉沈慶之認為，宋、魏軍事力量相差很大，又沒有適合的軍事統帥，北伐很難達到目的。所以規勸宋文帝不要北伐，但宋文帝執意不從。同年七月，宋文帝派寧朔將軍王玄謨和沈慶之等率軍北伐，以青冀二州刺史蕭斌為統帥。他又派柳元景、薛安都等出弘農，而由隨王劉誕節制。王玄謨率軍北進，進攻北魏占據的碻磝，戍守士兵逃走。王玄謨軍進圍滑臺，大軍久攻不下。王玄謨部將請求用火箭射城中茅草屋，以火攻克敵，但王玄謨不從。北魏救兵趕到時，部將要求以車為營，王玄謨還是不聽從，部將都不滿意。王玄謨還在軍營中販賣布匹，價格昂貴，更加失去人心。劉宋軍戰鬥意志大大衰退。十月，魏帝拓跋燾親率大軍，號稱百萬，前來救援滑臺。北魏軍聲勢浩大，兵馬強壯，擂鼓進軍，震天動地。王玄謨軍武器精良，頗有聲勢。可是王玄謨卻害怕北魏軍，不敢交戰，倉皇退軍。拓跋燾下令追殺，宋軍死者上萬人，其餘全部逃散，軍資器械丟棄無數，堆積如山。宋軍柳元景一路已經攻取盧氏（河南盧氏），又克復弘農、陝縣，進攻潼關，關中漢人紛紛響應宋軍。但柳元景聽說王玄謨敗退，不能再進軍關中，只好退兵。

拓跋燾乘勝南下，率軍直指彭城，但攻彭城不下，就於十二月轉攻瓜步（江蘇六合東南），企圖渡江進攻建康。宋文帝聽說北魏軍飲馬長江，感到震驚，下令內外戒嚴，大量徵發民丁，嚴密防守各處渡口。他出動水軍，在長江邊列營，從采石至暨陽（江蘇江陰），有六、七百里。元嘉二十八年（四五一年）正月，拓跋燾認為北魏軍已經沒有力量渡過長江，就下令焚燒廬舍，虜掠當地百姓而去。這次北魏南攻，破劉宋南兗、徐、兗、豫、青、冀六州，殺傷人口不可勝數。北魏軍士兵見壯年就殺，還將兒童戳在槊上，揮舞戲耍，真是殘暴無比。北魏軍所過之處，人死屋毀，千里無人煙。劉宋受到了巨大的損失，遭到空前浩劫，國力大大削弱。宋文帝的元嘉之治，從此開始衰敗了。

這次北伐的失敗，由於宋文帝在軍事上對將帥過分約束，要求將帥必須按他規定的成律作戰，交戰時也要等待他的詔令，嚴格限制將帥作戰的主動性。同時宋文帝用人不當，諸如任用王玄謨就是很大的錯誤，由於滑臺一戰的失利，招致了全線的潰敗。

從此以後，劉宋便將自己的防線步步南撤，由洛陽、滑臺撤到了淮北，到了宋明帝時，魏軍大敗劉宋沈攸之軍，因而淮水以北的北青、冀、徐、兗四州及豫州淮水以西九郡，都為北魏占領，劉宋的防線就全部撤至淮南。劉宋宗室之間忙於爭奪帝位，相互殘殺，根本不能夠顧及對北魏的防禦。泰始末年，劉宋與北魏講和，兩國之間很少發生戰事，而劉宋政權內部殘酷的爭鬥則越演越烈了。

第三節　劉宋、南齊典籤的設置

南齊和劉宋一樣，皇室內部自相殘殺，爭奪皇位。雖然他們在血緣上是骨肉之親，但為了爭奪權力相互殘殺，無比兇殘。從劉宋到南齊，諸王宗室能夠很容易被殺掉，與典籤處於特殊地位有很密切的關係。所謂典籤，「故事，府州部內論事，皆籤前直敘所論之事，後云『謹籤』，日月下又云『某官某籤』，故府州置典籤以典之，本五品吏」②。劉宋統治後期，多以幼年皇子出任方鎮，皇帝以左右親信任典籤，控制其行動，因此典籤地位加重。宋孝武帝以來，成年皇子或異姓大臣出鎮，也受制於典籤。典籤每年數次前往京師，皇帝要向典籤詢問方鎮刺史的政績。刺史的活動好壞，完全由典籤的彙報來決定。

南齊沿襲劉宋制度，典籤的權力尤重。諸王年幼出鎮，皇帝為他們設置行事和典籤作為輔佐。這些人都是由皇帝的親信來擔任。典籤對出鎮宗王約束極嚴。如南齊巴陵王蕭子倫打算遊東堂，典籤姜秀不允許，蕭子倫哭著對母親說：「孩兒想移動五步都不行，這與囚犯有什麼不同呢？」出鎮宗王的一舉一動都在典籤的監視之下，正所謂「言行舉動，不得自專，徵衣求食，必須諮訪」③。

齊明帝當政，誅殺諸王，一概用典籤來執行，典籤就是他的鷹犬。因此，劉宋、南齊的典籤實際

---

② 《南史》卷七七〈呂文顯傳〉。

③ 《南史》卷四四〈巴陵王子倫傳〉。

是皇帝監視出鎮王侯的耳目，也是誅殺諸王的兇手。典籤的設置，是劉宋、南齊皇室內部子弟自相殘殺能夠實現的重要因素。典籤的權勢，到蕭梁以後開始逐漸減弱。

第四節　梁武帝的統治方略

梁武帝蕭衍是南朝一位有作為的皇帝。他在位的四十八年中，在政治、經濟諸方面採取了一些積極措施。他對職官的設置進行了改革。劉宋、南齊職官設置，大體沿襲晉代，無所改作。中央設八公，即太宰、太傅、太保、太尉、司徒、司空、大司馬、大將軍，一同於晉。尚書令、僕射和所分各曹，掌管行政事宜。如加錄尚書事，則總管機衡，權力甚重。侍中掌管進奏。中書令、中書監掌管機要和決策，宋齊以來，其屬官中書通事舍人，因在皇帝的左右，實際權力尤重。還設置太常、光祿勳、衛尉、廷尉、大司農、少府、將作大匠、大鴻臚、太僕等九卿。武職則有驃騎、車騎、衛將軍、撫軍將軍和四征、四鎮、四安、四平以及其他的雜號將軍。地方則州有刺史、郡有郡守、封國有內史、縣有令長。州郡長官帶將軍號，州、郡管民，將軍府管軍，各有僚佐。另外還設都督區，由都督諸州軍事掌管。將軍持節為某州刺史或都督諸州軍事，權力很大。

梁武帝剛即位時，職官設置多同於宋齊之制。數年之後，開始改革。天監七年（五〇八年），梁武帝規定九卿官稱下均加「卿」字，如太常卿、衛尉卿等。並以春、夏、秋、冬之名，各領三卿。春三卿為太常卿、宗正卿（加置）、司農卿；夏三卿為太府卿（加置）、少府卿、太僕卿（加置）；秋三卿為衛尉卿、廷尉卿、大匠卿；冬三卿為光祿卿、鴻臚卿、大舟卿（由都水使者改稱）。增改九卿為十二卿，以卿入官稱。梁武帝以徐勉為吏部尚書，將官職秩級定為十八班，班數多者為貴。最高為八公，即太宰、太傅等都為十八班。最低為州的主簿、從事及太史、太醫、太祝、左右尚方令、東西冶令等，其秩級為一班。由於九品只將官階分為九等次，在官員升轉時不夠用，分為十八班，便於升轉時確定等次。又將武職分為二十四班。因當時將軍號多達一百二十五種，所以班次也多。驃騎將軍、車騎將軍為二十四班、四征將軍為二十三班等。

梁武帝對刑法進行了修訂。西晉時賈充制定刑律，宋、齊大體沿襲《晉律》，沒有多少修改。梁武帝意欲制定律令，派人訪求濟陽人蔡法度。蔡法度在南齊任郎官，家傳律學，收藏齊武帝時刪定郎王植之的《集注張杜舊律》，共一千五百三十條，沒有實行過。梁武帝任用蔡法度為尚書刪定郎，修訂王植之的舊律，以此為基礎，制定《梁律》。天監元年（五〇二年），梁武帝又命尚書令王亮、侍中王瑩、尚書僕射沈約、吏部尚書范雲等一起參與修訂。他們確定刑律共分為二十篇，即刑名、法例、盜劫、賊叛、詐偽、受賕、告劾、討捕、繫訊、斷獄、雜、戶、擅興、毀亡、衛宮、水火、倉庫、廄、關市、違制。將刑罰分為十五等，即死罪二等，耐罪四等，贖罪九等。還有鞭杖等刑，共定刑二千五百二十九條。這就是《梁律》。此外還制定《令》三十卷，《科》三十卷。《梁律》繁瑣苛重，「百姓有罪，皆案之以法。其緣坐則老幼不免，一人亡逃，則舉家質作」④。

梁武帝注意對地方官員的監察。他選用良吏，分遣使者，巡視各州郡。對地方徇私舞弊、侵漁百姓的官員，要求巡視官全部上報朝廷。對地方上搜刮百姓、無治理才能、貪殘暴虐的官員堅決給予打

④《隋書》卷二五〈刑法志〉。

擊。他還下令在州、郡、縣設置州望、郡宗、鄉豪各一人，專門推薦和網羅人才。

梁武帝在職官設置和刑法制定上實行的改革以及對地方官員的管理措施，都有利於社會的穩定和加強集權統治。

梁武帝重視農業的發展，他採取了一些積極的措施。他實行籍田禮，以此鼓勵農耕。他鼓勵百姓多開墾荒地，對缺乏種糧的農民，國家可以借貸。對流移他鄉的農民，梁武帝允許他們返鄉，可以恢復他們原來的田宅。梁武帝還將沒入成為公田的荒田廢宅，除了官府已經開墾的，全部分給農民，嚴禁地方豪強占取公田。他下令將國家封占的土地，全部開禁。在賦稅方面，梁武帝多次下令減免租調或三調，甚至還免去貧孤家庭當年的三調。對於逃亡到他鄉又返回復業者，可以蠲免五年租調，並免除傜役。

梁武帝在經濟上採取的這些措施，緩和了社會矛盾，有利於農民的穩定，對農業發展起到了一定的促進作用。可以說梁武帝統治前期，在政治、經濟上的措施是成功的，保證了社會的安定和發展。《梁書．武帝紀下》贊稱：「治定功成，遠安邇肅。加以天祥地瑞，無絕歲時。征賦所及之鄉，文軌傍通之地，南超萬里，西拓五千。其中瓌財重寶，千夫百族，莫不充牣王府，蹶角闕庭。三四十年，斯為盛矣。自魏、晉以降，未或有焉。」應該說這個評價，是反映了一些實際情況的。

梁武帝在對待佛教上，有明確的態度。他家世代信奉道教，但他稱帝後，卻在天監三年（五〇四年）發願捨道事佛，後來更屢次捨身佛寺。他先後建成大愛敬寺、大智度寺、同泰寺等。同泰寺建成後，梁武帝三次到寺中捨身。大通元年（五二七年），他第一次前往同泰寺捨身。中大通元年（五二九年）九月，他在同泰寺設四部無遮大會，脫掉皇帝服，穿上和尚衣，稱為清淨大舍，就住在寺內的便房中，素床瓦器，在講堂法座，為四部大眾（即僧、尼、善男、信女）宣講《涅槃經》。後來，朝廷公卿出錢一億萬奉贖，他才在十月返回皇宮。中大同二年（五四七年）三月，梁武帝又捨身同泰寺，群臣以錢一億萬奉贖，他才返宮。

梁武帝這樣捨身奉佛，產生了消極的社會影響。為了給梁武帝捨身而贖身，花費了大量的費用，他的一次贖身花費就高達錢一億萬。梁武帝在講經時，曾自捨銀絹等物二百零一種，價值錢一千零九十六萬；太子施僧錢絹，直錢三百四十三萬；六宮所捨又有錢二百七十萬。梁武帝一次捨入佛寺的財物就如此之多。在寺院的修建上，也花費大量的錢財，給國家的財政造成巨大的浪費。因為梁武帝如此崇佛，上行下效，寺廟的修建、信佛的僧徒都越來越多。當時寺院多達五百餘所，僧尼也有十餘萬，國家的財富、戶口大部分落入佛寺。梁武帝捨身侫佛，使國家的財力、物力逐漸陷入困境。因此梁武帝的這種行為實際嚴重破壞了國家的穩定。

梁武帝統治更為失策的是，招納北魏叛將侯景，他不僅使自己自食惡果，自取滅亡，最後也使梁朝的統治走向崩潰。

第五節　寒人典掌機要

劉宋以來，寒人的地位逐漸提高，多用寒人典掌機要。所謂寒人，是指出身卑微而進入仕途的社會階層。文獻中提到的「後門」、「勳門」、「役門」、「吏門」、「三五門」等都指的是寒門，也就是寒人。這些寒人的起家是多方面的，有的因立軍功，有的起自胥吏，有的來自地方的土豪商人，有的出自顯官的門生。寒門又可以稱為庶族，以與當時的門閥大族相區別。

劉宋以降，所謂用寒人掌機要，是指用寒門出身的人擔任中書通事舍人，掌管奏章和發佈詔命等機密事宜。當時皇帝為了要行使君權，自然要任用親信之人。但在世家大族勢力正盛的時期，不可能剝奪他們所占據的官位。所以皇帝只好優容世家大族，任憑他們霸占高官重位，但另一方面，又任用寒人，讓他們掌握中樞實權。這樣實際政權和軍權的行使，就落到中書通事舍人的手中。在南朝，中書通事舍人是卑官，不限門資，庶姓寒門能夠擔任此官。

中書通事舍人官職的重要，有一逐漸演變的過程。自東漢以來，尚書臺開始取代丞相、御史二府的職權。至魏晉南北朝，尚書臺正式成為行政執行機構，因此尚書臺官員就與皇帝有了一定的距離。更能夠接近皇帝的中書監、令取代了尚書臺原來的地位，專管機密，地位日益重要，大政的決定多在中書。中書監、令開始權重，但到南朝，中書監、令、侍郎只是清華貴重，卻無事任，又成為虛位。中書省職掌的文書詔命出納事務，轉歸中書通事舍人。雖然中書通事舍人官卑，但權力甚重。

劉宋初，設中書通事舍人四人。宋文帝元嘉中，中書通事舍人秋當、周赳出自寒人。宋孝武帝、宋明帝都任用了不少的寒人擔任中書通事舍人。孝武帝在位時，凡有重要事宜，都與中書通事舍人戴法興等商量。當時江夏王劉義恭，雖錄尚書事，但對中書通事舍人戴法興垂首畏服，尚書中事無大小，都由戴法興決斷，劉義恭只是徒有虛名。可見總管朝政的要員，在權力的行使上，尚不及與皇帝親近的中書通事舍人。

南齊時期，皇帝使寒人擔任中書通事舍人的事例更多了。紀僧真、劉係宗均門戶低賤；呂文顯、呂文度、茹法亮等，多起自小吏。齊武帝常說：「學士輩不堪經國，唯大讀書耳。經國，一劉係宗足矣。沈約、王融數百人，於事何用。」⑤可見南齊皇帝對擔任中書通事舍人的寒人委寄之重。由於南齊中書通事舍人位居樞要，和皇帝關係密切，所以寒人雖出身低微，官品雖卑，但權任極重。茹法亮任中書通事舍人時，太尉王儉經常說：「我雖然居重要官位，但權力遠不如茹公。」因此當時人說：「寧拒至尊敕，不可違舍人命。」⑥因此南齊時擔任中書通事舍人的寒人，無不趾高氣揚、飛揚跋扈。

南梁時代，中書通事舍人的權力還是很重。梁武帝任用寒人朱異為中書通事舍人，典掌機要。後來朱異官至中領軍將軍，但還兼任中書通事舍人。他對王公貴戚非常傲慢，朱異掌機要有三十餘年，當時世家大族都抱怨梁武帝父子，親近小人，疏遠士大夫。

至陳朝，寒人仍然得到皇帝的重用。毛喜以素族，施文慶以吏門，沈客卿以寒流，先後任中書通事舍人。陳宣帝委政毛喜，使陳朝在十餘年的時間裡，出現繁榮的局面。後主陳叔寶用施文慶、沈客卿掌機要，二人聚斂無厭，盤剝人民，將陳朝引向滅亡。

南朝寒人典掌機要情況的出現，是各朝皇帝需要「威福自專」的結果。也與劉宋以來，世家大族與庶族嚴格區分，世家大族門戶已成，地位顯赫的官位為他們壟斷，卻不肯盡力為皇帝服務有密切關係。在這種形勢下，寒人就成為皇帝可以依靠的人，寒人通過盡心竭力的服務，受到皇帝的寵幸，因此對國家實際權力的控制也就出現了變化。

⑤《南史》卷七七〈劉係宗傳〉。
⑥《南史》卷七七〈茹法亮傳〉。

本章重點

宋、齊、梁、陳四朝實行政治統治有不同的做法。本章選取了在南朝歷史上有影響的宋文帝和梁武帝的統治方略，宋、齊開始出現的典籤制度，以及寒人掌機要情況的出現諸問題，試圖從不同方面展示南朝政治統治的特點。將這些問題綜合起來認識，會看到南朝統治者政治統治方略的不同，也能夠認識寒人在國家政治事務中起到的作用越來越重要。

複習與思考

1. 試述宋文帝元嘉之治的特點。
2. 宋、齊朝典籤制度對南朝政治有何影響？
3. 梁武帝統治方略對控制梁朝政局的作用為何？
4. 寒人掌機要在南朝政治、社會上的意義為何？

第十七章 社會等級結構、寺院經濟與社會經濟

宋、齊、梁、陳四朝是多等級構成的社會。除了皇帝作為最高等級之外，世家大族就是處於社會上層的等級。在世家大族之下，就是寒門庶族。世家大族和寒門庶族在經濟上，都擁有實力。只是世家大族在政治上能夠擁有特權，具有很高的門第，因此與寒門庶族有明顯的差別。在社會中，大量存在的是個體農民，他們是國家的編戶齊民，是國家賦稅的主要承擔者。另外，社會中還有不同的依附者。這些依附者是世家大族、寒門庶族的勞動力來源。處於社會最下層的是奴婢，是完全喪失人身自由的社會等級。

南朝佛教得到廣泛的流傳。由於佛教的影響，寺院經濟產生了。南朝的寺院主成為巨大財富的擁有者。在寺院內部，寺院主是剝削者，壓迫下層僧人和投靠寺院的依附者。社會中的一些勞動者為了逃避國家沉重的賦稅和傜役，不得不投靠寺院。寺院經濟的發展，形成了擁有豐厚財富的僧人階層，也使南朝國家喪失了眾多的編戶齊民。因此，南朝國家與各寺院在經濟利益上，存在很大的矛盾。

南朝時期，農業、手工業和商業獲得了很大的發展，使社會經濟出現蓬勃向上的面貌。南朝社會經濟的發展，為以後社會經濟重心的南移奠定了基礎。

第一節 社會的等級結構

一、世家大族

世家大族在南朝占有特殊地位，他們享有政治和經濟特權。在政治上，他們可以憑藉世資，坐取公卿，在國家政權中盤據高官重位。世家大族子弟一開始做官，多為祕書郎和著作佐郎。祕書郎俸秩六百石，官品第四，掌中外三閣的四部書籍；著作佐郎俸秩四百石，官品第七，掌修國史和皇帝起居注。這兩種官職閒廩重，是世家大族子弟開始做官的最好階梯。吏部尚書掌管銓選，關係到世家大族的切身利害，必須由世家大族擔任，吏部郎也多由世家大族擔任。在中央有一些官位，品級不高，但卻清貴，只有世家大族可以擔任，諸如黃門侍郎、散騎侍郎。另外，祕書丞俸秩四百石，官品第六，世家大族對此官的人選非常看重，是清貴之官。當時雖然不是由某一世族世代承襲某一官職，但某一特定的官職和清貴之官卻被整個世族包攬，非世族階層是不能夠擔任這些官職的。

此外，開始做官的年齡，世家大族和寒門也有很大差別，「甲族以二十登仕，後門以過立試吏」①。世家大族在政治上的這種特殊地位，正是反映了他們變相貴族的身份。

在經濟上，世家大族也具有很多特權。南朝各代規定可以按官的品級高低占有多少不同的土地和

① 《梁書》卷一〈梁武帝紀上〉。

佃客。世家大族多至高官，因此所占的土地和佃客自然很多。除了規定之外，他們還廣占田園別墅。如謝靈運在會稽始寧縣的別墅，包含南北二山，有水田旱田、果園五所、竹林菜圃。會稽孔靈符在永興立別墅，周回三十三里，水陸地二百六十五頃，含帶二山，還有果園九處。世家大族享有免役特權，不服兵役和勞役。

世家大族還具有優越的社會地位。世族、寒門二者身份高下不同，這兩個階層相互之間是不往來的。寒門如果上升為貴戚近臣，打算去見世族，不僅世族拒不接見，有時還會受到侮辱。如宋孝武帝時，路太后的內侄孫路瓊之到大族出身的王僧達家中。路瓊之離開後，王僧達就將他坐過的坐床燒掉。可見就算是皇親，只要是庶族寒門，世家大族也不肯與他們交往。又如吳郡大族張敷任正員中書郎，中書舍人秋當、周赳為寒人，他們商議是否拜訪同僚張敷。周赳說：「他如果不見我們，我們會很難堪的，我們還不如不去。」後來二人去見張敷，張敷雖然見了二人，但堅決不願意同他們共坐。秋當、周赳二人很尷尬，只得退出。

世家大族為了表示其門第族望的優越，不使「士庶天隔」的界限混淆，堅持不同寒門庶族通婚。在婚姻的選擇上，世家大族特別重視門第，高門大族一定要同高門結親。這些高門望族還以不和寒素出身的南朝帝室聯姻為殊榮。世家大族如果「婚宦失類」，就會受到同階層人士的恥笑、排斥和非難。如東海大族王源與富陽滿氏聯姻，因滿氏是寒門，所以受到沈約上書彈劾，要求革去王源的官職，剔去士族，禁錮終身。

南朝世家大族之間還相互標榜閥閱，他們出身的郡望成為其身價的標誌。自永嘉之亂後，北方的一些世家大族遷移到江南，他們在原籍是世家大族，為人們所知曉，不必自我宣揚，但遷移後，情況就不同了，需要通過郡望表現出他們世家大族的身份，如琅邪王氏、太原王氏是世族，其他地方的王氏就不是世族。因此世家大族要表明其身份，就必須通告其郡望。世家大族對郡望的重視，正是南朝門閥制度強化的結果。

世家大族對士庶之分要求嚴格，力求保護世族的特殊利益。在這種情況下，譜學發展起來。當時選舉官員，一定要查考譜牒，以防偽冒。東晉太元年間（三七六—三九六年），員外散騎侍郎賈弼所撰譜狀，被稱為賈氏譜學，最負盛名。沈約最重視賈譜，稱為晉譜。南齊王儉增廣賈譜為《百家譜》。梁武帝又命王僧孺改定《百家譜》。南朝統治者一再修訂《百家譜》，就是為了嚴格士庶之分，利用完備的譜牒來防止庶族寒人冒充世家大族，用來矯正偽冒世族的庶族寒人的戶籍。

南朝世家大族在政治、經濟諸方面具有的這些優越的地位，決定了他們要將家族利益置於首位，考慮的就是如何保證家門的富貴。儘管南朝各代禪代廢立頻頻發生，但世家大族以其家族門第的利益來決定他們的政治態度，或者幫助篡權，或者不參與任何活動。因此他們只是極力維護自身優越特權的社會上層階級。這個社會階層是兩晉以來世族勢力的進一步發展，但至南朝，世家大族勢力最為囂張，同時也開始僵化，世家大族開始由盛轉衰。侯景之亂時，世家大族子弟因平時養尊處優，過著寄生蟲的生活，以致膚脆骨柔，經不起風吹雨打，在動亂中，倉促之間大量死亡。世家大族階層的腐朽性，開始充分顯露出來。

二、寒門庶族

南朝被稱為後門、勳門、役門、三五門的都屬於寒門庶族階層。後門是世族的最底層，甲族高門將他們視為庶族。役門是負擔徭役的人戶，三五門則為三丁抽一，五丁抽一，自然屬於寒門。在役門、三五門中，多數為自耕農民，但也有一些富裕的家庭，能夠上升為統治階級，成為庶族地主。

在寒門庶族階層中，還有一些來自沒落的世族，有一些是由商人轉化而來的。高門甲族的門生有許多也是寒門庶族。他們投靠高門大族可以取得出仕的機會，藉以求得政治上的出路。

寒門庶族沒有世家大族的身份特權，但在根本利益上與農民是對立的。他們盤剝和欺壓農民的程度，並不低於世家大族。他們從盤剝農民中發展起來，占有大量的土地，奴役眾多的部曲和蔭戶。

南朝的寒門庶族在經濟和政治上開始形成一種勢力。南朝皇帝任用寒門庶族掌機要，擔任中書通事郎、中書通事舍人。寒門庶族在政治上開始抬頭。

為了取得與世家大族同樣的特權，一些寒門庶族盡力設法混入世家大族行列，主要的方式是偽造譜牒，冒充世族，這在南朝是比較普遍的現象。另外，一些寒門世族通過軍功，取得爵位，轉入清途。南齊建元初年詔令：「若四州士庶，本鄉淪陷，簿籍不存，尋校無所，可聽州郡保押，從實除奏。荒遠闕中正者，特許據軍簿奏除。或戍扞邊役，末由旋反，聽於同軍各立五保，所隸有司，時為言列。」② 這種以軍簿定士庶的方法，為寒門庶族冒充世族創造了條件。當時以軍功混入清途，冒入世族者很多。

南朝地方豪強勢力的增長，是寒門庶族力量上升的標誌。在寒門庶族中包括不少地方豪強。他們被稱為豪猾、豪族、富吏等。這些地方豪強需要為國家服徭役，但在地方上可以橫行鄉里，為非作歹，

② 《南齊書》卷二〈高帝紀下〉。

甚至能夠為難地方官。侯景之亂後，地方豪強勢力明顯增長。他們是擁有大量依附人口和占有廣大土地的新寒門庶族。

三、個體農民

個體農民當時被稱為「編戶齊民」，或「編戶屬籍者」。他們是擁有私有土地的自耕農民。他們要為國家負擔賦稅力役，受國家的盤剝，也受世家大族和寒門庶族的盤剝和欺壓。他們負擔的國家賦稅很重，「三五屬官」，「百端輸調」，生活極其痛苦。不過編戶農民也一直在分化，其中一小部分地位上升了，成為國家官員。但大多數的編戶農民還是過著痛苦的生活。

在個體農民中，還有一種浮浪人。所謂浮浪人，是「其無貫之人，不樂州縣編戶者」③。浮浪人也稱流人，數量很多。南朝的浮浪人一部分來自渡江流寓者，另一部分為忍受不了國家的沉重壓榨，從家鄉逃亡出來的。這些浮浪人一部分淪為依附農民，但大部分成為南朝的浮游人口。浮浪人在沒有被蔭庇和隱占時，他們的身份是自由的，與編戶農民相同。他們也有一些私有財產，向國家交納比定居農民較輕的賦稅，「樂輸亦無定數，任量，准所輸，終優於正課焉」④。可是浮浪人已經離開家鄉，所以他們不可能占有很多的土地，也就不能很穩定地從事生產活動。浮浪人中，有一些成為商販和估客，到各地方從事販賣活動，尋求新的生活出路。

③《隋書》卷二四〈食貨志〉。
④《隋書》卷二四〈食貨志〉。

四、依附人口

依附人口在南朝是複雜的。這些人被稱為佃客、衣食客、蔭戶、隱丁匿口、門生義故、吏、部曲、兵戶、營戶等。

南朝實行給客制度，王公貴族可以獲得典計和衣食客，官員依據品級的高低，也能夠獲得不同數量的佃客。佃客生產的糧食，要與主人按一定比例分成。佃客和衣食客需要注家籍，也就是附於主人的戶籍中，不能夠單立戶籍。南朝的佃客數量很多。因為當時貴族官僚實際占有的佃客早已經超過西晉時的規定數額，所以國家只好承認既成事實。

南朝的蔭戶是很普遍存在的。西晉時，國家規定官員可以按品級的高低蔭庇親屬，多者蔭九族，少者三世。至南朝，蔭庇戶口的情況已經很嚴重。特別是南朝非法蔭庇或蔭占戶口的情況很普遍。因為權門兼併，強弱相凌，農民流離失所，不保產業，成為蔭戶者，不計其數。蔭戶既然為私家所蔭庇和隱占，人身依附性很強，他們受世家大族和寒門庶族的奴役，只是為了逃避國家沉重的賦役。南朝蔭戶的增加，就使國家戶籍大量減少，因此南朝國家與世家大族和寒門庶族，為爭奪勞動力不斷出現衝突，國家竭力要將非法占有的蔭戶檢括出來，成為負擔國家賦役的編戶。

門生、義故或義附是一種私人依附者。他們有的替主人當兵，有的替主人服勞役，有的則為豪門貴族充當隨從。如陶淵明就有門生；謝靈運的門生、義故多至數百人。南朝還多有地方豪強富家投靠貴戚官僚當門生，他們常要送一大筆賄賂，一旦他們成為門生、義附後，可以免去國家的徭役，也能夠攀附高門，獲得做官的途徑。這類門生、義故與替主人服役、作戰的門生略有差別，大部分是主人的親隨。

部曲也是南朝的一類依附人口，他們受部曲主的剝削和奴役。南朝的部曲很多。劉宋時，領軍將軍王玄謨有部曲三千人。蕭梁時，豫州刺史夏侯夔有部曲萬人。當時不僅高官、將帥擁有部曲，就是地方豪強，也有部曲。南朝部曲很多的主要原因是，國家聽任將帥招募部曲；另外，編戶農民為了逃避國家的賦役，多投奔私人為部曲。部曲除了替主人作戰外，還從事農業生產，他們受到主人的奴役和盤剝是苛重的。

軍戶、營戶也是依附人口，不同於部曲的是，他們是南朝國家的依附戶，是國家軍隊的主要來源。軍戶、營戶社會地位低下，世代服兵役和雜役，不經放免，與國家編戶農民差別甚大。南朝軍府下有許多軍戶、營戶。劉宋時，荊州軍府和州的將、吏就有一萬五千人，士兵就更不計其數了。兵士一人府籍，全家都要被役屬，因此軍戶也被稱為府戶。軍戶、營戶有的是世代為兵的世兵，有的是放免為兵的奴隸，有的是因犯罪沒為兵戶。他們除了作戰外，還要服各種勞役。

「吏」也是一種國家的依附人口。官府中的「吏」，有職吏和散吏之稱。南朝政府對官府置吏的人數有明確的規定。如劉宋時，規定荊州軍府置吏不得超過一萬人，州置吏不得超過五千人。這些吏除了為官府服務外，大部分要從事繁重的雜役，他們的身份不如編戶農民。一旦為吏，就要終身服役，不解除吏籍就要永遠被束縛在官府中。吏除了服勞役外，還要從事農業和手工業生產。吏的身份很低，實際上是一種依附性很強的勞動者。

五、奴婢

南朝社會中，不論官府和私家，都擁有一定數量的奴婢。劉宋大明三年（四五九年），大赦天下，將官奴婢老、病者，全部放免。梁天監年間（五〇二－五一九年），也釋放官奴婢，可見南朝官府擁有奴婢的數量還很多。私家的奴婢也為數不少，如謝弘私家奴婢就有數百人。南朝的奴婢主要來自戰俘、被掠奪的人口、犯罪沒入以及販賣。奴婢除了在家庭役使之外，也用在生產勞動中。不過，南朝國家經常有免奴為良的舉動，掠賣平民為奴婢也是非法的。南朝國家對役使奴婢，顯然是嚴格限制的，因此奴婢的存在只是一種殘餘的表現。

第二節　寺院經濟的發展

南朝佛教傳播很廣泛。隨著佛教的傳播，從劉宋至梁朝，每代都有寺院的修建。梁朝，有寺二千八百四十六所，建康就有寺七百多所，僧尼達八萬二千七百人，為數量最多之時。到陳朝末年，還有佛寺一千二百三十二所，僧尼三萬二千人。南朝寺院和僧尼的增多，促進了當時寺院經濟的發展。南朝寺院擁有很強的經濟勢力，在皇帝的宣導下，統治階級源源不斷地將錢財施捨給寺院。捨入寺院的財物是多種多樣的，不少的金、銀、銅等流入寺院。從齊竟陵王蕭子良大加提倡，梁武帝大興佛法，捨身同泰寺後，南朝佛教進入極盛的時期，因此齊、梁時期，施捨到寺院的財物就更多。南朝寺院不僅依靠施捨獲得大量的財物，寺院本身就擁有大量的土地和眾多的勞動人手，這正是寺院經濟能夠發展的基礎。

南朝寺院一般都占有廣大的土地。梁武帝在建康鍾山建造大敬愛寺時，買王騫良田八十餘頃，施捨給該寺。他擴建阿育王寺時，將佛寺附近數百家田宅劃給寺院。一些官員也將土地施捨給寺院。何胤病故，遺囑將全部田產施捨給寺院。寺院的土地除了來自施捨之外，也有很多土地是霸占的。

南朝僧尼按內律是不允許蓄有私有財產的，但實際一些上層僧尼卻有私有財產。寺院中的上層僧尼是寺院財產的掌管者，實際就是寺院財產的所有者。一些寺院主憑藉其政治勢力，可以享受薪俸，甚至能夠衣食租稅。南齊初，益州刺史傅琰尊崇釋玄暢，就奉朝廷之命，將百戶民戶的賦稅作為釋玄暢的薪俸。南齊時，國家又設置僧正，管理寺院。僧正和各寺寺主不僅擁有大量的財產，他們還都是剝削者。他們奴役大批的勞動僧尼和依附寺院的勞動者。南朝僧尼有數十萬之多，僅在京城建康就有僧尼十餘萬。在這些僧尼中，很多就是下層的勞動僧尼。僧尼又分別擁有白徒和養女。白徒和養女都不入國家戶籍，他們要為僧尼做事，自然是寺院的勞動人手。在南朝，國家編戶民一旦出家成為僧尼或者投靠寺院後，就可以完全不負擔國家苛重的賦役，「寸絹不輸官庫，斗米不進公倉。……家休大小之調，門停強弱之丁」⑤。為國家沉重賦役逼迫的人民，投靠寺院就不失為他們逃避賦役的一種選擇。這些人雖然脫離了國家的控制，但卻被牢牢束縛在寺院中，終年要為寺院主耕田、經商和服役。

南朝寺院主憑藉他們擁有的經濟勢力，不僅將寺院修建得金碧輝煌，費極奢侈，還經營高利貸，設庫放債，盤剝人民。寺院主經營的邸店，就是放高利貸的場所。許多僧尼違背佛教戒律，不修佛道，

⑤《廣弘明集》卷二四〈僧行篇〉。

經常居住在邸店中放債。他們表面上是僧尼，實際卻是商賈。寺院所放高利貸還需要抵押品，稱為質舉。向寺院借債的人不僅有貧苦的農民，一些大官也前來借債，足見寺院經濟力量之大。

南朝寺院經濟的發展，使大批的勞動者投靠寺院，為此南朝政府曾經幾度準備抑制寺院勢力的發展。元嘉十二年（四三五年），丹陽尹蕭摩之建議，禁抑佛教，罷沙門數百人。雍州刺史劉粹罷沙門二千人，補充為府吏。齊武帝也試圖抑制寺院勢力的擴大。他留下遺詔：禁止官員、百姓出家為道。可是齊武帝卻虔誠信佛，所以這一遺詔不會起到作用。梁武帝時，郭祖深建議，檢括僧尼，提出對無道行的四十歲以下之僧尼，都使他們還俗歸農，並罷除白徒、養女。郭祖深試圖從經濟上抑制寺院勢力的發展，但梁武帝狂熱事佛，郭祖深的建議當然不會被採納。陳朝統治者，雖然打算使無名籍的遊僧還俗，實際並沒有做到。可見南朝雖有一些抑制寺院勢力發展的舉措，但力度並不大，效果也不顯著，所以寺院經濟在當時獲得了很大的發展，各寺院主成為大量財富的擁有者，因而具有很大的社會勢力。

第三節　農業、手工業和商業的恢復與發展

一、農業的發展

南朝時期，農業、手工業和商業都有比較明顯的進步。南方的農業生產在東晉經營的基礎上，表現出發展的趨勢。東晉時，大批北方農民渡江南來，整個南朝，南渡的北方人口仍然絡繹不絕。劉宋元嘉時，北魏大舉攻宋，南渡的流民很多。宋文帝曾徙彭城流民數千家到瓜步。齊、梁時，在淮水流

域戰事頻繁，南遷流民的數量很多。到南朝後期，仍然有北方流民南來，因此陳宣帝在詔書中說：「頃年江介繈負相隨，崎嶇歸化，亭候不絕，宜加恤養，答其誠心。」⑥大量北方農民的南來，增加了江南的勞動力，也推動了江南的耕作技術改進。從施肥的方法來看，除了繼續沿用火田外，已經開始用糞作肥料。因為麥菽在江南的推廣種植，適宜旱作的區種法也在江南更廣泛地推行。

為了有利於農業生產，南朝各代都注意水利的興修。劉宋時，雍州刺史張邵在襄陽「築長圍，修立堤堰，開田數千頃，郡人賴之富贍」⑦。南齊時，齊郡太守劉懷慰決沉湖灌溉。蕭梁時，豫州刺史夏侯夔在蒼陵立堰，灌溉土地千餘頃。在南朝，能夠吐納水流的水門設置相當多。在豫章郡、會稽郡等地方，地方官員都修建水門調節水量，防止旱澇。

推廣比較先進的農業技術和水利的興修都直接影響南朝農業的發展。當時荊、揚二州成為農業的發達地區。揚州的吳郡、會稽、吳興地方，土肥水豐，會稽帶海傍湖，良田數十萬頃。荊州境內肥沃的良田甚多，有利於農作物的種植。太湖流域、鄱陽湖流域和洞庭湖流域都成為南朝的糧倉。就是交廣一帶，開墾的土地也日益增加。

南朝糧食的產量明顯增加。嶺南一帶，稻米一年兩熟，產量很多。南朝都城建康附近，土地肥美，糧食產量相當高。因為糧食產量的增加，有時米價很便宜。梁天監四年（五〇五年），米一斛才三十錢，是南朝最低的糧價。從劉宋時代起，江南稻米的產量已經壓倒北方。

⑥《陳書》卷五〈宣帝紀〉。
⑦《宋書》卷四六〈張劭傳〉。

南朝境內，農業發展是不平衡的。生產發達的地方繼續發展，在落後的地方則進行移民墾殖。宋元嘉時，開發湖熟廢田千頃，招募願意前來墾種農戶數千家，發展當地的生產。對湖田也大力加以墾闢。孔靈符為會稽太守時曾上書朝廷，要求將山陰縣貧民遷移到餘姚等三縣境內，開墾湖田，後來都成為肥美良田。到陳朝時，國家還鼓勵農民開荒，凡是開墾的荒地，國家蠲免賦稅。

江南農業生產技術的進步，水利的興修，糧食產量的增加，大量荒地得到開墾，南朝農業的發展非常明顯，江南已經是非常富饒的地方。

二、手工業的進步

南朝的手工業也呈現發展趨勢。從紡織業來看，南朝的織綾技術繼承了前代的成就，生產技術發達，可以進行一躡數綜的織法。江南原來沒有織錦業，劉裕滅後秦，將其織工遷到建康，成立錦署，江南的織錦業遂發展起來。絲織品的出產在江南分佈比較廣泛，荊、揚二州，是出產絲織品最多的地方。儘管江南絲織業日益發展，但與北方的絲織業相比，還是稍顯落後。南朝的麻織業則要比絲織業發達。因為南朝的調多徵收麻布，民間也多穿麻布，所以麻布的產量很多。紡織麻布的技術也有提高。豫章一帶的婦女「勤於紡績，亦有夜浣紗而旦成布者，俗呼為雞鳴布」⑧。除了麻布之外，南朝還出產葛布。

南朝境內出產鋼鐵的地方很多。南朝詔書中一再提到「傳、屯、邸、冶」。冶就是鼓鑄的場所，這

⑧《隋書》卷三一〈地理志〉。

種冶在南朝各地分佈很多。江南最有名的冶鑄作坊是屬揚州的梅根冶、屬荊州的冶唐。因為冶煉技術進步，冶煉場所增加，南朝鋼鐵的產量很多。梁武帝派康絢攻北魏壽陽，他築堰灌城，用東、西二冶的鐵器數千萬斤，沉入堰中，足見東、西二冶的鐵產量之多。各冶製造的除了兵器外，多為民間用具。

南朝的煉鋼技術有了很大的發展，出現了鋼樸、橫法鋼、百煉鋼，鋼的種類很多。百煉鋼是由生鐵煉成熟鐵，再由熟鐵煉成鋼。還有出現一種灌鋼，是用生鐵溶液注入熟鐵料中煉成。灌鋼比起百煉鋼，節省工時和費用，品質很好，是煉鋼技術的進步。

除了鋼鐵外，南朝銀的開採也比較普遍。宋元嘉初，始興郡領有銀民三百多戶，專門從事銀礦的開採。交廣二州銀的出產量很多，當地全部用金銀作為貨幣。

南朝的製鹽業很發達。宋、齊、梁朝政府允許民間煮鹽。南兗州的鹽城縣有鹽亭一百二十所，當地人以魚鹽為業，不從事農業生產，生產鹽的數量很多，遠銷各地。吳郡的海鹽縣，瀕臨大海，分佈很多的鹽田，也是產鹽的重要地區。因為南朝鹽的產量之多，獲利甚豐，因此陳朝天嘉年間，開始徵收海鹽稅，控制鹽的買賣。

造紙業在東晉生產的基礎上更為發展。東晉出現的藤角紙和麻紙，在南朝生產的數量很多。南朝出現防止紙張被蟲蛀的方法，即染潢治書法和雌黃治書法。當時生產紙張已經相當的精美，既有潔白美觀的白色紙，也有顏色鮮麗的彩色箋。南朝建康城中有銀紙官署，是為齊高帝造紙的場所，生產出的銀光紙精美異常。南朝皇室、官員之間常用精美的紙張相贈。在這些紙張中，就有四色紙、五色紙，顏色各不相同。這都反映南朝造紙技術的高超。到南朝中葉，荊、湘和蜀中的造紙業，也開始發展起來。造紙生產地在南朝的分佈逐漸擴大。

江南是水鄉澤國，到南朝已經基本形成水上交通網。這對南朝造船業的發展有很大的推動。劉宋時，荊州作部能夠生產出上千艘戰船。宋孝武帝命令生產龍舟、翔鳳以下船隻三千四十五艘出遊，航行盛況空前。陳朝華皎在湘洲造金超大艦二百艘。南朝各代，所造戰船不僅數量多，戰船的種類也很多。當時戰船的名稱有飛龍、翔鳳、金翅、青雀、蚱蜢等。南朝還能造出大規模的船隻。這些船隻載重量可以達到萬斛，甚至達到二萬斛。孫吳時期所造船隻最高載重只有萬斛，南朝修造的大船規模已經超過了孫吳。因此顏之推說：「昔在江南，不信有千人氈帳，及來河北，不信有二萬斛船，皆實驗也。」⑨南朝還能夠造出行駛速度相當快的船隻，「去來趣襲，捷過風電」⑩。南齊時，祖沖之還發明了日行百餘里的千里船。

拍的使用，是南朝所造戰艦的一大特色，這種戰艦也稱為拍艦。戰船裝拍是在與敵艦相遇時，用它來拍擊敵艦。侯景之亂時，徐世譜造樓船、拍艦、火舫等與敵軍作戰。陳朝，侯瑱與王琳作戰，乘平虜大艦挺進中流，用拍拍擊敵艦。這都說明，南朝戰艦已經普遍裝拍。隋滅陳前，命令楊素在永安修造六隻拍竿的大艦，當是吸收了南朝的造船技術。

南朝時，飲茶的風氣逐漸流行起來，因此製茶業也隨之發展起來。《荊州地記》稱：「浮梁茶最好。」茶是江南特產，當然好茶的出產地不會只限於浮梁一地。

⑨《顏氏家訓》卷五〈歸心篇〉。
⑩《梁書》卷四五〈王僧辯傳〉。

三、商業的繁榮

因為南朝農業和手工業的發展，以及水上交通網的形成，使商業活動活躍起來。當時參與商業活動的社會階層很多。南朝的一些皇帝就從事商業活動。劉宋少帝劉義符，在華林園開設店肆，親自估賣。齊東昏侯蕭寶卷在苑中立市，命宮人酤賣酒肉，自己任市魁。許多貴族官員也多經商獲利。劉宋益州刺史劉道濟，設立官冶，高價出售鐵器獲取高額利潤。梁郢州刺史曹景宗在州內聚斂鬻貨，侵奪百姓。陳朝官員徐度常役使僮僕，以屠酤為事。這些貴族官員掌握巨資，利用權力偷漏關稅，在商業交易中獲利甚厚。

在農民中，棄農經商或兼營商販的，為數也很多。劉宋時，戴法興為官前，家本貧窮，在山陰市中以賣葛為業。園藝人郭原平因天旱，水道乾涸，步行到錢塘賣瓜。梁朝沈瑀貧窮時，到餘姚販賣瓦器，受到富人侮辱。

在南朝民間從事商業的，也有一些富商大賈。劉宋時，大商人多至益州販賣，一次交易就可獲錢數百萬。這些富商大賈不僅獲利甚厚，並且生活也很奢華。梁武帝詔令中提到：「至乃市井之家，貂狐在御，工商之子，緹繡是襲。」⑪可見當時富商大賈的衣著是極為華貴的。這些大商人經常與官府勾結，或者既經商又做官，憑藉官府的權力，獲得更多的利潤。

南朝商品交換一般在市中進行。市中設令、丞和市魁。在當時的大城市中多有市的設置。在市中

⑪《梁書》卷一〈武帝紀上〉。

一般按著商品的不同，分別設立店肆。買賣的貨物，糧食是大量的，還有明珠翡翠等奢侈品的買賣。生活日用品諸如針、糖等也在市上進行交易。市中的交易要立文券，以便收取市估。

南朝出現了一大批商業比較繁榮的城市。這些城市主要有建康、京口、山陰、壽春、襄陽、江陵、番禺等。

南朝都城建康是最大的商業城市。這裡不僅是南朝的政治中心，也是經濟中心。估計當時建康的人口大概有一百四十萬，是很罕見的大都會。建康城內有四個大市，即大市、東市、北市、秣陵斗場市，其餘小市還有十餘所。建康城中，聚集了來自各地的大商人，「市廛列肆，埒於二京（指長安和洛陽）」⑫。但侯景之亂後，建康受到嚴重破壞，至南朝後期，建康明顯地衰落了。

除了建康之外，京口東面與吳郡、會稽相聯，南接江湖，西連建康，是一個大的都會。山陰是兩浙絹米交易中心，一年所收的過堰稅就有四百餘萬之多。壽春是淮南的大城市，是淮、泗、汝、潁水交錯的地域；襄陽據漢水中游，是四方交會之處，兩處均為南北交爭的要衝，也是南北互市的據點。江陵是長江上游的政治、軍事中心，也是長江上游的經濟中心。荊、雍、益、交、梁州的物產都聚集在這裡，進行貿易，「良皮美罽，商賂所聚」⑬。番禺是南朝南境的大城市，是當時海外貿易的中心，從這裡進口大宗的香料、珠寶、犀象等物品，也輸出大量的絲綢和瓷器。外舶一年數次，有時一年數十次。廣州的對外貿易受到南朝統治者高度重視。

⑫《隋書》卷三一〈地理志〉。

⑬《南齊書》卷二五〈張敬兒傳〉。

因為南朝與北朝的軍事對立，商業貿易受到影響。不過官府間的互市還是經常進行的。宋元嘉二十八年（四五一年），北魏拓跋燾北歸後，就要求與劉宋恢復互市。從劉宋至陳朝，南北的互市從來也沒有斷絕。

商業貿易的發展，使南朝雖然還使用穀帛為貨幣，但金屬貨幣使用的數量開始增多。劉宋建國時，面臨錢幣缺乏問題，至元嘉七年（四三〇年），開始設置錢署，鑄造四銖錢，形制與五銖錢相同。至孝建元年（四五四年），又鑄造四銖錢。但民間盜鑄頗多，造成物價上漲，人民困苦不堪。永光元年（四六五年），劉宋政府只好開鑄二銖錢，錢的形制更小，品質也更差。盜鑄的事情發生得更多，錢幣越加混亂。劉宋政府沒有辦法控制，就放任民間私鑄，出現了鵝眼錢和綖環錢，錢的品質極差，無法使用。宋明帝繼位後，禁用鵝眼錢和綖環錢，又禁止民間私鑄錢，官鑄也停止了，錢幣一律使用古錢。這樣做雖然改變了錢幣惡劣混亂的情況，但流通的貨幣還是十分缺乏。齊武帝永明八年（四九〇年），派遣使者到蜀地鑄錢千餘萬。因費用太高而停止，錢幣依然十分缺乏。因為貨幣的不足，使南齊的布帛價格上漲。

梁武帝時，又鑄造錢幣。一種為五銖錢，另一種為五銖女錢，二品並行。可是民間多使用古錢。錢幣的品種多樣，大小輕重不一。國家一再禁止使用古錢，但難以制止。普通四年（五二三年），梁朝開始鑄鐵錢，盡罷銅錢。至大同年間之後，鐵錢堆積如山，物價騰貴。貿易者需要用車載錢，無法計數，只以貫來統計。奸商乘機牟利，各地方一陌錢包括的數量多少不一。東錢以八十文為一陌；西錢以七十文為一陌；京城以九十文為一陌，稱為長錢，甚至出現了三十五文為一陌的情況。梁武帝屢次下令必須用一百文為一陌，但並無效果。侯景之亂後，鐵錢不再流行，梁敬帝改鑄四銖錢。陳朝初年，沿用梁末的兩柱錢和鵝眼錢。天嘉五年（五六四年），改鑄五銖錢。後又鑄大貨六銖。

南朝各代沒有解決好錢幣的使用問題。錢幣的品質很差，也極為混亂，非常不便於流通，因此南朝穀帛和錢幣並用的情況一直沒有改變。南朝錢幣混亂現象的出現，正是當時自然經濟還占統治地位的結果。

本章重點

本章說明三個問題，即社會等級結構、寺院經濟和社會經濟的發展，這都是有關南朝社會的重要問題。社會不同等級階層的存在特點，決定了南朝社會結構的面貌。寺院經濟的發展，出現僧人剝削者和寺院的依附者。這與世俗社會既存在區別，也相互影響。南朝社會經濟的發展是東晉以來，江南人民不斷開發的結果，已經與兩漢時期呈現完全不同的面貌。

複習與思考

1. 試析南朝社會不同等級在社會中的地位和經濟上的差異。
2. 寺院經濟發展的特點為何？
3. 試述江南農業、手工業、商業發展的表現。

第十八章 南朝的戶籍檢括與賦役制度

自東晉實行土斷後，到南朝還繼續實行檢括戶口的做法。當時國家檢括戶口的目的，是要控制更多的戶口，以便使國家有更多的賦稅來源和獲得更多的傜役承擔者。

南朝的賦役制度承襲晉代，但又有所改變。從梁朝開始，將原來的計貲定課改為按丁徵收。南朝除了租調、田稅外，還有很多的雜稅、雜調。對少數民族賦稅的徵收與漢人不同。

第一節 檢括戶籍

南朝檢括戶口，承襲東晉的做法，實行土斷的措施。劉宋以來，繼續實行土斷。大明元年（四五七年），王玄謨要求土斷雍州僑置郡縣的人口。元徽元年（四七三年），宋後廢帝重申土斷之制，詔書說：「歲饉凋流，戎役惰散，違鄉寓境，漸至繁積。宜式遵鴻軌，以為永憲，庶阜俗昌民，反風定保。」①這就是說，這次土斷不僅有南渡的僑民，還包括江南本土流寓的人口。南齊虞玩之曾提到當

① 《宋書》卷九〈後廢帝紀〉。

時流民，「或抱子并居，竟不編戶，遷徙去來，公違土斷。屬役無滿，流亡不歸」②，足見南齊也實行過土斷。天監元年（五〇二年），梁武帝改東海為蘭陵郡，土斷南徐州各郡縣，顯然他在一些地區也進行過土斷。天嘉元年（五六〇年），陳文帝下詔：「自頃喪亂，編戶播遷，言念餘黎，良可哀惕。其亡鄉失土，逐食流移者，今年內隨其適樂。來歲不問僑舊，悉令著籍，同土斷之例。」③詔令說明在陳朝進行過全面的土斷，土斷的對象包括江南本土流民。可見南朝各代都進行過土斷，只是存在局部和全面土斷的區別。

東晉時，南來僑民，僑置郡縣，編於白籍；江南本土居民，編於黃籍。實行土斷後，國家將僑民按現居郡縣改為黃籍，與江南本土居民一樣，承擔國家賦役。至南朝，經過多次土斷後，白籍逐漸歸併到黃籍中。例如齊高帝建元二年（四八〇年）詔書中就只提到黃籍，已經不見白籍了。

南朝檢括戶籍，實行區分士、庶的做法。當時世族具有特權，可以免除賦役，所以不少寒門庶族，冒充世族，以逃避賦役。一些編戶農民投靠世族為蔭戶，同時也逃避國家沉重的賦役負擔。因此南朝檢括戶籍，很重要的是甄別巧偽。南齊高帝即位後，因戶籍十分混亂，命虞玩之和傅堅意檢括戶籍，設立專門檢校簿籍的官員，揭發各種巧偽。他們將僑偽戶籍，剔除不算，稱為「卻籍」。齊武帝時，對偽造戶籍者實行嚴厲懲處，發配他們到淮水一帶謫戍十年。南齊這樣檢括戶籍，就是要將冒充世族、詐稱爵位、假託隸役的民戶檢查出來，為國家承擔賦役。但南齊的這種做法引起逃避賦役的民戶和寒

②《南齊書》卷三四〈虞玩之傳〉。
③《陳書》卷三〈世祖紀〉。

門庶族的反對。這些「卻籍」戶以唐寓之為首發動反叛，南齊只好停止戶籍的檢括。

梁朝，戶籍中依然存在諸多的弊端，當時竟出現用錢買通官員偷改戶籍的情況，所以妄注官爵，篡改寒素身份的事情屢屢發生。一些戶籍甚至年號前後顛倒，官階高低錯置。在沈約的建議下，國家選官吏專校籍書，並改定《百家譜》，以區別世庶，可是收效甚微。

南朝對戶籍的檢括還與什伍連坐結合起來。南朝承襲過去的鄉里制度，在基層的鄉里組織中實行什伍連坐。南朝在檢括戶籍時，充分利用什伍連坐制，檢查戶口，追捕逃亡。如果同伍、里中有逃亡者，追捕不獲，同伍里的人要代替承擔徭役賦稅。劉宋時，劉式之任宣城太守，規定了吏民亡叛之制，凡伍、里中有一人逃亡沒有捕獲，就下符到伍、里中的吏，押解到州作部服苦役，稱為符伍連坐法。此法在劉宋境內各地都嚴格實行。以後的齊梁也都實行符伍連坐，十分不合情理。

南朝雖然利用各種方式檢括戶口，但收效甚微。《通典．歷代盛衰戶口》載，劉宋大明時，有戶九十萬六千八百七十，有口四百六十八萬五千五百零一。齊梁時，戶口、人口數缺載。陳宣帝時，國家有戶六十萬。至陳滅亡時，有戶五十萬，人口二百萬。劉宋時，國家疆域最廣闊，至陳朝時疆域大為縮小，但陳朝戶口只較劉宋一半略多，人口還不及劉宋的一半。可見從劉宋至陳，國家控制的戶口和人口相差不多，實際戶口和人口數字幾乎毫無增加。這表明南朝國家對戶籍的檢括，很難改變人口逃亡和依附蔭庇的情況。世家大族、寒門庶族、佛教寺院控制的各種依附人口的存在，使國家很難有效地控制編戶齊民，因此國家與這些階層對於勞動人口的爭奪在南朝一直沒有停止。

第二節　賦役制度

南朝實行的賦稅力役，既苛重，並且名目繁多。南朝的租調制度沿襲晉代，但也有改變。宋、齊時，一般將賦稅稱為租調，也稱為調布。因為江南產布很多，調多交布，很少交絹，故有調布之稱。南齊時，又出現「三調」的名稱，三調實際就是調布。因為南朝的調布是通過計貲產而確定的，當時貲產主要根據田、桑、屋宅三者來計算。所以南齊蕭子良說：「守宰相繼，務在裒刻，圍桑品屋，以准貲課。」④

南朝編戶承擔租調的年齡沿襲晉制。劉宋初年，以十六歲至六十歲為正丁，六十一歲至六十五歲、十三歲至十五歲為次丁。大明年間，改為十五歲至十六歲為半丁，十七歲以上為全丁。梁、陳時，又改為十八歲至六十歲為正丁，十六歲至十八歲、六十一歲至六十五歲為半丁。正丁全課，半丁半課。

宋、齊所交租布的數量，租未見明文記載，大概是按著晉代的制度，成丁一年交糧食六十斛，半丁三十斛。布的繳納，宋大明五年（四六一年）規定，編戶一年交布四匹。有時又將布折成錢交納，加重盤剝。蕭梁時，改定租調的徵收辦法，雖然有時還稱為三調，但一般沿用舊名稱。天監元年（五〇二年），「始去人貲，計丁為布」⑤，也就是改原來計貲定課為按丁徵收。國家規定，丁男調布、絹

④《南齊書》卷四〇〈竟陵文宣王子良傳〉。
⑤《南史》卷七〇〈循吏傳序〉。

各二丈，絲三兩，綿八兩，祿絹八尺，祿綿三兩二分，租米五石，祿米二石。丁女減半。田稅按畝徵收，一畝稅米二升。陳的賦稅徵收，與梁大體相同。

南朝除了租調、田稅外，還有很多的雜稅、雜調。這些雜稅、雜調沒有固定的規定。當時的雜稅有國家對編戶民臨時徵借的借民錢；有專門對浮浪人徵收的樂輸，稅收輕於編戶，不同於編戶的正課，是南朝國家常有的稅收之一；有口錢，南齊時，因穀價太賤，「聽民以米當口錢，優評斛一百」⑥，南朝各代都收口錢；有向漁民徵收的魚稅；有各種商稅，包括估稅、市稅、津稅、牛埭稅；有酒稅、鹽稅等等，陳文帝時，國用不足，徵收鹽稅和榷酒稅。

南朝對少數民族的稅收與漢人有別，徵收的辦法也不相同。南朝政府對境內的少數民族，「各隨輕重，收其賧物，以裨國用。又嶺外酋帥，因生口翡翠明珠犀象之饒，雄於鄉曲者，朝廷多因而署之，以收其利。歷宋、齊、梁、陳，皆因而不改」⑦。

南朝的力役也是沿襲東晉而來的，服傜役的年齡，劉宋初，十六歲成丁，後改為十七歲成丁，十五歲、十六歲為半丁。南齊時，每丁每年服役二十天。至梁、陳時，明確規定十八歲成丁，男丁每年服役二十天。不過，南朝對力役的規定，與實際執行情況有很大的差別。南朝經常抽調民丁，「發民三五」，或者「三五屬官」，就是三丁抽一，五丁抽二，為國家服役。編戶民一旦補為吏，就要終生世代服苦役。國家使人民服役的役名繁多，勞役非常嚴酷，成為編戶民的沉重負擔。

⑥《南齊書》卷二二〈豫章文獻王傳〉。

⑦《隋書》卷二四〈食貨志〉。

第十八章

南朝的戶籍檢括與賦役制度

本章重點

本章說明的戶籍檢括和賦役制度，都是認識南朝社會的重要問題。檢括戶籍是為了使國家控制更多的編戶齊民，保證國家賦稅和傜役的來源。南朝國家對賦役制度的制定，是為了使賦稅的徵收有明確的制度規定。

複習與思考

1. 南朝檢括戶籍的特點及意義為何？
2. 試述南朝賦役徵收的具體辦法。

第十九章 北魏建國與統一北方

北魏是由拓跋鮮卑族建立的。拓跋鮮卑最早居住在大興安嶺北部，後來向南發展。到拓跋什翼犍時，在繁峙（山西渾源西）即代王位後，正式具有國家規模。代國滅亡後，什翼犍之孫拓跋珪流亡到鮮卑獨孤部和賀蘭部。前秦滅亡後，拓跋珪糾集舊部在牛川（內蒙古錫拉木林河）召開部落大會，即代王位，同年又改國號為魏，北魏正式建國。從道武帝拓跋珪開始，對周圍國家進行征伐戰爭。到太武帝拓跋燾時，消滅了夏國、後燕、北涼，完成了統一北方的大業，結束了一百三十餘年十六國分裂割據的局面。

第一節 鮮卑拓跋氏建國的歷程

拓跋鮮卑原來的居住地，是在今天內蒙古自治區鄂倫春自治縣大興安嶺北部嘎仙洞附近，一九八〇年在這裡發現了拓跋鮮卑的石室。石室中保留太武帝拓跋燾在太平真君四年（四四三年），派李敞來祭祀的石刻祝文。由此可以確定拓跋鮮卑的原住地，就在鄂倫春自治縣一帶。《魏書．序紀》載，早在拓跋氏的遠祖拓跋毛時，「統國三十六，大姓九十九」。至拓跋鄰時，又分其國人，使兄弟分別統領，而分其姓氏。《魏書．官氏志》載，拓跋鄰所定帝室十姓，拓跋力微時餘部諸姓內入者七十五姓，又東西南北四方三十五姓，合計一百二十姓。這些姓氏、國，實際都是氏族、胞族、部落。史載拓跋部又分為八部，每部設大人。拓跋部的八部，當是組成部落聯盟的各個部落。因此在拓跋力微之前，拓跋部當處在部落聯盟時期。從拓跋力微至拓跋珪時，開始向階級社會轉化，國家逐漸形成。

北魏尊拓跋力微為始祖神元皇帝。從他開始，拓跋氏的歷史有比較明確的記載。拓跋力微開始時還不能自立，只好依靠沒鹿回部大人竇賓。竇賓允許拓跋力微率領部下居於長川（內蒙古興和一帶）。竇賓臨死時，囑咐二子事奉力微，但二子不從。拓跋力微殺竇賓二子，盡併其眾。各部大人都服從了力微。力微奪取了部落聯盟長的地位，擁有部眾二十萬，力量開始強大。後拓跋力微又遷居定襄之盛樂（內蒙古和林格爾），舉行祭天大禮，各部酋長都前來助祭，從而鞏固了部落聯盟長的地位。拓跋部內部有訴訟之事，由大酋長和四部大人裁決，但沒有法律和監獄。拓跋部這一時期還沒有形成國家。拓跋力微死後，各部叛亂，局勢混亂。後拓跋力微少子拓跋祿官統部，仿照匈奴制度，分國人為中、東、西三部。拓跋祿官病死後，由拓跋猗盧統領三部，擁有騎士四十萬，成為塞北一支強大的力量。這時正值西晉末年，中原大亂，西晉并州刺史劉琨需要猗盧幫助來與劉淵、石勒對抗，乃要求西晉封猗盧為代公。西晉建興三年（三一五年），又進封為代王，代國建立。猗盧得到許多晉人的歸附，拓跋部的勢力更加強大。猗盧再傳至拓跋鬱律時，拓跋部向中原發展受阻，轉而向草原發展。到拓跋什翼犍時，在繁峙即代王位後，開始設置百官，制定法律。代國至此正式具有國家規模。東晉咸康六年（三四〇年），什翼犍定都於雲中的盛樂宮。次年又於盛樂故城南八里修築盛樂新城，拓跋部開始以盛樂為中心定居下來。東晉太元元年（三七六年），前秦苻堅出兵二十萬進攻代國，什翼犍大敗，逃往陰山之北，部落離散。什翼犍又遭到高車部落的襲擊，不得不退回漠南，不久為其子寔君殺害。前秦乘機滅亡代國。

代國滅亡後，什翼犍之孫拓跋珪流亡到鮮卑獨孤部和賀蘭部。淝水之戰後，前秦滅亡。太元十一年（三八六年），拓跋珪糾集舊部在牛川召開部落大會，即代王位，同年又改國號為魏，建元登國。拓跋珪稱王後，開始進行統一大漠諸部的戰爭。他率軍東破庫莫奚，西破高車，又滅匈奴別部劉衛辰。原來幫助拓跋珪的後燕慕容垂，見拓跋珪的勢力越來越強，於登國十年（三九五年），派其子慕容寶進攻拓跋珪，被大敗於參合陂。次年慕容垂率軍攻入平城，但沒有找到拓跋珪的主力，只好退兵。皇始二年（三九七年），拓跋珪攻占晉陽、真定、信都等地。又於同年十月，攻取後燕都城中山，接著又攻占鄴城，進取黃河以北今山西、河北等地，隔河與東晉對峙。天興元年（三九八年），拓跋珪遷都平城，稱皇帝，是為北魏太祖道武帝。拓跋珪死後，子拓跋嗣繼立，是為魏明元帝。明元帝死後，子拓跋燾繼立，是為魏太武帝。太武帝拓跋燾開始統一北方的軍事行動。

第二節　太武帝統一北方

太武帝拓跋燾（四〇八－四五二年）是明元帝長子，天賜五年（四〇八年）生於平城。泰常七年（四二二年），封泰平王，後立為太子，次年十一月即皇帝位。太武帝在位三十年。在他在位的三十年中，進行統一北方的戰爭，最後消滅北方各割據勢力，使長期分裂的黃河流域重歸統一。

太武帝即位後，與北魏相鄰的柔然、劉宋、北燕、夏國等政權中，柔然和夏國勢力最強，對北魏構成重大的威脅。尤其柔然，從北魏立國之初，就不斷南下侵擾，牽制北魏勢力的發展。道武帝、明元帝對柔然的騷擾採取防禦為主的策略。泰常八年（四二三年）二月，北魏為防備柔然，開始修築長城，起自赤城（河北赤城），西至五原（內蒙古五原），綿延二千餘里。

太武帝執政後，一改道武帝、明元帝對柔然的防禦策略，實行主動進攻的方針。始光元年（四二四年）秋，柔然可汗大檀進攻雲中，攻陷盛樂宮，平城處於危機之中。太武帝親率大軍北上，日夜兼程趕往雲中。太武帝身先士卒，與柔然可汗大檀交戰，大檀被太武帝擊敗，逃回漠北。始光二年（四二五年）十月，太武帝再次親自率軍進攻柔然。北魏軍分五路直趨漠北，柔然可汗大檀逃竄躲避，太武帝率軍返回平城。始光四年（四二七年）四月，柔然乘北魏進攻大夏，又入侵雲中。後柔然聽說魏軍攻克統萬，太武帝回軍來援，才匆匆撤軍。神䴥二年（四二九年），太武帝不顧保太后和大多數朝臣的反對，聽從崔浩建議，決定北伐柔然。四月，太武帝率六軍進攻柔然。大軍進入漠南後，太武帝令全軍捨棄輜重，輕騎奔襲至栗水。柔然恐懼，焚燒廬舍，向西逃跑。太武帝率魏軍緊追不捨，分軍搜討。東至瀚海，西到張掖水，北過燕然山。柔然前後歸降者三十餘萬，俘獲馬匹百餘萬。雖然太武帝這次出兵沒有消滅柔然，但柔然經過這次沉重打擊，勢力大衰，已無力南下騷擾北魏。柔然可汗吳提遣使向北魏朝貢，並與北魏和親。北魏與柔然通好一直持續到太延二年（四三六年）。太武帝獲得了寶貴的七、八年時間，使北邊安定無事。在這段時間中，太武帝舉兵逐次消滅北方的各割據勢力。

西部的大夏，是北魏的世仇之國。大夏建國後，就與北魏為敵。從明元帝時，大夏不斷出兵進犯北魏，對北魏造成重大的威脅。泰常三年（四一八年）十一月，大夏攻占長安，占據關中，勢力更為強大。太武帝與群臣商議平定北方的方略，崔浩極力主張先征討夏國。因此，太武帝一直將大夏視為勁敵，準備消滅大夏。

始光二年（四二五年）八月，大夏國主赫連勃勃死，三子赫連昌繼立。因為大夏統治階層內部爭奪王位，相互殘殺，使大夏勢力大大削弱，為北魏征伐大夏創造了很好的機會。始光三年（四二六年），太武帝派司空奚斤率軍四萬五千人攻蒲阪，宋兵將軍周幾率軍萬人攻陝城。奚斤等所向披靡，先後攻占弘農、蒲阪和長安，使關中震動。同年十月，太武帝親自率軍進逼大夏都城統萬，大敗夏軍，掠獲人口、牛馬十多萬，又遷徙萬餘家。太武帝第一次征伐大夏大獲全勝。

始光四年（四二七年）初，大夏國主赫連昌派其弟赫連定率軍二萬南下，與北魏爭奪長安。太武帝調集十萬大軍，進攻統萬。北魏軍從君子津渡河後，太武帝命魏軍捨棄輜重，倍道兼程，直奔統萬城。六月，太武帝率軍到達統萬城下。赫連昌率領步騎兵三萬出城迎戰。太武帝引軍故意後退，使敵軍疲憊。赫連昌率軍追趕，正好風雨交加，塵沙飛揚。太武帝回軍攻擊夏軍，夏軍大敗。赫連昌來不及回城，只好逃奔上邽。北魏軍攻克統萬，擒獲大夏文武官員、后妃、宮人數萬人，獲馬三十萬匹，牛羊數千萬頭，府庫珍寶、器物不可勝數。赫連定與奚斤在長安相持，聽說統萬失守，匆忙逃往上邽。太武帝率大軍返回，為奚斤等增兵萬人，加馬匹三千，並留大將娥清、丘堆，繼續征討赫連昌殘部。

始光五年（四二八年），北魏軍進攻夏主赫連昌。北魏大將安頡在安定城外俘虜赫連昌，但在追擊夏軍時，主將奚斤、娥清被敵軍俘虜，長安城也落入夏人手中，關中的戰局對北魏越來越不利了。

赫連昌被俘後，其弟赫連定繼王位。赫連定聯合劉宋，相約共同出兵滅北魏。宋將到彥之率十萬大軍伐魏，占領了從東平到潼關一線的全部城鎮。神䴥三年（四三〇年）九月，太武帝不顧群臣反對，決定第三次親率大軍征伐夏國。十二月，北魏軍攻占平涼，又相繼攻克長安、臨晉、武功，關中地方全部被北魏占領，迫使赫連定只能在河西一帶活動。次年，赫連定滅西秦，他害怕北魏軍追逼，帶領虜掠的西秦民十餘萬口，準備渡黃河襲擊北涼沮渠蒙遜，中途遭到吐谷渾的襲擊。赫連定被俘，大夏滅亡。至此北魏與大夏的戰爭結束。

後燕是北魏的鄰國。道武帝滅後燕後，慕容氏的殘餘慕容熙在龍城（遼寧朝陽）立國。慕容熙統治時，因賦役繁重，民不堪命，中衛將軍馮跋乘機殺慕容熙，奪取權力。但馮跋的北燕地小勢弱，面臨強大的北魏的威脅，內修政治，外睦鄰國，竭力維持國家的存在。從明元帝時，北魏就試圖消滅北燕，進行軍事攻伐。

太武帝即位初，因為忙於同柔然和大夏的戰爭，無力顧及北燕。在沉重打擊柔然、消滅了夏國後，太武帝開始要消滅北燕了。這時，北燕國主馮跋已死，其弟馮弘繼立。馮弘與劉宋結好，試圖在遭到北魏打擊時，得到劉宋的支持。

延和元年（四三二年）六月，太武帝率軍進攻北燕。他的態度十分強硬，誓滅北燕，不允許議和。北魏軍先後攻取營丘、遼東、成周、樂浪、帶方、玄菟等六郡，遷徙北燕三千餘戶至幽州。十二月，馮弘之子馮崇、馮朗、馮邈等投降北魏。延和二年（四三三年），太武帝派永昌王拓跋健、尚書僕射安原又攻北燕。北燕將領封羽舉城投降。馮弘遣使議和，太武帝堅決不予理睬。北魏軍遷北燕民三千戶而還。次年三月，馮弘派尚書高順上表稱藩請罪，將扣押二十一年的北魏使者于什門送回平城。太武帝要求馮弘必須將太子送到平城為質，方可議和。但馮弘拒絕遣子入魏，他的議和目的無法實現。

太武帝於延和三年（四三四年）六月、太延元年（四三五年）六月、太延二年（四三六年）三月，先後派軍三次討伐北燕。北燕遭到北魏大軍的連年進攻，國勢衰落，民心動搖。馮弘多次向劉宋求救，均遭拒絕。他無可奈何，只好向高句麗求援。太延二年五月，高句麗王派大將葛盧率數萬大軍前來救援。葛盧進入北燕國都龍城後，命軍士在城中搶掠，奪取北燕武庫中的鎧甲兵器。馮弘在高句麗軍的保護下，逃離龍城。他逃跑時，燒毀宮殿，大火十多天不滅。因高句麗軍和馮弘的破壞，龍城變成了一座空城。雖然北魏軍沒有擒獲北燕國主馮弘，但北燕從此滅亡了。太武帝的統一事業，又向前推進了一步。

太武帝滅北燕後，就積極準備打擊北涼。北涼政權是由匈奴人沮渠蒙遜在北魏明元帝永興三年（四一一年）建立的。北涼全盛時，擁有河西武威、張掖、酒泉、敦煌、西海、金城、西平、樂都諸郡。北涼的存在，成為太武帝統一河西地區的障礙。因此，在太武帝滅大夏後，就選派尚書李順出使北涼，試圖使北涼俯首稱藩，並為進攻北涼做準備。

延和二年，沮渠蒙遜死，沮渠牧犍繼立。太延五年（四三九年），沮渠牧犍嫂李氏和牧犍姐姐共同毒死北魏公主。太武帝要求沮渠牧犍交出李氏，牧犍不肯，這成為太武帝對北涼用兵的理由。可是群臣意見不一，多數反對出兵北涼。太武帝力排眾議，採納崔浩建議，決定進攻北涼。

是年六月，太武帝親率大軍從平城出發，進逼北涼。征討大軍進展順利，八月，永昌王拓跋健獲河西牲畜二十餘萬頭，平西將軍源賀招撫了北涼國都姑臧周圍的鮮卑部三萬餘落。北魏軍取得的這些勝利，使姑臧成為一座孤城。太武帝指揮軍隊，全力進攻姑臧。在北魏軍的強大攻勢下，九月，沮渠牧犍率文武官員五千人投降，北涼滅亡。太武帝滅北涼，完成了他統一北方的大業，結束了一百三十餘年十六國分裂割據的局面。

太武帝在對劉宋的戰爭中，也處於主動的地位。他先後於神䴥三年、太平真君六年（四四五年）、太平真君十一年（四五〇年）三次大敗進犯的宋軍。太平真君十一年十二月，在大敗劉宋軍後，太武帝率領大軍渡過淮河，挺進淮南，飲馬長江，迫使劉宋議和。太武帝這次進軍，對劉宋的打擊十分沉重，攻克劉宋南兗、豫、徐、兗、青、冀六州，使劉宋長江以北地區受到極大地破壞。劉宋試圖收復河南的計畫落空，而北魏的南部疆域更加鞏固，南北對峙的局面基本形成。

本章重點

本章說明北魏建國的複雜過程。由於史料的缺乏，關於早期拓跋鮮卑部和拓跋鮮卑國家的建立，還有一些不很明確的問題。但根據《魏書・序紀》的記載，可以大體瞭解拓跋鮮卑建國的大致線索。北魏建國後，太武帝拓跋燾統一北方是北魏歷史發展中的大事，為北魏的進一步壯大奠定堅實的基礎。

複習與思考

1. 北魏建國經歷了怎樣的歷史過程？
2. 試述北魏太武帝統一北方的歷史意義。

第二十章 孝文帝遷都洛陽與改制

北魏建國，定都於平城。不過隨著北魏疆域的擴大以及向南發展，平城所處的地理位置已經不適應形勢發展的需要，所以孝文帝決定遷都洛陽。孝文帝為了進一步鞏固北魏的統治，在遷都前後，就政治、文化、習俗等方面進行了諸多的改革。他的改革措施，不僅有利於政權的鞏固，也推動了鮮卑民族向前發展，緩和了漢族與鮮卑族的矛盾，因而也就更有利地推動了鮮卑族、其他少數民族和漢族的融合。

第一節 孝文帝遷都洛陽

自道武帝定都平城以來，平城一直是北魏的首都。平城地處塞外，氣候嚴寒乾燥，無霜期短，糧食種類單調，同時土地含沙量大，能夠灌溉的土地數量很少，遇到旱災，農作物產量就會銳減，因此很難保證平城有穩定的糧食供應。為解決平城的糧食供應問題，有時要分遣平城周圍的居民到各州就食，還要從中原調運糧食接濟。到孝文帝時，雖然對向平城運輸糧食的管理更為嚴格，但仍然不能從根本上解決平城糧食供應的困難，因此保證首都的糧食供應是很難解決的問題。

第二十章
孝文帝遷都洛陽與改制

太武帝統治時期，對北方柔然給予了沉重的打擊，使柔然國力大衰。可是孝文帝即位初年，柔然的勢力又重新恢復。太和三年（四七九年），柔然十萬騎兵至塞上，威脅平城。太和九年（四八五年），柔然古敦可汗即位，對北魏持強硬的態度，拒絕與北魏通好，不斷出兵騷擾北魏邊境。太和十六年（四九二年），孝文帝派軍十萬，越過大沙漠，沉重打擊了柔然，但柔然對北魏的威脅並沒有解除，平城始終面臨受柔然攻伐的危險。

北魏從太武帝統一北方後，一直試圖進一步統一全國。獻文帝時，曾將北魏南部邊境擴張到淮河以北地區，並將新占領地區稱為河南新邦。孝文帝親政後，面對疆域的南擴，又準備實現南北一統。他屢次派大臣巡視新邦，下詔減免新附居民的傜役。他本人也親自南巡、講武，為南征大造聲勢。但平城偏在北方，對控制南方地區很不方便，也不利於北魏的南進。

北魏建國後，經過道武、太武、獻文諸帝的推動，拓跋鮮卑的漢化程度和範圍日益擴大。至孝文帝時，擯棄鮮卑族的落後習俗，進一步推進漢化，成為拓跋鮮卑有效維護統治必須實行的措施。可是平城卻是拓跋鮮卑保守勢力的中心，因此孝文帝認為「國家興自北土，徙居平城，雖富有四海，文軌未一。此間用武之地，非可文治，移風易俗，信為甚難」①。孝文帝要順應形勢，進行改革，就只有脫離舊勢力盤踞的中心，遷移到鮮卑勢力薄弱、漢族力量居於支配地位的中原地區。

因為平城具有糧食供應不便、易受柔然威脅、難以南進以及作為保守勢力的中心諸問題，所以很難繼續將國都設在塞外的平城，遷都就成為北魏進一步發展的需要。

---

①《魏書》卷一九中〈任城王雲傳〉。

孝文帝要確保拓跋鮮卑的統治，必需要實行遷都中原的措施。遷都到中原，可選擇的地方主要有兩處：一為洛陽，二為鄴城。洛陽地處黃河以南，洛水之北，是一古都。東漢建都洛陽後，這裡的經濟、文化更為發展，以後曹魏、西晉都定都在這裡。鄴城在曹操為魏王時，定都在這裡。曹丕定都洛陽後，鄴仍然是五都之一。十六國時期，後趙、前燕都定都於鄴。鄴與洛陽相比，更具有優越的地理環境和南北貫通的水利網，足以保證將殷富的冀州糧食運往城中，還可以使北方政權以此為基地，控制山東、河北，直達江淮，與南朝政權對峙。開始，孝文帝有意遷都鄴。在最初南巡時，在鄴城西建宮殿。但孝文帝最後改變了原來的計畫，確定將首都遷到洛陽。因為洛陽是東漢、曹魏、西晉的都城，最正統的中原文化遺產集中於此，漢族的重要官僚集團也匯集於此，所以洛陽的政治、文化優勢要大於鄴。孝文帝要擯棄拓跋鮮卑的落後習俗，充分吸收先進的中原文化，洛陽具有的特徵，最適合孝文帝進行改革。孝文帝南巡時，總要觀看洛橋，幸臨太學，洛陽的濃厚文化特色吸引了孝文帝。這正是孝文帝放棄鄴，選擇洛陽為新首都的原因。

對孝文帝遷都的計畫，鮮卑貴族持堅決反對的態度。這些人是北魏政權的實力派，他們在代北擁有廣大的田產，南遷洛陽勢必要影響他們的經濟利益。並且，他們還擔心遷都到中原地區，會動搖他們現有的優越政治地位，使漢族世家大族的地位日益提高。由於拓跋鮮卑貴族文化上的落後，他們堅持認為鮮卑族興起於北方，只應該在馬上治天下，不應該放棄馬背，前往中原地區去統治。在生活習慣上，拓跋鮮卑貴族已經習慣了北方涼爽的氣候，不願意到氣候炎熱的中原，所以十分排斥南遷。孝文帝不顧鮮卑貴族的反對，堅持實行遷都的計畫。

孝文帝派任城王拓跋澄北歸宣佈遷都洛陽，一面又派人營建洛陽。尚書李沖建議孝文帝暫歸平城指揮大政，由他留下營建洛陽。孝文帝採納李沖的建議。他又下詔，徵司空穆亮、將作大匠董爵與李沖一同從事營建洛陽的事務。洛陽營建工程的規模浩大，在初見成效後，孝文帝分步驟進行大規模的遷都行動。他派在拓跋鮮卑貴族中威望高的任城王拓跋澄，說服這些貴族。又使安定王拓跋休在平城勸說宗室貴族。在穩定了貴族階層後，孝文帝於太和十八年（四九四年），正式下達遷都令，他親自返回平城安排遷留事宜，又北巡邊鎮，安撫六鎮及留在代北的官民。同年十月，孝文帝親告太廟，奉先祖神主，南遷洛陽。洛陽開始成為北魏的首都。

孝文帝南遷洛陽後，還有很大一部分保守勢力反對。貴族官僚丘穆陵泰、拓跋隆、拓跋業、拓跋超等聯合起來，企圖推陽平王拓跋頤為首，占據平城，進行反抗。孝文帝聞訊，立即派拓跋澄進討，迅速平定了叛亂。太子拓跋恂不適應洛陽的暑熱，遷至洛陽後，與左右商議，欲乘輕騎返回平城，但沒有成功。不久孝文帝處死太子拓跋恂。孝文帝遷都過程是非常艱難的，他遷都的前前後後，與落後、保守勢力的對抗一直沒有停止。

因為遷都洛陽，引起一些拓跋鮮卑貴族、官員和民眾的不滿，孝文帝充分關注這種情況，所以他很注意穩定代北民心。北魏建國初，設立六鎮。因北邊防務關係重大，多選用拓跋鮮卑貴族親信負責邊鎮事務，邊鎮的士兵也多出自鮮卑大族子弟。在邊鎮執行防務者，一般都免除租賦、徭役，他們步入仕途之路十分通暢，很容易得到升遷的機會，所以拓跋鮮卑人都以戍守邊鎮為榮。都城由平城遷至洛陽後，留在邊鎮的鮮卑人數仍然很多，但邊鎮軍人在北魏政權中的作用和地位有所降低。留在平城的舊臣也因都城的南移而失去了昔日的榮耀。這都使留在代北的官民人心開始浮動。孝文帝為了保證北部邊境穩定，以便有效地防止柔然的進犯，從遷都後，就不斷地對代北官民進行慰問。他對年事已高的長者親自召見，對貧苦者賜給糧食、衣物，還賜爵給代北官民。孝文帝在遷都後對留代官民的安撫，使北方邊境地區在一段時間中保持了穩定的局面。

第二節　孝文帝改制措施的實行

孝文帝為鞏固北魏的統治，在遷都前後，就政治、文化、習俗等方面進行了諸多的改革。在官制上，他廢除了北魏初年的職官制度。《魏書．官氏志》稱：北魏初年職官名號「多不依周漢舊名，或取諸身，或取諸物，或以民事，皆擬遠古雲鳥之義。諸曹走使謂之鳧鴨，取飛之迅疾；以伺察者為候官，謂之白鷺，取其延頸遠望。自餘之官，義皆類此，咸有比況」。這種命官方式是比較原始落後的。孝文帝革去了這些原始的官稱，按著魏晉官制，設置了三師、三公、尚書、中書以及四征、四鎮將軍，還設置了九卿等中央文武官員。在地方上，州設刺史，軍鎮設都大將，郡設太守，縣設縣令。北魏前期，一州設三位刺史，由宗室一人，異姓二人擔任。郡守、縣令也由三人擔任。這樣就使職官機構和官稱全部漢化。

北魏初年，官員沒有俸祿。太和八年（四八四年），在孝文帝遷都洛陽之前，開始頒行官員的俸祿制。在實行俸祿制的同時，也規定了對官員的懲罰規定。官員在獲得俸祿後，貪贓超過一匹者，就處以死刑。

孝文帝在爵位制度上也進行改革。改革之前，國家可授予鮮卑勳戚及有功的官員五等爵。但這種五等爵只是虛封爵位，沒有食邑。太和十六年（四九二年），孝文帝規定凡不是道武帝拓跋珪的子孫，都不能授予王爵，繼續保留虛封性質的五等爵。太和十八年（四九四年），他又規定王、公、侯、伯、子、男等爵，開國食邑者，王食封邑之半，公食三分之一，侯、伯食四分之一，子、男食五分之一。

在禮制上，孝文帝著重改革了祭禮。鮮卑族與漢族都有祭祀天、地、祖先的傳統。但在祭祀的儀式上有明顯差別。鮮卑族在西郊祭天，祭祀儀式的原始色彩濃厚。太和十二年（四八八年），孝文帝命禮官仿照漢族的祭禮，改革國家的祭祀，確定在南郊設圜丘祭天，在方澤祭地。在祭天時，以祖先配祭。在宗廟禮制上，孝文帝改革了太廟中的設置。改革前，北魏國家太廟正中供奉的太祖為平文帝拓跋鬱律。孝文帝認為道武帝拓跋珪有在中原建立政權的創業之功，應該尊為太祖。改革後，在太廟的正中，開始供奉道武帝拓跋珪的神主，道武帝取代了平文帝的地位。孝文帝對祭禮的改革，注意對漢族禮儀的汲取，同時，也在祭禮上充分體現他與先祖血緣聯繫的正統地位。

孝文帝在姓氏上，改鮮卑姓為漢姓，並為漢人定姓族。太和二十年（四九六年），改帝室拓跋氏為元氏。太祖以來的八大姓氏也都改為漢姓，丘穆陵氏改為穆氏，步六孤氏改為陸氏，賀賴氏改為賀氏，獨孤氏改為劉氏，賀樓氏改為樓氏，勿忸于氏改為于氏，紇奚氏改為嵇氏，尉遲氏改為尉氏。這八大姓都是貴姓，在當時功勳最顯要，爵位可高至王公。還將獻帝拓跋鄰兄弟的紇骨氏改為胡氏，拓拔氏改為長孫氏，達奚氏改為奚氏等。

孝文帝規定漢族世家大族四姓為高姓，即范陽盧敏、清河崔宗伯、滎陽鄭羲、太原王瓊。又加上趙郡李氏，在世家大族中，此五姓為首。他又規定大族以世代所做的官位來確定郡姓，三代為三公的家族稱為膏粱，做過尚書令、中書令、門下令、僕射的家族稱為華腴，做過尚書、中領軍、中護軍以上的家族為甲姓，做過九卿，地位同於方伯的家族為乙姓，做過散騎常侍、太中大夫的家族為丙姓，做過吏部正員郎的家族為丁姓。漢族四姓和鮮卑八姓的地位相同，都不能做猥屑之官。孝文帝確定了漢族世家大族姓氏的地位，使漢族世家大族和鮮卑貴族在任官職上具有同樣的地位，有利於消除漢族世家大族與鮮卑貴族的矛盾。

孝文帝在婚姻上，做出了明確的規定。太和七年（四八三年），孝文帝堅決要革除北魏建國以來實行的同姓相婚的陋習，明令禁止同姓結婚。他積極鼓勵鮮卑貴族與漢族大姓通婚。他將范陽盧氏、清河崔氏、滎陽鄭氏、太原王氏之女選入後宮，又以隴西李崇女為夫人。孝文帝還特別為他的六個弟弟娶親，除了河南王元幹娶代北貴族穆氏之女外，其餘全部都是漢族世家大族之女。孝文帝通過婚姻關係，使鮮卑貴族與漢族高門大族結合起來。

鮮卑人原來編髮左衽，當時人稱他們為索虜或索頭，與漢人差別很大，影響相互之間的交流，因此孝文帝決定胡服也要進行改革。他在遷都洛陽後，命令尚書李沖和李彪、游明根、高閭等人討論服制。李沖等人經過六年的時間，設計出百官的朝服。太和十八年，孝文帝下令，鮮卑人不再穿本族人的服裝，要仿照漢族人的服裝著裝，孝文帝並將朝服賜給官員。服飾的改革又逐漸推廣到民間。孝文帝南巡返回洛陽，發現一些鮮卑婦女還穿著舊裝，非常氣憤，嚴厲責備留守官員對服裝改革推行不力。全部留守官員一致向孝文帝謝罪，他的怒氣才消，足見孝文帝對革除胡服相當重視。

孝文帝在語言上也進行了改革。在孝文帝改革以前，鮮卑語一直是官方的語言。太和十九年（四九五年），孝文帝下詔，禁止在朝廷上使用鮮卑語，如果違反，就以免官來處罰。孝文帝這樣做的目的，是要便於鮮卑人與漢族人交流，減少鮮卑人與漢族人的隔閡，同時鮮卑人學習漢語後，才能更好地學習漢族人的典籍，加深文化上的素養。

孝文帝進行的這些改革，目的是將鮮卑貴族與漢族世家大族更好的結合起來，這就更有利於鞏固和維護北魏政權的統治。他的漢化措施，不僅有利於政權的鞏固，也推動了鮮卑民族向前發展，緩和了漢族與鮮卑族的矛盾，因而也就更有利地推動了鮮卑族、其他少數民族和漢族的融合。所以孝文帝的改革，是有利於社會發展的進步措施。

第三節　孝文帝遷都洛陽後的施政方略

孝文帝遷都洛陽後，在原來頒佈〈職員令〉的基礎上，又實行了對官員具體考核的辦法。在此之前，北魏國家對官員的考核三年進行一次，被稱為「三考」。國家確定官員的升降，要在考核三年後進行，也就是官員的升降要經過六年的過程。這樣長的時間，無法實現賞優罰惡的目的。太和十八年（四九四年），孝文帝下詔，廢除三考，實行三年一考核，考核後就立即決定官員的升降。他還規定，根據官員的優劣，將他們的治績分為三等，上下二等分為三品，中等只一品。官品六品以下的官員的等級，由尚書審定；五品以上的官員的等級，由皇帝與公卿一起討論確定。考核為上上等的官員就提升，考核為下下等的要被降職或免職，考核為中中者繼續留任本職。孝文帝實行這種考核制度後，因治績不好被免職或降官者，數量很多，品行端正、有能力的官員，則得到了提拔和重用。

孝文帝為了更好地瞭解六品以下官員考核情況，太和十九年（四九五年），他下詔命各州長官考核地方官，然後不再將考核情況報送尚書，直接報告皇帝。孝文帝根據六品以下地方官的治績決定他們的升降，這樣孝文帝不僅掌握整個官僚體系的情況，還能夠直接監督各級官員。因此，孝文帝實行新的考核官員制度後，出現「愚滯無妨於賢者，才能不壅於下位」②的形勢，使北魏的吏治得到整頓。

孝文帝遷洛後，對於禁衛軍的建設也很注意。北魏前期，軍事力量主要由二部分組成，一為由六鎮將領率領的邊鎮兵，主要防衛邊鎮，抵禦外敵；二為宿衛兵，由八部帥統領，駐紮在平城四郊，監督被征服的新民生產。宿衛兵的士兵由八部良家子組成，只打仗，不事生產。

太和十九年，孝文帝下詔，選拔天下武勇之士十五萬人，充當羽林、虎賁。在這十五萬人中，就有為數不少的漢人士兵。孝文帝改變了過去禁衛軍只有鮮卑人才能夠充當的舊制。擴充的禁衛軍成為孝文帝鞏固北魏政權的重要軍事力量。

北魏國家實行均田之後，一些鮮卑人開始由遊牧轉變為農業人口。特別是孝文帝遷都洛陽後，內遷的鮮卑人一律受田，從事農業生產，因此北魏原來的軍制受到了衝擊。孝文帝針對這種情況，改變鮮卑人只生產，不作戰的情況，開始從從事農業生產的鮮卑人中抽調人力，組成禁衛軍。太和二十年（四九六年），他使務農的鮮卑人充當羽林、虎賁，成為亦兵亦農的戰士。

孝文帝遷都洛陽後，實行了鼓勵農業生產發展的措施。由於孝文帝遷都，平城周圍的一些鮮卑人也舉家遷到平原，成為從事農業生產的農民。他們和漢人一道，是農業發展的重要力量。孝文帝大力鼓勵鮮卑人與漢人進行農業生產。對生產中的懶惰者，堅決處罰；對努力耕作者，大力獎勵。孝文帝鼓勵農耕的政策收到了明顯的效果，遷都後北魏的國家財政收入十分顯著，漢族和鮮卑族農民的生活也日益安定。

② 《魏書》卷七下〈高祖紀下〉。

此外，北魏河東郡有池鹽，當地居民很早就在這裡開池煮鹽，獲得了豐厚的收入。但北魏前期，國家並不重視鹽業的生產，管理鹽業生產的機構時設時罷，官府的收入受到影響，鹽利流入了財力雄厚的地方豪強手中。太和二十年，孝文帝下令，罷鹽池之禁，允許普通農民開池煮鹽。孝文帝的鹽業政策使國家和普通人民都獲得了利益，國家儲備鹽的數量也不斷增加。

孝文帝遷都洛陽後，也十分重視文化建設。太和十九年他下詔，大力搜求天下的遺書，大力獎勵獻書者。特別是對獻出祕閣中沒有收藏而又有益於國家治理的圖書的人，要給予特殊的獎勵。孝文帝的做法，使北魏國家圖書的收藏數量日益增加。

孝文帝遷都洛陽後，在吏治、禁衛軍的組建、鼓勵農桑和搜求圖書典籍的各項措施，使北魏國家建設表現出越來越繁榮和強大的面貌。

本章重點

本章著重說明孝文帝遷都和改革措施。這些做法都促使北魏進一步發展和國勢的強大。因此，這是北魏歷史發展過程中的重大事件。對孝文帝遷都洛陽和漢化改革問題，有很多的研究成果給與了討論和闡述，強調了這些措施實行的重要意義。因此，應該重視對這兩個問題的研究。

複習與思考

1. 孝文帝遷都洛陽是如何實現的？
2. 請說明孝文帝改革的主要內容及其意義。

第二十一章 均田制度與賦役制度

孝文帝太和九年（四八五年）開始推行均田制，成為北魏重要的土地制度。北魏推行的均田制是在北方土地荒蕪、人口稀少的情況下才出現的。均田制實行後，使勞動力與荒地結合起來，農業得到恢復，人民的生活也比較安定起來。與此同時，北魏也開始實行與均田制相適應的新租調制。新租調制是與三長制同時頒行的，交稅以一夫一婦為單位計算，改變了過去以戶為單位來計算。北魏實行的新租調制，雖然是一種輕稅，但實際執行已經與規定相差很遠。

第一節 均田制的實行

一、均田制的起因

自道武帝拓跋珪進入中原以後，鮮卑族逐漸開始由遊牧經濟轉向農業經濟，拓跋鮮卑統治者對農業生產也日益重視。從道武帝拓跋珪一直到孝文帝，北魏統治者屢屢勸課農桑，試圖從根本上解決糧食的來源問題。但不斷發生的水旱災害，嚴重破壞了農業生產，糧食問題很難解決。當時一些有見識

第二十一章
均田制度與賦役制度

的人認為，北魏之所以出現土地大量荒蕪，農民缺乏衣糧，主要是因豪強兼併和農民流亡造成的。鮮卑貴族和漢族大族兼併土地，造成了許多逃離土地的浮游人口，同時又使許多農民成為大族的依附人口和蔭庇戶，使北魏失去了大量的勞動人口和納稅戶。

在均田制開始時，社會上還有許多的浮浪人口。首都平城的浮浪人口眾多，各州鎮也同樣如此。在浮浪人口中還有一部分是拓跋鮮卑人，他們沒落下來，無田無業。在浮浪人口增多的情況下，北魏政府很難有效控制人口，使國家的稅收日益減少。北魏統治者不斷下詔，試圖使這些流亡人口返回故鄉，但收效甚微。在這種情況下，北魏必須將土地分配給這些流亡人口，將他們束縛在土地上進行生產。其實，北魏早期就實行了離散部落、分土定居的措施，並且在平城一帶還實行了計口授田的做法。北魏政府將這些措施加以改進，並在全國推廣，也就產生了均田制。實際上，北魏政府迫切需要發展農業生產，同時又需要將大量流亡的農民重新束縛在土地上，使他們負擔國家更多的賦稅力役，這正是北魏推行均田制的重要原因。

北魏的均田制，與曾經實行的分土定居和計口授田的措施有密切聯繫。在道武帝拓跋珪時，開始實行分土定居。《魏書．賀訥傳》稱：「離散諸部，分土定居，不聽遷徙，其君長大人皆同編戶。」也就是解散原來的氏族組織，使原來的氏族成員定居下來，成為國家的編戶。實行這個措施後，拓跋鮮卑部落中，除了一小部分皇帝的近侍成為官僚貴族，大部分部落成員下降為承擔賦稅兵役的農民。

道武帝拓跋珪在平定中山後，遷徙山東六州民三十六萬，百工伎巧十餘萬充實京師，隨後供給這些內徙新民耕牛，實行計口授田。這些新民是被強制在土地上進行農業勞動的農民。拓跋珪又制定畿內之田，設八部帥監督農耕事務。受到八部帥監督的，不僅有新民，還有一些分土定居時地位下降的拓跋鮮卑部落成員。無論計口授田的新民，還是分土定居的拓跋鮮卑人，雖然他們分到了耕地，但他們並沒有耕地的占有權。這些人在監督下從事勞作，積極性並不高，一些人逃離了土地，成為浮浪人口。北魏統治者為了要使京畿一帶的農業耕作者安於勞作，將京畿及京城三部的田地交割給農民，不再派官員直接監督，其結果要比監督耕種的效果好得多，賦稅更容易徵收。這樣，京城一帶的農民對他們所耕的土地就有了比較完全的占有權和使用權，生產積極性提高了，北魏徵收的賦稅也隨之增多。北魏正是在給與農民土地占有權和使用權的基礎上，按照計口授田時給與一夫的畝數，再加以補充，進而形成一整套的均田辦法，在北魏全境推行開來。

當然，北魏均田制能夠實行，有北魏皇權可以自上而下推行的強大力量，也有歷史上實行過的井田制、占田制作為借鑑，並且當時北魏境內存在大量的官田荒地，可供均田使用，這都是均田制可能實行的重要條件。

二、均田制的內容及實施

太和九年（四八五年）十月，孝文帝派使者巡行州郡，開始推行均田制。均田制包括受田的對象、受田的種類和受田的數量。均田法規定：男子十五歲以上，授露田（不栽樹的田）四十畝，婦女二十畝。露田加倍或加兩倍授給（倍給的部分稱為倍田），以備休耕。耕地與耕地連在一起，休耕地與休耕地連在一起。受田者七十歲還田。

男子受桑田二十畝（土地不足之處，桑田包括在倍田數中）。桑田是世業田，不需要還官。在桑田上，要種桑五十株，棗五株，榆三株。不適宜種桑養蠶的地區，男子受麻田十畝，婦女五畝，另外男子還受田一畝，種植榆、棗。

露田不允許買賣。原有桑田超過二十畝者，超過部分可以出賣；不足二十畝可買到二十畝為止。擁有奴隸和耕牛者，可以獲得另外的土地。奴隸能夠受露田四十畝，耕牛每頭受田三十畝。奴隸還可受桑田二十畝。

原來擁有房基地者，不再分配宅地。如遷移至新址，三口給宅田一畝，奴隸五口給宅田一畝。在宅田上，一畝的五分之一，種植蔬菜。

地方的守宰根據官職的高低，授給公田。刺史十五頃，郡守十頃，治中別駕八頃，縣令、郡丞六頃。所受土地不許買賣。

土廣民稀之處，可隨民力所及借用國家土地。後來遷移者，可按受田法受田。土地狹窄的地方，到了受田年齡，但不願意遷移者，就將其家庭的桑田作為露田。如果不夠，就不受倍田。還不夠，減少家庭中的其他人的土地。無桑田之鄉，按此法行事。居民可以遷徙到空荒之處，但不允許從賦役重的地方遷移到賦役輕的地方。土地充足的地方，不能無故遷移。

因犯罪流徙或戶絕無人守業的，土地歸國家所有，作均田授受之用。授受的次序，先授給親屬。在土地沒有授受的時候，就借給親屬。

還田和受田在正月進行。如果受田後死亡，或買賣奴隸和耕牛，到第二年正月才可以還田或受田。

北魏推行的均田制是在北方土地荒蕪，人口很稀少的情況下才出現的。均田制下的農民基本上還是自耕農。北魏政府將他們原有的小塊土地一起，按均田令規定的土地載入戶籍，並限制桑田的買賣，不許受田農民隨意遷徙到其他地方，加強了對他們的控制，有利於國家的賦稅徵收和徭役的徵發。鮮卑貴族和漢族大族，他們仍然可以用原來桑田的名義，用奴隸、耕牛受田的名義，基本上保持原來的私田，因此均田令對他們利益的觸動很少。

太和九年，孝文帝頒行均田令後，不是一下子就推行到北魏全境，而是逐步進行的。均田制首先是從北魏舊京平城開始實行，然後推廣到四方。遷都到洛陽後，孝文帝又在洛陽附近推行均田制。在均田制推行的過程中，還曾經修正過實施的辦法。尚書令元澄上奏墾田授受之制八條，條目清楚，有利於均田制的推廣。

在北魏與南朝交界的邊境地區，很晚才推行均田制。太和十一年（四八七年），齊州刺史韓麒麟上表朝廷，指出齊州地方耕作的農民日益減少，耕地荒蕪，建議儘早實行計口授田。足見在均田制實行二年後，北魏南部的齊州地方還沒有實行均田制。因為齊州剛從劉宋奪取過來不久，還不能夠很快實行均田制。

在實行過均田制的一些地方，還需要對土地重新分配，特別是六鎮地方。宣武帝元恪時，命源懷巡行北邊六鎮，源懷上表指出，主將參僚專占肥沃土地，普通農民只能夠占有貧瘠的田土。因此六鎮地方十分困弊，情況越來越嚴重。針對這種情況，源懷提出重新按均田令分配土地。如果土地分配不均，有人告狀，就對鎮將以下官員實行停發俸祿的懲罰。

北魏確實逐步在全國推廣均田制，但各地方具體情況的不同，有些地方順利，有些地方則遇到困難，很難徹底實行，全國推行的情況存在差別。

均田制實行後，使勞動力與荒地結合起來，不少的荒地得到開墾。由於農業的恢復，人民的生活也比較安定起來。在孝文帝和宣武帝時，出現了四方無事，民康國富的情況，「百姓殷阜，年登俗樂。

鰥寡不聞犬豕之食，煢獨不見牛馬之衣」①。國家的稅收也明顯增加。宣武帝時，冀州刺史元暉檢括戶口，增加絹五萬匹。全國租調的增加，當然就更多了。肅宗、靈太后曾到左藏庫，隨從者百餘人，靈太后叫他們到庫中取絹，命隨從盡力背絹，能背多少，就賞賜多少。得到賞賜的隨從，多的超過二百匹，少的也有百餘匹。可見國家庫藏絹的數量非常之多。北魏國家庫藏的充實，是均田制實行前從來沒有過的現象。

第二節　賦稅制度的制定及實施

在北魏均田制實行之前，賦稅制度大體沿用魏晉的田租戶調制。《魏書．食貨志》說：「天下戶以九品混通，戶調帛二匹、絮二斤、絲一斤、粟二十石，又入帛一匹二丈，委之州庫，以供調外之費」。這裡所說的「九品混通」與晉代「九品相通」相同。北魏的戶調，實際是按資產定稅，因此當時也將戶調稱為資賦。在戶調的徵收上，均按戶徵收，並且租和調是分開徵收的，免租未必免調，免調未必免租。在北魏的常賦之外，還有雜調、橫調等。這些雜調、橫調，都是臨時徵發，徵稅非常苛重。除了租調外，還有部落的貢納和牧民的牲畜稅。

均田制實行後，太和十年（四八六年）孝文帝接受李沖的建議，實行了與均田制相適應的新租調制。新租調制是與三長制同時頒行的。因為實行三長制，代替過去的宗主督護制，就使「課有常準，

① 《洛陽伽藍記》卷四〈城西〉。

賦有恒分，苞蔭之戶可出，僥倖之人可止」②，所以三長制，是北魏推行新的租調制的保證。

新租調制規定，一夫一婦出帛一匹，粟二石；民年十五以上的未婚男子，四人出一夫一婦之調。從事耕織的奴隸八人，相當民年十五以上未婚男子四人。耕牛二十頭，相當於奴隸八人。出產麻布之鄉，一夫一婦布一匹。十匹中的五匹為公調，二匹為調外費，三匹為百官俸祿。

民年八十以上，允許一子不服役。孤獨、癃老、篤疾貧窮不能自存者，三長負責保證供養他們。

新租調制是與均田制相適應的。因均田是以一夫一婦來受田，所以交稅就以一夫一婦為單位計算，改變了過去以戶為單位來計算。由於奴婢和耕牛都受田，因此受田的奴婢和耕牛都要交稅。因為受田有桑田和麻田的區分，所以調也就分為絹、布二種。

新租調制規定的一夫一婦只交調帛一匹、租粟二石，比均田前戶調帛二匹、絮二斤、絲一斤、粟二十石，要明顯減少。北魏在新租調中規定較輕的租調數量，是要爭取蔭附的戶口。並且，國家還用三長制來保證檢校戶口和較輕租調徵收的實行。

新租調制的輕稅入官，只是相對而言的。在實行過程中，還是不斷地加重。相州刺史奚康生徵調時，就以七十、八十尺為一匹，來加重剝削。正光年間以後，「四方多事，加以水旱，國用不足，預折天下六年租調而徵之。百姓怨苦，民不堪命」③。北魏採取預先徵收租調的做法，這也是一種變相加重剝削的方式。

② 《魏書》卷五三〈李沖傳〉。

③ 《魏書》卷一一〇〈食貨志〉。

均田制實行之後，北魏在常賦之外，仍然還有雜調、橫調的徵收。在新的租調制中，就明確規定了「雜調」。因此，一些地方官員為了保證統治地方的穩定，就有減省雜調的做法。如任城王元澄為定州刺史，「民中每有橫調，百姓煩苦，前後牧守，未能蠲除，澄多所省減，民以忻賴」④。可見北魏徵收的雜調和橫調，對農民而言是一種沉重的負擔。

北魏實行的新租調制，雖然是一種輕稅，但實際的執行已經與規定相差很遠，並且在以後的執行中，租調額日益加重，加之雜調的徵收，因此至北魏末年，國家對農民的盤剝就更為沉重，以致出現百姓流離道路、轉死溝壑的情況。北魏末年，各地出現民眾的反叛，與國家賦稅沉重有密切的關係。

本章重點

本章主要說明均田制與新的租調制實行的情況。均田制在當時社會中占有重要的地位。新的租調制也成為孝文帝以後國家賦稅的主要徵收方式。研究北魏社會的發展狀況，不能夠忽視均田制和新租調制實行的情況。

複習與思考

1. 孝文帝時期，實行均田制的原因、主要內容及意義為何？
2. 試述北魏實行新租調制的具體辦法。

④《魏書》卷一九中〈任城王雲傳附元澄傳〉。

第二十二章 社會經濟與寺院經濟的發展

北魏統一北方後，當時的農業、手工業和商業得到恢復和發展。農作物產量有不同程度的增加，生產工具有很大的改善。紡織業、冶鐵業、釀酒業等都有很大的進步。官、私商業都很活躍，首都洛陽成為北方最大的商業都會。

隨著佛教在北魏境內的傳播，寺院經濟也發展起來。北魏寺院經濟發展的規模很大，寺院控制和掌握了眾多的勞動者和大量的土地。北朝寺院經濟的發展，特別是占有大量的土地和勞動者，使國家賦役的徵調受到了重大的損失，這就使國家與寺院之間存在很大的矛盾。

第一節 社會經濟的恢復與發展

一、農業的恢復和發展

北魏時期，農業的恢復和發展是社會經濟進步的重要表現。拓跋鮮卑從塞外進入塞內，農業經濟的成分不斷增加。道武帝拓跋珪定都平城後，實行計口授田，使平城周圍的農業率先發展起來。後來

第二十二章

社會經濟與寺院經濟的發展

北魏國家實行的均田制、三長制和新租調制，對農業發展具有明顯的促進作用。當時在農業勞動者、墾田面積、農業產量以及國家的租調額等方面，都比以前有很大的提高。從農作物的畝產量來看，《齊民要術》載，在一些精耕細作、實行施肥和土地輪作的地方，一畝粟的產量可以達到十石，已經遠遠超過了漢代。在一般條件下耕作，粟的畝產量可以達到二石，這個產量也高於漢代。在北魏各地方多實行區種法。使用區種法，很明顯提高畝產量。西兗州刺史劉仁之用區種法種穀，七十步的耕地，產粟三十六石。漢代使用區種法，畝產百石。北魏一畝為二百四十步，依此計算，北魏一畝可產粟一百多石，也高於漢代。其他農作物的產量，也有不同程度的增加。

為了發展農業生產，北魏對水利建設事業十分重視。北魏最早的水利工程的修建是在道武帝登國年間（三八六—三九六年）。東平王拓跋儀在五原至棝陽塞外屯田，就開渠引黃河水灌溉農田，直到北魏後期這些水渠還在使用。

太武帝時，薄骨律鎮將刁雍主持修建了截黃引水工程。原來的軍鎮中曾修建水渠，但因年久失修，黃河水道下沉，很難再引黃河水入渠。太平真君六年（四四五年），刁雍經過實地考察，發現在艾山北面黃河分為東、西兩支河流。他在黃河西流修築堤壩，擋住黃河西流，使黃河西流水上漲五尺多，然後湧入引水渠。這是文獻記載中首次見到的截黃工程。工程完工後，可以灌溉官私土地四萬餘頃。

孝文帝即位後，對水利工程的修建更為重視。他多次下達廣修水田，擴大灌溉面積的詔令，並派有關工匠到全國各地指導水利工程的修建。太和二十年（四九六年），孝文帝下令，溝通洛水和穀水，以有利於洛陽地區農業的灌溉，還派人專門維修了洛陽附近的大小渠壩堤堰。以後宣武帝、孝明帝也都有水利工程的修建。宣武帝在大臣崔亮的建議下，修復了卞、蔡二渠。孝明帝時，水利工程的興修更多。他派楊椿任都官尚書負責修復白溝，重建新堰，疏通舊渠，使曹魏時曹操修建的白渠又發揮作用，便利了當地的水運和農業。孝明帝時，幽州刺史裴延儁主持修復督亢渠、戾陵堰等工程。這些工程因年久失修，廢毀已久，無法起到灌溉農田的作用。裴延儁親自勘察地形，不久就將督亢渠、戾陵諸堰修復，灌溉農田百餘萬畝，周圍農田獲利十倍。直到東、西魏，國家沒有停止水利工程的修復和修建。

北魏水利的興修，對於農業和交通都起到推動的作用。北魏農業的恢復和發展與國家對水利事業建設的重視有很密切的關係。

北魏時，農業生產工具也有很大的改善。農民使用的整地碎土工具比過去要複雜得多。播種的農具出現了兩腳耬、一腳耬等。兩腳耬改造於西漢出現的三腳耬，在北魏濟州以西的地方廣泛地使用兩腳耬。一腳耬的出現更有利於播種，比兩腳耬靈便。窾瓠也是一種在北魏出現的新型播種工具。《齊民要術》稱，窾瓠可以裝種子，上有孔，能使種子漏出。播種時，人將窾瓠繫在腰上，邊走邊抖，使種子不斷漏入溝內，均勻播下種子。

在土地的耕作上，農民更注意精耕細作和防旱保墒。人們將耕作分為春耕、夏耕、秋耕、冬耕、初耕、轉耕、深耕、淺耕、縱耕、橫耕、順耕、逆耕，並且能根據時間的不同，掌握耕地的深淺。另外，耕地時，人們注意到犁條與耕地的關係，使犁條儘量狹窄，保證所耕土地更透更細，達到很好的保墒效果。《齊民要術》載，當時輪作制已經被廣泛採用，並注意到多種農作物之間的適應性。還特別重視綠肥的作用，出現了用牛踏糞的辦法，一冬可以造糞堆肥三十車。

北魏糧食作物的品種增加很多，遠遠超過前代。據文獻記載，北魏粟類就有八十多個品種，水稻有二十多個品種，大小麥也有多種品種，大小豆、黍穄等的品種也很多。農民已經掌握了根據農作物品種種類的不同和土地情況的不同進行種植，以及良種的選擇、培育、保存與處理等方面的技術。北魏農業技術的提高，就使當時的農業生產提高到一個較高的水準。

在拓跋鮮卑入主中原時，適值北方經過百餘年的戰亂，大片土地荒蕪，人民死亡流散，戶口銳減，經濟凋敝，糧食極其匱乏。但經過北魏時期對農業生產地恢復和發展，農業開始出現繁榮的景象。

二、手工業的進步

北魏手工業呈現發展的趨勢。當時紡織業是北魏手工業中重要的部門。在拓跋部早期，擁有的紡織品很少，需要從中原輸入。拓跋部進入中原後，對紡織業生產採取了保護和發展的政策。北魏諸帝多次下詔，鼓勵紡織業生產。

北魏紡織業生產可分為官營和民間紡織業兩類。北魏建國初期，道武帝拓跋珪攻取中山後，將百工伎巧十餘萬人遷至平城，其中就有很多的紡織工匠。隨著北魏統治領域的擴大，官營紡織工匠數量又進一步增加。北魏初期，首都平城皇宮中，有上千女奴隸從事紡織生產，她們被稱為「婢使」。北魏的官營紡織業由少府下屬的尚方管理，官營紡織作場要為皇室和百官生產精美的紡織品和製作官服以及其他的服裝。

北魏前期，綾、羅、錦、繡這些高級絲織品，只能由官府紡織作場生產，民間不允許生產。為了防止民間生產高級絲織品，北魏國家嚴禁私人蓄養織工和收藏織綾機。直到太和十一年（四八七年），孝文帝才取消禁令，允許私人紡織錦、繡、綾、羅等高級絲織品，因而官營紡織業的規模有所縮減，

圖二二　吐魯番出土的北朝紋錦

與民間紡織業的界限開始打破。

民間紡織業主要為自耕農家庭的副業生產。這種生產的主要產品是帛和布。他們生產的帛和布，要上交國家戶調，剩餘的產品才用來買賣。北魏向自耕農徵收的戶調量很高，對他們盤剝比較沉重，因此國家獲得了大量的紡織品。孝文帝和以後諸帝，在賞賜百官絲織品時，動輒就能夠拿出數十萬甚至數百萬匹。北魏國家府庫中儲藏如此多的絲織品，可見民間紡織業的生產技術之高、絲織品生產數量之多。顏之推說：「河北婦人，織紝組紃之事，黼黻錦繡羅綺之工，大優於江東也。」①根據顏之推的說法，北魏紡織業的產量和技術顯然是超過同時期的南朝。

北魏的冶鐵生產也相當發達。當時冶鐵業主要是由官府來經營，國家在各地設置鐵官負

① 《顏氏家訓》卷一〈治家篇〉。

責製造兵器和生產民用鐵器。北魏對冶鐵業控制很嚴，就是州郡增設鐵官也要有朝廷批准。官營冶鐵作場生產的鐵數量很多。劉宋攻破北魏碻磝戍時，一次就繳獲北魏軍鐵三萬斤、大小鐵器九千餘口。北魏的冶鐵生產中，出現了一些著名的鐵器產地，其中相州的牽口冶最為著名。這裡出產的鐵質地精良，國家武庫中儲藏的兵器，大部分是由牽口冶生產的。由於北魏冶鐵技術的發展，到東魏時，綦母懷文方能發明製造鋼刀的新技術，由此法製造的鋼刀被稱為「宿鐵刀」，極其鋒利，「以柔鐵為刀脊，浴以五牲之溺，淬以五牲之脂，斬甲過三十札」②。

北魏還有金銀的出產。金礦主要在漢中一帶，當地常年有金戶一千餘家，他們在那裡淘沙取金。延昌三年（五一四年），長安驪山附近發現銀礦；恒州白登山也發現銀礦。北魏在這兩地設置銀官，監督開採。

北魏的銅礦較多，僅在弘農郡就有銅礦三處，出產的銅礦石含銅量很高，在南青州、齊州和河內郡都有銅礦。北魏除了用銅鑄錢外，很大一部分用來製造器物。北魏官營手工作場生產的銅器有銅鑑、銅灶、銅鏡、銅壺、銅盆、銅燈、銅帶、銅佛等等，這些銅器質地良好，非常精美，反映了北魏銅器製造的高超工藝。

北魏的釀酒業有很大的發展。當時釀造的主要是黃酒，以穀、麥、秫等為原料。在釀酒時，很重視酒麴的製造，可以造出九種不同的酒麴，造麴的工藝非常複雜。北魏時，能夠釀造出的酒的種類很多，《齊民要術》中記載了四十餘種酒的名稱。北魏前期，出現了葡萄酒的釀造，道武帝拓跋燾即曾以

② 《北齊書》卷四九〈方伎．綦母懷文傳〉。

白墮酒

北魏時河東人多善釀酒，劉白墮釀酒尤其著名。劉白墮釀酒用的是清澈的河水，陳年的笨麴，黍米作原料，第一次釀造時三者的比例是：麴一斗，熟水三斗，黍米七斗，在大甕中釀造；日出時，煮甘水，至太陽正午時，甘水變為白色為止，取三斗熟水浸麴。太陽西下時，淘米四斗，洗淨浸米。半夜時再蒸餾，在四更時達到中熟，下黍飯席上薄攤，然後冷卻，在黍飯初熟時浸麴。天未亮將亮時下釀，不要上蓋；太陽西下時，再淘三斗米浸炊，還是令四更中稍熟，然後冷卻，日出前再釀，明日便熟。釀出的酒，氣香美，清白若滫漿。在季夏六月，用罌（小口大肚的瓶子）貯酒，在日中時拿出來，經過一旬，其酒味醇香不變，喝下去必醉，一個月都不醒，並可遠運千里不壞，當時人就稱為「白墮酒」。後來劉白墮在洛陽開釀酒作坊。京師朝貴多拿它作為相互餽贈的禮物。永熙中，南青州刺史毛鴻賓帶著白墮酒去上任，在路上遇到盜賊，沒想到盜賊搶了白墮酒一飲即醉，束手就擒。遊俠聽到這件事之後都說：「不怕拔刀格鬥，就怕白墮春酒。」

圖二三　敦煌藏經洞出土的北魏佛經寫本

葡萄酒為禮物，贈送給劉宋。

此外，北魏河東人劉白墮用特殊釀酒法釀造出一種酒，稱為「桑洛酒」。這種酒飲之香美，醉後一月難醒，並且酒質就是轉送千里之外也不變質，最受當時人喜歡，稱之為「白墮酒」。孝文帝遷都洛陽後，洛陽有退沽、治觴二里，就專以釀造「白墮酒」為業。孝文帝出征時，常以此酒賞賜隨軍將領，成為御酒。

北魏造紙生產中，出現了染潢技術。在造紙時，用黃蘗汁將紙張染成黃色，既可以殺蟲防蠹，也能夠延長紙張的壽命。染潢的工藝複雜，但北魏的這種工藝已經非常成熟。現在保存下了北魏時期的敦煌寫本，大部分都是用黃蘗汁浸染過的，所以才能保存至今。

北魏除了能夠生產黃色紙和白色紙外，還出產紅色、綠色、青色等不同顏色的紙張，以適應社會上對紙張的需要，反映北魏造紙生產技術的發達。北魏造紙業，不僅出產紙的數量很多，並且在紙的品質上也表現出很高的水準。

三、商業的活躍

北魏的商業經歷了逐漸發展的過程，道武帝拓跋珪定都平城後，平城逐漸成為北魏的手工業和商業中心，的官商和民間商人的活動比較活躍。道武帝對商業活動採取鼓勵、扶植的政策，不設科禁，賣買隨意。因此平城宮內，有奴婢千餘人織綾錦販賣，還有人以沽酒、養豬、羊、牧牛、馬來盈利。

在平城中有都市，還有金玉肆，商人在市中的交易活動很活躍。平城之外的各州郡，也都設市，商人的活動也很頻繁。獻文帝時，李訢任相州刺史，受納胡商所獻珍寶；孝文帝時，河內太守趙柔得犁鏵數百，令其子趙善明到市上出售，足見地方上的商品交換的發達。

孝文帝遷都洛陽後，對民間手工業實行了扶植的政策，加上農業的發展，手工業產品和農產品源源不斷地供應到市場上，使當時的商業日益繁榮，商人的數量也大為增加。北魏中期，元淑任河東太守，發現當地人經商者甚多，很少有從事農業生產的，一些到了三十歲的人，不知道農具為何物。在商業貿易活動中，出現了一批擁有家庭財產巨萬的大商人。《洛陽伽藍記》稱：「別有準財、金肆二里，富人在焉。凡此十里，多諸工商貨殖之民。千金比屋，層樓對出，重門啟扇，閣道交通，迭相臨望。金銀錦繡，奴婢緹衣。五味八珍，僕隸畢口。」可見這些大商人的資產雄厚，獲得的利潤驚人，才會在生活上有如此奢華的排場。至北魏後期，資產雄厚的大商人的活動更為頻繁。其中以洛陽的劉寶最為著名。他在北魏各州郡都有分號，只要是車船能到的地方，都可進行貿易活動，足跡遍於全國，其居住的房屋、乘坐的車輛、穿著的服飾，同王侯完全相同。

北魏經商者中出現了一大批的官員，上自中央，下至地方，各級官員都有。太武帝的太子拓跋晃就在市中販賣，與民爭利。王公大臣公開從事商業活動。咸陽王元禧在各地方經營鹽鐵，役使臣吏僮隸從事生產。北海王元祥經營官私商業，侵奪人民的利益，不分遠近。北魏中下級的官員也緊隨仿效。一些地方官勾結大商人，狼狽為奸，從中漁利；還有的地方官索取賄賂，然後出賣，獲取高額利潤。孝明帝時，司空劉騰不僅權勢顯赫，也是一位大商人，他依靠權力獲取驚人利潤。史稱劉騰經商「舟車之利，水陸無遺；山澤之饒，所在固護；剝削六鎮，交通互市。歲入利息以巨萬計」③。北魏貴族官僚的經商活動，對當時的商業起到了一些推動作用，但也加速了北魏官僚階層的腐敗。

北魏的官商也具有很大的勢力。官商隸屬於官府，分佈在北魏各地。孝文帝改制之前，國家在徵收常調之外，還徵收一匹二丈的調外費。官府將部分調外費交給官商，經營商業，為官府和官員提供經費和俸祿。孝文帝太和年間，實行俸祿之後，就不再通過官商為百官謀取俸祿了，不過官商仍然存在，為政府牟取利益。

官商經營的範圍很廣，他們經營最多的是鹽、鐵和糧食等。北魏很長的時期內實行鹽鐵官營，所以官商為國家販賣鹽鐵獲取了很高的利潤。太和十二年（四八八年），孝文帝為了應付自然災害，實行了和糴之制。官商以和糴的方式賣買糧食，是他們重要的商業活動。國家的和糴措施，由京城洛陽逐步推廣到北魏各地方，由防禦自然災害，轉變為邊備措施。隨著和糴的推廣，官商為國家獲得了大量的收入。

隨著北魏商業的發展，在北魏境內出現了一些大的商業都會，最著名的是北魏首都洛陽。洛陽城

③《魏書》卷九四〈劉騰傳〉。

中有大市，周圍長八里。大市之東為通商、達貨二里，里中居民從事手工伎巧和屠宰販賣之業。大市之南為調音、樂律二里，里中居民主要從事樂器演奏和歌唱，著名歌妓都出自這裡。大市之西為退沽、治觴二里，里中居民多以釀酒為業。大市之北為慈孝、奉終二里，里中居民多以製造棺槨為業。此外，還有準財、金肆二里，里中居住的都是富人。在十里中，大多數都是從事手工業和商業的人家。北魏將大市設在十里之中，正是為了方便四周的工商業者，有利於商業貿易活動。

在洛陽永橋之南，有四館四里。這裡除了居住南朝和東、西、南、北四夷降服者之外，還居住西域、大秦等國的商人。來這裡的胡商帶來了很多域外的奇珍異寶。為了方便外國商人的貿易，北魏專門設置了一個市，稱為四通市，民間又稱為永橋市。洛陽北面，還設置了小市。北魏洛陽所設的市，規模都超過了西晉時期的金市、羊市和牛馬市。洛陽的開市和罷市都有固定的時間，以撞鐘和擊鼓為號。北魏還專門設置市令，管理各市。

在洛陽市上出售的商品有北方出產的各種產品。除此之外，還有南朝、西域和大秦等國出產的金餅、銀甕、水晶缽、瑪瑙杯、琉璃碗等高級工藝品，各種香料、珍寶和名馬也都在這裡出售。

長安和鄴也是著名的商業城市。到北魏後期，長安和鄴的商業非常興盛。北魏分裂為東、西魏後，兩個城市的商業地位取代了洛陽。

北魏統治前期沒有貨幣，市場上流通的銅錢都是漢魏時所鑄，並且數量極少。人們在交換時，多採用物物交換的方式或者以紡織品作為貨幣。至太和十九年（四九五年），隨著商業的發展，北魏開始鑄造貨幣，稱為太和五銖，在北魏全境流通。永平三年（五一〇年），宣武帝再次大量鑄造發行五銖錢。因京城洛陽鑄幣的增多，改變了過去以紡織品為貨幣的情況。可是在一些地方很難改變原來的狀況，在河北州鎮因缺乏新錢，只好仍以紡織品為貨幣。在河南各州，人們在交易時只用舊貨幣，而不用新幣。這種局面的出現，妨礙了區域間的商品交流。北魏進行數次貨幣改革，都不能從根本上統一市場交易的貨幣，並且貨幣濫惡的情況嚴重。這些情況的出現，在一定程度上限制了北魏商業的發展。

北魏社會經濟的恢復和發展，改變了十六國以來北方的殘破情況，使北方社會日益進步。這種經濟發展的局面出現，不僅使北魏的統治具有了比較有力的經濟支持力，也為以後北方統一南方營造了堅實的基礎。

第二節　寺院經濟的發展

北魏時期，佛教在境內得到廣泛地傳播，因此寺院不斷增加。當時社會下層民眾，信仰佛教者要多於南朝。特別是到北魏後期，「天下多虞，王役尤甚，於是所在編民，相與入道，假慕沙門，實避調役，猥濫之極，自中國之有佛法，未之有也。略而計之，僧尼大眾二百萬矣」④，可見信奉佛教的下層民眾人數之多，已經到了十分驚人的程度。僧侶和信奉佛教人數大量增加，因而寺院掌握的財富也急劇增多，寺院經濟力量自然發展起來。

北魏寺院的建築極其豪華。獻文帝時，所造永寧寺，建構七級佛圖，高三百餘丈。北魏遷都洛陽後，靈太后胡氏在洛陽又建永寧寺，佛圖九層，高四十餘丈，修建費用不可勝數。在洛陽類似永寧寺

④《魏書》卷一一四〈釋老志〉。

的寺院還有許多。宣武帝建瓊光尼寺，有五層佛圖，高五十丈。景明寺有臺觀一千餘間，內無寒暑的差別，周圍都是水池和松竹花草。西域僧人摩羅所建亙寺，工藝甚精，佛殿僧房都是胡人的裝飾，非常壯觀。這些華麗的寺院不僅在京城洛陽，就是在地方州郡也為數很多。

寺院中的佛像也很豪華。文成帝時，在京城建五級寺，造釋迦牟尼像五座，各長一丈六尺，共用銅二萬五千斤。獻文帝時，在天宮寺，造釋迦牟尼像高四十三尺，用銅十萬斤，用金六百斤。

華麗的寺院建築和大量的銅鑄佛像成為北朝寺院的一大筆財產。不過，這只是寺院財產的一部分，更重要的是，寺院控制和掌握了眾多的勞動者和土地。寺院擁有的土地，一部分來自皇帝的贈與。孝文帝替祖母文明太后修建報德寺。報德寺所占土地原來是皇帝田獵場地，由鷹師曹掌管，但報德寺建好後，就罷去鷹師曹，原來的土地自然歸報德寺所有。寺院不僅有皇帝賜與和貴族官僚施捨的田宅，還兼併農民的土地。北魏寺院擁有的土地在均田令頒佈前就有。均田制實行後，對寺院的土地沒有觸動，所以後來就繼續擴大。

北朝寺院還占有眾多的勞動者。北魏設置最高的僧官，開始稱為道人統，和平年間改稱沙門統。沙門統總管全國的僧侶。沙門統之下，各州鎮都設有都維那。在各寺院有上坐、寺主，為一寺之長。這些人都是佛教內的統治階層。在寺院中，還有許多種田、燒水、挑水和從事其他勞動的僧尼。他們都是被剝削階層，來自於農民。另外，許多農民沒有剃度，可是他們卻成為寺院的僧祇戶或寺戶。寺院的勞動僧尼和依附戶，主要通過二種途徑轉變身份。一為通過國家允許，剃度為僧。文成帝時，國家允許大州五十人、小州三十人剃度為僧。孝文帝放寬規定，大州一百人、中州五十人、下州二十人可以出家為僧尼。另外，一些農民為了逃避國家繁重的賦役，不經國家允許，私度為僧尼，這些私度的僧尼國家可以勒令他們還俗。寺院的附戶同樣也有官立的僧祇戶、佛圖戶和私附於寺院的區別。

從太武帝開始，寺院的勞動僧尼和附戶的數量就很多。至獻文帝時，國家正式承認寺院占有附戶為合法的。僧祇戶不屬於個別寺院，而屬於僧曹，直接歸都維那管轄。佛圖戶要在寺院內從事打掃的工作。僧祇戶和佛圖戶要向寺院繳納租粟，明確規定每年交六十斛。這些規定賦予寺院進一步盤剝農民的權利，加速了寺院經濟的發展。儘管寺院對依附戶的盤剝比較重，但與國家比較起來相對還要輕一些，因此使許多不能忍受國家沉重賦稅和徭役負擔的農民投靠寺院。到孝明帝時，出家為僧尼或成為寺院依附戶的人數，竟達二百萬之多。寺院憑藉其經濟實力，大放高利貸。一些寺院甚至動用用來賑濟的僧祇粟放債，因此使不少負債農民淪為寺院的依附戶。

北朝寺院經濟的發展，特別是占有大量的土地和勞動者，讓國家賦役的徵調受到了重大的損失，使國家不能不對寺院的勢力給予限制。孝文帝延興年間，下令五五相保，不許接納無籍的僧人。太和年間，又迫使無籍僧一千三百二十七人還俗。孝明帝時，因僧徒附戶越來越多，下令奴婢不允許出家，地方出現私度為僧的，根據情況，要對鄰、里、縣、郡、州鎮官員進行處罰或免官。可是北魏限制寺院發展的辦法，並沒有獲得太明顯的實際效果。國家為了與寺院爭奪經濟利益，甚至出現了滅佛的事件。最著名的是太武帝滅佛，後來到北周還有周武帝滅佛。但滅佛的時間都不長，隨著國家與寺院經濟上的矛盾緩和，國家又重興佛法，寺院經濟不僅恢復，並又重新發展起來。

本章重點

本章主要說明北方社會經濟恢復和發展的特點以及北方寺院經濟發展的情況。這都是研究北魏社會不可忽視的重要問題。北魏農業、手工業和商業的發展，改變了十六國時期北方社會經濟殘破的狀況，這是社會進步的表現。寺院經濟的發展則與佛教在北方的廣泛傳播相聯繫。由於北魏民間信仰佛教的人數眾多，所以寺院經濟的發展規模要勝過南方。寺院經濟的發展，國家很多的編戶齊民投靠寺院成為依附戶，使國家賦稅來源受到影響，因此國家與寺院在經濟利益上存在很大的矛盾。

複習與思考

1. 試說明北魏社會經濟恢復和發展的特點。
2. 寺院經濟的發展對北魏的社會經濟有何影響？

第二十三章 職官的設置與社會等級結構

北魏早期職官設置包括傳統的拓跋鮮卑職官和消化吸收的魏晉職官。國家中央機構分為外朝和內朝兩大系統。外朝以尚書、中書、門下等機構為主，內朝則設置中曹、龍牧曹、羽獵曹、候官曹及內侍等機構，多沿襲拓跋氏舊制。在地方實行分部制，也實行郡縣制，實際為胡漢分治。孝文帝太和年間，兩次官制改革後，中央和地方職官的設置更加完備。尚書省成為總理全國事務的最高機構。在地方，廢除宗主督護制，實行三長制。

北魏社會存在高、低差別的不同等級。除了作為國家最高統治者的皇帝以及鮮卑勳戚之外，漢族世家大族居於社會的上層，他們在政治和經濟上都擁有很高的特權。世家大族之下，是地方豪強。北魏的地方豪強是無政治特權，但卻擁有豐厚家產、廣占土地的社會階層。社會中大量存在的是個體農民。他們是國家的編戶齊民，均田制實行後，他們是國家均田制下的自耕農民，這些農民是國家賦稅和徭役的承擔者。另外，在社會中還有各種不同類型的依附者，依附者的大量存在成為北魏社會的一大特點。社會的最下層是被官府和私人役使的奴婢。

第一節　職官的設置與改革

北魏的官制包括兩方面的內容，即拓跋鮮卑的傳統官制和逐步消化及吸收的魏晉官制。北魏建國後，隨著政權規模的擴大，兩種官制都有發展。道武帝拓跋珪承襲鮮卑舊制，實行分部大人制，先後設置了南部大人、北部大人、天部大人、中部大人。後來道武帝又將四部大人擴大為八部大人，分置於首都平城周圍，以加強對京畿的控制。八部大人稱大夫，各統一方，比照八座，也稱為八國。八座為魏晉尚書臺機構主要官員的簡稱，但八部大人並不是尚書臺的首腦。八部大人的主要職責是統領八部，鼓勵農耕，發展農業生產。八部大人屬官有大師、小師等。明元帝時，在中央又設八大人官，總理萬機，稱為八公。八大人不同於八部大人，地位更高，權力更大，是掌握全國政務的要官。後來，國家又在八大人的基礎上，改設六部大人，有天、地、東、西、南、北部，下設三屬官。六部大人既是中央的要官，也是部落的首領。北魏前期，既實行分部制，也實行郡縣制，實際為胡漢分治，只是胡漢的區分不十分嚴格。隨著北魏疆域的向南發展，占領漢族地區越來越廣大，原來的分部制不利於國家的統治，分部制逐漸為郡縣制取代。太安三年（四五七年），文成帝拓跋濬下詔：「以諸部護軍各為太守。」①正是北魏分部制為郡縣制取代的標誌。

北魏前期，國家中央機構分為外朝和內朝兩大系統。外朝以尚書、中書、門下等機構為主。內朝

①《魏書》卷一一三〈官氏志〉。

則設置中曹、龍牧曹、羽獵曹、候官曹及內侍等機構，多沿襲拓跋氏舊制。內朝的重要官職有內侍長、內侍校尉、內將軍、內三郎、內都幢將、內博士等。北魏建國初，設都統長、幢將等侍衛官。都統長領殿內衛兵，宿衛皇宮；幢將領三郎衛士，護衛皇帝，戰時隨皇帝出征。天賜三年（四〇六年），侍官系統擴大，設置內官二十人，與侍中、常侍相同，在皇帝左右侍奉。明元帝時，又增設麒麟官四十人，職責與常侍、侍郎相近。侍官在皇帝左右，既充當皇帝的顧問，又出宣詔命，權力很大。內朝中，設置內行長，為內朝諸官的長官，是皇帝的心腹，絕大多數由胡人充當。

內朝職官眾多，品秩不高，但實際地位很高，權力很大。國家許多重大事務和決策，在經過外朝議論後，還要經過內朝覆議。北魏內朝存在了很長的時間，直到孝文帝改革官制後，因為內朝的很多機構已經歸屬外朝，內朝的作用才逐漸消失。

北魏建國後，仿效魏晉，先後設置了丞相、三公、九卿等官職，建立了尚書、中書、門下、祕書諸省。北魏早期，中央實際以鮮卑官制為主，尚書、中書、門下三省有名無實。太武帝拓跋燾即皇帝位後，為加強中央集權，先後設置右民尚書、左右僕射、駕部尚書等，尚書省的職權和作用逐漸增強，後又設置了十一部尚書。孝文帝太和年間，兩次官制改革後，最後定為六部尚書，即吏部、殿中、儀曹、七兵、都官和度支尚書。其中吏部尚書地位最高，掌管選官。尚書長官為尚書令、左右僕射（有時只設僕射）。六部尚書下設三十六郎中，掌三十六曹。尚書省成為總理全國事務的最高機構。

北魏皇帝還為信任的貴族王公加錄尚書事，地位重要，有時在尚書令之上，有時在三省長官之上，總攬朝政，或代皇帝守衛京城，或輔佐幼主。

皇始元年（三九六年），北魏設置門下省，主要負責宣佈詔命，獻納諫書，掌宮內生活供奉等事。

門下省長官為侍中、黃門侍郎，常在皇帝左右，參與軍政謀議，平省尚書奏事，多由拓跋鮮卑人充任。屬官有散騎常侍、散騎侍郎、給事中等。孝文帝官制改革後，散騎諸官脫離門下省，另立集書省。宣武帝時，門下省的權力進一步擴大，不僅對尚書省奏事有駁議權，並且可以按下不報。因門下省長官能夠出入機要，參議國事，控制出納詔命的權力，所以很多擔任重要官職、執掌朝政者不許兼任門下省長官。

皇始元年還設置了中書省。中書省出納王言，總管文書。中書省長官為中書監、中書令，為權力的中心，多由少數民族充任。屬官主要有侍郎、議郎、舍人等。因要起草詔令，屬官多為有才華的漢族士人。道武帝統治後期，由於民族矛盾，中書省的作用開始減弱。明元帝時，改國子學為中書學，隸屬中書省，中書省成為官學的最高管理機構，也是拓跋鮮卑統治者安排漢族名士的最高機構。中書省設中書博士，品高權微，為名譽之官。孝文帝官制改革後，中書省的權力有所恢復，但始終沒有達到魏晉、南朝中書省的地位。北魏中期以後，中書監、中書令逐漸成為安置貴族的虛職。其屬官中書舍人、中書通事舍人負責起草詔令。一些出身寒微的人開始擔任中書舍人，受到皇帝的信任和重用。

北魏攻取并州後，在地方開始實行州、郡、縣三級地方制度。天賜三年（四〇六年），北魏正式建立地方官制。每州設三位刺史，郡設三位郡守，縣設三位縣令長。這種設置地方官員的方式，為北魏獨創。因為拓跋鮮卑貴族缺乏統治和管理漢族地區的經驗，不能不起用漢族士人任職，可是拓跋鮮卑貴族又對漢人不信任，所以不得不設置一位鮮卑地方官監視。這種一職三長的官制，弊端很多。以後隨著民族矛盾的緩和，逐漸過渡為一職一長的官制。

北魏前期，將郡、縣封為大小二等。孝文帝改官制後，將州、郡、縣分為大、中、小三等。州、郡、縣有上、中、下的區分。在沿邊的軍事要地，設置軍鎮，軍鎮長官為都大將，掌管軍鎮行政和軍事事務。

北魏刺史都帶將軍號，或為將軍兼任刺史，或刺史兼任將軍，所以刺史往往也掌軍權。因刺史掌管行政和軍事事務，所以一刺史之下，便有軍政二套僚佐。軍府僚佐主要有長史、司馬、諮議參軍等；州府僚佐主要有別駕、從事史、治中從事史等。此外，一些郡太守有時也領有將軍號。

北魏前期，縣以下沒有基層組織，實行宗主督護制。因為十六國時，戰爭頻仍，原來的基層行政組織早已蕩然無存。民間為了自保，使地方豪強出頭，召集宗族和依附農民，建立塢壁以自保。拓跋鮮卑進入中原後，承認塢壁存在的現實。可是宗主督護制存在諸多的弊端，因此，太和十年（四八六年），馮太后、孝文帝採納李沖建議，開始實行三長制。五家立一鄰長，五鄰立一里長，五里立一黨長，鄰長、里長、黨長都由當地的豪強出任。三長制可以保證北魏國家有效地徵收租調，分配徭役，清查戶口，劃分土地，維護治安等，對鞏固北魏政權起到了很大的作用。

第二節　社會等級結構

北魏存在不同的社會階層，這些不同的社會階層構成了層次明顯的等級結構。北魏國家以皇帝為最高統治者，是拓跋鮮卑貴族的總代表，當然是社會中最高等級。

在北魏皇帝之下，社會地位最高貴者，便是宗室諸王和鮮卑勳貴。宗室諸王和鮮卑勳貴擁有政治和經濟特權，世襲王爵和公爵，可以很容易獲得高官，參與國家的重要決策。北魏前期，宗室和勳貴在戰爭中，獲得大量的奴婢、財物和牲畜，占有很多的良田。孝文帝時期，將封爵由虛封改為實封後，他們被封為開國郡公和開國縣公，擁有數百戶和數千戶的食邑。他們在經濟和政治上都具有特權，保證他們在社會上占有高貴的地位。他們利用特殊的政治地位和雄厚的資產，從事工商業活動，獲得巨額的利潤；他們在生活上奢侈淫靡，極其腐朽。因為宗室諸王和鮮卑勳貴是北魏國家中的核心集團，所以他們的活動直接決定了北魏政權的命運。北魏後期政治的腐敗不堪，與這個階層腐朽糜爛有重要的關係。

北魏世家大族是社會中的重要階層。永嘉之亂後，一些漢族世家大族遷徙到江南，但北方還留下一些大族。他們在社會上勢力強大，擁有的政治特權不會因朝代的更迭受到影響，憑著他們的門第聲望，可以很容易加入統治階級。拓跋部進入中原後，就將北方的世家大族作為聯合和依靠的對象，保證他們得以穩固中原地區的統治。

北魏承認北方世家大族的門第地位；對投靠的世家大族，全部授予高官；對不肯歸順的大族，命地方官以禮相請。一些名冠中原的世家大族，雖然他們瞧不起只會彎弓騎射的拓跋鮮卑貴族，但為了家族的利益，保持他們高貴的社會地位和入仕的特權，不能不離開鄉里，到北魏政權中出任高級官員。他們與拓跋鮮卑貴族既存在民族隔閡，也心存著依賴。

孝文帝遷都洛陽後，制定姓族，更鞏固了漢族世家大族的社會地位。山東地區，范陽盧氏、清河崔氏、滎陽鄭氏、太原王氏、趙郡李氏為最高門第；河東和關中地區，裴、柳、薛、韋、楊、杜為首姓。這些世家大族取得了入仕的優先權，也不做事繁級低的「猥官」，只任清簡重要、容易晉升之職。漢族世家大族在政治和經濟上，取得了很多的特權，成為北魏進行統治的依靠力量。

北魏的地方豪強是指在社會中無政治特權，卻擁有豐厚家產，廣占土地的社會階層。他們在地方擁有勢力和影響力，文獻中將他們稱為「豪右」、「土豪」、「富豪」等。西晉永嘉之亂後，地方行政組織完全破壞。這些地方豪強糾集宗族，修築塢壁，雄踞地方，成為地方上的實際統治者。因為這些地方豪強也是一大宗族之主，因此稱他們為「宗主督護」。北魏拓跋鮮卑貴族進入中原後，承認地方豪強的地位，並讓他們管理宗族和當地的自耕農民。

在宗主督護制下，地方豪強能夠為北魏政權維護地方治安，可是他們利用在地方的勢力，擴大依附人口的數量，隱瞞戶口，侵吞租調，使他們的財富增殖速度極快。北魏對地方豪強一直實行拉攏的政策。在實行宗主督護制時，就請一些豪強出任國家官員。三長制實行後，地方豪強仍然擁有部曲、家兵等私人武裝，所以北魏政權實行的一些措施，就不能不顧及到這些地方豪強的利益問題。

個體農民是北魏國家控制的編戶齊民。在當時社會階層中，他們的數量最多。北魏個體農民的構成比較複雜。北魏前期，個體農民有兩種。一種為中原自耕農，多為漢人，也有十六國時期漢化的諸少數民族，他們有自己的土地和農具。拓跋鮮卑進入中原後，成為北魏國家的編戶。另一種是代北地區「計口授田」的農民，在他們中間有一些拓跋鮮卑人、被征服的漢人和沿邊遊牧民族的部民。他們在代北時，沒有任何生產資料，土地、農具、耕牛都是由國家統一配給。後來隨著形勢的發展，逐漸擁有了生產資料，成為自耕農。孝文帝時，國家實行均田制，使一些流亡農民和依附農回到分配的土地上，重新成為國家的編戶。孝文帝遷都洛陽後，拓跋鮮卑人也分配到土地，其中一部分人也成為自耕農民。

北魏個體農民在農業生產中起到重要的作用。他們以農耕為主，也兼營紡織、園圃和家畜飼養，其中紡織業是最重要的家庭副業。北魏為了促進家庭紡織業的生產，在均田令中規定，男夫除了受露田四十畝之外，還受桑田二十畝或麻田十畝，種植桑、麻，提供紡織原料。北魏個體農民進行農業生產，同時也從事副業生產，構成自給自足的家庭經濟。

北魏個體農民除了極少一小部分可以成為殷實的富戶之外，大部分極容易破產。這些農民面臨國家租調和徭役的壓榨，還要經受自然災害的打擊。特別是北魏國家在正常的租調制外，額外再徵收沉重的賦稅，國家強加給個體農民的徭役負擔也越來越沉重，在繁苛的賦稅盤剝和沉重的徭役壓榨之下，一些農民無法生存，不能不舉家外逃。孝昌年間，河陰縣令高謙之上疏說：「況且頻年以來，多有徵發，民不堪命，動致流離，苟保妻子，競逃王役，不復顧其桑井，憚比刑書。」②到北魏後期，這種情況越加嚴重。一些地方甚至出現了十室九空的現象，個體農民數量驟減，社會階層的穩定受到極大破壞。這些流亡的個體農民，一些流入豪強之家成為依附人口，一些亡命到山澤中以漁獵為生，還有相當一部分個體農民遁入寺院，成為寺院的附戶。

北魏個體農民是國家財政的主要來源，也是國家政權得以鞏固的基礎，但北魏國家不能夠保證個體農民的穩定，也就動搖了統治的基礎。

在北魏社會中存在大批的依附人口，他們的社會地位低於個體農民。這些依附人口託身於世家大族或地方豪強的田莊中，為他們耕作，只向大族或豪強交納田租。十六國時期，北方社會「百姓因秦、晉之弊，迭相蔭冒，或百室合戶，或千丁共籍」③。北方依附人口大量湧現的情況，到北魏時期也沒

---

②《魏書》卷七七〈高崇傳附子謙之傳〉。

有改變。北魏進入中原地區後，個體農民為了躲避戰亂，紛紛逃離家鄉，投靠蔭庇在大族或豪強之家。《魏書．李沖傳》稱：「民多隱冒，五十、三十家方為一戶。」這些脫離了國家戶籍的依附人口，依靠大族或豪強的保護，雖然人身安全有了一定的保證，但受到大族或豪強的盤剝是很沉重的，交納的租稅遠遠高於國家的賦稅。

北魏前期依附人口數量很多，中期經過均田制的推行後，依附人口驟減，到了後期因國家政治敗壞，對個體農民壓榨沉重，依附人口數量猛增，甚至超過了北魏前期。特別是北部邊鎮的士兵。他們雖稱為府戶，但地位如同「廝養」，受到鎮將的殘酷盤剝，地位與依附人口相似。

北魏個體農民淪為依附人口，不但要為主人勞作，還要為主人作戰。他們為主人耕作，稱為典客；充當主人的私兵，則稱為部曲。當時官僚、大族和豪強都擁有大量的部曲。一些部曲主擁有部曲多達千人。北魏後期，爾朱榮就擁有部曲數千人。

北魏還存在一些與國家有緊密依附關係的民戶。這些依附民戶名目很多，一般稱他們為雜戶。文獻記載中有隸戶、軍戶、營戶、屯戶、牧戶、樂戶、細繭戶、羅穀戶、綾羅戶、金戶、鹽戶、工戶等。這些民戶從事手工業生產，專門為皇帝和各級官府服務，又有不同於平民的特殊戶籍，所從事的生產世代相傳。他們的社會地位明顯低於個體農民，很難脫離國家對他們的控制。

北魏社會地位最低的階層，是官私奴婢。拓跋鮮卑入主中原，也帶來大量役使奴婢的落後習慣。北魏一朝，國家擁有數量很多的官奴婢。北魏官奴婢來源於戰俘、掠奪的人口和罪犯。這些奴婢被分

---

③《晉書》卷一二七〈慕容德載記〉。

配到各官府，從事各種雜役、農業、手工業和牧業活動。平民淪為官奴婢後，失去自由，一些人到老年可以放免，一般終身為奴。

北魏私人奴婢的數量很多。貴族官僚、世家大族、地方豪強和富商巨賈蓄養的奴婢數量驚人。比如高陽王元雍有奴婢六千、妓女五百，尚書令李崇有奴婢千人。這些貴族官僚獲得奴婢，一些來自國家的賞賜，一些來自掠奪，還有一些來自買賣。私人奴婢多從事生產勞動，勞動的項目十分廣泛，諸如趕車、侍從、守門、清掃等，都由奴婢擔任。姿色較佳的女婢則成為主人的妾或妓，專門侍奉主人，或者演奏歌舞。

本章重點

本章著重說明的是北魏職官的設置和社會等級結構情況。職官設置屬於國家進行政治統治的重要方面，社會等級結構為北魏社會的重要特點，這都是認識北魏國家統治特徵不能夠忽視的問題。

複習與思考

1. 北魏職官的設置有何特點？
2. 分析北魏社會等級的構成狀況。

第二十四章 北魏的分裂與衰亡

北魏從分裂走向衰亡，經歷了複雜的歷史過程。從宣武帝開始，北魏最高統治集團內部的矛盾開始逐漸尖銳化，一些王公貴戚和官員的生活也腐化墮落。孝明帝以後，北魏國家政事怠惰，綱紀不舉。同時，北方六鎮軍人地位的低下，激起了他們強烈的不滿，因而爆發了六鎮之亂。接著北魏境內又發生了許多反叛，其中對北魏政局影響較大的是河北之亂。河北之亂不僅打擊了北魏的統治，也使爾朱榮能夠崛起，操縱控制北魏政權。爾朱榮發動「河陰之變」，消滅了北魏統治集團的大部分力量，但專權不久就被殺。在河北之亂中起家的高歡消滅爾朱氏，控制了洛陽的朝政。高歡以六州鮮卑作為依靠力量，以晉陽作為根據地，遙控洛陽的政局。在高歡勢力發展的同時，武川軍人宇文泰占據長安，也成為一個勢力強大的軍事集團。孝武帝元脩不甘心受高歡控制，最後逃離洛陽，投奔宇文泰。高歡立清河王元亶孫元善見為皇帝，是為孝靜帝。北魏分裂為東、西魏，北魏隨之不復存在。

第一節　統治階級的腐朽

北魏自孝文帝改革，遷都洛陽後，國勢日益強盛。可是從宣武帝統治以後，在統治集團中，腐朽勢力開始增長。對於腐朽勢力，宣武帝沒有採取有力的遏制措施，反而積極推行寬政，減輕刑法。宣武帝的做法，很大程度上，是對鮮卑宗室貴族和漢族世家大族的寬縱。他的寬縱措施，使元氏宗室集團的腐敗更為加劇。比如北海王元詳貪得無厭，大量收取賄賂，他的居室內，珍奇盈集。為了修建宅寓，他開築山池，花費巨萬，仍不滿足。宣武帝對元詳的貪得無厭、奢侈淫靡，不僅不加以制止，反而隆寵有加，軍國大事全部交給他裁決。其他的宗室勳貴也是如此。京兆王元愉追逐淫靡生活，貪縱不法。咸陽王元禧為宰輔之首，大肆收受賄賂，貪淫財色，姬妾數十，奴婢數千。

在宗室勳貴淫靡生活風氣的影響下，地方官員大多數不務正業，在他們的管轄地區，不努力安民，競相獲取不義之財。定州刺史元琛依賴權勢，收取賄賂，貪婪之極。齊州刺史元鑒判案以所受賄賂的多少來決定，以致賄賂財物充塞官衙。這些地方官員除了大量受賄之外，還憑藉他們的特權經營商業，占奪良田。邢巒治齊州，兼營商業，盈利無數，受到當時人的鄙視。

宣武帝施政試圖以寬縱的措施營造國內太平的景象，但是卻使統治集團的腐敗風氣蔓延，浸透國家機體，腐蝕整個社會。因此《魏書．肅宗紀》說：「魏自宣武已後，政綱不張。」

宣武帝的文治措施，還加深了鮮卑貴族和漢族世家大族間的矛盾。在宣武帝即位之初，任城王元澄因漢族世家大族王肅地位在他之上而憤憤不平。元氏宗室對他們地位開始沒落的狀況，心存深深的哀楚和憂慮。他們以加倍地貪奪、聚斂、揮霍和縱欲，來發洩內心的不滿，甚至一些元氏宗室開始反叛朝廷。景明二年（五〇一年），咸陽王元禧伺機造反，為宣武帝擒殺。正始元年（五〇四年），宣武帝相信親信高肇讒言，冤殺北海王元詳。後宣武帝又殺彭城王元勰、京兆王元愉，其餘諸王也不同程度地受到打擊。宣武帝與元氏宗室的矛盾加劇，是北魏統治集團內部激烈鬥爭的開始。

第二十四章

北魏的分裂與衰亡

延昌四年（五一五年），宣武帝病死，子元詡即位，就是孝明帝。孝明帝年幼，高肇專權。孝明帝命高陽王元雍等殺高肇，于忠等擁立胡太后。這時，北魏統治集團內部鬥爭激烈。胡太后為抑制鬥爭雙方的勢力，重用宦官劉騰。劉騰得寵後，壓制百官，肆意干預朝政。胡太后的這種做法，又加深了世家大族與代北勳臣之間的矛盾。胡太后向代北勳臣妥協，暫時穩定了局面。但在胡太后的統治之下，腐敗的風氣更甚。北魏統治集團貪奪、僭逾的行為，使腐敗的風氣迅速蔓延。

在胡太后親政期間，賣官已經成為公開的行為。元暉擔任吏部尚書時，賣官納貨都有定價，大郡官吏值二千匹，次郡為一千匹，下郡為五百匹，其餘官職也有不同的價格，天下號稱「市曹」。許多漢人和少數民族富商大賈憑藉經濟實力，通過交易獲得官職，有了從政的機會，北魏的統治結構發生變化。但胡太后縱容賣官，產生的負面影響很大，使北魏後期的吏治更加敗壞。

胡太后執政時，官員經商的活動迅速發展，如決堤之水，一瀉不可收拾。大長秋劉騰經營販運轉賣，遍及全國，一年獲利以巨萬計。揚州刺史李崇有家產巨萬，但依然販賣聚斂，貪欲不止。

這些宗室勳臣和官僚將聚斂剝奪的財物，拼命地進行揮霍。高陽王元雍修建宅第富麗堂皇，勝過皇宮；有僮僕六千，妓女五百；衣著華貴，配飾光彩異常。當時人說，元雍的奢侈生活，自漢晉以來，從來沒有過。河南王元琛與元雍爭富，造文柏堂，堂前置玉井金罐，有妓女三百人，盡為國色。從西域求來千里馬十多匹，都配金鎖環，用銀馬槽。他與諸王飲酒，酒器有水精鋒、赤玉巵、瑪瑙碗，做工精妙，都是中土不曾見過的寶物。元琛曾對章武王元融說：「不恨我不見石崇，只恨石崇不見我！」

胡太后當政後，因為她崇尚佛法，所以將佛寺的修建推向高峰。在京城洛陽造永寧寺、太上公寺等，花費了大量的資財。又在外州營建五級佛圖，施捨各寺廟的財物，一次就達上萬。因為大量錢財

胡太后亂政

孝明帝因為年紀小，由他母親胡太后臨朝。胡太后天資聰慧，主持朝政之初，還真有點馮太后的賢德，親理萬機、批閱公文，下詔製作申訴車，經常駕駛著申訴車，以接納百姓投訴的冤情。然而胡太后骨子裡是個專橫的人，倚仗她的權勢，威逼清河王元懌與她通姦，淫亂不堪，領軍元叉、宦官劉騰等人發動宮廷政變，迎請孝明帝元詡親政，將胡太后軟禁於北宮。後來胡太后與孝明帝、元雍聯手，解除了元叉的領軍職務，再次臨朝攝政。重新執政的胡太后為了滿足自己的淫欲，與鄭儼在宮中公開通姦，鄭儼靠此權傾天下，李神軌、徐紇等小人也都深受太后的寵信。三人左右朝政，大施淫威。從此，北魏朝政日趨衰敗，法紀鬆弛、賞罰不明，官員大肆貪汙。胡太后害怕自己的醜行招致皇族的不滿，遂在宮中培植黨羽，孝明帝所寵信的人，胡太后總是找藉口將他們殺掉。為此胡太后與孝明帝母子之間，屢次發生衝突。後來，胡太后毒死孝明帝，又立三歲的元釗為皇帝，天下一片譁然。這時軍閥爾朱榮以此為藉口，起兵南下進入洛陽，將胡太后與幼帝沉入黃河溺死。

用來事佛，使金銀價格騰踴直上。永寧寺建成後，金像高八丈一，佛圖高九十丈，佛殿如太極殿，寺南門如端門。至夜深人靜時，鈴鐸聲可傳十多里遠。自佛教傳入中國，佛塔的修建從未如此之盛。

後胡太后被元叉、劉騰囚禁，元叉向孝明帝獻媚，取得了信任。可是元叉得志之後，沉湎於酒色之中，淫亂無忌。他使一些輕薄趨勢之徒占據重要的官位。元叉的父親京兆王元繼依仗元叉的勢力，貪縱不法，聚斂不已，與其妻子大肆收受賄賂，操縱選舉，以致各地守牧令長，都是貪汙之輩。從此之後，北魏國家政事怠惰，綱紀不舉，百姓窮困，人心思亂，國家的統治秩序開始混亂，社會不穩定的局面也呈現出來了。

第二節　六鎮之亂與河北之亂

一、六鎮之亂

北魏朝政由元叉控制之後，政風大壞，朝野上下普遍失望，國內固有的矛盾進一步激化，終於使北魏末年各民族反抗爆發。這次起事是以六鎮的反抗為先導的。

孝文帝遷都洛陽後，有一些拓跋鮮卑宗室勳臣還留居代北。至孝明帝熙平二年（五一七年），仍然有許多宗室勳臣住在北方。孝明帝對這些留住的鮮卑貴族，不僅不動員他們南遷，反而採取了限制他們南遷的措施。即使這些人南遷洛陽，也沒有他們的地位。

留居代北的鮮卑人，除了少數居住在平城舊京外，大部分都被派去戍守北邊六鎮。北邊六鎮是從道武帝至太武帝時，在平城周邊陸續建立的沃野（內蒙古五原北）、懷朔（內蒙古固陽南）、武川（內蒙古武川西）、撫冥（內蒙古四子王旗東南）、柔玄（內蒙古興和北）、懷荒（河北張北北）六鎮。另外，六鎮之外，還有禦夷（河北赤城北）、高平（寧夏固原）、薄骨律（寧夏靈武西南）等戍鎮。北魏設置這些軍鎮的目的，主要是為了防禦柔然的入侵。

北魏初建這些戍鎮時，鎮戍將士的身份和地位都是很高的。可是遷都洛陽後，鎮將的地位逐漸降低，他們被置於漢化後的北魏世族圈之外，「中年以來，有司乖實，號曰府戶，役同廝養，官婚班齒，致失清流」①。北魏遷都洛陽後，對六鎮的管理也大為放鬆。軍鎮鎮將多不稱職，政以賄立，軍鎮兵戶的處境，更加困苦。文成帝以後，開始將死刑犯遷徙到各軍鎮，使軍鎮人口的成分更為複雜。

北方軍鎮的生活與首都洛陽相比，差別巨大。自北魏遷都洛陽後，經過四十多年的經營，成為「禮儀富盛，人物殷阜」②的大都市。北魏鮮卑貴族財物豐厚，一般士人也通過不同的途徑，成為資產巨萬的富豪。但在北邊軍鎮，除了少數的上層官員依靠貪汙、受賄聚斂的財物還能夠具有比較高的生活水準外，絕大部分的鎮戍士兵過著淒涼饑苦的生活，「窮其力，薄其衣，用其工，節其食，綿冬歷夏，加之疾苦，死於溝瀆者常十七八焉」③。

北魏自從孝文帝太和十六年（四九二年）以來，對柔然保持友好的態度。柔然對北魏基本上沒有

① 《北齊書》卷二三〈魏蘭根傳〉。
② 《洛陽伽藍記》卷二〈城東〉。
③ 《魏書》卷六九〈袁翻傳〉。

第二十四章
北魏的分裂與衰亡

進行過大規模地軍事進犯。北魏遷都洛陽後，柔然多次派使者向北魏稱藩。孝明帝繼位後，柔然醜奴可汗先後三次派使者向北魏表示友好。正光元年（五二〇年）十月，柔然阿那瓌可汗親自率領臣屬出使北魏，聲明柔然的先世與北魏同出一源。孝明帝封阿那瓌可汗為朔方公、蠕蠕王，待遇如親王。因為北魏與柔然關係的改善，所以就對北方邊鎮更加不重視，國家對柔然的防禦十分鬆懈。

正光四年（五二三年），柔然發生了大饑荒。阿那瓌可汗忽然一反常態，放棄與北魏保持友好的態度，親自率領三十萬大軍公然進犯邊境。孝明帝抽調十五萬軍隊阻擊，阿那瓌退兵，北征大軍無功而還。阿那瓌發兵進犯柔玄、懷荒二鎮後，懷荒鎮民要求鎮將于景開倉賑濟，可是于景不答應，因此激怒了鎮民。他們憤然殺死于景。

正光五年（五二四年）三月，沃野鎮人破六韓拔陵與高闕戍主「率下失和」，他聚眾殺死戍主，開始反叛。破六韓拔陵是從東漢以來就加入鮮卑部落的匈奴人後裔。參加反叛的衛可孤、王也不盧等人，大多數是鮮卑人。

破六韓拔陵率軍攻占沃野鎮，改元真王，揮軍南下。北方邊鎮鮮卑人和漢人都紛紛響應。破六韓拔陵又攻下武川、懷朔兩鎮，在五原白道（內蒙古呼和浩特北），連敗北魏軍，六鎮全部為反叛軍占領。孝明帝只好請柔然出兵幫助平定反叛軍。孝昌元年（五二五年）春天，柔然主阿那瓌率領大軍十萬，進攻武川鎮，又轉攻沃野鎮，反叛軍多次交戰均失利。六月，破六韓拔陵渡黃河南移，尚餘部眾二十萬。北魏廣陽王元淵率軍夾擊，破六韓拔陵無法掩護六鎮軍民全部後撤，使六鎮兵民二十餘萬，全部為元淵截獲。破六韓拔陵兵敗後，下落不明。

北魏六鎮經過起事軍和北魏軍的戰爭，以及柔然的破壞，已經破敗不堪，生產組織破壞無餘。北魏國家派黃門侍郎楊昱將這些六鎮降戶分散到定州、冀州、瀛州就食。但六鎮降戶與北魏國家的矛盾沒有消失，依舊十分尖銳。

二、河北之亂

六鎮反抗失敗後，北魏開始將六鎮降戶二十餘萬遷徙到河北地區。這二十萬降戶在遷移的路途上，忍飢挨餓，異常悲慘。他們到達河北後，正值這裡自然災害嚴重，連年饑荒，居民四處逃散。在這種形勢下，六鎮降戶幾乎無處就食，難以在河北生存。

孝昌元年（五二五年）八月，柔玄鎮兵杜洛周在上谷郡率眾反抗。起事軍南進，包圍燕州。安州的石離、穴城、斛鹽三地戍兵也起事響應。孝昌二年（五二六年）十一月，杜洛周攻取幽州。武泰元年（五二八年）正月，杜洛周率軍南進，不久又攻取定州和瀛州，並擊敗柔然增援北魏的一萬援兵。

在杜洛周舉兵反抗四個月後，原五原降戶鮮于修禮也率六鎮徙民在定州左人城起兵，起事軍發展到十多萬人。後鮮于修禮受到北魏都督楊津的進攻，被迫後撤。不久，鮮于修禮軍內部發生變故，部將元洪業殺掉他，準備投降北魏。鮮于修禮的另一部將葛榮又殺元洪業，成為起事軍的統帥。葛榮在博野（河北蠡縣）白牛邏，擊潰了北魏的主力軍，殺死左軍都督章武王元融。不久，葛榮在定州附近又擊斬魏軍大都督廣陽王元淵。起事軍聲勢浩大，勢不可擋。葛榮自稱天子，國號齊，建元廣安。孝昌三年（五二七年），葛榮攻占殷州、冀州，殺殷州刺史崔楷，俘虜冀州刺史魏宗室元孚。次年，葛榮又攻占定州。不久，起事軍發生火拼，葛榮殺杜洛周，將其部眾全部收編。這時，葛榮攻占了冀、定、滄、瀛、殷五州之地，擁有部眾數十萬，號稱百萬。

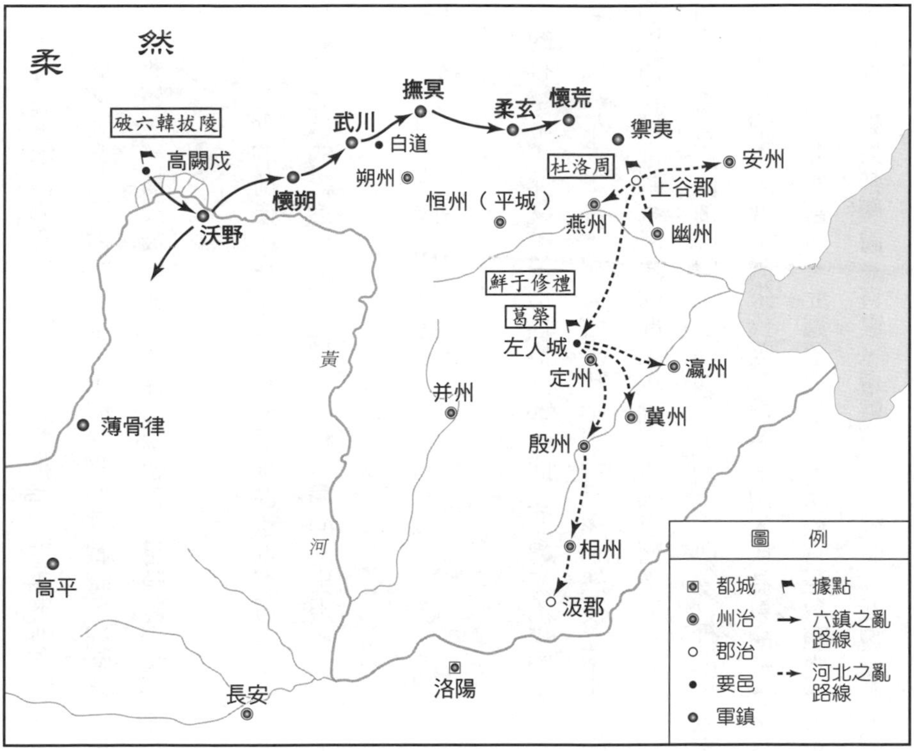
柔　然
破六韓拔陵
高闕戍
沃野
懷朔
武川
白道
撫冥
柔玄
懷荒
禦夷
朔州
恒州（平城）
杜洛周
上谷郡
安州
燕州
幽州
鮮于修禮
葛榮
左人城
定州
瀛州
冀州
殷州
相州
汲郡
并州
薄骨律
高平
黃
河
長安
洛陽
圖　例
都城
州治
郡治
要邑
軍鎮
據點
六鎮之亂路線
河北之亂路線

圖二四　六鎮、河北之亂圖

是年八月，葛榮率軍圍攻相州，大軍前鋒已經越過汲郡，直指洛陽。這時，北魏政權已經被契胡族酋長爾朱榮控制。九月，爾朱榮親率精騎七千，倍道兼程，迅速東出滏口（河北磁縣西北），迎擊葛榮軍。葛榮面對強敵，麻痹大意，不做充分準備，與爾朱榮交戰時，列陣數十里，嚴重分散兵力。爾朱榮乘機發起衝鋒，大敗葛榮。葛榮被俘虜，押往洛陽斬首。葛榮數十萬大軍，一朝散盡，北魏國家平定了河北地區的叛亂。

此外，在六鎮、河北暴動的前後，在山東、關隴等地區也都爆發了反北魏統治的起事。北魏末年這些反抗的爆發，打擊了北魏的統治，促使北魏分崩離析局面的出現。

第三節　河陰之變與北魏的分裂

在各地反叛勢力的打擊下，北魏的統治搖搖欲墜。而在北魏統治集團內部，各派勢力的鬥爭也十分尖銳。武泰元年（五二八年）二月，胡太后毒死孝明帝元詡，然後立孝明帝的堂侄元釗為帝。這時元釗只有三歲。契胡族酋長爾朱榮乘洛陽內部出現變亂，率軍南下。

爾朱榮是秀容川人。秀容川源於少陽山（山西交城西），流經今神池、五寨、保德，爾後注入汾水。這條河就叫朱家川，也稱爾朱河。爾朱氏因其得名。爾朱氏為東胡一支，世代為酋帥。到爾朱榮父親爾朱新興時，其家族已經非常富有。北魏國家任爾朱新興官至散騎常侍、平北將軍、秀容川第一領民酋長。爾朱新興死後，爾朱榮襲爵為直寢、遊擊將軍。這時，北魏境內四方兵起，天下大亂。爾朱榮乘機召集義勇，散財結士，聚集力量。他先後奉北魏朝廷之命，平定了并州等地的叛亂，進升為

第二十四章

北魏的分裂與衰亡

平北將軍、北道都督。杜洛周和葛榮起事軍在河北活動時，爾朱榮上表朝廷，要求平叛，被任命為征東將軍、右衛將軍，及并、肆、汾、廣、恒、雲六州都督，前去鎮壓。武泰元年二月，杜洛周與葛榮火拼，葛榮殺杜洛周。杜洛周部屬高歡、段榮率眾投靠爾朱榮，因而爾朱榮的力量更加強大。高歡勸爾朱榮乘天下大亂，奪取北魏政權。爾朱榮準備南下奪取洛陽，因此上書朝廷，要先進軍相州，但遭到胡太后拒絕。他只好率軍東進井陘，等待時機。

爾朱榮乘洛陽宮廷政變，與元天穆密謀立長樂王元子攸為帝，元子攸表示同意。因此爾朱榮抗表起兵，進軍洛陽。爾朱榮占據洛陽後，在洛陽城中大肆殺戮。他沉胡太后和幼主元釗於河陰（河南孟津東北）。次日，爾朱榮以祭天為名，將洛陽百官引至行宮西北，命騎兵將他們包圍。爾朱榮聲稱，天下大亂，孝明帝暴崩，都是由於朝廷官員暴虐，不能夠匡救所致。然後，他縱兵屠殺百官。丞相高陽王元雍、司空元欽等十三王及公卿以下三千餘人全部被殺，史稱「河陰之變」。洛陽城中的鮮卑貴族和在北魏朝廷任職的漢人大族幾乎消滅殆盡。

爾朱榮擅政後，憑藉精悍善戰的契胡族騎兵，很快消滅了各地的反叛力量。雖然國內的反抗勢力被消滅，但統治者內部的鬥爭更加尖銳了。永安三年（五三〇年）九月，爾朱榮從晉陽入朝洛陽，孝莊帝元子攸乘爾朱榮入宮朝見之時，設伏兵殺死爾朱榮。爾朱榮從子爾朱兆等起兵為爾朱榮復仇，攻陷洛陽，殺孝莊帝，改立廣陵王元羽之子元恭為帝，是為節閔帝。

當時爾朱兆、爾朱天光、爾朱仲遠分別占據并州、關中、徐州等地，並且，爾朱彥伯、爾朱世隆兄弟在朝秉政。由於爾朱氏的專權，使北魏國內形勢極其混亂。在河北地區反抗被平定後，六鎮兵民尚有二十萬，被遷移到并州一帶。這些反抗的六鎮兵戶，除了武川的一部分，由賀拔岳率領隨爾朱天光西征關中，後來成為宇文泰的主要軍事力量之外，大部分的兵戶留在晉州，不時進行反叛。這時曾加入爾朱氏軍事集團的高歡，正任晉州刺史。他向爾朱兆建議，對晉州的六鎮兵民採取安撫的措施，不可盡殺。爾朱兆命高歡統領恒、燕、雲三州的六鎮兵民。高歡將他們組織成為軍隊。後因饑荒，高歡徵得爾朱兆的同意，又使六鎮兵民前往山東就食。這樣高歡就掌握了三州六鎮兵民，有了可以依靠的軍事力量。

高歡（四九六－五四七年），鮮卑名為賀六渾，自稱是渤海蓨（河北景縣東）人。因祖父犯罪發配到懷朔鎮充兵戶。高歡曾任懷朔鎮函使，只是傳送公文的小軍官。六鎮兵民起事後，高歡加入起事隊伍。後來他背叛葛榮，投降了爾朱榮。爾朱榮掌握洛陽朝政後，利用高歡與河北起事軍的關係，派他去河北分化六鎮兵民。後因鎮壓叛亂有功，升為第三鎮民酋長、晉州刺史。爾朱榮死後，高歡又得到爾朱兆的重用。

建明二年（五三一年），高歡到達太行山以東的河北地區。儘管河北的形勢複雜，但他依靠冀州大族封隆之、高乾、高昂的支持，控制了信都，並安置三州六鎮兵民。北魏政權為了安撫高歡，封他為渤海王，任命他為東道大行臺、冀州刺史。高歡在牢牢控制了三州六鎮的兵民後，進一步在河北發展勢力，尋找機會反叛爾朱氏。不久，高歡派軍誘殺殷州刺史爾朱羽生，開始與爾朱氏決裂。隨後高歡擁立北魏宗室疏屬元朗為皇帝，他自稱丞相、都督中外諸軍事、大將軍、錄尚書事、大行臺。對高歡的自立，爾朱兆極為憤怒，親自率軍征伐高歡。高歡與爾朱氏在河北一帶多次交戰，反覆爭奪，逐漸在軍事上占據優勢地位。普泰二年（五三二年）四月，高歡攻入洛陽，廢殺節閔帝元恭和元朗，另立廣平王元懷之子平陽王元脩為帝，這就是孝武帝。高歡自任大丞相，控制了北魏的實際大權。

第二十四章

北魏的分裂與衰亡

太昌元年（五三二年）七月，高歡攻占晉陽，爾朱兆逃歸北秀容。次年，高歡擊殺爾朱兆，爾朱氏的勢力被徹底消滅。高歡在晉陽修建丞相府和晉陽宮，將晉陽變為他霸業的政治和軍事中心。他又將三州六鎮兵民從河北遷回，居住在晉陽的周圍，把六鎮改置為朔、顯、蔚三州，分別僑置於并州和汾州界內，從此三州六鎮鮮卑改稱為六州鮮卑，成為高歡的主要軍事力量。

高歡消滅爾朱氏後，他自己居住在晉陽，遙控洛陽政權。孝武帝元脩不願意完全受制於高歡，所以不久就與高歡的矛盾越來越尖銳。孝武帝在洛陽殺死高歡的親信高乾，迫使高乾弟高昂、高慎逃往晉陽避難，高歡與孝武帝的關係更加緊張。晉陽和洛陽的對立，在軍事上大有一觸即發之勢。

孝武帝元脩試圖依靠擁兵關隴的賀拔岳軍事集團作為後援，所以任用賀拔岳的弟弟賀拔勝為荊州刺史，這樣孝武帝就與賀拔岳軍事集團聯繫得更加密切。不久，賀拔岳被殺，孝武帝又扶植關隴軍事集團的宇文泰來對抗高歡。永熙三年（五三四年）五月，孝武帝元脩下詔，徵發河南各州軍隊，表面是準備征伐梁朝，實際要襲擊晉陽。高歡瞭解到孝武帝的真正意圖，調集二十萬大軍分路南下。孝武帝無力與高歡對抗，只好放棄洛陽，匆匆忙忙逃往長安，投奔宇文泰。

高歡進入洛陽後，擁立清河王元懌孫元善見為皇帝，稱為孝靜帝。當時元善見才十一歲，實際權力為高歡所控制。高歡認為洛陽面臨宇文泰的軍事威脅，因此決定以鄴為都城，並將孝靜帝遷至鄴。歷史上將遷都至鄴城的魏，稱為東魏。

孝武帝逃到長安後，宇文泰也試圖控制他。孝武帝不甘心受制於宇文泰，與宇文泰的矛盾日益尖銳。是年冬天，宇文泰毒死孝武帝，擁立京兆王元愉子元寶炬為帝，是為西魏文帝。

北魏自登國元年（三八六年）拓跋珪稱帝起，至永熙三年北魏分裂為東、西魏，共歷十二帝，立國一百四十八年。

本章重點

本章著重說明北魏分裂和衰亡的過程。北魏走向分裂，是由多種因素造成的。需要注意到北魏統治集團的日益腐朽墮落，要看到北魏末年國內社會各種矛盾的激化，其中六鎮和河北之亂是矛盾激化的結果。這些變亂為爾朱榮專權創造了機會，也使高歡和宇文泰利用變亂的力量，成為擁兵自重的軍事集團。在這種形勢下，北魏分裂也就不可避免了。

複習與思考

1. 六鎮之亂和河北之亂對北魏政權有何影響？
2. 試分析北魏分裂的歷史原因。

第二十五章 北齊、北周的對峙與北周統一北方

北魏分裂後，出現了東魏和西魏對峙的局面。東魏的實際最高統治權力為高氏集團所控制，而西魏的最高統治權力為宇文氏集團所控制。後高歡子高洋廢東魏孝靜帝，建立北齊。宇文泰子宇文覺也取代西魏恭帝元廓，建立北周。北齊與北周仍然處於軍事對峙中。北齊政權在國內實行均田制、屯田制，發展社會經濟。在政治上，主要依靠鮮卑貴族，也聯合一些漢族世家大族進行統治。北周政權先後實行了均田制、府兵制，並依據《周禮》進行官制改革。在政治上，主要依靠漢族世家大族進行統治。北齊統治末年，內政混亂，政治腐敗，國家統治搖搖欲墜。在北周，周武帝登基後，勵精圖治，國內政治清平，積極備戰。他率軍東征，最後消滅北齊，統一北方，為隋朝實現全國統一奠定了基礎。

第一節 北齊的建立及其統治

高歡立元善見為帝後，改永熙三年為天平元年（五三四年），建都於鄴。但高歡卻將丞相府設在晉陽，總攬東魏大權，遙控居於鄴的東魏孝靜帝。武定五年（五四七年），高歡病死，子高澄繼立。高澄承襲高歡的全部官爵，並積極準備奪取皇帝位。他對孝靜帝極為不恭，曾使人以拳毆擊孝靜帝。然而，

高澄還沒有來得及奪取帝位，就被刺客殺死。高澄弟高洋繼掌大權，任丞相、都督中外諸軍事、錄尚書事、大行臺，又封為齊郡王。武定八年（五五〇年）五月，高洋廢孝靜帝，奪取東魏帝位，改年號為天保，改國號為齊。史稱北齊，稱高洋為齊文宣帝。

高洋在位時，是北齊國力鼎盛的時期。北齊有戶口三百萬，人口二千萬。北齊占有今黃河流域下游的河北、山東、山西、河南及蘇北、皖北等地區，這些地區是中原富庶的糧食產區。

高氏集團在統治區內，推行均田制。早在高歡掌權時，就進行了均田，依然採取北魏的制度，只是受田時間改在每年十月。河清三年（五六四年），齊武成帝高湛又頒佈了均田和賦役法令。均田令規定：男子十八歲以上、六十五歲以下為丁，十六歲以上、十七歲以下為中，六十六歲以上為老，十五歲以下為小。男子十八歲受田，二十歲充兵，六十歲免力役，六十六歲退田，免租調。奴婢按良人的規定受田，丁牛一頭受田六十畝，只限四頭牛受田。土地不適宜種桑樹，給麻田。對親王、官員和庶人擁有可受田的奴婢數量，都有不同的限制。北齊的新均田令，對奴婢的人數、耕牛的頭數和受田的數量，與北魏孝文帝的均田令相比，有了更詳細的規定和明確的限制。

北齊戶調的徵收，以床為單位。一夫一婦為一床，未娶者為半床。戶調的稅率為一床調絹一匹，綿八兩。十斤綿中，折一斤作絲。還收墾租二石，義租五斗。墾租送臺，義租納郡，以備水旱。未娶者減半。

北齊占據中原經濟發展地區，土地兼併劇烈，因此均田制實行起來比較困難。一些均田戶承受不了國家田租戶調和兵役、傜役的盤剝，只有出賣土地，流轉他鄉。因均田制實行起來困難，嚴重影響國家的兵役徵發，減弱了北齊的軍事力量。

第二十五章
北齊、北周的對峙與北周統一北方

北齊政府為發展農業，還實行了屯田制。北齊在祠部下設屯田曹，掌管籍田和諸州屯田。司農寺下有典農署，領山陽、平頭、督亢等三部丞屯田事宜。各地屯田，則在當初設都使、子使進行管理。

在政治統治上，從高歡起兵反對爾朱氏，到高洋建立北齊，高氏軍事集團主要依靠的是六州鮮卑，另外聯合了一些漢族大姓。高氏集團始終對漢族持歧視態度，視漢人為奴。早在孝文帝時，已經禁用鮮卑語，但高氏集團堅持六鎮舊俗，通行使用鮮卑語，將漢人視為他們統治可以利用的工具。比如高澄死後，輔助他的漢族大族崔季舒等就被發配北邊。高洋一死，漢族大族尚書令楊愔等輔助其子高殷繼位，但遭到高洋弟高演和鮮卑貴族反對，楊愔等被處死，高殷也被廢。可見在北齊統治階層中，鮮卑人對漢人排擠和打擊得相當嚴厲。由於北齊統治者欺凌漢人，蔑視漢人，誅殺漢族官僚，所以北齊國家內部民族矛盾非常尖銳。

高歡建立政權，除了依靠六州鮮卑兵民外，還有漢族大族和地方上的豪民。高氏集團使這些人成為國家的文武官員，為他出謀劃策，效命疆場，所以對他們貪縱不法的行為，採取放縱的態度。比如高歡對鮮卑勳貴聚斂不厭、淫虐不止的貪汙行為，從來不加制止。這樣就使中央和地方官員貪汙成風，國家吏治敗壞。一些地方豪民以勤王為名，或者一些公主外戚依託權勢賄賂，隨意增設州郡，獲得刺史、郡守官職，以致當時人說，只要有百戶之家，就可立一州；只要有三戶百姓，就能立一郡。這種情況的出現，使北齊境內州郡設置混亂。天保七年（五五六年），北齊省併三個州、一百五十三個郡、五百八十九個縣和三個鎮、二十六個戍，試圖扭轉混亂，整治吏治，但實效並不明顯。到北齊末年，情況更加敗壞，後主高緯寵信陸令萱、和士開、高阿那肱、穆提婆、韓鳳等佞臣。他們貪得無厭，對百姓的賦斂日益沉重，使人民的徭役也越來越繁苛，搞得國家的府庫儲藏幾乎完全枯竭。在困難的財

「無愁天子」齊後主

北齊後主高緯即位後，對於國家大事毫無興趣，整日與恩倖小人在一起吃喝玩樂。他創作〈無愁〉曲，親弄琵琶歌唱，左右百人歌舞和之，北齊的百姓稱其為「無愁天子」。當聽到陳朝北伐占領淮河以南地區的消息後，他滿不在乎地說：「本來就是他們的地方，隨他們取回好了。」北齊武平七年（五七六年），北周軍隊猛攻平陽，高緯正在附近打獵，聞訊就想率大軍馳援。愛妃馮小憐玩興正濃，還要高緯和她再殺一圍。而一圍短則一日，長則幾日，等到遊獵結束，平陽已經被北周占領。高緯率領大軍反攻平陽。由於皇帝親征，齊軍奮勇作戰，將要乘勝攻城之際，高緯忽然下令暫停進攻，想讓馮小憐看看大軍攻城的壯觀場面。而馮小憐正在化妝，磨磨蹭蹭，等她到來時，北周軍又重新修好了工事。最後兩軍在平陽城外決戰，高緯和馮小憐並馬觀戰。齊軍略有退卻，馮小憐嚇得大叫「敗了敗了！」高緯驚慌失措，帶著馮小憐奔逃而去。齊軍軍心大亂，一潰千里。高緯逃回鄴城後，大將斛律孝卿建議高緯親自接見將士，重整軍心，並為他寫好訓辭，囑咐他面對表情嚴肅的官兵，要慷慨激昂。高緯做出慷慨激昂狀，眼角閃耀出淚光，但當他要開口講話時，卻把訓辭忘了，不禁哈哈大笑。左右隨從也陪著笑，將士們頓時有一種被愚弄的感覺，毫無戰心。承光元年，北周滅齊，次年高緯被殺。

政下，後主高緯竟然叫這些佞臣賣官，州、郡長官和僚佐以至鄉官各有不同的價格，所以一些富有的大商人都買到了地方的要職。然後他們就拼命聚斂，大肆貪汙，使地方百姓困苦不堪，民不聊生。齊後主又寵幸奸邪、宦官、商賈、歌舞人等，為他們加王號的有上百人，為他們封開府的有上千人，為他們封儀同的不計其數。狗、馬、鷹都有儀同、郡君的稱號。一些人只會鬥雞或鬥狗，就加官開府，與雞、狗一樣領取俸祿。足見北齊國家吏治的敗壞，已經到了極點。這樣，北齊統治的末日也就來臨了。北齊承光元年（五七七年），周武帝攻滅北齊，北齊亡國。從北齊天保元年（五五〇年）至承光元年，歷六帝，建國二十八年。

第二節　北周的建立及其統治

北魏永熙三年（五三四年）七月，孝武帝懼怕高歡的軍事威脅，由洛陽逃往長安，投靠關隴軍事集團的首領宇文泰，希望得到宇文泰的支持。孝武帝西遷洛陽後，西魏政權建立，但西魏的實際權力為宇文泰控制。不久，孝武帝與宇文泰發生矛盾，宇文泰毒殺孝武帝，擁立元寶炬為帝，稱為文帝。西魏文帝命宇文泰任大將軍、雍州刺史，後又任都督中外諸軍事、錄尚書事，最後任太師、大冢宰。他是西魏國家大權的實際控制者。

宇文泰的先世為東胡宇文部的酋長。宇文部在東漢末加入鮮卑檀石槐的部落聯盟。後燕滅亡後，宇文泰先祖遷居武川，到宇文泰父宇文肱時，一直居住在武川。北魏末年，沃野鎮民破六韓拔陵反叛，他的部屬衛可孤攻下武川。宇文肱等先投衛可孤，後又與武川鎮中下級將領叛變，襲殺衛可孤，投降北魏。北魏六鎮受到柔然軍的嚴重破壞後，六鎮兵民被遷移到河北地區就食，宇文肱全家都在遷移之列。宇文肱到達河北博陵郡後，參加了懷朔鎮民鮮于修禮的隊伍。後宇文肱與他的長子、次子都在作戰中被殺。這時，宇文泰十八歲。他隨兄宇文洛生加入葛榮軍。葛榮失敗後，宇文泰因與爾朱榮部將賀拔岳有世交，被收編在賀拔岳的軍中。賀拔岳奉爾朱榮命率軍鎮壓關隴反叛，宇文泰也跟隨入關中。後爾朱氏失敗，賀拔岳與侯莫陳悅在關中發生火拼，賀拔岳被殺，宇文泰統帥賀拔岳部眾。宇文泰伐侯莫陳悅，侯莫陳悅兵敗被殺，宇文泰盡有關中之地。宇文泰的關隴軍事集團，主要以武川鎮將領為骨幹，並是關隴集團的核心。宇文泰正是依靠關隴軍事集團的軍事力量，牢牢地控制了西魏政權。

西魏大統十七年（五五一年），文帝元寶炬病死，子元欽繼位，是為廢帝。元氏宗室試圖將權力從宇文泰手中奪回來，以尚書元烈為首，陰謀發動政變。宇文泰得知消息，殺死元烈。宇文泰知道元欽支援元烈，便廢殺元欽，立元欽弟元廓為帝，是為恭帝。恭帝三年（五五六年），宇文泰病死，年五十歲。

宇文泰在世時，因諸子年幼，信任兄子宇文護，委以重任。宇文泰臨死時，將國家大權交給宇文護。次年（五五七年）宇文護廢掉西魏恭帝，立宇文泰嫡子宇文覺為周天王，這就是北周孝閔帝。西魏滅亡，建國周，史稱北周。

北周建立後，宇文護專權，統治階層內部矛盾很大。宇文護迫使對立派首領趙貴、獨孤信自殺，北周政權得到鞏固。宇文護由大司馬升任大冢宰，進封晉國公，完全控制了北周大權。不久，宇文護廢殺孝閔帝宇文覺，立宇文毓為帝，是為北周明帝。後又毒殺明帝宇文毓，立宇文邕為帝，是為北周武帝。宇文護控制府兵十二軍，凡有徵發事務，必須由他親自決定；國家大小政務先由他決定，再上報皇帝，所以他表面是丞相，實際是北周政權的最高主宰。宇文護前後執政十五年之久，對穩定北周政權的統治起到重要作用。

周武帝宇文邕是有作為的皇帝，他對宇文護的專權以及宇文護諸子的貪殘、宇文護僚佐仗勢危害政治和欺壓人民的諸種做法非常不滿。建德元年（五七二年）三月，周武帝乘宇文護進宮朝見太后，將宇文護殺掉，實際掌握了國家大權。周武帝徹底肅清宇文護的勢力，控制和擴大府兵的來源，進一步加強了中央集權。他開始在政治和軍事上，充分發揮出卓越的才能。

從宇文泰控制西魏政權到北周建立，宇文氏集團進行了諸多方面的改革。宇文泰重用蘇綽，頒佈了先治心、敦教化、盡地利、擢賢良、卹獄訟、均賦役的六條詔書，要求作為各級官員施政的準則。

在宇文泰執政時，就頒行了均田制和賦役制。均田制規定：一夫一婦受田一百四十畝。尚未娶妻者，受田百畝。一家人口十人以上，受宅田五畝；人口九人以下，受宅田四畝；人口五人以下，受宅田三畝。十八歲成丁受田，六十歲年老還田。一夫一婦每年交納絹一匹，綿八兩，粟五斛。未娶妻者減半。不適宜種桑的地方，交納布一匹，麻十斤；未娶妻者減半。豐收年，交納全賦；中年，減半；災年交納三分之一。又規定：民年十八歲至五十九歲，都要服徭役。北周初年，一人八個月，服力役一個月，一年服力役一個半月。後改為一年服力役一個月。北周的田租、戶調、力役還是比較重的。不過，關隴地區地廣人稀，土地兼併不太嚴重，因此均田制的推行對農業生產起到了比較明顯的促進作用。

宇文氏政權建立了府兵制。府兵制是以設立軍事組織單位兵府而得名。這種軍制是從部落兵制發展改革而來，又走向漢化的軍制。宇文泰設置柱國大將軍八人，其中，宇文泰「位總百揆，都督中外軍」，另一位廣陵王元欣是掛名的。其餘六位柱國大將軍下轄十二大將軍，每大將軍統二開府，分團統領，為二十四部，府兵系統形成。府兵開始是為宇文泰控制的禁衛軍。周武帝將府兵軍士改稱為侍官，其宿衛的職責更為明確，成為皇帝的禁衛軍。府兵制開始確立時，士兵另有軍籍。周武帝為了要擴大兵源，充實軍事力量，不得不在均田農民之家、六等中戶以上、家有三丁的家庭，選拔一名軍士，充當府兵。國家為了號召農民充當府兵，採取了廢除縣籍和免除其他賦役的做法。均田上的農民苦於傜役的繁重，充當府兵者很多。史稱：「建德二年，改軍士為侍官，募百姓充之，除其縣籍。是後夏人（漢人）半為兵矣。」①這樣，逐漸開始實現兵農合一化，使府兵制向與均田制結合的方向發展。府兵制的創立和發展，充實了北周的武力，強化北周的中央集權。

宇文氏政權還在官制上進行改革。根據《周禮》中的六官，宇文泰設天官府、地官府、春官府、夏官府、秋官府和冬官府，各府均有屬官。宇文泰這樣做是要模仿漢人的古制，體現漢化精神。同時，參用秦漢官制作為補充。又將官員的等級以命區分。從正九命、九命到正一命、一命，共十八命。

周武帝實際控制國家大權後，開始罷關中地區的沙門、道士，讓他們全部還俗。周武帝滅齊後，又毀廢北齊境內的佛教。他這樣做，一方面是宣導儒學，推行漢化的需要。另一方面則是要限制寺院經濟的發展，使投靠寺院的勞動者重新為國家所控制，增加國家的財政收入。

從宇文泰開始直到宇文邕，宇文氏政權相繼在政治、經濟、軍事和文化等方面，進行了一系列的改革。改革使北周政權的集權統治得到強化，國家的財政收入明顯增加，軍事力量也更為強大。特別是周武帝宇文邕開始吸收均田上的廣大漢族農民充當府兵，不僅擴大了府兵的隊伍，也使得鮮卑人和

① 《隋書》卷二四〈食貨志〉。

漢人有了進一步融合的可能，為北周統一北方創造了有利的條件。

第三節　北周統一北方

北魏分裂為東、西魏後，兩個割據政權為了吞併對方，不斷地發生戰爭。東魏和西魏之間，先後進行比較大的戰爭有小關之戰、沙苑之戰、河橋之戰、邙山之戰、玉壁之戰、長社之戰等。在這些戰爭中，東魏、西魏互有勝負，都無法在軍事上占據明顯的優勢。北齊、北周相繼建國後，兩國之間也常有戰爭發生。北周天和三年（五六八年），北周、北齊兩國開始通好，互相派使者聘問。周武帝親政後，看到北齊政治腐敗到了極點，開始準備消滅北齊。雖然表面上繼續與北齊通好，但卻在國內積極整軍練武，養精蓄銳。

北周建德四年（五七五年），周武帝調集十八萬大軍開始征伐北齊。他命宇文純、司馬消難、達奚震為前三軍總管；宇文盛、侯莫陳瓊、宇文招為後三軍總管。楊堅、薛迥、李穆等率軍分道並進。周武帝親自率領大軍六萬，向河陰進軍，克復河陰。齊王宇文憲率領前鋒也攻下洛口東西二城。周武帝又指揮軍隊進攻洛陽金墉城，受到齊軍頑強抵抗，無法攻克。這時，北齊右丞相高阿那肱從晉陽率軍來救，周武帝又患疾病，北周軍只好退兵，所占北齊城鎮復歸於齊。

建德五年（五七六年）十月，周武帝再次出兵伐齊。他總結前次伐齊失敗的教訓在於只攻北齊的後背，沒有截斷北齊的喉嚨，因此伐齊要直攻晉州，北齊必然派重軍來援，然後擊敗其援軍，就能夠一舉滅齊。周武帝奉行此戰略，分派將領進攻北齊。他親自率領大軍十四萬五千人，直指平陽。北周軍勢如破竹，很快攻克晉州。周武帝留下將領梁士彥守晉州，暫退軍修整。十二月，周武帝又親率軍八萬，從長安進援晉州。齊後主高緯率軍抵禦周軍，被周軍大敗，丟棄軍資甲杖無數，可堆積成山，北齊軍隊主力被徹底擊潰。齊後主率數十騎逃回晉陽。北周軍乘勝進攻晉陽。後主高緯留安德王高延宗守晉陽，自己逃往鄴城。北周軍很快攻克晉陽，高延宗投降。北周軍又向鄴城進軍。建德六年（五七七年）正月，北周大軍攻取晉陽。後主高緯帶其子高恆逃跑，打算投奔陳朝，但在青州為北周軍俘虜，押送至長安，次年被殺。北周伐齊大獲全勝。北周滅齊後，獲得北齊五十五州、一百六十二郡、三百八十五縣，還得戶口三百三十萬二千五百二十八戶、人口二千萬六千六百八十六口。

從永熙三年（五三四年）北魏分裂後，經過將近半個世紀的時間，周武帝消滅北齊，又統一了北方。周武帝統一北方不僅結束了周、齊對峙的分裂局面，也為後來隋進一步進軍陳朝，實現南北統一，打下了堅實的基礎。

第四節　北周的衰亡

周武帝滅北齊後不久，於宣政元年（五七八年）病故。他的兒子宇文贇繼立，這就是周宣帝。周宣帝即位後，處死他最忌恨的齊王宇文憲。第二年，又將周武帝信任的重臣宇文神舉、宇文孝伯等殺掉，重用鄭譯、劉昉等奸邪之人，讓他們參掌機要。周宣帝生活荒淫奢侈，天天狂飲，酒醉不醒。他盡選天下美女，充實後宮，進入後宮後，常常一、二十天不出來，大臣無法見到他，只有通過宦官向他通報情況。周宣帝還嫌周武帝制定的法律《刑書要制》量刑定罪太輕，便重新制定《刑經聖制》，用刑非常殘酷，搞得內外恐懼，人人離心。

周宣帝在即位第二年，就將皇位傳給七歲的兒子宇文闡，是為靜帝。他自己做太上皇帝，稱為天元皇帝。大象二年（五八〇年），周宣帝做了不到兩年的皇帝和太上皇帝就死去了。周靜帝這時才八歲，國家大權為宣帝嫡妻天元大皇后楊氏之父楊堅（五四一－六〇四年）所把持。

楊堅祖先為弘農楊氏。五世祖楊元壽在北魏初期遷居武川鎮。楊堅父楊忠從小生長在武川鎮，後成為獨孤信的部將。宇文泰組織府兵，設置八柱國、十二大將軍，楊忠為十二大將軍中的一員。楊忠官至柱國大將軍、大司空，封隋國公。楊忠死後，楊堅襲父爵為隋國公。周武帝滅北齊後，任楊堅為定州總管。周宣帝即位後，調楊堅任大司馬和右司武，掌管軍權。宣帝死後，鄭譯和劉昉假造遺詔，命楊堅主持朝政。不久，楊堅獲得假黃鉞、左大丞相、都督內外諸軍事、大冢宰等官號，將北周的大權牢牢地操縱在他手中。

楊堅為了防止北周宗室的反叛，將周室五王和明帝、武帝諸子全部殺掉。楊堅又要撤掉相州總管尉遲迥。尉遲迥是宇文泰的外甥，周武帝讓他統治舊齊之地，權力極大。大象二年六月，尉遲迥反對楊堅專權，在相州起兵。除了并州和幽州之外，關東各州都起兵響應尉遲迥。尉遲迥的軍隊發展到數十萬人。益州總管王謙也反對楊堅，益州所轄的益、潼等十八州以及川南、川東十州都為他控制。

當時三方兵起，對楊堅來說，形勢相當嚴峻。楊堅一面調動軍隊，平定各地的反叛，同時革除周宣帝的苛暴政治，廢除《刑經聖制》，實行寬政，獲得了百姓和下級官員的支持。

楊堅徵發關中精兵，任命韋孝寬為行軍元帥，東討尉遲迥。韋孝寬在永橋城大敗尉遲迥兒子尉遲惇的十萬大軍，乘勝前進，進逼鄴城。尉遲迥在鄴城集結十三萬軍隊與韋孝寬交戰。韋孝寬在鄴城外大敗尉遲迥軍，進兵將鄴城包圍。韋孝寬指揮軍隊攻城，鄴城很快被攻破，尉遲迥自殺身亡。楊堅命令韋孝寬徹底破壞鄴城，將居民南遷至四十五里外的安陽（河南安陽西），改安陽為鄴縣，作為相州的治所。楊堅又命河南道行軍總管于仲文進攻尉遲迥的殘餘勢力。尉遲迥的大將檀讓、席毗羅所領軍隊先後為于仲文擊敗，檀讓被擒，席毗羅被殺。關東各州叛亂，被徹底平定。楊堅以梁睿為統帥，進攻在益州反叛的王謙。王謙率軍迎戰，被梁睿擊敗，在逃跑途中被擒殺，益州的反叛也被平定了。

從大象二年六月尉遲迥起兵，到同年十月王謙在益州失敗，楊堅用了不到四個月的時間，就將反叛勢力全部平定，穩定地控制了各地方。楊堅認為取代北周的時機已經到來，於靜帝大定元年（五八一年）二月，他代周稱帝，改國號為隋，改元開皇。不久，楊堅又殺周靜帝，盡滅宇文氏。從周孝閔帝元年（五五七年）北周建國，至大定元年周靜帝被廢，歷五帝，立國時間共二十四年。

楊堅建立隋朝後，在國內實行加強中央集權的措施，積極創造條件，準備統一全國。開皇九年（五八九年），隋文帝楊堅發兵攻陳，占領建康，俘獲陳後主，陳朝滅亡，實現了南北的統一。

第五節　北方地區的民族融合

北周統一北方，繼之而起的隋朝統一南北，都是在民族大融合的基礎上進行的。這種民族融合經歷了長期的歷史過程。自魏晉以來，許多少數民族都活躍在北方的廣大地區。這些少數民族主要有匈奴、鮮卑、羯、氐、羌、盧水胡以及粟特胡人。他們先後入主中原，在中原地區建立區域性的政權。這些少數民族政權滅亡後，其人民多留居當地，沒有遷回他們原來的居住地區，與當地漢人雜居在一

第二十五章
北齊、北周的對峙與北周統一北方

起，在生產和生活上與漢人相互影響，相互聯繫，開始具有相互融合的趨勢。

北魏在朔方興起的時候，就已不只是拓跋鮮卑一族，《魏書．序紀》稱：「有匈奴雜胡萬餘家，多（石）勒種類。」這就是說，處於朔方的拓跋鮮卑部，除了鮮卑族之外，還有匈奴、羯、雜胡等民族。實際上，在拓跋鮮卑部的發展過程中，就是與融入的其他少數民族共同進行生產和軍事活動，開始了局部地區的民族融合。

拓跋鮮卑入主中原後，人口很少的鮮卑人就為人口眾多的漢人所包圍。漢人的先進文化對鮮卑族產生重大的影響。孝文帝遷都洛陽，積極進行漢化改革，是順應了民族融合的歷史潮流。所以孝文帝在經濟、文化、語言和生活習俗上的改革措施，都是對民族大融合的推進，加速了民族大融合的進程。然而，民族融合是複雜的歷史過程，自然會有逆流的出現。北齊高氏政權一反孝文帝改革取得的成果，推行鮮卑語，宣導鮮卑習俗，但為了維持其政權的需要，又不能不利用漢人。北齊政權的措施，並不能從根本上改變民族融合的歷史趨勢。北周宇文氏政權繼續北魏孝文帝以來的漢化改革，有力地推動了北方西部地區的民族融合，使北周首都長安成為漢化運動的中心。北周統一北方，這種漢化運動自然也推行到北齊原來所占地區，改變這個地方漢化運動遲滯的狀況。

北方地區民族大融合，固然國家政權的漢化措施起到了推動作用。但是長期以來，漢族和其他少數民族在生產上的結合，則是民族大融合實現的基礎。北魏初年，國家實行計口授田，將鮮卑、漢人及其他雜夷遷徙到平城附近，計口分配土地，共同從事農業生產。他們在勞動中互通有無，相互聯繫，自然要在生活習俗、婚姻關係等方面產生影響。北魏、北周和北齊都實行均田制，其規模要比北魏初年的計口授田大得多。受田的各族人民在生產上，自然要有密切的聯繫。久而久之，在均田制下，漢族人民與其他各族人民也就融為一體了。到了隋唐時代，匈奴、羯、氐、羌、丁零、烏桓、鮮卑等一些內遷的少數民族，就再也找不到他們活動的記載了。這就是說，經過十六國南北朝長期的歷史過程，這些少數民族已經與漢民族完全融合了。

民族大融合的實現，使漢民族接受了其他少數民族的新鮮成分，所以在經濟、文化上不僅沒有衰落，反而變得更加興盛，充滿活力。隋文帝能夠順利完成統一事業，北方各民族的大融合應是南北統一的重要條件。因此，歷史上強盛的隋唐大帝國的出現，正是以北方民族大融合的實現為堅實基礎。

本章重點

本章著重說明北齊和北周統治的特點。在北魏分裂後，東、西兩大對立勢力的軍事較量，是互有勝負的。北齊雖然實行了均田制、屯田制的措施，但高氏政權主要依靠鮮卑貴族，反對孝文帝的漢化措施，實際是逆潮流而動。北周宇文氏集團則積極推行漢化措施，實行均田制、府兵制，因此就在與北齊的對抗中，越來越處於主動的地位。北周能夠戰勝北齊，與北周政權實行順應潮流的政治、文化改革關係密切，而北齊末年的腐朽政治，也加速了北周消滅北齊的歷史進程。

複習與思考

1. 北齊政權實行統治有何特點？
2. 北周滅北齊，統一北方的歷史原因為何？

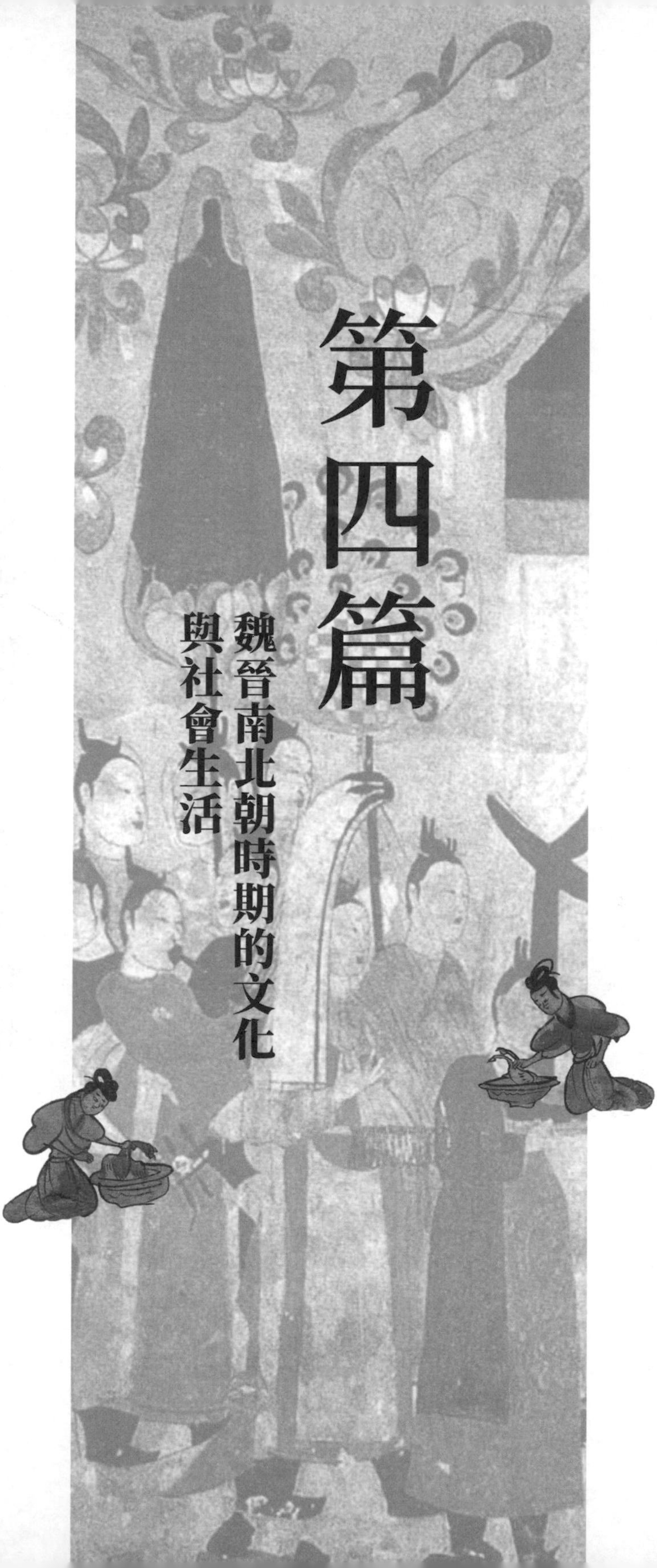

第四篇

魏晉南北朝時期的文化與社會生活

第二十六章 玄學的發展與佛教、道教的傳播

魏晉南北朝時期玄學的出現，並在社會上層中流行，是思想界的一大特點。西晉、東晉、南朝，世家大族盛行談玄。這種玄學將自然與名教統一起來。名教起於自然，發自天道。道是本體，名教由這個本體產生，也是這個本體的體現。這個時期，外來的佛教得到廣泛傳播。佛經的翻譯、佛法的傳習以及社會不同階層對佛教的信仰，都出現前所未有的局面。國家最高統治者對佛教的提倡，使營造寺院、佞佛的風氣極為盛行。這個時期，道教在流行的過程中逐漸被改造。兩晉之際，葛洪著《抱朴子》從理論上反對原始的道教。陶弘景、寇謙之進一步改造道教，使道教成為適合統治者和世家大族需要的道教。在社會上層傳播的道教與在社會下層傳播的道教，出現了明顯的差別。

第一節 玄學的發展

東漢末年，由於社會混亂局面的出現，使占主導地位的儒家思想，已經很難壟斷當時的精神世界，因此老莊思想開始抬頭。到曹魏時期，玄學開始產生。玄學是指對《老子》、《莊子》、《周易》這三部被稱為「三玄」著作的解說和研究。至魏廢帝曹芳統治的正始時代，玄學發展得很快。當時代表人物

為何晏與王弼。

何晏為東漢何進之孫，其母尹氏再嫁曹操為夫人。何晏自幼養在深宮中，又娶曹操女魏公主，少年顯貴，以富有才學為當時人所知。他著有《道德論》、《論語集解》等著作。王弼為建安七子王粲的侄孫，自幼聰明絕頂，曾注《周易》、《老子》等書。何晏和王弼的著作和言論，傾動一時。何晏和王弼都主張「無為」為萬物之本，但「無為」是入世的，不是出世的。他們的主張和後來完全流入玄虛不同。他們都主張無為而治，試圖通過無為而求得大治的理想。王弼甚至還認為聖人和常人一樣都有喜怒哀樂。王弼和何晏都認為「無」為本，「有」為末，但沒有「有」，也就無法體現「無」。自然為本，名教為末，但名教卻是自然的體現。王弼將孔子尊為聖人，駕於老子之上，但這個聖人卻是體無以應有的聖人，不是儒家的聖人，而是玄學家的聖人。王弼就這樣巧妙地將自然與名教統一起來，也就把儒、玄兩家巧妙地統一起來。

到「竹林七賢」時，情況出現變化。「竹林七賢」為嵇康、阮籍、山濤、王戎、劉伶、阮咸、向秀七人，他們都是魏末晉初的人。就其思想傾向來看，實際分為三派，嵇康為一派；阮籍為一派，阮咸、劉伶與阮籍持同一立場；王戎為一派，山濤、向秀與王戎思想多有相同成分。

嵇康的主張為儒道對立派。他在〈養生論〉中強調「形恃神以立，神須形以存」，就是說形和神是相依的關係，不是相生的關係。他反對王弼玄學將儒家的名教說成為一種絕對的精神，也就是「道」、「無」、「自然」。嵇康又對儒學本身進行了正面、直接的批評，認為造立「仁義」、「名分」、「六經」等等，都是要禁錮人們的思想，捆住人們的手腳，以便於為他們開榮利之途。他還反對「君君，臣臣」、君為臣綱的說教。對儒學持堅決的反對態度，是嵇康一派的明顯特點。

阮籍以莊周為楷模，不拘禮俗。但他雖然認為儒道有別，但二者又不矛盾；雖然譏笑恪守禮法的儒家君子，但又聲稱形教和禮樂不能夠取消。雖然表面腳踩兩隻船，但重心還是崇儒。阮籍一派矛盾很大，內心苦悶，只好在生活上表現為縱酒任情。

王戎為儒道相同派。《晉書．阮籍傳附阮瞻傳》載：「（阮瞻）見司徒王戎，戎問曰：『聖人貴名教，老莊明自然，其旨同異？』瞻曰：『將無同。』」在王戎看來，老莊明自然，孔孟貴名教，兩者在旨意上沒有什麼區別。這正是西晉、東晉玄學家「清談」的基本內容。這就是說，名教起於自然，發自天道。道是本體，名教由這個本體產生，也是這個本體的體現。王戎的思想與王弼思想有一脈相承的關係。

自曹魏末，何晏和嵇康相繼被殺，阮籍妥協，談儒道對立的派別就不再存在。全部玄學家或清談家都與王戎一樣，大講儒與道同，名教與自然同，聖人既體「無」，又有情。這正是當時世家大族需要的玄學，完全流入虛誕，只為了苟全祿位而已。

東晉、南朝時期，玄學之風仍然很盛，世家大族多崇尚清談。東晉丞相王導正是清談的領袖，王敦、庾亮、謝安等都喜歡談玄，建康成為玄學的中心。東晉以後，玄學吸收佛教的般若學說，逐漸改變其面貌。東晉孫綽作《道賢論》，便將西晉的七僧與竹林七賢相比較，反映了玄學與佛理結合的趨勢。僧人竺道潛出身世家大族，他講學兼釋老莊與佛理。支道林善談玄，被比作王弼、向秀。他注《莊子．逍遙遊》，著《逍遙論》，使佛教的「色空」與玄學的「有無」相通。在會稽，他還經常與王羲之、謝安、孫綽等交遊，談論玄學。當時的一些玄學家也經常談論佛理，其中以殷浩、郗超、孫綽、許珣等人最為有名。在東晉、南朝，玄學與佛教的結合，吸引了更多的世家大族參與談玄。但這種風氣無

竹林七賢

竹林七賢是曹魏末年七位名人，即嵇康、阮籍、山濤、王戎、劉伶、阮咸、向秀。他們常集於山陽竹林之下，肆意酣暢，故世稱竹林七賢。這些人既不滿腐朽黑暗的政局，又無力改變，只好崇尚老莊之學，不拘禮法，生性放達。七賢中嵇康名氣最大，他是曹氏的姻親，不肯與司馬氏合作，生活困頓，依靠打鐵為生，而名氣不但不減，反而越來越大，後來被司馬昭藉機殺掉。向秀是嵇康的好朋友，景元四年（二六三年）嵇康被害後，在司馬氏的高壓下，他不得不應徵到洛陽，違心地擔任官職。阮籍非常鄙視投靠司馬氏父子的名教之士，他的母親去世之後，嵇康的哥哥嵇喜來致哀，但因為嵇喜是在朝為官的人，也就是阮籍眼中的名教之士，於是他也不管守喪期間應有的禮節，就給嵇喜一個大白眼。阮咸與阮籍一樣放達任誕，狂浪不羈。有一次，他的親友在一起喝酒，他也來參加，不用酒杯，而是用大盆盛酒，喝得醉醺醺的。當時有一大群豬走來飲酒，阮咸就和豬一起喝酒，於是「與豕同飲」就傳為笑話。劉伶為避免司馬氏的政治迫害，遂嗜酒佯狂，任性放浪。一次有客來訪，他不穿衣服。客責問他，他說：「我以天地為宅舍，以屋室為衣褲，你們為何入我褲中？」山濤是一個行不違俗的人。譬如他也飲酒，但有一定限度，至八斗而止，在司馬氏和曹氏的鬥爭見分曉之際，倒向了司馬氏。在七賢當中，王戎的年紀是最輕的，王戎充滿了世俗的官宦之志，所以阮籍譏諷他為「俗物」。

益於社會，談玄者誤事的事例常見。如謝萬善玄學，卻不善撫慰將領，曾用如意指著諸位將領稱他們為老兵，讓將領們大為不滿；殷浩喜歡談玄，卻在北伐中損兵折將。適應世家大族需要的虛誕玄學，顯然無補於實際，只能誤事、誤國。

第二節　佛教的傳播

佛教早在漢哀帝的時候，就已經傳入中國。東漢時期，佛教只不過是道術的附庸。到魏晉時期，佛教開始發展起來。三國時，東吳有支謙、康僧會等，專門從事佛經的翻譯，譯有《般若經》等。曹魏時，天竺人曇柯迦羅來到洛陽，翻譯出《僧祇戒心》等，使當時的佛教信仰開始出現戒律。曹魏末年，潁川人朱士行出家後研習《般若經》，發現舊譯文錯誤較多，就在甘露年間前往于闐得《放光般若經》梵本，於西晉太康年間派弟子送回洛陽。西晉時，首都洛陽已經有佛寺四十二所，信佛者已經很多。僧人竺法護在洛陽翻譯佛經，譯出《光贊般若經》、《正法華經》等一百多部。後西域的僧人逐漸東來，到洛陽翻譯佛經。

當時著名的西域僧人佛圖澄在永嘉之亂後來到洛陽，後投依石勒，石勒稱他為大和尚。釋道安曾到鄴城，拜佛圖澄為師。後趙百姓在佛圖澄的宣傳下，信佛者很多，競相出家。佛圖澄死後，釋道安率門徒南遊新野。後來釋道安又依附苻堅。苻堅欽佩他精通佛法，待他以師禮。佛圖澄傳播佛教，主要以法術服人，釋道安則善於以理服人。二人傳播佛教的方式儘管不同，但都爭取到眾多的信徒。釋道安在佛教傳播上占有重要地位。他對《般若經》的闡釋和對戒律的規定，都作出了很重要的貢獻。

他在長安時，又勸苻堅西迎鳩摩羅什，實際促進大乘佛教在東土的傳播。

鳩摩羅什，原來是天竺人。他的父親東越蔥嶺至龜茲，龜茲王將其妹嫁給他而生鳩摩羅什。鳩摩羅什年幼時即博覽佛經，潛心於大乘佛教，四方學者都前來拜他為師。苻堅經釋道安推薦，知道鳩摩羅什為佛學大師，所以命呂光迎鳩摩羅什至長安，尚未到達，苻堅便敗亡。後呂光又迎鳩摩羅什至涼州。後秦姚興滅後涼，迎鳩摩羅什，他才到達長安。這已經是釋道安死後二十多年了。姚興待鳩摩羅什以國師之禮，讓他在長安翻譯佛經。鳩摩羅什通曉東西方語言，又有沙門道肜、僧略、道恒、道標、僧肇、曇影等人的協助，翻譯出大量佛經，共有九十八部，計四百二十五卷。鳩摩羅什譯經，採取意譯的方法，「手執胡經，口譯秦語，曲從方言，而趣不乖本」①。當時人稱鳩摩羅什翻譯的佛經，「辭義通明，至今沙門，共所祖習」②。鳩摩羅什翻譯的佛經，在大乘方面，主要有《放光婆羅蜜多心經》、《妙法蓮花經》、《大方等大集經》、《維摩詰經》、《中論》、《百論》、《十二門論》、《大智度論》等。另外，還有小乘的《誠實論》。鳩摩羅什還著《實相論》，並注《維摩經》、《金剛經》等，他最重《般若三論》之學。鳩摩羅什是使大乘佛教能夠在東土流行的很重要的外域僧人。他不僅翻譯佛經，還培育了不少的弟子，其中著名的有僧肇和竺道生。

鳩摩羅什的弟子僧肇，為京兆長安人，少時出家為僧，後協助鳩摩羅什譯經。他的主要著作被收集在《肇論》中。他從大乘中觀宗的立場出發，對當時般若六家七宗各流派的理論進行了批評，建立

① 僧祐《出三藏記集》卷八釋慧觀〈法華宗要序〉。
② 《魏書》卷一一四〈釋老志〉。

了中土中觀宗的佛學理論體系。僧肇的思想在表面上擺脫了玄學的影響，大力提倡世界上都是虛假不真的，不值得正視面對。人們應該放棄鬥爭，到佛教的精神世界去尋求解脫。

鳩摩羅什的另一弟子竺道生，原來為彭城人。他幼年從竺法汰出家，改姓竺。後到關中師從鳩摩羅什。在鳩摩羅什的四大弟子中，竺道生居於首位。後來，他到江南傳播佛教，直到劉宋元嘉十一年（四三四年），在廬山圓寂。他一生著述很多，留下來的只有《妙法蓮花經疏》二卷。竺道生主張頓悟義，認為只要真正充分體會佛說的道理，就可以成佛。他的頓悟可以成佛的說教，既省力又省時，受到信仰佛教者的歡迎。宋文帝為了發揚竺道生的頓悟說，命群臣仔細領悟，對竺道生大為讚賞。

在江南傳播佛教的著名僧人還有釋慧遠。釋慧遠被譽為東晉、南朝佛門的一大宗師。他原來是釋道安的弟子，曾隨釋道安至襄陽，後從襄陽過江，居於廬山，先居西林寺，後來東晉江州刺史桓伊又為他建東林寺。釋慧遠在此居住三十多年，各地來向他學習佛法者甚多。他的佛學，兼大乘、小乘，既善般若，又精禪法。他還精通六經和老莊。他曾在廬山宣講《喪服經》，當時名士雷次宗、宗炳等人都虛心傾聽。釋慧遠實際是將儒、佛、玄三家兼而一身，因此具有很大的影響力。他還主張，雖然沙門不向王者跪拜，但不是說僧人就不同國家政權合作。僧人只有提高自身的社會地位，才能夠對世俗發生更大的影響。所以，釋慧遠的目的，是要使佛教與政治結合起來，進一步推動佛教自身的發展。

佛教在南北方的傳播，促使一些僧人有了西行求法的要求。沙門法顯等五人決心到天竺尋求戒律。後秦弘始元年（三九九年），法顯等人從長安出發，西行求經。他們經過敦煌，渡流沙，逾蔥嶺，進入北天竺。又周遊中天竺，求得《摩訶僧祇律》、《方等涅般律》等經文。他又順恆河出海口，乘船至獅

竺道生和釋慧遠

竺道生是晉宋間的義學高僧。入佛門後，俊思奇拔，研究佛經，無師自通。在十五歲時就能講經說法，析理分明，議論合宜，即使當今名士和有名望、有學問的僧人，在與他駁難時，也都理屈辭窮。宋文帝對道生十分敬重。一次竺道生與宋文帝和大臣，盤腿坐在地上舉行宴會，宴會進行了很長時間，眾人都覺得時間很晚了，宋文帝說：「時間不是太晚，不過是日中罷了。」道生說：「白日麗天，怎能不是日中呢！」於是取過食鉢便吃，眾人也都跟著繼續吃，大家都對道生「樞機得衷」表示歎服。

釋慧遠精通佛門義理，在江南名氣很大，桓玄邀請慧遠出山做官，慧遠聲稱有病，不能下山，桓玄親自進山。見到慧遠後，桓玄不知不覺就向慧遠行禮。桓玄問：「不敢毀傷髮膚，怎樣信奉佛教？」慧遠回答說：「立身行道。」桓玄認為慧遠回答得非常正確。原來想好的一些駁難，一句也沒敢說出來。

子國（今斯里蘭卡），求得《彌沙塞律》等佛經。後乘商人船由海路回國。法顯來回共經過三十餘國，歷時十五年。法顯以後，南北僧人絡繹西行，多達數十人，其中很多人到達天竺，取得佛經。法顯所得《摩訶僧祇律》後被翻譯成漢文，為南北沙門寺院普遍接受，對寺院制度的完善，內部的鞏固都有重要意義。

魏晉南北朝時期，佛教傳播一般都得到統治者的支持。南朝宋文帝劉義隆、南齊蕭子良、梁武帝蕭衍、陳武帝陳霸先等，無不崇信、支持佛教。對佛教信仰達到頂點的是梁武帝蕭衍。他迷信因果報應，相信靈魂不死，號召人們信奉佛教。他在位期間，是南朝佛教發展到登峰造極的時期。陳後主也曾捨身弘法寺為奴，為群臣出錢贖回。

東晉、南朝的王公貴戚信奉佛教的人數也不少。南齊竟陵王蕭子顯屢次在府邸設齋，大會眾僧。他經常召群僧，講頌佛法。江南的世家大族信奉佛教者更多。琅邪王氏、顏氏、陳郡謝氏、廬江何氏、汝南周氏、吳郡張氏、陸氏等，都崇信佛教。陳郡謝靈運曾著《辯宗論》，解說頓悟之義。

在社會下層中，為了逃避苦難，也有大量的民眾信奉佛教。梁朝郭祖深上書梁武帝說：「都下佛寺五百餘所，窮極宏麗。僧尼十餘萬，資產豐沃。所在郡縣，不可勝言。道人又有白徒，尼則皆畜養女，皆不貫人籍，天下戶口幾亡其半。」③足見社會下層信奉佛教者的數量，已經到了驚人的程度。這些人為了表示對佛教信仰的虔誠，甚至竭盡家庭的全部資產以奉佛。因此當時人范縝說：「竭財以赴僧，破產以趨佛。」④由於社會不同階層信奉佛教的人數眾多，因此使寺院和僧尼的數量也猛增。東晉時，南方寺院有一千七百六十八所，僧尼有二萬四千人。從劉宋至梁朝，每代都有修建。梁朝有寺二千八百四十六所，建康就有寺七百多所，僧尼達到八萬二千七百人，為數量最多之時。到陳朝末

③《南史》卷七〇〈郭祖深傳〉。
④范縝〈神滅論〉。

年，還有佛寺一千二百三十二所，僧尼三萬二千人。

十六國時期，少數民族統治者中有不少人都信奉佛教。諸如後趙的石勒、石虎、前秦的苻堅、後秦的姚興等。北魏道武帝時，開始提倡佛教。他在平城修建佛寺，並封趙君沙門法果為道人統，統攝僧徒。明元帝更崇信佛法，在京城附近建立佛像，令沙門引導民俗。太武帝平定涼州後，因當地與西域相鄰，信佛者很多，他將這些信佛者全部遷至平城。後來太武帝一度毀佛。至文成帝時，立即恢復寺院，放任編戶出家，又任命師賢為道人統。北魏孝文帝遷都洛陽後，佛教僧人講經的風氣大盛，使一些儒生也開始研習佛理。

北魏鮮卑貴族和王公貴戚多信奉佛教。他們大都施捨資財給寺院。廣平王元懷、清河王元懌甚至還捨宅為寺。在北魏世家大族中，信奉佛教的家族也很多。清河張氏、崔氏、范陽盧氏、滎陽鄭氏、隴西李氏、河間邢氏、河東柳氏等大族都虔誠信仰佛教。

北方社會下層民眾信仰佛教者要多於南朝，特別是到北魏後期，「天下多虞，王役尤甚，於是所在編民，相與入道，假慕沙門，實避調役，猥濫之極，自中國之有佛法，未之有也。略而計之，僧尼大眾二百萬矣」⑤。可見信奉佛教的下層民眾人數之多，已經到了十分驚人的程度。

在對佛教這種虔誠信仰的氛圍下，營建寺院和出家為僧尼的數量不斷增加。孝文帝統治初年，平城有新舊寺院上百所，僧尼二千人。全國各地也只有寺院六千四百七十八所，僧尼七萬七千二百五十八人。遷都洛陽後，隨著信奉佛教的風氣盛行，洛陽城中寺院相連，寶塔到處矗立。到北魏後期，洛

⑤《魏書》卷一一四〈釋老志〉。

陽城中已有寺院一千三百七十六所。北齊境內有寺院三萬所，僧尼二百萬；北周境內有寺院一萬所，僧尼一百萬。當時北方人口約有三千萬，僧尼人數已經占總人口的十分之一。

然而，佛教是外來的宗教，在觀念上和經濟利益上，還不能與統治者的要求完全一致。因此，當時無論在南方還是北方，都出現反對佛教的做法。在南方，只是表現在思想上的爭論。東晉時，庾冰提出要使沙門向帝王行臣服之禮。劉宋何承天指出佛教的因果報應之說，完全是無稽之談。齊梁之際，范縝作〈神滅論〉，進一步批評了佛教的因果報應說。他尖銳指出：「人之生譬如一樹花，同發一枝，俱開一蒂，隨風而墮，自有拂簾幌墜於茵席之上，自有關籬牆落於糞溷之側。墜茵席者，殿下是也；落糞溷者，下官是也。貴賤雖復殊途，因果竟在何處？」⑥他們將國家世俗的利益與儒家倫理相結合來嚴厲批評佛教。然而，北方的情況則不同。在北魏和北周發生了兩次大的毀佛運動。

北魏太武帝拓跋燾曾進行了一次規模較大的打擊佛教的運動。這次毀佛的發生，除了政治、經濟方面的原因外，還有拓跋燾對道教虔誠信仰的因素。他信任天師寇謙之，又信用道教徒崔浩。因此當太武帝拓跋燾於太平真君五年（四四四年）下詔，自王公以下至庶人，有私養沙門者，限二十五日內都要遣送官府，否則沙門處死，主人家也要滿門抄斬。太平真君七年（四四六年），太武帝為鎮壓蓋吳叛亂，前往長安。他在長安的寺廟中發現藏有武器，還有釀酒器具以及其他違法的事情，遂下令禁斷佛教，坑殺全國的沙門，燒掉全部的佛像，毀掉所有的寺院和佛塔。不過，太武帝不久被殺，所以這次毀佛的時間並不長久。北周武帝宇文邕毀佛則規模較大。建德三年（五七四年），他下令禁斷佛、道

⑥《梁書》卷四八〈范縝傳〉。

二教，熔化佛像，焚燒佛經，搗毀佛塔，強迫僧人還俗，將佛寺都變為俗宅。周武帝滅齊後，將毀佛的做法，也推行到原來的北齊境內。周武帝禁斷佛教，增加了國家的賦稅，擴大了士兵的來源。但周武帝死後，毀佛的行動也就停止了，佛教又趨於復興。

魏晉南北朝時期，專制國家和儒學的傳統禮教與佛教的矛盾對立，一直沒有停止過，只是有時趨於和緩，有時對立加劇。但佛教的說教，並不從根本上否定統治者的利益，反而有利於國家的長期統治，因此佛教的發展也就無法阻擋。不過，這種對立使佛教無法取得國教的地位，傳統的儒學一直在社會中保持巨大的影響力。

第三節　道教的發展

東漢時期，道教開始形成並發展起來。東漢末年，道教在民間傳播。在漢中有張修、張魯的五斗米道，在青、徐等地方有張角的太平道。太平道以流傳的《太平清領書》（又名《太平經》）而得名。五斗米道和太平道屬於符水道教，一部分道教徒採用符水治病，向民眾傳播道教。雖然後來張角被殺，張魯投降，但符水道教還在南北繼續流傳。據說，道士于吉曾往來於江東，為孫策的將士治病。道士李寬由蜀入吳，用符水治病，投奔他的有上千人。他的弟子在江南相互傳授，江南各地信奉道教者人數眾多。道教的符咒，在北方民間的影響仍然很大。曹操曾將道士甘始、左慈、郗儉等人集中到曹魏，目的就在於防止他們用道術迷惑民眾，作出不軌的行動。

在道教的流傳中，一部分道教徒用金丹經、辟穀方、房中術等來宣傳道教。因為這種道教能夠滿足統治者的生活欲望，很受他們的歡迎。隨著這種道教在統治階層中的傳播，需要更進一步在理論上完善。兩晉之際，葛洪著《抱朴子》從理論上反對原始的道教。道教在葛洪的改造和提倡下，成為符合統治階層需求的宗教。他認為「道者，儒之本也；儒者，道之末也」⑦。在他看來，神仙不死之術，是人生第一重要的事情；但儒術又是維護統治者根本利益的，也不能夠忽視。這樣，葛洪就將道教與儒學結合起來。他從多方面論證了神仙不死之道，而實現成仙的唯一途徑，就是煉丹。他認為用黃金和丹砂煉丹，人服下去就可以煉身體，獲得長生。據他說，有一種「九轉仙丹」，凡人服了，三天之內便可以白日飛升。葛洪聲稱，煉丹的花費是很大的。煉一種「金液丹」，一般要用黃金數十斤，合計資費在四十萬錢。這樣高的費用，只有統治階層才具有這樣的財力。所以葛洪煉丹成仙的說教，完全是為統治者服務的。

圖二五　明萬曆刻本《本草蒙筌》中「歷代名醫圖」所載葛洪像

葛洪對於道教中的符水派進行猛烈的攻擊。他認為，張角等人用符水治病的目的，不是要延年益壽，也不是要消災去病，而是要糾集亂黨，聚眾反叛。他主張要將這些人「更峻其法制，犯無輕重，

⑦葛洪《抱朴子·內篇》卷十〈明本〉。

致之大辟」⑧。道教經葛洪的改造，適合了社會上層的口味，變成了統治者的長生之術。

東晉南朝時期，道教在南方廣泛傳播。特別是三吳和濱海地區尤其盛行。在上層社會，道教也為很多人信奉，尤其葛洪改造道教後，使道教在社會上層傳播得更廣，他們多以煉丹、修仙為事。西晉宗室趙王司馬倫、東晉簡文帝、孝武帝以及宗室司馬道生、司馬道子、劉宋文帝之子劉劭等，都信奉道教。在南方的一些世家大族中，也多有信奉者，甚至出現了道教世家。琅邪王氏、孫氏、高平郗氏、吳郡杜氏、會稽孔氏、陳郡殷氏、丹陽葛氏、許氏、陶氏、東海鮑氏、吳興沈氏等，都是這樣的道教世家。在這樣的家族中，是將道教信仰世代相傳的。齊梁時，陶弘景進一步發展了葛洪道教的理論。

陶弘景早年曾在南齊為諸王侍讀，任奉朝請。後隱居句容（江蘇句容）句曲山（茅山）修道，自號華陽陶隱居。他遍歷名山，尋訪仙藥，還寫作了《真誥》和《真靈位業圖》兩書，這兩部著作成為道教的重要經典。

陶弘景在《真靈位業圖》中提出，仙真的等級森嚴，「雖同號真人，真品乃有數；俱目仙人，仙亦有等級千億」。神仙也劃分等級，人間不同社會等級的存在，也自然是合情合理的。《真誥》是陶弘景參考佛教《四十二章經》的內容而成。他在《真誥》中指出，「道」是萬物的本體，這個本體是精神的。陶弘景為道教的理論增加了新的內容後，就更加適應統治者和世家大族的需要，道教完全是為他們利益服務的宗教。

陶弘景晚年宣揚他前世是佛教中的勝力菩薩投胎下凡來渡眾生的。他前往阿育王塔禮佛，自誓受

⑧葛洪《抱朴子．內篇》卷九〈道意〉。

五大戒。這是要迎合梁武帝虔誠信仰佛教的需要。陶弘景試圖將佛教和道教融合起來，進一步推動道教的發展。

道教在北方也廣為流傳。北魏道武帝篤信道教，他在位期間，設置仙人博士，立仙坊，煮煉百藥。太武帝拓跋燾時，道士寇謙之假託太上老君授給他天師之位，賜給他《雲中音誦新科之戒》二十卷，又假託老君玄孫賜給他《天中三真太文錄》六十卷，來傳播道教。寇謙之廢除三張偽法、租米稅和男女合氣之術，從此不再有五斗米道之名，只稱天師道或道教。他使道教開始有戒律，稱為「新科之戒」，也稱「並進」。他通過戒律使道教與儒學結合。寇謙之對道教的改造，實際是將科戒、禮度、輪轉、成仙巧妙地結合在一起。禮度、科戒是成仙的基礎。他明確提出，要成仙，必須從科戒做起，也就是對忠、孝、信、貞、敬、順必須達到內心無二的程度。他還提出道教要輔佐北方的太平真君，也就是太武帝，統治中原人民。他向太武帝獻上了《雲中音誦新科之戒》與《天中三真太文錄》二書，要求太武帝顯揚新法。寇謙之的說教很受太武帝拓跋燾賞識。從此他崇敬道教，將年號改為太平真君。寇謙之的道教，借助政治的力量在北方廣泛傳播。道教在北魏曾經一度幾乎被尊奉為國教，因此獲得了更多的信奉者。

北齊嚴禁道教，使信奉道教者的數量受到很大的限制。北周武帝曾禁斷佛教、道教，但禁斷二教後，他又成立通道觀，置員一百二十人，全都選自當時著名的道教門人。所以周武帝禁斷道教，並沒有對道教的傳播造成太大的影響。周武帝伐北齊時，大醮於正武殿；滅北齊後，又大醮正武殿。可見周武帝在實行重大活動時，對舉行道教儀式是很重視的。在楊堅輔政時，解除了對佛教和道教的限制，道教在北方社會群體中，又獲得了眾多的信奉者。這正是道教在唐朝盛行的基礎。

天師寇謙之

寇謙之出身於世代信奉五斗米道的世家大族。他篤信道教，北魏前期北方戰亂頻繁，百姓流離失所。他和弟子們以治病為手段到難民中傳教，安撫流民。泰常八年（四二三年）拓跋燾繼皇帝位，寇謙之恍然大悟：這個拓跋燾，不就是被封為「泰平王」的那位太子嗎？泰平王當了皇帝，不就是先前「天神」李譜文提醒我要輔佐的「泰平真君」嗎？寇謙之馬上來到平城，拓跋燾便派人將他留在平城。正好此時崔浩歸家閒居，打算修煉服食養性之術，而寇謙之有《神中錄圖新經》，崔浩便拜他為師，接受他的法術，又在拓跋燾面前極力推薦。於是拓跋燾將寇謙之奉為天師，頌揚新法，宣佈天下。始光元年（四二四年），寇謙之於平城東南築了五層高臺的天師道場。太平真君三年（四四二年），拓跋燾親到道場，接受符籙，帶頭做天師弟子。從此以後，北魏每位皇帝登基即位，都要親到道場接受符籙，成為制度。太平真君九年（四四八年），寇謙之去世，葬於平城，時年八十三歲。

本章重點

本章著重說明魏晉南北朝時期，玄學、佛教和道教的傳播情況。玄學的出現以及在世家大族中盛行，成為這個時代的重要特點。外來佛教得到廣泛的傳播，在社會的上層和下層都有大量的信奉者，對佛教的信仰形成風氣，也是這個時代的一大特點。道教在經過葛洪、陶弘景、寇謙之的改造後，得到了統治者的支持和信奉，並獲得了廣泛的傳播，也是值得關注的問題。

複習與思考

1. 請說明玄學產生的原因及東晉南朝社會上層的談玄風氣。
2. 魏晉南北朝時期，佛教的盛行表現在哪些面向？
3. 魏晉南北朝時期道教流行的原因為何？

第二十七章 史學、文學與藝術的發展

魏晉南北朝時期，史學、文學和藝術都獲得了明顯的發展。史學著作在這一時期大量湧現。斷代史的撰寫、不同體例史書的修纂以及對出土史籍的整理，都取得了很大的成就。在詩歌的創作上，優秀作品層出不窮。文學批評也發展起來，出現了一些著名的文學批評著作。諸如曹丕撰《典論·論文》、劉勰撰《文心雕龍》、鍾嶸撰《詩品》。繪畫、書法和石刻作品大量問世，出現很多優秀的藝術珍品。在樂舞上，「龜茲樂」、「西涼樂」取代了原來雅樂的地位。南方的清商樂舞也傳播到北方，樂舞逐漸形成南北融合的局面，出現具有民族風格特點的新樂舞。

第一節 史學的發展

魏晉南北朝時期，史學比較發達，私人修史的風氣很盛，歷史撰述和史學家都受到重視。斷代史的編纂主要有後漢史、三國史、晉史、十六國史、南北朝史。

後漢史出現了很多高品質的私人著述。東吳的謝承撰寫了一部《後漢史》一百三十卷，被人稱為東漢第一良史。西晉初年，薛瑩修《後漢記》一百卷，華嶠修《漢後書》九十七卷，司馬彪修《續漢書》八十三卷。華嶠記事準當，司馬彪敘事詳實。至東晉、南朝，又出現謝沈的《後漢書》一百二十二卷，袁宏的《後漢紀》三十卷，袁山松的《後漢書》一百卷，劉義慶的《後漢書》五十五卷。在三國、兩晉和南朝多家修纂後漢史的基礎上，宋文帝時，出現了范曄修纂的九十卷《後漢書》。范曄刪眾家後漢書為一家之作。他特為「黨錮」、「獨行」、「逸民」、「列女」立傳，表現了他對這些人物的讚賞。他的傳論與史實緊密結合，史求準當，論又獨抒己見。所以范曄《後漢書》出現，除了袁宏《後漢紀》和司馬彪《續漢書》的八志之外，其他的後漢書都漸散佚了。

西晉陳壽修纂《三國志》六十五卷，敘錄一卷，是現在傳下來的比較完整的一部三國史。陳壽的《三國志》雖被稱為實錄，但失於簡略。劉宋時，出現了裴松之注。他大量引用魏晉時期有關三國的著作，為《三國志》作注，開了以史證史的先河。此外，當時出現很多分國寫的三國史。魏史、蜀史和吳史都很多，後來都亡佚了。在這些著作中，一些是當朝人寫當朝史。魚豢的《魏略》和《典略》是魏人寫魏史，韋昭的《吳書》是吳人寫吳史，王崇的《蜀書》、譙周的《蜀本紀》是蜀人寫蜀史。

晉史的修纂，當時有二十多家。其中宋末齊初人臧榮緒修纂《晉書》比較詳實，為第一部兩晉全史。臧榮緒將兩晉史實編為一書，有紀、錄、志、傳，共一百一十卷。唐代修纂的《晉書》，正是以臧榮緒的著作為藍本的。

關於十六國的歷史著作，也出現很多。包含北方各族歷史的專書有北魏崔鴻撰寫的《十六國春秋》一百卷，梁蕭方等撰寫的《三十國春秋》三十一卷。《十六國春秋》是一部詳實的五胡十六國的全史，可惜在北宋散佚了。此外，還出現了很多分國分族的專史。諸如和苞的《漢趙記》十卷、范亨的《燕書》二十卷、何仲熙的《秦書》八卷等。

關於南朝和北朝的史書，隋以前出現近二十種。撰寫劉宋歷史的著作，主要有沈約的《宋書》一百卷，這是關於劉宋一代比較完備的實錄。沈約《宋書》問世後，裴子野撰《宋略》二十卷，受到當時人的好評，沈約讀後也大為稱讚，自愧弗如。梁朝出現好幾家關於南齊歷史的著作。其中蕭子顯撰寫的《齊書》六十卷，就是今天的《南齊書》。在《齊書》修纂之前，已經有沈約撰《齊紀》二十卷、江淹撰《齊史》十三卷。蕭子顯的《齊書》不過是更改、破析沈約和江淹的著作而成，為下乘之作，但受到梁武帝支持，故可以獨占鰲頭。這一時期修纂的梁、陳史也很多，當時著名的有謝吳撰《梁書》一百卷、陸瓊撰《陳書》四十二卷。唐人姚思廉修纂的《梁書》和《陳書》正是在梁、陳二代撰寫的梁、陳史的基礎上編纂的。

北魏時期，由於對私人著述的限制，沒有出現完整的北魏史。到北齊時，魏收修纂成《魏書》一百三十卷。《魏書》是一部關於北魏的全史。這部史書的完成受到當時人的稱讚，也為一些人所攻擊，稱其為「穢史」。但《魏書》記載北魏的歷史比較全面，所以至今這部著作尚存。

在魏晉南北朝時期的史學著作中，還出現了典章制度史、傳記史和輿地之學。

這一時期對專門的典章制度修纂有很大發展。關於這一時期的典章制度史，有《晉宋舊事》一百三十五卷、《東宮典記》七十卷。對職官制度的撰寫，代表性的著作有梁王珪之的《齊儀》四十九卷、《齊職儀》五十卷、《梁尚書職制儀注》四十一卷。

在這一時期，一些修史者也開始撰寫傳記史。當時傳記史可以分為兩種。一種為正史中已經有的傳記，開始獨立出來。另一種為正史中所不見，為修史者專門編纂的。比較有代表性的傳記主要有《耆舊傳》、《名士傳》、《高士傳》、《高僧傳》、《尼傳》、《妒夫人傳》等。有一些傳記帶有地方性，或記載一州一郡人物的傳記，如《益部耆舊傳》、《兗州先賢傳》就是記載一州人物的傳記，而《豫章列士傳》則是記載一郡人物的傳記。

在古代，輿地之學是史學的一個重要方面。魏晉南北朝時期，出現了很多有關輿地之學的著作。最為著名的著作有酈道元的《水經注》四十卷和楊衒之的《洛陽伽藍記》五卷。

酈道元的《水經注》以漢代的著作《水經》為底本，詳細記載了全國以及鄰國的水道，著錄河流千餘條。他搜集資料很廣泛，引用史書、地記和其他著作四百餘種。《水經注》對河道流經之處的山陵、城鎮、風俗、物產、人物，都有詳細地記載，並對《水經》中的錯誤，詳細加以辨析，以證其誤。酈道元的行文優美，記敘準確，是一部史學和地理學價值很高的名著。

《洛陽伽藍記》主要記載北魏京城洛陽一地佛寺的興廢。在記載佛寺時，又涉及許多的歷史問題。比如記載爾朱榮變亂之事，史實很詳盡，可以與史傳相互參證。書中還記載了北魏貴族和上層僧尼奢侈和腐朽的生活，為認識北魏後期社會上層的墮落提供了寶貴的材料。楊衒之的文字優美，敘事詳實，是輿地學著作中的上乘之作。

魏晉南北朝時期，對出土史籍的整理也很重視。西晉時，「汲冢書」的發現是一件大事。咸寧五年（二七九年），汲郡人不準挖掘魏襄王墓，獲得竹簡小篆古書十餘萬言。這次發現的書籍很多，載之數十車。因寫在竹簡上，故稱竹書；因在汲郡魏王墓中發現，故稱汲冢書。其中有魏國史書，用編年體記載了從夏以來至魏安釐王二十年（前二五八年）的史實。整理者根據竹簡原來的排列，將其分為十三篇，題作《竹書紀年》。又有《汲冢瑣語》十一篇，為諸國卜夢妖怪相書，能夠為古史研究提供一些參考資料。還有《穆天子傳》記載周穆王遊行四海見西王母的故事。此外，汲冢中還出土《易經》、

《國語》、《繳書》、《大曆》諸篇。出土竹簡，經過荀勖、和嶠、束皙、衛恒等人的整理，改用當時通行文字寫定成書的有七十五篇。這些出土典籍，除了《穆天子傳》之外，其餘的在宋代都已經散佚。現在看到的《竹書紀年》只是輯本。

魏晉南北朝時期，斷代史的撰寫、不同體例史書的修纂以及對出土史籍的整理，都取得了很大的成就，所以這一時期的歷史著作的修纂在史學史上占有很重要的地位，是中國史學的繁榮時期。

第二節　文學的發展

魏晉南北朝時期，文學有明顯的發展。這個時期的詩、文和文學批評都獲得了很大的成就。

以曹操、曹丕、曹植為代表的建安詩人，在詩歌創作上取得了很大的成就。曹操的詩歌模擬樂府，受到樂府的深刻影響。曹操流傳到現在的詩歌全部為樂府，他利用樂府這一形式，來抒發自己的思想感情和當時的亂離情況。他的代表作有〈蒿里行〉，描述漢末社會的殘破，暴露人民生活的疾苦。曹操在奪取冀州以後，為抗擊烏桓，經過碣石山，寫下了《碣石篇》，其中第一章為〈觀滄海〉。他在這首詩中，展示了一幅波濤洶湧的大海圖景，描述了吞吐宇宙的自然景象，也抒發了他豪邁的氣概。曹丕的詩文有一部分是建安時代（一九六—二二〇年）的，也有一部分為他稱帝後黃初時代（二二〇—二二六年）的作品。他的七言詩〈燕歌行〉基調比較傷感深沉，但採用七言的句法，這在當時是一種創新，是現存最早最完整的七言詩。曹植是曹丕的同母弟，自幼即受到良好的文學薰陶。曹丕稱帝後，曹植受到壓制，身處逆境，使他對現實有更深刻的體會。他在〈七哀〉詩中，借思婦的哀愁，來表達自己的哀怨之情。他在〈野田黃雀行〉中，表現了逃出危險境地的渴望之情。曹植的詩歌特色是在樂府民歌的基礎上，進一步提煉加工，創出新的風格來，不僅可以寫景物，而且可以任意書寫感情。他集五言詩之大成，詩歌創作達到很高的境界。

建安時期的著名詩人，除了「三曹」之外，還有「七子」，即孔融、王粲、劉楨、陳琳、阮瑀、徐幹、應瑒。王粲的著名詩篇為〈七哀詩〉，是王粲初離長安時所作。他描述了東漢末年地方混戰，殘殺人民，造成白骨蔽野的殘酷景象。陳琳的樂府〈飲馬長城窟行〉，雖然是描寫秦代築長城的歷史題材，實際反映了東漢末年人民的征役之苦。這都是建安七子的代表作品。女詩人蔡琰，字文姬，也是建安時期的著名詩人。她博學多才，一生遭遇卻非常不幸。她為匈奴所擄，後被曹操贖回。她作〈悲憤詩〉，挑選了最為殘酷的場面，暴露了董卓涼州軍利用胡、羌人作戰，殺掠漢族人民的暴行，還細緻地刻畫了她熱愛中原的感情和母子骨肉之愛，是情感的真摯流露，感人至深。

魏晉之際，以嵇康和阮籍為代表，又出現一個詩文創作的高潮。但他們都是玄學家，因此詩文大多帶有一定的老莊色彩。嵇康的〈贈秀才入軍詩〉，詩質清峻，猶如其人。他入獄後寫作的〈幽憤詩〉，充分表達了他不肯與當權者妥協的精神。阮籍在思想上與嵇康有一致之處。嵇康死後，阮籍以嵇康為借鑑，不敢直抒思想，只是用隱晦的筆調來抒發內心的苦悶。〈詠懷〉八十首，是阮籍的代表作品。

西晉是世家大族專政的時期。這一時期的作品，大多數粉飾太平，缺乏社會內容。當時著名的有陸機、潘岳和左思。陸機的樂府，盡力模仿曹植，但由於過於追求對偶工整和辭藻的華麗，輕視了內容，與曹植比起來，已經相差很多。陸機所作辭賦很多，以〈文賦〉最著名。他的散文〈弔魏武帝文〉、〈辯亡論〉、〈五等論〉，在當時為人們傳誦一時。潘岳的〈悼亡詩〉描寫細膩，感情真摯。他作了

圖二六　宋李公麟畫「歸去來辭」（局部）

很多的賦，著名的有〈秋興賦〉、〈閒居賦〉、〈笙賦〉等，梁朝昭明太子蕭統編《文選》時收錄多篇。左思的代表作是〈三都賦〉，與張衡的〈二京賦〉並稱，洛陽豪貴之家競相傳寫，以致洛陽的紙張都昂貴起來。左思的詩，就內容而言，要比他的賦價值更高。左思出身寒微，在政治上受到壓抑，他在〈詠史〉中，借古人抒發自己的情懷，表現被壓抑和憤恨不平的心情。

西晉末至東晉，玄言詩盛行。玄言詩將玄學思想與情感結合起來，但又不能夠做到有機的融合，只是通過詩歌的形式，將哲理的內容表達出來。隨著玄學的發展，玄言詩盛極一時。東晉初年可稱述的作家，只有郭璞。郭璞的詩篇，在玄言詩盛行的時代，固然不能不受到這一詩派的影響。他的代表作為〈遊仙詩〉，表現了他有意學仙卻無緣的感情，語言生動，情感真摯，不是膚淺的玄言詩可比的。

東晉末劉宋初，詩人陶淵明的出現，為詩壇帶來了清新的空氣。陶淵明（約三六五－四二七年），

「不為五斗米折腰」

大詩人陶淵明為東晉大司馬陶侃的曾孫。但到了他的少年時代，陶家已經敗落，經常斷炊。因為家道貧窮的緣故，他便出仕做州祭酒，由於不能忍受官場的腐敗，不幾日便辭官歸鄉。後來又曾做過鎮軍將軍和建威將軍的參軍，他對親朋說：「我想過弦歌自娛的生活，為隱居積攢一些衣食之資可以嗎？」當權的人聽說了，便派他去做彭澤縣令。他素來簡傲自貴，不願意媚上。有一天，僕役來報：過幾天郡裡派的督郵要到彭澤視察。陶淵明認識那位督郵，他是個專門依仗權勢、阿諛逢迎的無恥之徒。陶淵明想到自己將要整冠束帶、強作笑臉去迎候這種小人，實在忍受不了。他的倔脾氣又發作了：「我怎麼能為了這五斗米官俸，去向那種卑鄙小人折腰呢？」於是，陶淵明離開衙門，板著臉回到了家，對妻子喊道：「收拾行裝，回鄉！」從此，陶淵明隱居鄉里未再出仕。

字元亮，後改名潛。他曾任州郡僚屬和彭澤縣令，到中年歸隱田園，至死不仕。陶淵明的田園生活，使他與農村直接接觸，因此他的詩歌大都以田園生活為題材，具有一般詩人缺乏的清新內容和樸素風格。陶淵明晚年的作品〈桃花源詩并記〉，用浪漫的筆法將他憧憬的理想社會描繪出來，也就是桃花源是一個人人自食其力、沒有壓迫的社會。陶淵明的詩歌是中國文學史上的瑰寶，它的思想內容和藝術形式都對以後詩歌的發展產生重大的影響。

陶淵明之後，比較有成就的詩人是鮑照。鮑照在宋文帝時，做過中書通事舍人，後在劉宋朝的內亂中被殺。鮑照的詩篇以樂府詩為多，主要成就也在樂府詩的創作。他的詩歌雄渾豪邁，代表作品有〈擬行路難〉十八首。鮑照寫詩多用七言，他在這方面的努力，推動了以後七言詩的發展。

宋齊以來，在謝靈運的倡導之下，山水詩得到發展。謝靈運出身於東晉、南朝的高門大族，喜歡田莊別墅的生活，他寄情於山水之間，這都影響了他的創作。謝靈運的代表作品為〈山居賦〉，細緻全面地描繪了山莊景物之美。但謝靈運的山水詩缺乏社會內容，寫作技巧也多斧鑿的痕跡，所以也就不能夠達到很高的境界。

南齊永明年間（四八三－四九三年），沈約撰《四聲譜》，同時又大力提倡將這種聲律學說應用到詩歌上去，有四聲八病之說。所謂四聲，就是平、上、去、入聲。八病就是在寫作詩歌時，應該在聲律上避免的八種毛病，即平頭、上尾、蜂腰、鶴膝、大韻、小韻、旁紐、正紐。這種詩體，被稱為永明體。永明體要求整篇詩賦，宮商相變，在語言的運用上，加強音樂性，收到音節鏗鏘的音樂效果。永明詩人詩歌作得最好的，當推謝朓。謝朓的山水詩在謝靈運的基礎上，又前進一步，徹底擺脫了玄言詩的影響，更加清新秀麗。謝朓在新體詩的寫作上，也多有成就。他寫作的新體詩在聲律和辭藻上，注意辭藻，但不流於華靡；重視聲律，而不受拘束。謝朓的創作實踐以及沈約對聲律運用的強調，是中國詩歌格律化的開端。

齊梁時期，出現了以描寫色情為主要內容的宮體詩。梁武帝中大通三年（五三一年），蕭綱被立為皇太子。他和蕭綸、蕭繹都喜歡以寫色情為主要內容的詩歌。當時圍繞東宮周圍有一群詩人，諸如庾肩吾、劉孝威、庾信等。他們追求聲律，誇耀辭藻，內容則著重描寫色情。這種宮體詩反映的是上層統治階級淫侈頹廢的生活。侯景之亂後，宮體詩沒有停止發展。陳朝時，徐陵是當時宮體詩人的主要代表。陳後主喜歡豔體詩，他經常與宮體詩人江總、孔範等人互相唱和，代表的作品有〈玉樹後庭花〉，都是描寫貴妃的美麗容色的。由於陳後主對宮體詩的提倡，使當時的文學頹廢墮落到極點。

東晉、南北朝時期，無論在南方還是在北方，民歌都有很大的發展。南方的民歌主要可以分為「吳聲歌」和「西曲歌」兩大部分。「吳聲歌」為長江下游一帶的民歌，「西曲歌」為長江中游一帶的民歌。這些作品大都流傳在民眾口頭，以描寫愛情為主，表現出纏綿婉轉的特色。後來樂府將這些民歌搜集起來，以管弦相配，也被稱為「清商曲辭」。

北方的民歌，有漢人的作品，也有少數民族的作品。從思想內容來看，要比南方民歌豐富。這些民歌有反映中原漢人在少數民族政權壓迫下被迫遷移的內容，有邊疆少數民族的牧歌，也有男女表達愛情的戀歌。北方民歌在藝術上的特點是，語言質樸，感情真率，風格豪放。〈木蘭詩〉是藝術成就最高的北方民歌。這首三百多字的敘事詩經過後代文人的不斷加工，作品內容更加完美。

自西晉以來，文人寫作文章開始追求辭藻的華麗和對偶的工整。到南朝，這種情況更為發展。劉宋時，范曄撰〈和香方序〉、鮑照寫〈登大雷岸與妹書〉都採用駢體文。當時文章追求辭藻要綺麗，對仗要工整。永明聲律學興起後，文人們專心在聲律和辭藻方面下功夫，將駢體文推向了高峰。沈約用駢體文來寫《宋書》中的傳論，劉勰用駢體文寫文學批評著作《文心雕龍》。幾乎所有的文章都向駢偶化、辭賦化方向發展。在駢體文中，孔稚珪的〈北山移文〉和劉孝標的〈廣絕交論〉不僅具有很高的寫作技巧，也具有深刻的社會內容。

魏晉南北朝時期，詩、文發展的同時，記載志怪傳聞的小說也盛行起來。干寶的《搜神記》借助神怪的題材，反映民眾的思想和要求，其中保存了一些民間故事。干寶在《搜神記》中的〈三王墓〉一條中，將流傳已久的干將莫邪的故事加以重寫，使人物形象更加突出，情節更為感人。另外，還出現了記載文人軼事的小說，著名的作品是劉義慶的《世說新語》。這部小說是世家大族談玄的產物。每篇小說由短篇故事構成，文字很精煉。雖然一些故事表露了世家大族的腐朽生活，但也有一些軼文軼事發人深省。

魏晉南北朝時期，文學批評也發展起來，出現了一些文學批評的著作。最早的文學批評著作是曹丕所著《典論．論文》。〈論文〉評論了建安七子，又指出因具體效用的不同，所以文章分成各種體裁，評論了各種體裁和特點，尖銳地批評了文人相輕的陋習。還強調文人的個性不同，創作的風格也千差萬別，作者的氣質決定了文章的風格。

南齊劉勰著《文心雕龍》，是一部體大思精的文學批評和文學理論著作。這部著作系統論證了有關文藝理論方面的重要問題，討論了文學創作的技巧問題，也評論了齊、梁以前一些作家和作品。劉勰主張文學應該反映現實，現實在不斷地變易中，文學也應該反映變易的現實。劉勰還反對虛假的創作態度，特別強調文學藝術的真實性，推崇內容既充實，形式又完美的作品。劉勰對用浮麗的詞藻來掩飾作品內容貧乏的做法持批評的態度，反對以形式取勝的文風。

繼劉勰之後，梁朝人鍾嶸寫作了《詩品》。鍾嶸反對詩歌創作過於重視聲律，主張自然和諧的音律，認為在詩的聲律方面講究過多，就會損害作品的自然之美。他還反對在詩歌中用典，過多的用典會使作品失去創造性。鍾嶸對於玄言詩持堅決批評的態度，他推崇建安文學，要求文人要以建安文學為榜樣來進行創作。鍾嶸還評論了詩體的源流和歷代詩人的成就和藝術風格，表述了他對詩歌創作的總的看法。但鍾嶸品評詩人往往著眼於作品的詞藻，忽視了作品的思想內容，所以他的評論還是受到形式主義文風的明顯束縛。

魏晉南北朝文學創作的發展，促進了文學作品選集的出現。從晉代起，就有不少的文人編纂文章總集。梁昭明太子蕭統主編的《文選》是這些選集中較好的一部。《文選》全書三十卷，以類分卷，共分成賦、詩、表、啟、贊、論、碑文、墓誌、行狀、祭文等三十九類。每個作家的作品，按體裁分別編入各類目。蕭統選錄作品比較嚴格，當時盛行的庸俗作品基本不收錄。《文選》成書以後風行一時，就是到唐代，應進士舉者也必須要熟悉《文選》。

魏晉南北朝時期，文學的發展的表現是多方面的，應該說這是一個在文學及與文學相關的領域中，取得諸多成就的歷史時代。

第三節　藝術的繁榮

魏晉南北朝，是繪畫、雕塑、書法藝術大發展的時期。在繪畫方面，湧現了不少有成就的畫家，創作了很多優秀的作品。三國時，由於佛教在江南的傳播，所以佛教畫也在東吳發展起來。吳興人曹不興善畫大幅人像。他曾經用五十尺絹，畫一像，不用多少時間，畫像就畫成。畫像的各部位都不失尺度。他經常摹寫天竺傳來的佛像，成為中國佛像畫的始祖。曹不興的弟子有衛協、張墨。在兩晉時，

圖二七　唐人臨摹的顧愷之「女史箴圖」(局部)

二人都有畫聖之稱。他們畫人物,不僅畫出人物的相貌,同時也畫出人物的神情來。傳說衛協曾作《七佛圖》,畫好之後,不敢點睛,害怕點睛之後,佛會飛出去,足見他們所畫人物神態非常生動。因此東晉人顧愷之評論衛協的畫「偉而有情勢」,「巧密於情思」①。可惜,衛協、張墨的畫都沒有流傳下來。

東晉、南朝出現三大著名畫家,即東晉顧愷之、宋陸探微、梁張僧繇。顧愷之作人物畫,最重傳神。他認為傳神的關鍵,全在所畫人物的眼睛。他畫人物數年不點眼睛,有人問其中的緣故,他說:「四體妍蚩,本無關於妙處,傳神寫照,正在阿堵(指眼睛)中。」②顧愷之不僅注意點睛傳神,還堅持寫實的態度,注意描繪出人物的性格。顧愷之的作品有《女史箴圖》,人物栩栩如生,佈局嚴密,反映了當時貴族的生活,具有一定的社會內容。但原作失傳,流傳下來的只是唐朝人的臨摹。

①張彥遠《歷代名畫記》卷五。
②《世說新語》卷下〈巧藝〉。

陸探微是顧愷之之後很有成就的畫家。他作畫的風格與顧愷之相近。南齊人謝赫在《古畫品錄》中，將陸探微列在上品之上，倍加推崇。謝赫認為陸探微能夠包容氣韻、骨法、應物、隨類、經營、傳移六法。所以陸探微的畫，技藝之高也就體現在這裡，但他的作品都沒有流傳下來。

張僧繇善於畫人物，當時崇尚佛教，寺院壁畫很多都是他畫的。他的畫形象非常生動，傳說張僧繇創作了安樂寺四白龍壁畫，其中二龍點睛後，就立即飛走。因為他畫的都是佛教畫，所以他的畫風不能不受到天竺畫風的影響。他作的畫，在線條之外，別施彩色，微分深淺，使畫面因色彩的渲染而更為美麗，並且高下分明，也增強了立體感。這在當時的作畫技藝上是一重要的成就，對以後的畫風影響很大。唐人張懷瓘評論歷代畫家，認為顧、陸、張的人物畫各有特色，「張得其肉，陸得其骨，顧得其神」③。

晉、宋之際，與山水詩的發展差不多同時，山水畫也開始受到重視。顧愷之曾經創作《雪霽望五老峰圖》，後人推之為山水畫的祖師，可惜已經失傳。劉宋時，南陽人宗炳創作了大量的山水畫，並寫了〈畫山水序〉，推動了山水畫的發展。

劉宋時，花鳥畫也開始興起。宋顧俊之是蟬雀畫的創始人。謝赫在《古畫品錄》中，將他列為二品第一人。顧俊之敢於變古創新，在繪畫上獨闢蹊徑，為花鳥畫的發展奠定了基礎。

南京出土的晉宋間的墓葬墓室中，發現「竹林七賢」磚刻畫，保存得很完整，是很珍貴的墓室壁畫。南壁繪刻嵇康、阮籍、山濤、王戎四人；北壁繪刻向秀、劉靈（伶）、阮咸、榮啟期四人。八人席

③張彥遠《歷代名畫記》卷五。

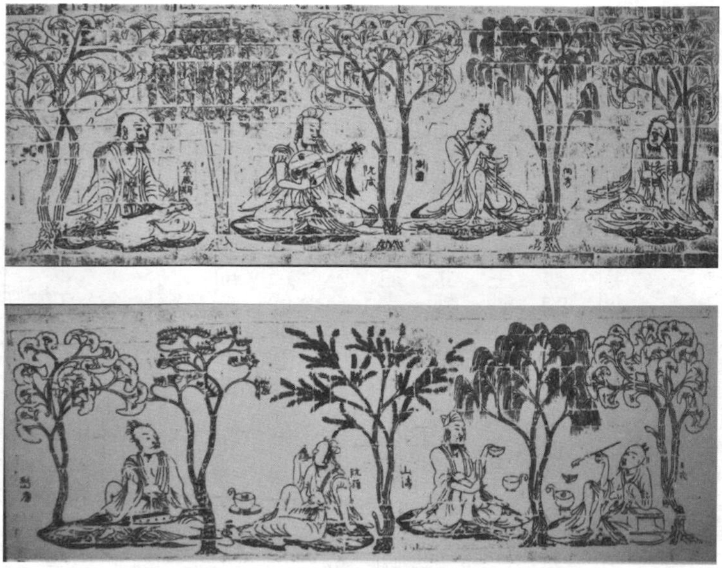

圖二八　南京出土的竹林七賢磚刻畫拓片

地而坐，情態、服飾各不相同，氣韻生動。

在北方也湧現很多的傑出畫家。北齊有一畫家楊子華，相傳他在壁上畫的馬，栩栩如生，在夜晚可以聽到馬的長鳴之聲，因此為當時人稱為「畫聖」。北齊還有一畫家曹仲達，是西域曹國人，以畫「梵像」聞名於中州。他畫人物可以與唐代的吳道子齊名。

這一時期，除了湧現一大批畫家和大量的優秀繪畫作品，也出現了繪畫理論著作。南齊謝赫所著《古畫品錄》是很有價值的著作。他提出了繪畫要注意「六法」，即氣韻生動、骨法用筆、應物象形、隨類賦彩、經營位置、傳移模寫。他的理論對後世的繪畫有很大的影響。

魏晉南北朝以來，隨著佛教的廣泛傳播，石窟寺藝術也發展起來。在今天新疆、甘肅、陝西、山西、河南、四川等地，都有石窟寺的開鑿。這些石窟由於地質岩石的構造不同，藝術創作也存在差別。岩石適於雕刻的，主要藝術創作為石雕；岩石較鬆脆，不適於雕刻的，主要創作為壁畫和塑像。

石窟造像最早當為新疆地區的石窟。現存新疆維吾爾自治區的石窟，以天山以南的拜城、庫車、吐魯番等地最為集中。拜城克孜爾千佛洞就有石窟二百餘個，其中窟形、壁畫保存完整的有七十多個，但窟內佛像全毀。這些石窟開鑿的年代，一些為東漢末和晉代的，大部分為北朝和北朝以後的。

魏晉南北朝時期，今天甘肅的河西走廊，處於中西交通的通道上，所以開鑿的石窟最多，最著名的就是敦煌東南的莫高窟。莫高窟位於鳴沙山東麓，全長一．六公里多，現存大小洞窟七百三十五個，佛像二千多尊，其中前秦至北朝的佛像有二十多尊，壁畫有四萬五千多平方公尺，是蘊藏非常豐富的藝術寶庫。莫高窟興建於前秦建元二年（三六六年），歷經北魏、西魏、隋唐，甚至元代都有修建。敦煌西南的千佛洞，十六窟中多數是北魏時鑿成的。敦煌以東，安西的榆林窟，永靖炳靈寺石窟，天水麥積山石窟、慶陽石窟寺等，都始鑿於十六國或北魏時期。

麥積山石窟創自北魏，因岩石比較鬆脆，佛像大多是泥塑的。這裡有很多的北朝佛、菩薩像，莊嚴圓滿，表情也非常生動。永靖炳靈寺石窟，最早為西秦建弘元年（四二〇年）開鑿，其中唐述窟和時亮窟就是西秦時開鑿的二窟。唐述窟內有大小龕三十個，絕大部分為西秦時代建造，可分為石雕、石胎泥塑、泥塑三種類型，大多數都形象端莊，表情肅穆，與各大窟十六國後期和北魏早期的作品風格基本相同。

北魏前期平城附近的五州山北崖上則有雲岡石窟。石窟最早開鑿於興安二年（四五三年）。現存洞窟五十三個，主洞二十一個，東西綿延越一公里，壁龕無數，佛像包括影像在內，達十萬多個。石窟雕像數量很多，最大的佛像高達十多公尺，氣勢非常雄偉。雕刻的風格繼承和發展了漢代石刻藝術的

圖二九　山西雲岡石窟第二十窟大佛像

圖三十　敦煌莫高窟第二八五窟西壁壁畫「諸天」

傳統，並吸取了外來藝術的有益成分，藝術價值很高。

龍門石窟也稱為伊闕窟，最早的石窟在北魏宣武帝景明元年（五〇〇年）開始開鑿。兩崖石窟和露天壁龕有幾千個，特別是西崖石窟群長約一．五公里。在所有石窟中，北朝的作品約占十分之三。古陽洞是龍門最早的洞窟，佛龕密佈，魏碑書法藝術，龍門十二體，此洞占十九體。其他如賓陽北洞、賓陽中洞、蓮花洞，也都是北魏時期開鑿的。石窟的開鑿耗費無數的人力和物力。龍門石窟可以與雲岡石窟相媲美，是古代石刻藝術的珍貴寶庫。

在南方，由於地理條件的限制，石窟較少，但梁代僧人僧祐營造了攝山大像（江蘇江寧境內）、剡縣石佛（浙江新昌境內），其中剡縣石佛高達十丈，規模宏偉，現在還存在。北魏末至北周、北齊時，在北方各地鑿窟造像的風氣卻很盛行。著名的石窟寺除了上述的之外，太原天龍山

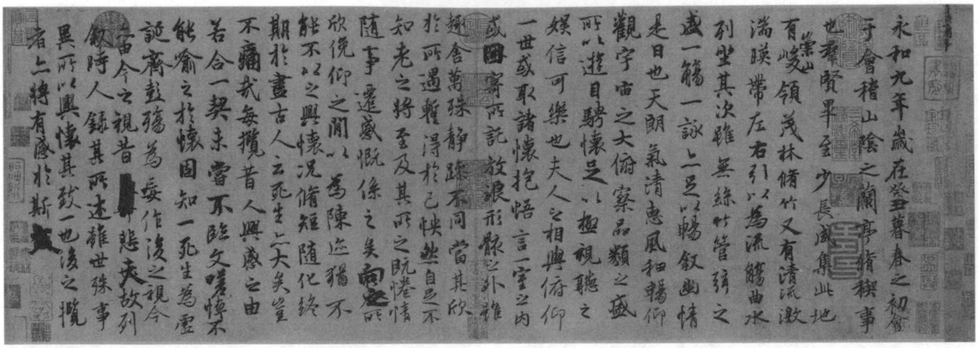

圖三一　唐人摹本王羲之〈蘭亭序〉

石窟、鞏縣石窟寺、邯鄲南北響山石窟等都很有名。另外，在遼寧義縣還有建於太和二十三年（四九九年）的萬佛堂石窟。

魏晉南北朝，書法也形成一種藝術。三國時，鍾繇師法曹喜、蔡邕、劉德升，兼善各體，尤其精於隸、楷和行書。鍾繇發展秦漢以來的楷法，對於漢字定型有重要的貢獻。東晉王羲之博採眾長，創造了妍美流便的新體。他的書法為歷代學者所宗，影響極大，被稱為書聖。王羲之的代表作有〈蘭亭序〉、〈黃庭經〉等，但他的真跡都沒有流傳下來。王羲之的兒子玄之、凝之、徽之、操之、獻之都善書法，其中以王獻之的成就最大。他兼精諸體，尤工行、草和隸書，與其父王羲之齊名，並稱二王。

二王之後，尤其在南朝，湧現了一大批書法家，諸如羊欣、孔琳之、蕭思話、薄紹之、蕭子雲等，都聞名於當時，作品深受人們的讚賞。

十六國、北朝書法則沿襲鍾繇舊書體。西晉末，范陽盧諶、清河崔悅均以書法著名。北魏初年，善書者均稱崔、盧二門。由於北朝書法受崔、盧二家影響，所以北方的書法沒有漢碑古澀的味道，也沒有南方二王流風回雪的情韻，保持一種古雅而端莊的獨特風格。

魏晉南北朝時期，樂舞也有明顯的發展。東漢末年，董卓之亂後，朝廷雅樂散失。曹操破荊州，得漢雅樂郎杜夔，使杜夔與歌師、舞師增損舊制，恢復了廟堂音樂。但曹魏將雅樂中滲入新聲。曹魏雅樂有四曲，即〈鹿鳴〉、〈騶虞〉、〈伐檀〉、〈文王〉。曹魏黃初年間，柴玉、左延年等人改雅樂〈騶虞〉、〈伐檀〉、〈文王〉三曲聲韻，將新聲滲入已經無生命力的雅樂中。曹魏的清商樂則源自銅雀樂舞，實際為曹魏以後的新曲。從曹操開始，大量創作相和三調的曲辭，而銅雀藝人則是新創的相和三調的歌者和舞者。《宋書．樂志三》就將相和三調直稱為「清商三調」。所謂三調，就是平調、清調、瑟調。曹操等人大量創作了三調歌詞，對清商樂的發展起到了積極的作用。西晉永嘉之亂後，洛陽淪陷，漢魏舊音流傳到了江南。東晉與南朝是清商樂的發展時期。《樂府詩集》所載清商曲辭，大多數為自製的新聲。清商樂中，一部分為吳聲歌曲，諸如「子夜歌」、「前溪歌」等。另一部分為出自荊州一帶的「西曲歌」三十四曲，大多數也是南朝創作的。當時統治階級將清商樂作為宮廷的主要的演奏樂曲。

江南的清商樂也傳到北方。北魏前期，雅樂沒有得到發展，北魏統治者喜歡的是鮮卑歌和西域歌。孝文帝、宣武帝時，得到中原所傳舊曲和江南吳歌、荊楚西聲，總命之為清商樂，雜用於賓嘉大禮，也雜用於宮廷的宴饗。

十六國、北朝時期，「胡樂」包括西域樂和外國樂陸續傳到東土。當時影響最大的是「龜茲樂」。「龜茲樂」從前秦末年傳入中原，但在中原傳習之盛，卻是從北魏後期開始的。北魏宣武帝以後，宮廷中開始喜歡「龜茲樂」，西域人曹婆羅門以彈龜茲琵琶著名於當時。北齊時，曹婆羅門之子曹僧奴以及僧奴子曹妙達，都因善彈琵琶受到寵幸，都開府封王。周武帝時，龜茲人蘇祗婆來到長安，也將龜茲七調樂律傳到關中，對以後中原地區的音樂影響重大。北朝太常的雅樂也大量參用「胡聲」。在北方

圖三二　北魏女樂陶俑

民間，胡樂的樂章、樂器、樂舞也非常流行。另外，當時一些外國音樂也傳入中土。諸如「天竺樂」、「康國樂」、「安國樂」、「高麗樂」等。「天竺樂」是在前涼張重華統治時，隨著佛教的傳播傳到河西走廊，後來又傳到中原。「康國樂」是在周武帝娶突厥公主為皇后時，隨著突厥公主輾轉傳到中國。「高麗樂」當是北魏滅北燕馮氏時，得到「高麗樂」，後來繼續輸入到中原，不斷完備。《隋書．音樂志下》所載隋朝有九部音樂，即清樂、西涼樂、龜茲樂、天竺樂、康國樂、疏勒樂、安國樂、高麗樂、禮畢樂等。這是對南北朝音樂的總匯，足見包含的音樂種類十分廣泛。

在北朝還流行過鮮卑、吐谷渾、稽胡三個民族的音樂。當時用這些音樂的曲調配合鼓吹，作為馬上鼓吹之樂，也被稱為「北歌」。北魏定都平城時，在宮廷中宮女經常演奏歌唱。在周、隋之際，還用來與「西涼樂」混合演奏。但「北歌」大部分是用鮮卑語記錄下來的，到孝文帝遷都洛陽後，禁止使用鮮卑語，所以就逐漸消失了。「吐谷渾樂」和「步落稽胡樂」都沒有漢譯，這樣也就無法流傳下來。

魏晉南北朝時期，中原地區原來一套華夏的雅樂逐漸衰落，「龜茲樂」、「西涼樂」取代了原來雅樂的地位。與此同時，南方的清商樂舞也傳播到北方。這樣，當時樂舞逐漸形成南北融合的局面，出現了一種新的民族風格特點的樂舞。這種新風格特點的樂舞的形成，對隋唐樂舞的發展，起到很大的推動作用。

本章重點

魏晉南北朝時期，文化發展的表現是多方面的。本章著重說明在這一歷史時期，獲得突出成就的文化領域，即史學的突出成就，文學和藝術大量優秀作品的湧現，都是這個歷史時期取得的文化發展的明顯體現。

複習與思考

1. 魏晉南北朝時期，史學的表現為何？
2. 請說明魏晉南北朝時期，文學和藝術發展的特點。

第二十八章 服飾、飲食、居室與交通工具

魏晉南北朝時期，隨著社會的變化、民族融合局面的出現以及文化理念的變化，社會各階層的生活也在變化。這種變化表現在當時社會的衣、食、住、行以及節日活動和休閒娛樂多方面，形成了具有鮮明時代特徵的社會生活。

第一節 服飾

魏晉南北朝時期，社會上層和下層在服飾上差別明顯。從冠冕的情況來看，當時最高統治者皇帝和重要官員在禮儀活動中一般戴冕。冕有冕綖和冕旒。西晉皇帝冕的冕綖寬七寸，長一尺二寸，前圓後方，加於通天冠上，在冕綖前後垂有冕旒，前後各十二旒，以珊瑚珠製成。南朝時，稱冕為平天冠。依據等級身份的不同，皇帝冕有十二旒，皇太子九旒，三公八旒，諸卿六旒。北周宣帝傳位給兒子後，自稱天元皇帝，因此他的冕很特殊，有二十四旒。

魏晉南北朝有多種冠的存在，主要有通天冠、遠遊冠、進賢冠、高山冠、武冠、法冠、樊噲冠等。通天冠為皇帝朝會時戴的冠。這種冠承襲漢代而來，顯著的特徵是冠前加有金博山。

遠遊冠也是皇帝使用的冠。一般這種冠在祭祀、朝會以外的場合戴，與各色雜服搭配。除了皇帝之外，太子與宗室諸王也戴遠遊冠。它與通天冠主要的不同是不加金博山。

進賢冠為國家文職官員的冠。為了體現官員的品級差別，進賢冠上梁有五梁、三梁、二梁、一梁的區分。不過，五梁進賢冠為皇帝專用，其他官員不得佩戴。與進賢冠配合使用的有介幘，為一種由巾演化而來的便帽。

高山冠是朝廷謁者、謁者僕射等官員所戴冠。魏明帝因高山冠與通天、遠遊冠區別不明顯，降低了高山冠的高度，又加上介幘。

武冠也稱為武弁，還有大冠、繁冠、建冠、籠冠之稱。這種冠主要是武職官員和皇帝的侍臣所戴。不過皇帝侍臣的武冠還有其他的裝飾。比如侍中、散騎常侍冠上加金璫，附蟬為文；上插貂毛，黃金為竿。侍中插在左，散騎常侍插在右，成為一種很華麗的冠飾。虎賁等宮廷衛士所戴的武冠兩側要插上鶡羽，也稱為鶡冠。

圖三三　唐閻立本畫「歷代帝王圖」中的晉武帝像，圖中所戴即通天冠，其上的木板為冕綖，前後垂下的珠串為冕旒。

法冠是侍御史和廷尉正、監、平等執法官員所戴冠。冠高五尺，以鐵為柱，表示不屈撓之意。

樊噲冠為皇宮殿門武士所戴冠。這種冠的形狀像平冕，早在西漢時期就已經存在，至晉及南朝一直沿用。

在魏晉南北朝還流行戴帽。在漢代，帽不是社會地位高的階層所戴，戴帽的範圍也不廣。至魏晉時期，戴帽呈現擴大的趨勢。三國時，帽有不同的顏色，而且製帽的質料也不相同。吳主孫權賜大將朱然御織成帽；魏明帝戴繡帽接見大臣。至東晉時，在民間也出現戴帽者。當時名士王濛曾到市上買帽自戴。隨著北方少數民族大量進入中原，他們戴帽的習俗對漢人影響很大，因此在正式的朝堂上，官員戴帽也被認可。

南北朝時，社會上開始流行戴紗帽。這種風氣先發生在南方，以後在北方社會上層中也很流行。當時根據顏色，將紗帽分為白紗帽和黑紗帽。紗帽的樣式很多，沒有固定的形制。在南朝，白紗帽主要為皇帝和大臣所戴。皇帝宴飲和起居時，多戴這種帽子。黑紗帽則為士庶所通用，沒有明顯的貴賤區分。在北朝，戴紗帽有比較嚴格的限制，一般只有皇帝和官員可以戴紗帽。北齊國家規定，在宮廷中只有皇帝可以戴紗帽；一般的官員在個人的府第接待賓客時，戴紗帽則不限制。

隨著拓跋鮮卑人建立北魏，統一北方，鮮卑的習俗也影響了中原地區，鮮卑人所戴的帽子開始流行起來。這種帽一般稱為鮮卑帽，也稱突騎帽、長帽等，在拓跋鮮卑初入中原時開始流行。孝文帝改革服制後，為漢冠所取代。但到北朝後期，鮮卑帽又開始流行。在西魏、北周，甚至鮮卑帽成為官員上朝和宴會的正式服飾。

在北方還流行一種合歡帽。後趙石虎出獵時，就戴著金縷織成的合歡帽。合歡帽不僅在少數民族統治階層中流行，一般漢人也可以戴這種帽，但它不是正式帽，只是隨意的穿戴。

此外，人們還用整幅的巾包裹頭髮。用巾包裹頭髮，最初不分貴賤，但在冠出現後，巾逐漸成為

圖三四　北齊壁畫「出行圖」中人物所戴即為鮮卑帽

普通平民所用的頭飾。魏晉時，士人未出仕或致仕都以戴巾表示自己的非官員身份。後來一些文人雅士在正式場合，也著巾表示文雅，如東晉謝萬就著白綸巾，執手板拜見會稽王司馬昱。

魏晉南北朝時期，皇帝和官員在不同場合要著不同的服裝。皇帝出席祭祀天地、宗廟的禮儀活動時，要著袞服，袞服也是上衣下裳。皇帝在朝會及其他場合所穿著的為袍服，袍服分為皂紗袍、絳袍、五色袍等。

諸侯王及大臣隨同皇帝祭祀天地、宗廟時，也都穿著袞服。只是大臣所著袞服的質料和文飾，與皇帝的服飾存在一些差別。

在朝會時，群臣要穿著朝服。朝服的顏色有五色，隨季節變化。春天為青色，夏天為朱色，季夏（夏季的第三個月）為黃色，秋天為白色，冬天為皂色。劉宋時，開始規定地位高的官員著五色朝服，稍低的著四色朝服，最低的官員，只著一色朝服，不隨季節變化顏色。儘管南朝規定有五色朝服，但大臣一般只著朱色朝服。梁武帝天監年間以後，皇太子和諸侯王也不再著五色朝服，只著朱色朝服。官員朝服的質料也不相同，有紗袍、錦袍、綾袍等。

十六國時期，北方少數民族國家統治者在服飾的穿著上，比較混亂。他們一方面穿著少數民族的習慣服裝，另外，又吸收了漢族服裝的一些特點。《鄴中記》載石虎朝會時，「皆竊擬禮制，整法服，冠通天，佩玉璽，玄衣纁裳」。

北魏初入中原後，皇帝和官員的服飾基本上是以拓跋鮮卑的服飾為基礎，吸收了部分漢族和其他少數民族的特點而成的。到孝文帝時，才開始規定百官的冠服，分出不用的等次。直到太和十五年（四九一年），孝文帝下詔廢止舊制，但冬季朝賀依然要服褲褶服。次年又廢除以戎服（即褲褶服）祭祀天地的規定。後孝文帝進一步改革服飾，按照西晉五時朝服制定服裝，使北魏的禮服莊重典雅，不亞於南朝。北魏分裂後，東魏、北齊的禮服遵循北魏舊制，而西魏、北周則按《周禮》改官制服，不同於北魏舊制。

魏晉南北朝時期，男子日常比較常著的服裝是「襦」。襦在漢代就是男子的常服，類似於今天的短外衣。襦有單襦和綿襦之分。一般用布製作，也有用紗、羅等絲織品製作的。普通平民多穿著布襦，而大族上層人物則穿著絲織的襦。東晉名士謝尚就著紫羅襦，在大市佛圖門樓上彈琵琶。當時有一些婦女日常也穿著襦，形制與男服相近。

人們穿著襦時，一般與裳搭配。裳作為男子的下裝，已經不太流行了，一般將它作為正式裝穿著。因此西晉傅玄〈裳銘〉說：「上衣下裳，天地則也。」

男子日常穿著的服裝還有衫。衫是社會各階層中的常著服裝，只是因為社會地位的不同，在衫的

第二十八章
服飾、飲食、居室與交通工具

質料上存在很大的差異。

當時社會中比較流行的是裲襠衫。裲襠衫是魏晉時流行的新服裝，最早出現在東漢末年。裲襠衫在製作上，分為前後兩片，前一為胸，後一為背，故稱為裲襠。

社會中不同階層常穿的服裝還有袍、單衣、半袖、假鐘等。另外，在北方，毛皮製成的裘也是人們禦寒的服裝，從天子到普通平民都穿著皮裘。皮裘在南方也開始流行，人們穿著皮裘一方面是為了禦寒，當然還有很多人是為了修飾儀表。因此出現了用鳥羽製成的雉頭裘、孔雀裘等，還出現寬大的皮氅，也稱為皮氅裘。穿著這些皮裘的人，都是要以此顯示身份的高貴。

這一時期，褲的出現是服飾的重要變化。曹魏時，許允任中領軍，大將軍司馬師要逮捕李豐，許允出門見司馬師「中道還取褲，豐等已收訖」①，足見褲已經為人們經常穿著。魏晉之前人們穿著的習慣是上身穿襦，或穿袍、衫等常衣，下身穿著裳。穿褲只是為了禦寒，並且褲的裲襠是分開的，沒有縫合。北方少數民族的穿著不同於漢族，他們經常騎馬放牧，穿裳、袍等服裝很不方便，所以很早就開始穿著合襠褲，行動起來頗為靈活。合襠褲在製作上很節省材料，傳入中原後，先為下層人民和軍隊接受，又逐漸向其他社會階層流傳，並為他們所接受。在魏晉南北朝時，褲開始成為人們穿著的常服。

在軍隊中，將士穿著的是褲褶服，也稱為戎服。這種服飾起源於北方少數民族，東漢後期傳入中原，成為軍隊的戎裝。魏晉以後，軍隊中官員無論職位高低，一般都要穿褲褶。在皇帝親征或者國家

① 《三國志》卷九〈魏書．夏侯尚附許允傳〉注引《魏略》。

內外戒嚴時，文職官員也需要穿著褲褶。在北朝，褲褶不但作為戎服，還一度成為朝服。

魏晉南北朝時期，皇帝、貴族和官員的夫人參加國家的禮儀活動有特別的服裝。皇太后、皇后、嬪妃、長公主、公主等穿著深衣，即單衣。她們在參加親蠶儀式時，穿著的服裝稱為蠶衣。三國時，皇后的蠶衣多用文繡，西晉時改為純青色，以後成為定制。劉宋時，皇后參加祭祀穿著袿襹大衣，也稱為褘衣。

當時婦女日常穿著的服裝主要有襦、襖、衫、裲襠、抱腰、裙、褲褶等。一般婦女上身著襦、衫，下面穿長裙。在當時北方，少數民族婦女還穿著小袖襖，特別是在鮮卑婦女中，小袖襖很流行。孝文帝服飾改革後，限制鮮卑婦女穿著小袖襖，但一些婦女仍然穿著這種服裝。後來隨著漢化的推進，小袖襖逐漸消失。

裙是當時婦女的主要服裝。社會上層婦女多穿曳地長裙，長裙多用高級絲織品製成。皇室婦女的裙裝價格更為昂貴，北齊武成帝為胡皇后製作的真珠裙，花費的費用不可勝數。

自魏晉以來，褲褶也成為婦女的服裝。西晉時，王濟家女奴百餘人，全都著綾羅褲褶。十六國時，石虎皇后外出，以女騎一千人為隨從，全都穿著蜀錦褲褶。北朝婦女穿著褲褶的風氣更為流行，多為右衽寬袖大口褲褶。

第二節　飲食習慣

魏晉南北朝時期的飲食水準，與以前的時代相比，有了較大的發展。食品的加工方法有所增加，烹飪水準也有提高。因為社會中存在不同階層和貧富的差別，所以飲食狀況也不相同。皇帝、官僚和世家大族等社會上層，在飲食上表現出奢華的風氣，而一般平民家庭的飲食主要為素食。

當時飲食中，飯成為主要的食物。飯的製作採用蒸或煮的方法。在南方主要以稻米為主，北方則以粟為主。除了稻、粟之外，麥飯也是當時的主要食物之一。麥飯是用麥子蒸製而成，為一般平民家庭經常食用。一些官員也吃麥飯，但並不多見。以麥飯為主食的官員，成為生活簡樸的表現。因此《魏書．盧玄傳附盧義禧傳》記載，出身高門、官居尚書的盧義禧「雖居顯位，每至困乏，麥飯蔬食，忻然甘之」。

在災荒之年，因糧食嚴重缺乏，普通平民就不得不用粥作為主食。地方官員和世家大族、地方豪強在實行賑濟時，向災民施粥是重要的方式。而家庭舉辦喪事，一般也會停止正常的飲食，用食粥表示對親人的哀悼。除了特殊情況下食粥外，粥還成為當時家庭的主食之一。在飲食中，粥的種類很多，主要有白粥、粟粥、麥粥、豆粥等。在南方，大米煮成的白粥，上自世家大族，下到一般庶民，都經常食用。在北方，主要食用小米煮成的粟粥。麥粥是用沒有磨的小麥製成，多為貧困家庭的食品。豆粥多用綠豆、紅小豆作成，不同社會階層的家庭多有吃豆粥的習慣。

在主食中，餅的製作開始出現。做餅的原料有將小麥磨成的麵粉，還有用米粉的。無論在南方，還是在北方，也不論是在宮廷的宴會上，還是在普通平民的家庭用餐中，餅成為重要的食物。當時餅的名稱很多，有胡餅、湯餅、水引餅、蒸餅、麵起餅、乳餅、髓餅、白環餅、細環餅、截餅等。

當時人們已經掌握了發酵的方法，一些餅是用發麵蒸製而成的，諸如蒸餅、麵起餅、白餅、燒餅等。在蒸製餅中，人們已經會使餅的上部開花，出現十字形。因為當時發酵技術還不是很發達，蒸製

圖三五　魏晉壁畫「洗燙家禽圖」

開花餅很不容易，所以被視為珍奇的食品。

饅頭的製作也出現了。但饅頭被稱為饅頭餅，與現在的饅頭並不相同，是一種肉餡大包子。

魏晉南北朝時期的飲食結構，是以糧食和蔬菜為主。在當時人們常吃的蔬菜有茄子、葵菜、韭菜、芹菜、蘆菔（蘿蔔）、芋頭、菜瓜、胡瓜（大黃瓜）、冬瓜、蘑菇、芥菜、蕓薹、胡荽、蘭香、竹筍、藕等等。對蔬菜的烹飪已經有很高的水準。在南朝宮廷，可以將一種菜做出數十味佳餚，烹飪工藝精美。《齊民要術》中記載了瓠、茄子、紫菜、菌等各種蔬菜的做法。

這一時期，用來作為飲食的肉類也很多，主要有豬、牛、羊、犬、馬、驢等家畜，雞、鴨、鵝等家禽。因為南、北方的出產不同，肉食的品種和食用的數量也存在差別。北方羊的出產較多，成為少數民族最喜歡的肉食。南方除了魚蝦等水產品之外，也出產很多鴨、鵝，鴨、鵝被烹製成多種多樣的美味佳餚。南方、北方的肉食品固然存在區別，但隨著南北人員的來往，對肉食的烹飪技術也相互交流。劉宋時，毛修之流落到北方，他擅長烹飪，所做羊羹味道極佳，進獻給

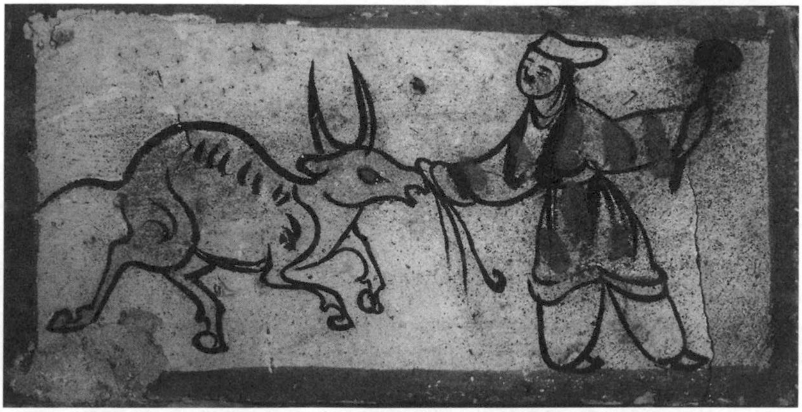

圖三六　魏晉壁畫「宰牛圖」

北魏太武帝，深受讚賞。不過，在魏晉南北朝時期，肉食並沒有很普遍。食肉受到限制，甚至在困難的時候，上層統治者的肉食供應也不充足。南朝為了保證農業生產，禁止宰殺耕牛，更使肉食品減少。

當時對肉食品的烹飪方法很多。《齊民要術》記載，加工烹飪的方法就有炙、炮、煎、炸、燴、煮、燒、燉等。還可以將肉加工成臘脯、糟肉、肉醬，或者用鹽醃製，將肉長期保存。

在加工肉食品時，炙是當時經常採用的方法。所謂炙，就是用明火直接燒烤肉食品。炙法多種多樣，可分為棒炙、搗炙、腩炙、牛眩炙、薄炙、銜炙、跳丸炙、餅炙、豹炙、炮炙等。棒炙是將大牛的脊肉和小牛的腳肉用火先炙一面，肉色變白便割，割遍又炙一面，肉中含漿滑美。不等肉完全熟透，割下便食，這是要保持牛肉鮮嫩的味道。豹炙是從北方少數民族傳入中原的食肉習慣。在炙肉時，將整隻動物在火上燒烤，再割塊分食。在南、北方，社會上層的宴飲中，比較普遍地食用炙烤的肉食。東晉的宴席上將炙烤牛心視為上好的美味。南齊高帝為獎勵江淹草擬了很好的詔書，就賜給他鵝炙和美酒。

炮炙也是從北方少數民族傳到中原的肉食加工方法。加工時，將肥白羊肉和脂油切成細片，與鹽、薑、胡椒等調料拌勻，放到羊肚內，用線縫好。然後挖坑燃火，取出灰火，將羊肚放入，再將灰火覆在羊肚上，到規定的時間肉就熟了，便可以食用。這種肉被稱為胡炮肉，成為當時的一種名菜。在肉食的加工上，吸收北方少數民族的方法，還有羌煮、胡羹等，使當時南、北方的肉食品更為豐富。

魏晉南北朝時期，在人們的飲食中，魚是重要的副食。當時可以食用的魚有鯉魚、鱸魚、鱔魚、鰒魚、鯰魚、比目魚等。南方地區河道縱橫，魚的出產很多，價格便宜，成為人們的日常食品。北方也有河流，出產的魚類也不少，但出產量要少於南方。

這一時期，已經有了很多烹調魚的方法。加工魚時，能夠用煎、炸、燴、蒸等方法。人們還將魚加工成魚脯、魚醬、魚鮓、羹臛等。其中羹臛是人們較常採用的加工魚的方法。

由於一些南方人口流入北方，也將他們喜歡吃魚的習慣帶到了北方。北魏洛陽城中，有專門安置南方人的四夷館和四夷里。為了適應他們的飲食習慣，在四通市上有水產品出賣。喜歡吃魚的人都到這裡購買，因此四通市又稱為魚鱉市。洛陽流傳民謠說：「洛鯉伊魴，貴於牛羊」。

魏晉南北朝時期，社會上層和下層飲酒的風氣都很盛。魏晉之際的竹林七賢熱衷於飲酒，因此使飲酒成為名士的標誌之一。在官僚、世家大族階層中，很多人以能飲酒為榮。如東晉名臣周凱能一次飲酒一石，終日徘徊在醉鄉。在這種風氣下，當時社會對酒的需求量很大。東晉時，如果一郡斷酒一年，就可以節省糧食百餘萬斛。因此在災荒之年，國家都嚴格禁止釀酒。

由於釀酒技術並不複雜，一般家庭多自家釀酒來飲用。除了私人自己釀酒之外，出現了很多的酒店、酒肆。西晉時，阮脩在洛陽常步行到酒店買酒，獨自暢飲。這些酒店、酒肆一般將酒的生產和銷售合而為一，分佈在各地的城中和鄉間。北魏洛陽市西有退酤、治觴二里，里中人多以釀酒為業，是受國家控制的釀酒工匠。

由於當時人們對飲酒的喜好，酒的釀造技術有很大改進，出現了一些名酒。在南方，有用酃湖水釀製的酃酒，在東吳時期就聞名於世，東晉、南朝都將酃酒列為貢酒。在北方，也有名酒出現。北魏河東人劉白墮釀造出鶴觴酒，飲之香美，京城顯貴多以此酒作為饋贈親友的禮品。

魏晉南北朝時期，人們飲茶的習慣在逐步拓展。在漢代，西南地區的一些人們已經開始飲茶。魏晉時期，茶的流傳進一步擴大，開始將茶視為日常的飲料。東吳孫權設宴招待群臣，在飲料中便有茶水。西晉時，一般的家庭也開始飲茶。在當時洛陽的市中，就有茶的出售。永嘉之亂，大量世族南渡，王導在石頭城迎接紀瞻，便設茶飲招待。

東晉以後，南方地區飲茶開始形成風氣，飲茶成為招待客人的一種方式。東晉重臣桓溫經常在宴飲時，為客人準備茶水。吏部尚書陸納招待衛將軍謝安，只簡單設茶果招待。足見在南方，飲茶已經是士人交往的重要方式。但在北方，因為少數民族生活習慣的影響，飲茶並不普遍。南朝大族王肅因內亂逃往北魏，不得不改變飲食習慣，在宴會時，也能夠大吃羊肉，以酪漿代替飲茶。雖然在北方社會上層宴飲中也備有茶水，可是飲用者不多。當時北方人很鄙視飲茶的人，將他們稱之為「酪奴」。

第三節　大族莊園與民宅

魏晉南北朝時期，世家大族是社會中的上層階層，他們在政治、經濟、文化等方面占有特殊的地位，因此他們的住宅不同於其他的社會階層。這個時期世家大族莊園的出現，具體表現出他們居住方式的特點。

世家大族的莊園是他們具有的政治、經濟和文化特權相結合的產物。西晉時期，世家大族的莊園開始普遍出現。當時的大族，諸如王戎、王濟、王愷、和嶠等，都修建大莊園。石崇修建的金谷園最為著名，他經常請一些名流雅士到園中宴飲遊玩。東晉、南朝時，世家大族的莊園發展更為迅速。在這一時期，世家大族所建莊園，有一些規模很大，劉宋時孔靈符在永興建莊園，四周有三十多里，但有一些莊園的規模就不太大，東晉孫綽的莊園只建五畝之宅。儘管莊園的規模大小不同，但在修建上有共同的一些特點。

世家大族在營建莊園時，一般利用山石林木和泉流池沼突出自然景觀，不人為刻意地堆土成山。在園內的佈置上，使山、水、林、石搭配和諧，表現出精巧的結構。莊園中，大多數林木繁茂，樹木以松樹、柏樹和竹子為多。除了在園中佈置供玩賞的山石林木之外，還種植了不少的果樹和蔬菜。還有一些世家大族在營建莊園時，不僅注意園內的佈置，還儘量使園內和園外的景色融為一體，將莊園置於優美的環境中。當時世家大族營建這種莊園，是他們養尊處優的生活態度在居住方式上的體現。

南方世家大族營建莊園也影響到北方的大族。北魏大族張倫建造的莊園，林木高聳，能夠遮蔽陽光，園林山池的美麗，諸侯王的宅第也比不上。北齊鄭戍祖的莊園中，有山有池，松竹交植。世家大族營建莊園，對一些宗室和官僚影響很大。他們也紛紛仿效，修建莊園。東晉司馬道子的府第，「築山穿池，列樹竹木，功用鉅萬」②。北魏貴族宗室「爭修園宅，互相誇競。崇門豐室，洞戶連房，飛館生風，重樓起霧，高臺芳榭，家家而築；花林曲池，園園而有。莫不桃李夏綠，竹柏冬青」③。當時世家大族營建的莊園，成為社會上層修建府第一定要仿效的典範。

魏晉南北朝時期，世家大族營建的莊園以及貴族、宗室和大官僚的宅第，以營建園林山池的美麗，來滿足他們的享受。這只是少數社會上層人的生活狀況，對社會中的大多數人來說，他們只能居住很簡陋的住宅。當時一般平民的住宅，多為平房，只能遮風蔽雨。宅院的基本格局仍然沿襲漢代的傳統，為一堂二內，當然也有兩進、三進或者多進的大宅院。一般宅院外面都有圍牆。

地位較高的國家官員一般住宅有數十間房間。西晉武帝曾下詔，允許王沈、魯芝修建房屋五十間。可見官員擁有這些房間是國家規定的標準，但地位較低的官員的房間就達不到這個標準。

地方長吏和中央各官府長官任職時，國家可以提供給他們府宅，但卸任後，就要回到他們自己的私宅。官員的僚佐也多住在官府提供的公廨中，不過，公廨的房屋不多。西晉陸機為僚佐，兄弟三人居住在參佐廨中，只有三間瓦屋。一些官員為了滿足私欲，在任時拼命搜刮錢財，購置房產。劉宋時，豫章太守蔡廓被調入京城任尚書，便為自己修建二處房宅。廣州刺史王琨還朝任職，就用搜刮來的一

②《晉書》卷六四〈簡文三子．會稽文孝王道子傳〉。
③《洛陽伽藍記》卷四〈城西〉。

圖三七　東吳時期的陶院落

百三十萬錢，作為修建私宅的費用。

魏晉南北朝時期，建造房宅，使用磚瓦已經很廣泛。但一般只有資財豐厚的官僚和富商大賈建造房屋才能夠使用磚瓦，對於大多數平民來說，居住的多為草屋茅舍。就是一些清廉的官員也是如此。南朝梁時，中書侍郎裴子野沒有房宅，只好借官地二畝，修建數間茅屋。北魏中書侍郎高允任官二十多年，家中只有草屋數間。南方一般平民，還以竹子和茅草建屋。當時人說：「江南土薄，舍多竹茅。」④足見竹茅房屋當為南方社會下層居民的主要住宅。在北方，一些人還以土窯為屋。西晉隱士孫登家在汲郡，就住在土窯中。張忠隱居泰山，鑿地為窯室，使弟子居住。北方少數民族多住氈帳，進入中原地區後，也將這種居住的習俗帶到中原。有一些大氈帳，可居住的人很多，因此當時人顏之推說：「昔在江南，不信有千人氈帳。」⑤

④《隋書》卷四一〈高熲傳〉。

第四節　車、輿、輦與騎乘

魏晉南北朝時期，國家為皇帝和官員出行實行車輛鹵簿制度，也就是車輛配置的制度。皇帝出行，車輛的配置和侍從都有具體明確的規定。西晉時，皇帝出行，所乘的金根車駕六匹駿馬，由太僕親自駕車，大將軍參乘，左右有衛士護駕，屬車有八十一乘。皇帝所乘車輛之前有司南車、遊車九乘、五剛車、雲罕車、蹋戟車、皮軒車等，後有黃鉞車、大輦、金根車、五時副車、蹋獵車、耕根車、豹尾車等。公卿大臣、將軍、校尉等乘車或騎馬在皇帝車前後，隨從護衛。

東晉時期，由於國家物力和財力的匱乏，皇帝車輛制度的規模大大地縮小。皇帝所乘車的馬數減為四匹，副車的數量也減少很多，一度減為五乘。晉元帝登基，造大路、戎路各一輛，仿照古代的金根制度，不再設五時車，有事用馬車代替，將旗幟插在上面，後來用五色木牛，象徵五時車，將旗豎在牛背上。劉宋時，副車增加到十二乘。南齊有衣書車十二乘作為副車。梁時設五牛旗車，以象徵古之五時副車。製衣書車，也稱為副車。陳時又設置五輅，恢復沿用西晉五時副車制度。

北方少數民族政權，國家統治者的車輛制度很不完備。較大的國家，諸如後趙、前秦、後秦等沿用西晉制度，所用的車輛大部分使用繳獲的西晉舊車輛。淝水之戰，東晉俘獲前秦苻堅的車輛，就是西晉的舊車。還有一些是仿照西晉車輛製作的。儘管北方少數民族政權交替頻繁，車輛制度大部分規

⑤《顏氏家訓》卷五〈歸心篇〉。

定變化不大。不過，一些國家為了表現其車輛制度的獨特性，也作了一些相應的改變。後趙皇帝石虎的大駕中，就有金根輦、雲母輦、武剛輦數百乘。

北魏初期開始製造皇帝乘坐的車輛，但車輛的形制與南朝很不相同。有大樓輦、象輦、乾象輦等，駕車或用牛，或用馬。道武帝拓跋珪規定皇帝大駕屬車八十一乘，護駕輕車及衛士千乘萬騎，王公大臣都排列在隊伍中。孝文帝改制，製作了五輅作為皇帝的車輛，而將原來的車輛封存起來。孝文帝製造的五輅一直沿用，北魏後期稍有改變。北周按照《周禮》規定車輛制度，皇帝之輅十二種，皇后之車十二種，但這些規定大都沒有實行。

當時對皇太子和王公大臣所乘車輛的數量和等級，也有明確的規定，不同於皇帝的鹵簿。根據朝廷官員的品級和地位不同，車輛形制、名稱和駕車馬匹都有明顯的差別。西晉時，公卿隨

圖三八　北齊徐顯秀墓室壁畫「備車圖」

同皇帝參加祭祀天地、宗廟等重大的禮儀活動，一般乘駕四馬的大車，但要站立乘車。他們參加其他的活動，則乘坐安車。東晉時，國家財政困難，對皇太子和公卿的車輛的配置，減少很多，「王公以下，車服卑雜」⑥。南朝大體沿襲西晉制度，依照官員品級給與不同形制的車輛。公至尚書令給鹿幡軺，尚書僕射等給鳳轄軺，中領軍、中護軍、尚書等給聊泥軺，御史中丞給方蓋軺。從梁朝開始，四品以上官員所乘車，開始以牛駕車。

北魏中期以後，國家對皇太子、公、宗室諸王以及官員的車輛有了明確的規定。皇太子乘金輅，駕四馬；公與宗室諸王乘高車，駕三馬；庶姓王、侯及尚書令、僕射以下至列卿，給軺車，駕一馬。

當時官員出行，除了本人乘坐的車輛之外，還有引導和隨從的車輛和護衛的人員。隨從的車輛和護衛人員的多少，依據官階的高低來決定，從高向低遞減。在南方和北方，官員的侍從情況存在差異。南朝官員的侍從主要以車騎並重，還輔之以步行者。北朝的官員侍從，大多數都騎馬相隨。

當時國家對官員鹵簿的規定，是他們身份的象徵，因此他們非常重視出行的車輛配置。他們以可以獲得鹵簿規定為榮耀，一般出行乘車，都帶隨從的車輛和侍從人員，就是出席私人的宴飲也是如此。梁朝重臣朱異的新房宅落成，到新宅宴請，就帶鹵簿前往。有一些身兼數職的官員出行，甚至將他們各職務可以享受的鹵簿都排列出來。北齊琅邪王高儼兼任京畿大都督、領軍將軍、司徒、御史中丞等要職，他出行「凡京畿步騎，領軍之官屬，中丞之威儀，司徒之鹵簿，莫不畢備」⑦。

⑥《晉書》卷二五〈輿服志〉。
⑦《北齊書》卷一二〈武成十二王．琅邪王儼傳〉。

魏晉南北朝時期，國家對皇帝、王侯和官員出行的車輛和侍從的配置規定，已經形成嚴格的制度。這種鹵簿制度使統治者的出行活動，完全等級化了，成為顯示他們身份和地位的一種象徵。然而，車輛在社會生活中，主要還起到交通工具的作用。人們為了出行的方便，自然很注意使用車輛。

當時在牽拉車輛上，大量地使用了牛。牛車比較廣泛地在人們出行中使用。由於在這一時期，人們對牛的訓練和精心地挑選，牛牽拉車輛行走得很快。西晉王愷有一頭牛，被稱為「八百里駁」，一天可以行走八百里。因此，無論在南方還是在北方，乘坐牛車出行是很常見的事情。

人們使用的車輛的種類也多種多樣。當時人們外出，常乘坐的車輛為軺車。魏晉時，軺車多用馬駕車。但到南朝時，就主要用牛駕車了。軺車開始成為高級官員乘坐的車輛，使用的社會階層提高了。因此西晉人傅玄說：「漢世賤軺車，而今貴之。」⑧官員乘坐的軺車，在裝飾上也華麗起來。

在這一時期，犢車，也就是用牛駕的大車，在人們出行中被廣泛使用。特別是社會上層人士的出行，一般都乘犢車。為了體現社會上層人的身份，犢車增加了很多的裝飾。因裝飾的不同，有的稱為雲母車，有的稱為皂輪車，還有的稱為油幢車。此外，還有通幰車、四望車、三望車、夾望車、長瞻車等名稱。在漢代為社會中地位低微者乘坐的犢車，變成了上等的車輛。比如雲母車成為皇帝賞賜給臣下的車，大臣受到皇帝賞賜，方可以乘坐。

當時還有專門供婦女使用的車，稱為輧車和輜車。這兩種車上有車蓋，四面有遮罩。輧車專供婦女乘坐，而輜車則主要裝載行李、衣物和寢具。婦女遠行，一般將輧車和輜車並用。

---

⑧嚴可均輯《全上古三代秦漢三國六朝文》引《傅子》。

一般平民使用的車，多為露車。露車沒有蓋，也沒有棚。人們運送貨物，多使用露車，但也可以坐人。當時官員和社會上層人士，很少乘坐露車。北朝盧叔虎被朝廷徵召後，乘坐露車前往鄴城，是很特殊的情況。

魏晉南北朝時期，雖然車輛的種類已經很多，但大多數是為皇帝、王侯和官員所用。從皇帝使用車輛的種類來看，就有金根車、立車、安車、獵車、司南車、記里鼓車等，這些車輛成為皇帝鹵簿的重要組成部分。雖然這些車輛製作精美，表現出很高的製造工藝，但使用面狹窄，與下層人民使用的簡陋車輛，形成了鮮明的對照。

社會上層人士出行，除了用車輛之外，還使用輿、輦等。輿是一種沒有車輪，以人力挑和抬的運載工具。當時出現的輿種類比較多，有板輿、肩輿、籃輿、臥輿、步輿、載輿等，以後又有襻輿的出現。使用輿，因用人力抬，比乘車安全，上殿、入室都很方便，開始為一些年老體弱和行動不方便者所用。西晉時，因安平王司馬孚年高，晉武帝司馬炎下詔，同意他乘輿上殿。東晉以後，乘輿外出，在南方的社會上層中開始流行。一些大族名士乘輿出遊，頗為悠然自得。為了適合這些上層人士的需要，有的肩輿裝飾得非常華麗。南齊皇帝甚至乘八人抬的輿，稱為八㭰輿。後來除了皇帝外，宗室諸王也出現乘八㭰輿者。

這一時期，輦發生了很大的變化，已經除去了輪，使用人力來擔抬。西晉時，皇帝還將輦賜給大臣，東晉以後，便為皇帝專用。東晉桓玄篡奪帝位，就打算製作能容納三十人乘坐，由二百人來抬的大輦。這當然是特殊的情況，一般皇帝所乘輦多由八人來抬。這種輦供皇帝在皇宮中行走，稱為小輦。在皇宮中還有三十六人抬的大輦，比輿大得多。除了坐輦外，還有供皇帝使用的臥輦。這一時期，輦在宮廷生活中所起的作用，顯然日益重要。

魏晉南北朝時期，人們出行，除了乘車之外，還以騎馬代步。在北方，無論社會上層，還是下層，騎馬者很多。永嘉之亂後，北方人大量過江，也將騎馬的習慣帶到江南。所以東晉初年，世家大族和官員騎馬出行，還是常見的事情。但東晉中期以後，情況開始改變，國家規定尚書郎以上官員騎馬，要被御史彈劾。到南朝，士大夫「皆尚褒衣博帶，大冠高履，出則車輿，入則扶侍，郊郭之內，無乘馬者」⑨。除了建康之外，江南其他地方尚有騎馬者，但為數已經不多了。

北方地區人們出行，除了騎馬之外，還有騎驢、騾的，在民間以騎驢、騾代步者很多。當時國家不限制低級官員騎驢、騾，但對品級高的官員，一般就加以限制。北齊時，儒生權會平生畏馬，出行只騎驢。可是他的官位提升後，只能放棄騎驢，改為騎馬，「位望所至，不得不乘」⑩。

在這一時期，人們還以船作為交通工具。在南方河流縱橫，造船業發達，因此人們多乘船出行。南朝皇帝出巡時，必須乘坐龍船，還要有隨行的儀仗船。劉宋孝武帝出遊，便乘坐龍舟翔鳳，隨行的船隻多達三千零四十五艘，聲勢浩大。

當時一些官員到地方任職，也乘船上任，且船隊很龐大。劉宋時，臧質就任江州刺史，「舫千餘乘，部伍前後百餘里，六平乘並施龍子幡」⑪。

⑨《顏氏家訓》卷四〈涉務篇〉。
⑩《北齊書》卷四四〈儒林・權會傳〉。
⑪《宋書》卷七四〈臧質傳〉。

南方民間乘船出行也是很常見的事情。在長途旅行時，人們將所乘船既作為交通工具，也作為住宿的地方。東晉張憑被舉為孝廉，乘船到建康，途中上岸拜訪客人，回來就住在船上。

本章重點

魏晉南北朝時期，不同社會階層的社會生活，都出現了變化。尤其在人們的衣、食、住、行，既有對傳統生活方式的繼承，也有適應社會發展而改變的社會生活方式，特別是對少數民族生活方式的吸收。在社會的上層和下層，既存在生活上的一致之處，也因為社會地位和財產上的差異，而出現明顯不同的社會生活方式。對不同社會階層生活方式存在的差別，是需要關注的。

複習與思考

1. 試說明魏晉南北朝時期，衣、食、住、行活動的特點。
2. 魏晉南北朝時期，衣、食、住、行活動變化的原因為何？

第二十九章 節日與娛樂

魏晉南北朝時期，已經有固定的節日。這些節日主要有元日、人日、正月十五、正月晦日、寒食節、三月三、社日、五月五、七月七、九月九、臘日、除夕等。在這些節日中，不同社會階層的人們要舉行慶祝活動。人們在日常也有娛樂活動。社會上層娛樂活動更多，成為他們生活的重要內容。

第一節　節日與節日活動

元日。又稱為「元正」、「正旦」，為夏曆的正月初一。在魏晉南北朝時期，元日是比較重要的節日。每逢這一天，上自皇帝，下至庶民，都要舉行各種形式的活動。朝廷一般要舉行朝會來慶祝。皇帝和群臣一起宴飲，欣賞樂舞。魏晉、南朝的朝會形式大體相同，北朝則有獨特之處。北齊時，元日除了皇帝要大宴群臣之外，在後宮，嬪妃公主要舉行拜見皇后的儀式。皇帝還要派侍中慰勞各州郡派到京城的使者。

在民間，人們以家族為單位舉行宴飲。家族中人不分長幼，全都穿上整齊的服裝，依次拜賀，然後一起飲酒。除此之外，還要「爆竹燃草，起於庭燎」①，舉行閉門杜鬼等活動。

人日。在魏晉南北朝時期，一般視正月初一為雞日，初二為狗日，初三為豬日，初四為羊日，初五為牛日，初六為馬日，初七為人日。無論南方還是北方都過人日。人日這一天，人們要用七種菜做成羹，剪綵紙為人，或鏤金箔為人，貼在屏風上，還要登高。南、北方的習俗大體相同。

正月十五。魏晉南北朝，人們過正月十五，一般要舉行各種活動，主要有祠門祭戶、祭蠶神、迎紫姑、做宜南蟬、打糞堆等活動。在北方，還要舉行打簇和相偷戲的活動。打簇、相偷戲是北魏時的習俗，實際是一種娛樂活動，對獲勝者要給與獎勵。

正月晦日。這是正月的最後一天。當時人們要到水邊操槳泛舟，臨水宴樂，漂衣洗裙，這樣做的目的是為了消災解厄。至魏晉南北朝後期，消災解厄的意義逐漸減弱，主要是為了游水賞春。此外，當時在正月晦日還有送窮的習俗，這一天人們要在巷中用粥和破衣祭祀，稱為「送窮鬼」。

寒食節。冬至後的一百零五天，或一百零六天，也就是清明前夕，當時人們要禁火寒食。這種禁火習俗，是從先秦沿襲下來的。三國曹操曾下禁令，嚴禁寒食。但西晉、十六國時期，寒食習俗依然很盛。北魏也曾經有過禁寒食之令，但不能不恢復寒食。寒食節，一般三日不能生火，人們只以乾粥醴酪作為食品。

三月三。在魏晉南北朝之前，這個節日稱為「上巳」。至魏晉南北朝，將這個節日確定在三月三。原來人們在水邊洗滌，是為了祓除災氣，但到魏晉南北朝時，人們都會在這一天曲水流觴，目的在於娛心悅目。當時無論南方還是北方，都將三月三作為一個盛大的節日。社會中的上層和下層都到水邊，

①《太平御覽》卷二九〈時序部十四〉引《荊楚歲時記》。

臨水作樂。

社日。魏晉南北朝時，社日的祭祀一般舉行二次，也就是春祈秋報，但也有舉行三次的。當時國家設置官社、官稷。在社日，朝廷要舉行祭社活動，皇帝親自主祭，重要官員也要參加助祭活動。在民間，社祭活動也很活躍。當時民間社的設置比較普遍，設社的地方一般都植樹，有的地方就是以樹為社。在祭社日，人們帶上祭社的肉食和酒，進行祭祀活動。祭祀完畢，參加者一起享用祭品，共度社日。

五月五。魏晉南北朝時，又稱為端五。在這一天，江南地方的人們，一般要划一種稱為飛鳧的輕船，分為水軍、水馬兩種，展開競賽。官員和平民都要到水邊觀看。另外，人們還要吃粽子，以示對屈原的紀念。江南地區的人們所食粽子，一般用五色絲捆紮。在這一天，人們還將艾草做成人形，懸掛在門上，來避瘟禳毒。

七月七。魏晉南北朝時，每到這一天，人們在白天和晚上要進行傳統的節日活動。白天要曝曬衣物和書籍。七月七又被認為是牛郎和織女相會的日子。因此在晚上，人們要舉行「乞巧」活動，婦女要結彩縷，穿七孔針，將瓜果陳放在庭院中來乞巧。另外，還要進行「守夜」活動，人們在庭院中鋪筵設几，擺上水果，祈求牽牛、織女二星降福。

九月九。當時又稱為「重陽」，是比較隆重的節日。每到這一天，皇帝要舉行重九宴會，招待群臣。人們還要進行登高野宴的活動。九月正值季秋，菊花開放，所以人們在這一天，還有採菊相送的習俗。

臘日。這個節日起源很早，具體時間因朝代不同而異。魏晉南北朝時，一般在五行之終定為臘日，如劉宋以水德自居，因此以十二月辰日為臘日。臘日為一年中的大祭之日，要祭祀先祖和百神。臘日還是家人團聚的日子，人們對此很重視。另外，在臘日要擊鼓驅疫。在江南，人們多擊細腰鼓，戴胡公頭及作金剛力士，驅除病疫。

除夕。當時又稱為「歲暮」、「歲除」。除夕正當新年和舊歲交替之時，人們在這一天，一般要舉行送舊迎新和驅邪避厲的活動。在除夕，為迎新年，每家要設宴酣飲，除夕的飯菜要留到新年十二天，再丟到街道上，以示丟故納新。另外，民間有鎮宅的習俗，就是在除夕日挖掘住宅四角，各埋一塊石頭，以此象徵驅邪避厲。北朝，一般將臘月舉行的大儺儀式放在歲末舉行，使除夕日的活動更為豐富。

第二節　娛樂活動

魏晉南北朝時期，在人們的社會生活中，娛樂是重要的內容。當然社會上層和下層由於生活條件的差別，採取的娛樂方式存在差異，但人們都會尋找適合自身的娛樂。在當時文獻記載中，很流行的娛樂活動主要有屬於競技性質的樗蒱、彈棋、投壺、藏鉤、握槊等；屬於智力競爭性質的有圍棋、猜謎等；還有出遊、樂舞欣賞和田獵等。

樗蒱。這項活動至遲在西漢開始出現，魏晉南北朝時期成為非常盛行的活動。西晉時，晉武帝與貴妃胡芳樗蒱，二人爭矢，因用力過猛而傷手。南齊明帝平定晉安王叛亂後宴請有功將領，席間便進行樗蒱。北魏張僧皓特別喜歡樗蒱，不論什麼人他都喜歡與之較量。樗蒱不僅流行於社會上層，社會下層也有樗蒱活動，只是博具簡單，與上層社會博具的豪華差別明顯。樗蒱的用具包括枰（棋盤）、杯

（投擲五木的容器）、木（棋子）、矢（棋子）、馬（棋子）五種，進行活動時，雙方各執馬、矢兩種棋子，以擲五木決定勝負。樗蒱之戲為一種技巧競賽，但也具有賭博的性質。

彈棋。早在西漢時期，彈棋就已經出現。魏晉南北朝時期，在社會上層比較盛行。魏文帝曹丕為彈棋的高手，南朝的官僚和世家大族喜好彈棋者很多，在北方的宮廷中，也流行彈棋。彈棋具有很強的競技性，舉行彈棋時，雙方在棋盤兩邊將棋擺好，雙方爭奪激烈，將全部棋子射入對方洞中者為勝。

投壺。這種活動起源很早，春秋戰國時期就開始出現。最早具有禮儀活動的性質，到魏晉南北朝時期，進一步向娛樂化方向發展。在當時的南方和北方社會上層中很流行投壺活動，投壺活動的技巧也再發展。除了沿襲傳統投箭方式之外，還出現了「蓮花驍」，使競技更加激烈。

藏鉤。魏晉南北朝時，這是老少皆宜的競技活動。進行藏鉤活動，要將人群分成兩部分，一部分藏，一部分猜，以猜到所藏鉤為勝，反之則為敗。當時一些藏鉤者技巧高超，使猜測方經常為假象所迷惑。

握槊。這是從北方少數民族傳入中原的競技活動，流行範圍也僅在北方。在當時社會上層中，很喜歡進行握槊。這是一種使用棋子的博戲活動。

魏晉南北朝社會中出現一些棋類活動，諸如圍棋、象戲、四維等，但圍棋在當時占有重要位置。當時下圍棋不僅是智力的競爭，也是一種消遣娛樂。無論在南方還是北方，多見不同社會階層人士參與圍棋活動，一些官僚和世家大族尤其重視下圍棋，甚至出現按棋藝高低來確定品級的情況。梁武帝知道柳惲喜歡弈棋，便讓他品定棋譜，達到入選標準的有二百七十八人。他根據每個人下棋的優劣，刊定《棋品》三卷，這是一部優秀棋手的排名冊。不僅成年人喜歡下圍棋，在兒童中也出現弈棋的高手，劉宋時吳郡人褚胤七歲就入圍棋高手。

魏晉南北朝時期，除了競技和棋類等娛樂活動外，一些官員和世家大族很喜歡遊覽山水，以此作為消遣。一些名士放蕩不羈，形成魏晉風度。他們將放情於山水之間作為這種風度的一種體現，登山賦詩詠懷，成為他們對生活的一種追求。東晉時，一些大族仍然喜好遊覽山水。大族名臣謝安剛開始在會稽定居時，就與名士、名僧出遊於山水之間，賦詩歌詠，悠然自得，以致朝廷多次徵召，他都辭疾不歸。當時遊覽山水只是社會上層人士的休閒活動，社會下層整日為生計奔波，既沒有時間，也缺少資財，是很難從事這種活動的。

在社會上層的消遣活動中，還有對樂舞的欣賞。一些官員和世家大族，多蓄養家妓，為主人演奏樂器、歌唱和跳舞。西晉時，石崇有一位妓人名綠珠，不僅貌美，還很善吹笛。東晉謝安愛好音樂，就是在服喪期間，也讓家妓為他演奏樂曲。北魏時，征南將軍、刺史薛真度養女妓數十人為他演奏樂

圖三九　明郭詡所繪《東山攜妓圖》，描繪謝安未出仕前，攜妓同遊東山的情形。

曲，還召集賓客一起欣賞。

一些官僚和大族還有自己演奏樂器來自娛的消遣方式。「竹林七賢」中的嵇康、阮籍善彈琴。東晉時，江南大族顧榮喜歡彈琴，他死後，子孫特別在他的靈位前方置一把琴。這些官員和大族除了操琴之外，還有吹笙、吹笛、彈箏的。一些人的演奏技巧很高，通音律，在私人宴飲時常會一展技藝。南齊劉悛很善彈琴，他在齊竟陵王蕭子良私人宴會上，彈一支琴曲，博得蕭子良的盛讚。

在北方的官僚和大族中，以音樂自娛的風氣也很盛行。北魏中山王元英就喜歡吹笛。河東漢族大族柳遠，喜歡放情於琴酒之間，足見當時一些官員和高門大族以音樂自娛，是他們很喜歡採取的一種形式。

在魏晉南北朝時期的社會上層，還將打獵作為一種娛樂活動，並且風氣很盛行，當時從皇帝到一般官員將打獵作為很快悅的事情。三國時，孫權為了打獵專門製造了射虎車，讓自己站在車中央射獵。劉宋時，宣城太守王僧達特別喜歡遊獵，有時出去打獵三五天也不返回，受理訴訟之事也要到他田獵的地方進行。

北魏社會上層打獵風氣更盛，有專門為皇帝、宗室、貴戚和官員準備的獵場。北魏廣平王曾到河北馬場射獵，河北馬場就是專門的獵場。西魏時，宇文泰經常到甘泉宮打獵，甘泉宮也是專門的獵場。梁朝將領曹景宗曾說：「我昔在鄉里，騎快馬如龍，與年少輩數十騎，拓弓弦作霹靂聲，箭如餓鴟叫，平澤中逐麞，數肋射之，渴飲其血，飢食其肉，甜如甘露漿，覺耳後風生，鼻頭出火。此樂使人忘死，不知老之將至。」[2]他說的話，正反映打獵活動不僅是當時社會上層的一種娛樂方式，並且可以給他們帶來很大的生活樂趣。

第二十九章
節日與娛樂

本章重點

節日活動與日常的娛樂是社會生活的重要內容。魏晉南北朝時期，節日的活動和日常的娛樂都具有明顯的時代特點，尤其在社會上層，他們對於日常娛樂和節日活動是十分注意的。認識當時社會上層和下層的娛樂活動，是瞭解這一歷史時期社會生活的不可缺少的內容。

複習與思考

1. 魏晉南北朝時期有何節日活動？
2. 魏晉南北朝時期社會上層有什麼娛樂生活？

②《梁書》卷九〈曹景宗傳〉。

附錄

大事年表

西元	年號	大事
一八四	東漢光和七年 中平元年	二月，黃巾起事 三月，東漢靈帝大赦黨人 七月，五斗米道起事
一八八	東漢中平五年	八月，東漢政府設置西園八校尉
一八九	東漢中平六年 昭寧元年 永漢元年	四月，靈帝卒，少帝繼位。何太后臨朝 八月，袁紹等引兵入宮。董卓率兵進洛陽 九月，董卓廢少帝，立劉協為帝，即東漢獻帝
一九〇	東漢初平元年	正月，關東諸州郡起兵，以袁紹為盟主，討董卓 二月，董卓挾獻帝西遷
一九二	東漢初平三年	正月，孫堅卒 四月，王允殺董卓 十二月，曹操收降、改編青州黃巾
一九四	東漢興平元年	十二月，劉備領徐州牧
一九六	東漢建安元年	七月，曹操遷獻帝於許，屯田許下。劉備投靠曹操，為豫州牧

一九七	東漢建安二年	正月，袁術稱帝於壽春 五月，孫策占據吳郡
一九八	東漢建安三年	四月，董卓殘餘勢力被消滅 十月，曹操攻克下邳，絞殺呂布
二〇〇	東漢建安五年	六月，孫策卒，孫權繼承其業 十月，官渡之戰，曹操大敗袁紹。張魯占據漢中
二〇二	東漢建安七年	五月，袁紹卒
二〇六	東漢建安十一年	正月，曹操占據冀、青、幽、并四州，統一北方
二〇七	東漢建安十二年	十月，劉備三顧諸葛亮於隆中
二〇八	東漢建安十三年	六月，東漢政府罷三公官，曹操為丞相 十月，赤壁之戰，劉備、孫權聯合大敗曹操
二一一	東漢建安十六年	十二月，劉備進入益州
二一二	東漢建安十七年	九月，孫權於秣陵建石頭城，改名建業
二一四	東漢建安十九年	閏五月，劉備進入成都，自領益州牧
二一五	東漢建安二十年	五月，劉備、孫權以荊州、湘水劃分勢力範圍
二一六	東漢建安二十一年	五月，曹操被封為魏王 七月，南匈奴被分為五部
二一九	東漢建安二十四年	七月，劉備自立為漢中王 十二月，孫權派呂蒙襲殺關羽，盡有荊州之地

二二〇	東漢建安二十五年 延康元年 曹魏黃初元年	正月，曹操卒。曹丕為魏王 二月，曹丕採納陳群建議，設立九品官人法 十月，曹丕自立為皇帝，東漢滅亡
二二一	曹魏黃初二年 蜀漢章武元年	四月，劉備在成都稱帝。以諸葛亮為丞相
二二二	曹魏黃初三年 蜀漢章武二年 東吳黃武元年	閏六月，夷陵之戰，吳陸遜大敗蜀軍 十月，孫權自稱吳王。三國鼎立局面形成
二二三	曹魏黃初四年 蜀漢章武三年 建興元年 東吳黃武二年	四月，劉備卒。劉禪繼位
二二五	曹魏黃初六年 蜀漢建興三年 東吳黃武四年	七月，諸葛亮平定南中
二二六	曹魏黃初七年 蜀漢建興四年 東吳黃武五年	五月，曹丕卒。曹叡繼位
二二七	曹魏太和元年 蜀漢建興五年 東吳黃武六年	三月，諸葛亮上〈出師表〉，北屯漢中

二二九	曹魏太和三年 蜀漢建興七年 東吳黃龍元年	四月，孫權稱帝
二三四	曹魏青龍二年 蜀漢建興十二年 東吳嘉禾三年	二月，諸葛亮伐魏，進兵五丈原 八月，諸葛亮卒
二三七	曹魏景初元年 蜀漢建興十五年 東吳嘉禾六年	七月，公孫淵自稱燕王
二三八	曹魏景初二年 蜀漢延熙元年 東吳嘉禾七年 赤烏元年	六月，曹魏派遣司馬懿進攻公孫淵
二三九	曹魏景初三年 蜀漢延熙二年 東吳赤烏二年	正月，曹叡卒。曹芳繼位
二四三	曹魏正始四年 蜀漢延熙六年 東吳赤烏六年	曹魏大規模屯田
二四五	曹魏正始六年 蜀漢延熙八年 東吳赤烏八年	正月，東吳太子孫和與魯王孫霸有矛盾，黨爭因此而起

二四七	曹魏正始八年 蜀漢延熙十年 東吳赤烏十年	三月，曹爽開始專權
二四九	曹魏正始十年 嘉平元年 蜀漢延熙十二年 東吳赤烏十二年	正月，高平陵事變。司馬懿殺曹爽及何晏，司馬氏開始掌握曹魏政權
二五〇	曹魏嘉平二年 蜀漢延熙十三年 東吳赤烏十三年	八月，孫權廢太子孫和，立孫亮為太子
二五二	曹魏嘉平四年 蜀漢延熙十五年 東吳太元二年 神鳳元年 建興元年	四月，孫權卒，孫亮繼位
二五三	曹魏嘉平五年 蜀漢延熙十六年 東吳建興二年	四月，諸葛恪率兵攻魏 十月，孫峻殺諸葛恪，為丞相
二五四	曹魏嘉平六年 正元元年 蜀漢延熙十七年 東吳五鳳元年	九月，司馬師廢曹芳，立高貴鄉公曹髦

二五五	曹魏正元二年 蜀漢延熙十八年 東吳五鳳二年	二月，司馬師卒。司馬昭為大將軍
二五八	曹魏甘露三年 蜀漢景耀元年 東吳太平三年 永安元年	正月，宦官黃皓掌管蜀國政權 九月，孫綝廢孫亮，立孫休 十二月，孫休殺孫綝
二六〇	曹魏甘露五年 景元元年 蜀漢景耀三年 東吳永安三年	五月，司馬昭殺曹髦 六月，司馬昭立曹奐
二六二	曹魏景元三年 蜀漢景耀五年 東吳永安五年	十月，「竹林七賢」之一的嵇康被司馬昭殺害
二六三	曹魏景元四年 蜀漢炎興元年 東吳永安六年	十月，司馬昭進封晉公 十一月，蜀後主劉禪出降，蜀滅亡
二六四	曹魏景元五年 咸熙元年 東吳永安七年 元興元年	三月，司馬昭稱晉王 七月，孫休卒，孫皓立

二六五	曹魏咸熙二年 西晉泰始元年 東吳元興二年 甘露元年	八月，司馬昭卒，司馬炎繼承晉王位 十二月，司馬炎自立為帝，曹魏滅亡。西晉建立，分封諸侯王
二六六	西晉泰始二年 東吳寶鼎元年	十二月，晉罷農官為郡縣
二六八	西晉泰始四年 東吳寶鼎三年	正月，晉武帝頒行《晉律》
二七〇	西晉泰始六年 東吳建衡二年	四月，孫皓殺孫奮及其五子。東吳任陸抗都督信陵等諸軍事，防備西晉 十二月，譙周卒
二七一	西晉泰始七年 東吳建衡三年	三月，裴秀卒 十二月，晉安樂公劉禪卒
二七二	西晉泰始八年 東吳鳳凰元年	夏，王濬大造艦船，準備伐吳
二七三	西晉泰始九年 東吳鳳凰二年	四月，著《國語解》的韋昭被孫皓殺害
二七五	西晉咸寧元年 東吳天冊元年	正月，晉改元咸寧 五月，吳改元天冊 十二月，晉詔奴婢代兵屯田

二七六	西晉咸寧二年 東吳天冊二年 天璽元年	五月，晉立國子學 七月，吳改元天璽 八月，吳改明年為天紀元年
二七七	西晉咸寧三年 東吳天紀元年	八月，晉武帝使諸侯王就國
二七九	西晉咸寧五年	是歲，著《帝王世紀》的皇甫謐卒
二八〇	西晉咸寧六年 太康元年 東吳天紀四年	三月，吳帝孫皓降於西晉，東吳滅亡 十月，晉頒戶調、占田及蔭客制
二八一	西晉太康二年	是歲，汲冢書出土
二八四	西晉太康五年	閏十二月，杜預卒
二八五	西晉太康六年	是歲，陳壽完成《三國志》
二八九	西晉太康十年	十一月，遣諸王出鎮都督區 是歲，晉武帝封子孫六人為王。晉武帝詔封劉淵為匈奴北部都尉
二九〇	西晉太熙元年 永熙元年	四月，晉武帝卒。司馬衷繼位，是為晉惠帝。楊駿輔政 十月，晉惠帝命劉淵為匈奴五部大都督
二九一	西晉永平元年 元康元年	三月，賈后聯合楚王司馬瑋殺楊駿等人，八王之亂開始 五月，詔免戶調 六月，賈后命楚王司馬瑋殺汝南王司馬亮、太尉衛瓘，又殺楚王司馬瑋

二九五	西晉元康五年	十二月，鮮卑分為三部
二九六	西晉元康六年	八月，氐人齊萬年起兵於關中
二九八	西晉元康八年	九月，李特率流民入蜀
二九九	西晉元康九年	十二月，賈后廢太子遹為庶人
三〇〇	西晉永康元年	四月，趙王司馬倫殺賈后專權
三〇一	西晉永康二年 永寧元年	正月，趙王司馬倫稱帝 四月，晉惠帝復位 十月，李特在綿竹起事
三〇二	西晉太安元年	正月，李特建立年號
三〇四	西晉永安元年 永興元年	正月，長沙王司馬乂被殺 七月，東海王司馬越奉帝討司馬穎 八月，劉淵起兵反晉 十月，李雄稱成都王。匈奴劉淵稱漢王
三〇六	西晉光熙元年	六月，李雄稱帝 十一月，惠帝卒。司馬熾繼位，是為晉懷帝，八王之亂結束
三〇七	西晉永嘉元年	九月，司馬睿移鎮建鄴
三〇八	西晉永嘉二年	十月，劉淵在平陽稱帝
三一〇	西晉永嘉四年	七月，劉淵卒，劉和繼位。劉聰殺劉和自立

三一一	西晉永嘉五年	六月，劉曜攻陷洛陽，俘晉懷帝
三一三	西晉永嘉七年 建興元年	四月，司馬鄴繼位，是為愍帝
三一四	西晉建興二年	五月，前涼張軌卒，張寔繼位
三一五	西晉建興三年	二月，拓跋猗盧建代國
三一六	西晉建興四年	十一月，劉曜攻陷長安，俘晉愍帝。西晉滅亡
三一七	東晉建武元年	三月，琅邪王司馬睿在建康稱晉王，史稱東晉 六月，祖逖北伐
三一八	東晉大興元年	三月，司馬睿改稱皇帝，是為東晉元帝 七月，劉聰卒 十月，劉曜稱帝
三一九	東晉大興二年	六月，劉曜改國號為趙，史稱前趙 十一月，石勒稱趙王，史稱後趙
三二二	東晉永昌元年	正月，王敦在武昌起兵 閏十一月，晉元帝卒。司馬紹繼位，是為明帝
三二四	東晉太寧二年	五月，前涼張茂卒，張駿繼位 六月，王敦再次反叛，後卒於軍
三二五	東晉太寧三年	閏七月，明帝卒。司馬衍繼位，是為成帝
三二七	東晉咸和二年	十月，蘇峻、祖約反叛

三二八	東晉咸和三年	二月，蘇峻攻破建康 九月，蘇峻卒
三二九	東晉咸和四年	二月，晉軍收復建康 九月，石勒滅前趙
三三〇	東晉咸和五年	二月，石勒自稱大趙天王，不久又稱皇帝
三三三	東晉咸和八年	七月，石勒卒。石弘繼位。石虎專權
三三四	東晉咸和九年	十一月，石虎廢石弘，自稱居攝趙天王
三三五	東晉咸康元年	九月，石虎自立皇帝，遷都於鄴
三三七	東晉咸康三年	七月，石虎殺太子石邃 十月，慕容皝稱燕王，史稱前燕
三三八	東晉咸康四年	四月，李壽廢李期，自稱皇帝。改國號為漢
三三九	東晉咸康五年	七月，丞相王導卒
三四〇	東晉咸康六年	正月，庾亮卒
三四一	東晉咸康七年	四月，晉實行土斷
三四二	東晉咸康八年	六月，成帝卒。司馬岳繼位，是為康帝 十月，前燕慕容皝遷都龍城
三四三	東晉建元元年	八月，成漢李壽卒。李勢繼位
三四四	東晉建元二年	九月，康帝卒。司馬聃繼位，是為穆帝

三四五	東晉永和元年	八月，桓溫為安西將軍
三四六	東晉永和二年	五月，張駿病死，子張重華繼位，自稱假涼王
三四七	東晉永和三年	三月，桓溫滅成漢
三四八	東晉永和四年	八月，燕王慕容皝卒，慕容儁繼位
三四九	東晉永和五年	五月，石虎卒，石世繼位。石遵隨即廢殺石世，自行即帝位 十一月，石閔殺石遵，立石鑒
三五〇	東晉永和六年	正月，石閔殺石鑒，後趙混亂 九月，冉閔自立，建立魏國，史稱冉魏
三五一	東晉永和七年	正月，苻健即天王、大單于位，國號大秦 四月，後趙滅亡
三五二	東晉永和八年	正月，苻健稱皇帝 四月，前燕滅冉魏 十一月，慕容儁稱皇帝
三五四	東晉永和十年	正月，張祚自稱涼王 二月，桓溫北伐 九月，桓溫率軍返回東晉
三五五	東晉永和十一年	六月，苻健卒，苻生繼位 七月，前涼內亂。張玄靚立

三五六	東晉永和十二年	七月，桓溫再次北伐 八月，桓溫大破姚襄，占領洛陽
三五七	東晉升平元年	六月，苻堅殺苻生，自稱大秦天王
三六〇	東晉升平四年	正月，前燕慕容儁卒，慕容暐繼位
三六一	東晉升平五年	五月，穆帝卒，無後。琅邪王司馬丕繼位，是為哀帝
三六二	東晉隆和元年	正月，減田租，畝收二升
三六三	東晉興寧元年	八月，前涼張天錫殺張玄靚，自稱涼州牧、大將軍、西平公
三六四	東晉興寧二年	三月，庚戌土斷
三六五	東晉興寧三年	二月，哀帝卒，無子。琅邪王司馬奕繼位，是為廢帝。慕容恪攻占洛陽
三六六	東晉太和元年	是歲，前秦在甘肅敦煌東南開鑿敦煌石窟
三六九	東晉太和四年	四月，桓溫北伐前燕
三七〇	東晉太和五年	十一月，前秦滅前燕
三七一	東晉太和六年 咸安元年	十一月，桓溫廢晉廢帝。立司馬昱為帝，是為簡文帝
三七二	東晉咸安二年	六月，苻堅以王猛為丞相 七月，簡文帝卒。司馬曜繼位，是為孝武帝
三七三	東晉寧康元年	七月，桓溫卒。謝安執政 冬，苻堅攻占梁、益二州

三七五	東晉寧康三年	七月，前秦丞相王猛卒
三七六	東晉太元元年	八月，前秦滅前涼 十二月，前秦滅代
三七七	東晉太元二年	十月，東晉建立北府兵
三八〇	東晉太元五年	七月，苻堅分諸氐，散居方鎮
三八二	東晉太元七年	九月，前秦攻西域
三八三	東晉太元八年	八月，前秦大舉南侵 十一月，淝水之戰，東晉大敗前秦
三八四	東晉太元九年	正月，慕容垂稱燕王，史稱後燕 三月，慕容泓建立西燕 四月，姚萇自稱大將軍、大單于、萬年秦王 七月，呂光降服西域三十六國
三八五	東晉太元十年	九月，呂光自立為涼州刺史。乞伏國仁建立西秦
三八六	東晉太元十一年 北魏登國元年	二月，拓跋珪遷都盛樂，後改國號為魏，史稱北魏 三月，姚萇稱帝，國號大秦 十月，慕容永稱帝 十一月，苻登稱帝 十二月，呂光建立後涼
三八八	東晉太元十三年 北魏登國三年	六月，西秦乞伏國仁卒，乞伏乾歸繼位

三八九	東晉太元十四年 北魏登國四年	十一月，東晉范寧奏請土斷
三九二	東晉太元十七年 北魏登國七年	十一月，東晉任命殷仲堪為都督荊、益、寧三州諸軍事
三九三	東晉太元十八年 北魏登國八年	十二月，後秦姚萇卒，姚興繼位
三九四	東晉太元十九年 北魏登國九年	八月，慕容垂滅西燕 十月，西秦滅前秦
三九五	東晉太元二十年 北魏登國十年	三月，東晉朋黨競起 十一月，後燕、北魏參合陂之戰
三九六	東晉太元二十一年 北魏皇始元年	四月，後燕慕容垂卒，慕容寶繼位 九月，東晉孝武帝卒。司馬德宗繼位，是為安帝
三九七	東晉隆安元年 北魏皇始二年	正月，禿髮烏孤自稱西平王，史稱南涼 三月，北魏進軍河北，後燕慕容寶棄中山，逃奔龍城 五月，段業自稱涼州牧
三九八	東晉隆安二年 北魏天興元年	七月，拓跋珪遷都平城 十一月，北魏立官制 十二月，拓跋珪自稱皇帝

三九九	東晉隆安三年 北魏天興二年	二月，北魏大破高車。段業即涼王位 三月，北魏設置五經博士 十月，東晉孫恩起兵反抗 十二月，法顯往天竺求佛經
四〇〇	東晉隆安四年 北魏天興三年	五月，孫恩第二次起兵反抗 十一月，李暠占據敦煌，史稱西涼 十二月，慕容德稱皇帝，史稱南燕
四〇一	東晉隆安五年 北魏天興四年	二月，孫恩第三次起兵反抗 五月，後涼呂超殺呂纂，擁呂隆為天王 十二月，鳩摩羅什至長安
四〇二	東晉元興元年 北魏天興五年	二月，北魏進攻後秦 三月，桓玄入建康。孫恩兵敗投海而亡 十月，東晉劉軌、司馬休之等投奔北魏
四〇三	東晉元興二年 北魏天興六年	七月，後涼投降後秦 十二月，桓玄稱皇帝，國號楚
四〇四	東晉元興三年 北魏天賜元年	二月，以劉裕為首的北府兵將領起兵討桓玄 三月，劉裕進入建康 九月，北魏改革官制 十月，盧循攻克番禺
四〇五	東晉義熙元年 北魏天賜二年	正月，鳩摩羅什為後秦國師 三月，東晉安帝復位

四〇七	東晉義熙三年 北魏天賜四年	六月，赫連勃勃稱大夏天王 七月，後燕滅亡。北燕建立
四〇九	東晉義熙五年 北魏永興元年	五月，劉裕北伐南燕 十月，北魏道武帝拓跋珪卒。拓跋嗣繼位，是為明元帝
四一〇	東晉義熙六年 北魏永興二年	二月，劉裕滅南燕 二月，盧循起兵反抗
四一一	東晉義熙七年 北魏永興三年	四月，盧循敗死
四一二	東晉義熙八年 北魏永興四年	九月，劉裕消滅劉毅
四一三	東晉義熙九年 北魏永興五年	三月，劉裕進行土斷
四一四	東晉義熙十年 北魏神瑞元年	五月，南涼被西秦所滅
四一六	東晉義熙十二年 北魏泰常元年	八月，劉裕北伐後秦
四一七	東晉義熙十三年 北魏泰常二年	八月，後秦滅亡 九月，劉裕進入長安 十二月，劉裕南歸

四一八	東晉義熙十四年 北魏泰常三年	六月，劉裕接受相國、宋公、九錫之命 十二月，劉裕使王韶之縊安帝。立司馬德文為帝，是為恭帝
四二〇	東晉元熙二年 劉宋永初元年 北魏泰常五年	六月，劉裕即皇帝位，是為武帝，國號宋，年號永初，史稱劉宋，東晉滅亡
四二一	劉宋永初二年 北魏泰常六年	三月，北涼滅西涼 九月，劉裕殺晉恭帝
四二二	劉宋永初三年 北魏泰常七年	五月，武帝卒。劉義符繼位，是為少帝 九月，北魏進攻劉宋
四二三	劉宋景平元年 北魏泰常八年	閏四月，劉宋與北魏虎牢大戰 十一月，明元帝卒。拓跋燾繼位，是為太武帝
四二四	劉宋景平二年 元嘉元年 北魏始光元年	五月，徐羨之等殺少帝 八月，劉義隆繼位，是為文帝
四二五	劉宋元嘉二年 北魏始光二年	八月，夏赫連勃勃卒，赫連昌繼位 十月，北魏軍隊分路進攻柔然
四二六	劉宋元嘉三年 北魏始光三年	正月，文帝殺徐羨之等 五月，文帝整頓吏治 九月，北魏、劉宋分別進攻大夏

四二七	劉宋元嘉四年 北魏始光四年	六月，北魏攻占夏統萬城 是歲，陶淵明卒
四二八	劉宋元嘉五年 北魏神䴥元年	二月，赫連定稱帝
四二九	劉宋元嘉六年 北魏神䴥二年	五月，北魏大敗柔然 是歲，文帝命裴松之注《三國志》
四三一	劉宋元嘉八年 北魏神䴥四年	正月，大夏滅西秦 六月，吐谷渾滅大夏
四三二	劉宋元嘉九年 北魏延和元年	七月，北魏進攻北燕
四三三	劉宋元嘉十年 北魏延和二年	二月，北魏封馮崇為遼西王 四月，北涼沮渠蒙遜卒。沮渠牧犍繼承王位 十二月，謝靈運被殺
四三四	劉宋元嘉十一年 北魏延和三年	二月，北魏與柔然和親
四三五	劉宋元嘉十二年 北魏太延元年	正月，北燕向劉宋稱藩 十一月，北魏制定三等九品制，作為徵收賦稅的標準
四三六	劉宋元嘉十三年 北魏太延二年	四月，北魏滅北燕

四三七	劉宋元嘉十四年 北魏太延三年	十一月，北魏派遣使者出使西域
四三八	劉宋元嘉十五年 北魏太延四年	七月，北魏進攻柔然 是歲，劉宋立玄、史、文、儒四學
四三九	劉宋元嘉十六年 北魏太延五年	九月，北魏滅北涼。北魏統一北方
四四二	劉宋元嘉十九年 北魏太平真君三年	十二月，劉宋修孔子廟
四四三	劉宋元嘉二十年 北魏太平真君四年	三月，北魏派遣李敞到嘎仙洞石廟祭祀祖先，並在石壁刻寫祝文
四四四	劉宋元嘉二十一年 北魏太平真君五年	正月，北魏下詔禁止私養沙門
四四五	劉宋元嘉二十二年 北魏太平真君六年	十二月，《後漢書》的作者范曄被殺
四四六	劉宋元嘉二十三年 北魏太平真君七年	三月，北魏禁止佛教
四四九	劉宋元嘉二十六年 北魏太平真君十年	九月，北魏進攻柔然

四五〇	劉宋元嘉二十七年 北魏太平真君十一年	二月，北魏南征劉宋 六月，北魏崔浩因國史案被殺 七月，劉宋分道進攻北魏
四五一	劉宋元嘉二十八年 北魏太平真君十二年 正平元年	是歲，裴松之卒
四五二	劉宋元嘉二十九年 北魏正平二年 承平元年 興安元年	二月，太武帝被宦官宗愛殺死。宗愛立拓跋余為帝，改元承平 十月，宗愛弒拓跋余。尚書源賀等誅宗愛，立拓跋濬為帝，是為文成帝 十二月，北魏放寬對佛教的禁令
四五三	劉宋元嘉三十年 北魏興安二年	二月，太子劉劭弒文帝自立 三月，劉駿大敗劉劭，繼位，是為孝武帝
四五四	劉宋孝建元年 北魏興安三年 興光元年	二月，南郡王劉義宣等起兵反叛
四五七	劉宋大明元年 北魏太安三年	六月，劉宋土斷雍州諸僑郡縣
四五八	劉宋大明二年 北魏太安四年	正月，北魏實行酒禁 十一月，北魏進攻柔然

四五九	劉宋大明三年 北魏太安五年	四月，劉宋竟陵王劉誕反叛
四六〇	劉宋大明四年 北魏和平元年	是歲，北魏開鑿雲岡石窟
四六一	劉宋大明五年 北魏和平二年	十二月，劉宋頒佈戶調制
四六二	劉宋大明六年 北魏和平三年	十月，祖沖之制定《大明曆》
四六三	劉宋大明七年 北魏和平四年	十二月，北魏禁止貴族與百工為婚
四六四	劉宋大明八年 北魏和平五年	閏五月，孝武帝卒。劉子業繼位，是為前廢帝
四六五	劉宋永光元年 景和元年 泰始元年 北魏和平六年	五月，文成帝卒。拓跋弘繼位，是為獻文帝 十一月，劉彧弒前廢帝 十二月，劉彧繼位，是為明帝
四六六	劉宋泰始二年 北魏天安元年	正月，晉安王劉子勳即帝位於尋陽，改元義嘉 二月，北魏馮太后臨朝稱制
四六九	劉宋泰始五年 北魏皇興三年	二月，北魏廢除三等九品制 五月，北魏開始有僧祇戶、佛圖戶

四七〇	劉宋泰始六年 北魏皇興四年	九月，北魏大敗柔然於女水之濱
四七一	劉宋泰始七年 北魏皇興五年 延興元年	七月，劉宋王室內部互相殘殺 八月，獻文帝傳位於拓跋宏，改元延興，是為孝文帝
四七二	劉宋泰豫元年 北魏延興二年	四月，明帝卒。劉昱繼位，是為後廢帝 十二月，北魏禁止用牲口祭祀
四七三	劉宋元徽元年 北魏延興三年	正月，北魏下詔，令守、令以農事為務 九月，北魏派遣使者巡行州郡，檢括戶口
四七六	劉宋元徽四年 北魏延興六年 承明元年	六月，馮太后毒死獻文帝，再次臨朝
四七七	劉宋元徽五年 昇明元年 北魏太和元年	七月，蕭道成立劉準為帝，是為順帝 十二月，沈攸之起兵反抗蕭道成
四七八	劉宋昇明二年 北魏太和二年	正月，沈攸之兵敗自殺
四七九	劉宋昇明三年 南齊建元元年 北魏太和三年	四月，蕭道成廢劉宋順帝，自稱皇帝，國號齊，改元建元，是為高帝

四八一	南齊建元三年 北魏太和五年	十二月，北魏中書令高閭制定新律
四八二	南齊建元四年 北魏太和六年	三月，高帝卒。蕭賾繼位，是為武帝
四八四	南齊永明二年 北魏太和八年	六月，北魏始頒百官俸祿
四八五	南齊永明三年 北魏太和九年	正月，北魏禁圖讖 十月，北魏實行均田制
四八六	南齊永明四年 北魏太和十年	二月，北魏實行三長制及租庸調制
四八七	南齊永明五年 北魏太和十一年	八月，柔然南侵北魏，北魏戰勝柔然，柔然開始衰弱 十二月，北魏下詔重修國書，改編年為紀、傳、表、志
四九〇	南齊永明八年 北魏太和十四年	二月，北魏初定起居注 九月，馮太后卒。孝文帝開始親政
四九二	南齊永明十年 北魏太和十六年	八月，孝文帝行養三老五更禮
四九三	南齊永明十一年 北魏太和十七年	七月，武帝卒。蕭昭業繼位，是為廢帝 九月，孝文帝謀劃遷都洛陽

四九四	南齊隆昌元年 延興元年 建武元年 北魏太和十八年	三月，北魏君臣於平城議遷都 七月，蕭鸞廢廢帝，立蕭昭文為帝 十月，蕭鸞廢蕭昭文。自立為皇帝，改元建武，是為明帝 十二月，北魏改革衣服之制
四九五	南齊建武二年 北魏太和十九年	六月，北魏下詔改說漢語，禁止在朝廷說鮮卑語 十二月，北魏鑄太和五銖錢
四九六	南齊建武三年 北魏太和二十年	正月，北魏下詔改拓跋氏為元氏。確定流品 八月，太子元恂反對遷都叛逃，被廢
四九八	南齊建武五年 北魏太和二十二年	三月，李沖卒 七月，明帝卒。蕭寶卷繼位
四九九	南齊永元元年 北魏太和二十三年	四月，孝文帝卒。元恪繼位，是為宣武帝
五〇〇	南齊永元二年 北魏景明元年	十一月，祖沖之卒
五〇一	南齊永元三年 中興元年 北魏景明二年	三月，蕭寶融在江陵即皇帝位，改元中興，是為和帝 十二月，蕭衍率兵進入建康
五〇二	南齊中興二年 梁天監元年 北魏景明三年	四月，蕭衍在建康稱帝，是為梁武帝，改元天監，國號梁。南齊滅亡

五〇三	梁天監二年 北魏景明四年	十一月，北魏源懷持節巡行北邊六鎮
五〇四	梁天監三年 北魏正始元年	十一月，北魏罷郡中正，下詔設置國學 是歲，梁宣佈佛教為國教
五〇五	梁天監四年 北魏正始二年	正月，梁設置五經博士
五〇六	梁天監五年 北魏正始三年	正月，仇池楊氏滅亡 四月，北魏罷鹽池之禁
五〇七	梁天監六年 北魏正始四年	是歲，范縝著〈神滅論〉
五〇八	梁天監七年 北魏正始五年 永平元年	二月，梁增置官品 五月，梁設置十二卿 八月，北魏京兆王元愉反叛，兵敗，被高肇殺於彭城
五〇九	梁天監八年 北魏永平二年	十一月，北魏宣武帝親自講《維摩詰經》。佛教大盛
五一〇	梁天監九年 北魏永平三年	北魏鑄五銖錢
五一一	梁天監十年 北魏永平四年	五月，北魏禁天文學

五一二	梁天監十一年 北魏永平五年 延昌元年	十月，北魏規定立嗣不殺母
五一五	梁天監十四年 北魏延昌四年	正月，北魏宣武帝卒。元詡繼位，是為孝明帝 三月，于忠專擅北魏朝政 九月，北魏胡太后臨朝稱制 是歲，范縝卒
五一八	梁天監十七年 北魏熙平三年 神龜元年	十月，北魏派遣宋雲與僧惠生去西域求佛經
五一九	梁天監十八年 北魏神龜二年	二月，洛陽虎賁、羽林因不能預流品鼓噪
五二〇	梁普通元年 北魏神龜三年 正光元年	七月，北魏改元正光 九月，柔然發生內訌。可汗阿那瓌投奔北魏 十二月，北魏派精兵護送阿那瓌回柔然
五二一	梁普通二年 北魏正光二年	七月，阿那瓌歸國
五二三	梁普通四年 北魏正光四年	十二月，梁鑄鐵錢

五二四	梁普通五年 北魏正光五年	三月，破六韓拔陵起事 五月，破六韓拔陵擊敗魏軍 六月，莫折念生起事
五二五	梁普通六年 北魏正光六年 孝昌元年	六月，破六韓拔陵起事失敗 八月，杜洛周起事
五二六	梁普通七年 北魏孝昌二年	正月，鮮于修禮起事
五二七	梁普通八年 大通元年 北魏孝昌三年	三月，梁武帝捨身同泰寺。改元大通 十月，酈道元作《水經注》
五二八	梁大通二年 北魏孝昌四年 武泰元年 建義元年 永安元年	二月，爾朱榮舉兵南下 四月，河陰之變。爾朱榮擁立元子攸為帝，是為北魏孝莊帝 九月，葛榮兵敗被俘。北魏改元永安
五二九	梁大通三年 中大通元年 北魏永安二年	九月，梁武帝捨身同泰寺 十月，梁改元中大通

五三〇	梁中大通二年 北魏永安三年 建明元年	九月，孝莊帝殺爾朱榮等 十二月，爾朱兆殺孝莊帝
五三一	梁中大通三年 北魏建明二年 普泰元年 中興元年	二月，爾朱世隆立元恭為帝，是為北魏節閔帝 十月，高歡立元朗為帝，改元中興，是為北魏後廢帝
五三二	梁中大通四年 北魏中興二年 太昌元年 永興元年 永熙元年	四月，高歡廢節閔帝、後廢帝，立元脩為帝，是為北魏孝武帝，改元太昌 十二月，北魏改元永興，未幾，又改元永熙
五三四	梁中大通六年 北魏永熙三年 東魏天平元年	七月，高歡進入洛陽，孝武帝逃往長安 十月，高歡立元善見為帝，是為孝靜帝，改元天平，史稱東魏。北魏分裂為東、西二魏
五三五	梁大同元年 東魏天平二年 西魏大統元年	正月，元寶炬即皇帝位於長安，是為文帝，改元大統，史稱西魏。以宇文泰為大行臺 三月，西魏蘇綽制定計帳、戶籍法 七月，宇文泰與高歡互相聲討
五三七	梁大同三年 東魏天平四年 西魏大統三年	八月，宇文泰率兵進攻東魏 十月，沙苑大戰，宇文泰大敗高歡 是歲，蕭子顯卒

五三八	梁大同四年 東魏元象元年 西魏大統四年	二月，西魏與柔然和親 十二月，東魏禁止擅立寺
五四三	梁大同九年 東魏武定元年 西魏大統九年	三月，邙山之戰。東魏高歡戰勝西魏宇文泰
五四四	梁大同十年 東魏武定二年 西魏大統十年	十月，東魏檢括戶口 是歲，西魏蘇綽制定六條詔書
五四五	梁大同十一年 東魏武定三年 西魏大統十一年	十一月，西魏蘇綽作《大誥》
五四七	梁中大同二年 太清元年 東魏武定五年 西魏大統十三年	正月，高歡卒 三月，梁武帝捨身同泰寺 八月，東魏孝靜帝被幽禁
五四八	梁太清二年 東魏武定六年 西魏大統十四年	十月，侯景渡江圍臺城

五四九	梁太清三年 東魏武定七年 西魏大統十五年	三月，侯景攻陷臺城 五月，梁武帝卒。侯景立蕭綱為帝，是為簡文帝
五五〇	梁太清四年 大寶元年 東魏武定八年 西魏大統十六年 北齊天保元年	正月，梁改元大寶 五月，高洋廢孝靜帝，改元天保，國號齊，是為文宣帝，史稱北齊。東魏滅亡 十二月，西魏實行府兵制
五五一	梁大寶二年 天正元年 西魏大統十七年 北齊天保二年	三月，西魏文帝卒。元欽繼位，是為廢帝 八月，侯景廢簡文帝
五五二	梁承聖元年 西魏廢帝元年 北齊天保三年	二月，陳霸先等擊敗侯景
五五三	梁承聖二年 西魏廢帝二年 北齊天保四年	正月，北齊廢魏永安五銖錢，改鑄常平五銖錢 十一月，柔然因突厥進攻，舉國奔齊

五五四	梁承聖三年 西魏廢帝三年 恭帝元年 北齊天保五年	正月，西魏宇文泰廢元欽，立元廓為帝，是為恭帝 三月，北齊魏收撰成《魏書》 十一月，西魏俘梁元帝
五五五	梁承聖四年 紹泰元年 西魏恭帝二年 北齊天保六年	十月，陳霸先立蕭方智為帝，是為敬帝，改元紹泰
五五六	梁紹泰二年 太平元年 西魏恭帝三年 北齊天保七年	正月，西魏設置六官 十月，宇文泰卒。宇文覺嗣爵，為太師、柱國
五五七	梁太平二年 陳永定元年 北齊天保八年 北周孝閔帝元年 明帝元年	正月，宇文覺稱天王，是為孝閔帝，國號周，史稱北周 九月，宇文護廢宇文覺，立宇文毓為天王，是為明帝 十月，梁敬帝禪位。陳霸先稱帝，國號陳，建元永定，是為武帝。梁亡
五五九	陳永定三年 北齊天保十年 北周武成元年	六月，陳霸先卒。陳蒨繼位，是為文帝 八月，北周宇文毓稱帝，改元武成 十月，北齊文宣帝卒，高殷繼位，是為廢帝

五六〇	陳天嘉元年 北齊乾明元年 皇建元年 北周武成二年	四月，北周明帝被弒。宇文護立宇文邕為帝，是為武帝 八月，北齊高演稱帝，改元皇建，是為孝昭帝
五六一	陳天嘉二年 北齊皇建二年 太寧元年 北周保定元年	十一月，北齊孝昭帝卒。高湛繼位，改元太寧，是為武成帝
五六四	陳天嘉五年 北齊河清三年 北周保定四年	三月，北齊頒佈均田令
五六五	陳天嘉六年 北齊河清四年 天統元年 北周保定五年	四月，北齊高湛禪位於高緯，改元天統，是為後主
五六六	陳天嘉七年 天康元年 北齊天統二年 北周天和元年	四月，陳文帝卒。陳伯宗繼位，是為廢帝

五六八	陳光大二年 北齊天統四年 北周天和三年	十一月，陳廢帝被廢 十一月，北齊武成帝卒
五六九	陳太建元年 北齊天統五年 北周天和四年	正月，陳頊繼位，是為宣帝
五七二	陳太建四年 北齊武平三年 北周天和七年 建德元年	三月，北周武帝殺宇文護及其諸子。改元建德 是歲，魏收卒
五七四	陳太建六年 北齊武平五年 北周建德三年	五月，北周武帝滅佛
五七五	陳太建七年 北齊武平六年 北周建德四年	七月，北周進攻北齊
五七六	陳太建八年 北齊武平七年 隆化元年 北周建德五年	十月，北周進攻北齊

五七七	陳太建九年 北齊承光元年 北周建德六年	正月，高恆繼位，是為北齊幼主，改元承光 正月，北周俘北齊幼主 二月，北周滅北齊
五七八	陳太建十年 北周建德七年 宣政元年	六月，北周武帝卒。宇文贇繼位，是為宣帝
五七九	陳太建十一年 北周大成元年 大象元年	二月，北周宣帝傳位宇文闡，改元大象，是為靜帝
五八〇	陳太建十二年 北周大象二年	五月，楊堅攝政 十二月，北周任命楊堅為相國、隋王
五八一	陳太建十三年 北周大定元年 隋開皇元年	二月，楊堅廢周靜帝。北周滅亡。楊堅稱帝，國號隋，建元開皇，是為文帝
五八二	陳太建十四年 隋開皇二年	正月，陳宣帝卒。陳叔寶繼位，是為後主
五八八	陳禎明二年 隋開皇八年	十月，隋文帝發兵八路攻陳
五八九	陳禎明三年 隋開皇九年	正月，隋俘陳後主。陳滅亡。南北朝結束。南北統一

帝系表

一、三國帝系

(一)曹魏

- 武帝曹操
  - ①文帝丕(二二〇～二二六)
    - ②明帝叡(二二六～二三九)
      - ③廢帝芳(二三九～二五四)
    - 東海王霖
      - ④高貴鄉公髦(二五四～二六〇)
  - 燕王宇
    - ⑤元帝奐(二六〇～二六五)

(二)蜀漢

- ①昭烈帝劉備(二二一～二二三)
  - ②後主禪(二二三～二六三)

(三)東吳

- 武烈帝孫堅
  - 長沙王策
  - ①大帝權(二二二～二五二)
    - 南陽王和
      - ④末帝皓(二六四～二八〇)
    - ②會稽王亮(二五二～二五八)
    - ③景帝休(二五八～二六四)

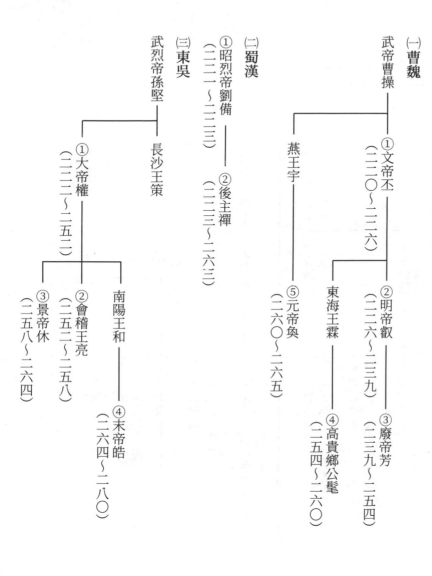

二、晉帝系

- 宣帝司馬懿
  - 景帝師
  - 文帝昭
    - ①武帝炎（二六五～二九〇）
      - ②惠帝衷（二九〇～三〇六）
      - 吳王晏
        - ④愍帝鄴（三一三～三一六）
      - ③懷帝熾（三〇七～三一三）
  - 琅邪王伷
    - 琅邪王覲
      - （東晉）①元帝睿（三一七～三二三）
        - ②明帝紹（三二三～三二五）
          - ③成帝衍（三二五～三四二）
            - ⑥哀帝丕（三六一～三六五）
            - ⑦廢帝奕（三六五～三七一）
          - ④康帝岳（三四二～三四四）
            - ⑤穆帝聃（三四四～三六一）
        - ⑧簡文帝昱（三七一～三七二）
          - ⑨孝武帝曜（三七二～三九六）
            - ⑩安帝德宗（三九六～四一九）
            - ⑪恭帝德文（四一九～四二〇）

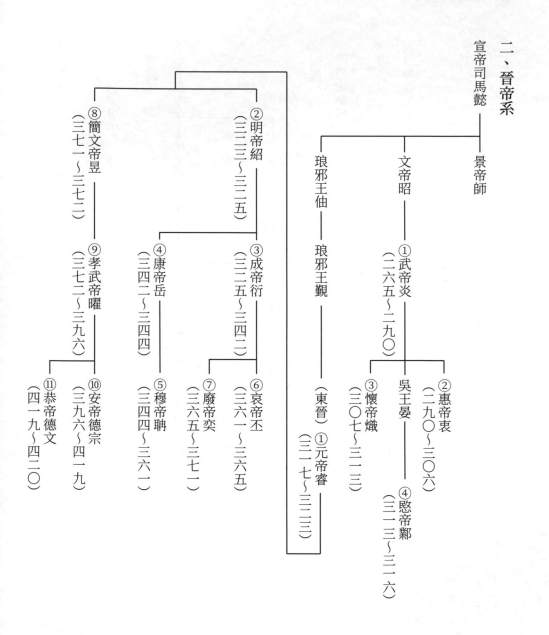

三、十六國帝系

㈠漢、前趙

- ①光文帝劉淵（三〇四～三一〇）
  - ②武帝和（三一〇）
  - ③昭武帝聰（三一〇～三一八）
    - ④少主粲（三一八）
  - ⑤曜（三一八～三二八）

㈡後趙

- ①明帝石勒（三一九～三三三）
  - ②廢帝弘（三三三～三三四）
  - ③武帝虎（三三五～三四九）
    - ④廢帝世（三四九）
    - ⑤彭城王遵（三四九）
    - ⑥義陽王鑒（三四九～三五〇）
    - ⑦新興王祇（三五〇～三五一）

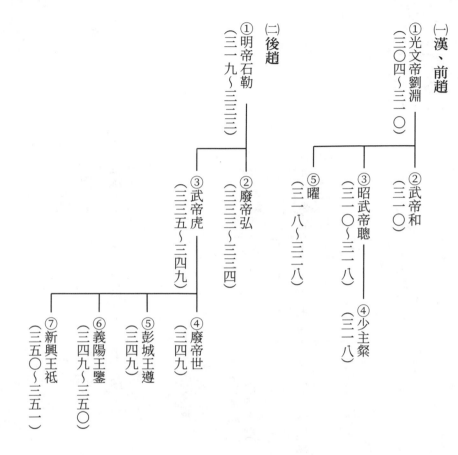

(三)冉魏

冉瞻 —— ①冉閔(三五〇~三五二)

(四)前燕

慕容廆 —— ①文明帝皝(三三三~三四八) —— ②景昭帝儁(三四九~三六〇) —— ③幽帝暐(三六〇~三七〇)

(五)後燕

慕容廆 —— 慕容皝 —— ①成武帝垂(三八四~三九六)
- ②惠閔帝寶(三九六~三九八) —— ③昭武帝盛(三九八~四〇一)
- ④昭文帝熙(四〇一~四〇七)

(六)西燕

慕容涉歸
- 慕容廆 —— 慕容皝 —— 慕容儁
  - ①濟北王慕容泓(三八四) —— ③慕容忠(三八六)
  - ②威帝慕容沖(三八五~三八六)
- 慕容運 —— ○ —— ④慕容永(三八六~三九四)

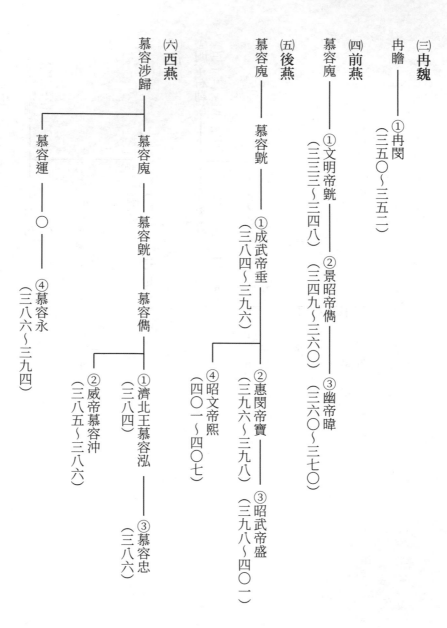

(七)南燕

- 慕容廆
  - 慕容皝
    - ①獻武帝慕容德（三九八～四〇五）
    - 慕容納
      - ②慕容超（四〇五～四一〇）

(八)北燕

- 高雲（四〇七～四〇九）（虛線）
- 馮安
  - ①文成帝跋（四〇九～四三〇）
  - ②昭成帝弘（四三一～四三六）

(九)後秦

- 姚弋仲
  - ①昭武帝萇（三八四～三九三）
    - ②文桓帝興（三九三～四一五）
      - ③後主泓（四一六～四一七）

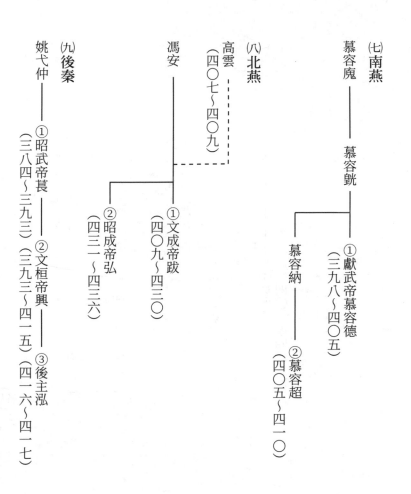

(十)西秦

- 乞伏司繁
  - ①宣烈王國仁（三八五～三八八）
  - ②武元王乾歸（三八八～四一二）—③文昭王熾磐（四一二～四二七）—④後主暮末（四二八～四三一）

(十一)夏

- 劉衛辰—①武烈帝赫連勃勃（四〇七～四二五）
  - ②廢主昌（四二五～四二八）
  - ③後主定（四二八～四三一）

(十二)後涼

- 呂婆樓
  - ①懿武帝光（三八六～三九九）
    - ②隱王紹（三九九）
    - ③靈帝纂（三九九～四〇一）
  - 文帝寶—④後主隆（四〇一～四〇三）

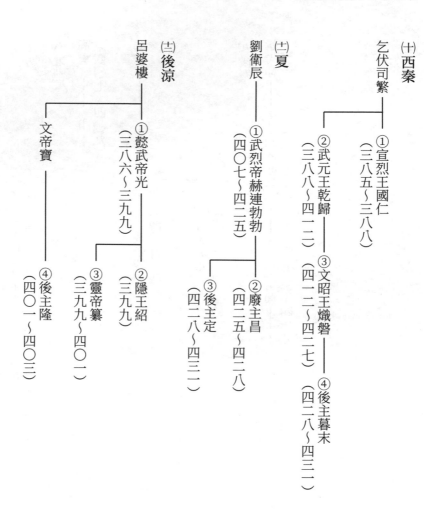

(十三) 南涼

- 禿髮思復鞬
  - ①武王烏孤（三九七～三九九）
  - ②康王利鹿孤（三九九～四〇二）
  - ③景王傉檀（四〇二～四一四）

(十四) 北涼

- ①涼王段業（三九七～四〇一）⋯⋯②武宣王沮渠蒙遜（四〇一～四三三）
  - ③哀王牧犍（四三三～四三九）
  - 無諱
  - 安周

(十五) 西涼

- 李弇 — 李昶 — ①武昭王暠（四〇〇～四一七）
  - ②後主歆（四一七～四二〇）
  - ③冠軍侯恂（四二〇～四二一）

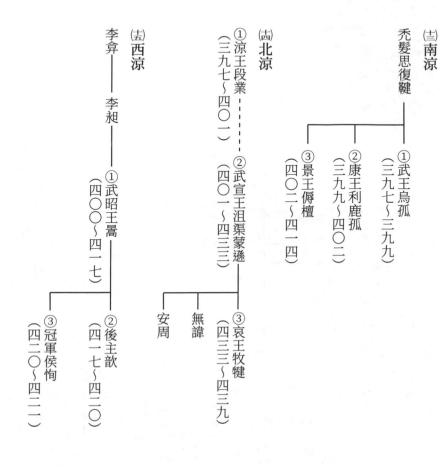

四、南朝帝系

㈠宋

- ①武帝劉裕（四二〇～四二二）
  - ②少帝義符（四二三～四二四）
  - ③文帝義隆（四二四～四五三）
    - ④孝武帝駿（四五三～四六四）
      - ⑤前廢帝子業（四六四～四六五）
    - ⑥明帝彧（四六五～四七二）
      - ⑦後廢帝昱（四七二～四七七）
      - ⑧順帝準（四七七～四七九）

㈡齊

- ①高帝蕭道成（四七九～四八二）
  - ②武帝賾（四八二～四九三）
    - 文惠太子長懋
      - ③鬱林王昭業（四九三～四九四）
      - ④海陵王昭文（四九四）
- 始安王道生
  - ⑤明帝鸞（四九四～四九八）
    - ⑥東昏侯寶卷（四九九～五〇一）
    - ⑦和帝寶融（五〇一～五〇二）

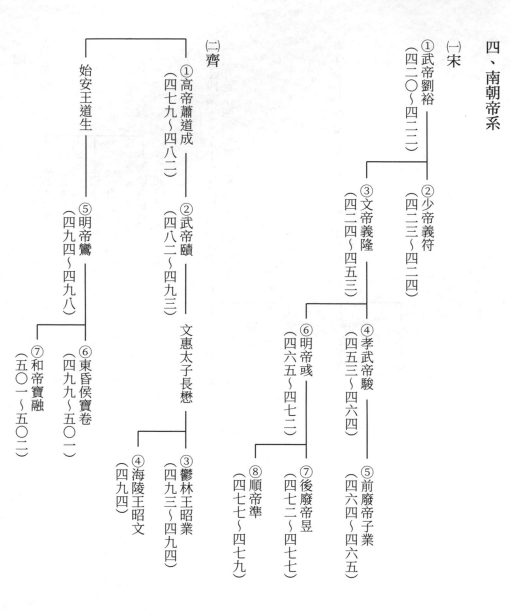

㈢梁

- ①武帝蕭衍（五〇二～五四九）
  - 昭明太子統——（後梁）①宣帝詧（五五五～五六二）——②明帝巋（五六二～五八五）——③後主琮（五八五～五八七）
  - ②簡文帝綱（五四九～五五一）
  - ③元帝繹（五五二～五五五）——④敬帝方智（五五五～五五七）

㈣陳

- ①武帝陳霸先（五五七～五五九）
- 始興王道譚
  - ②文帝蒨（五五九～五六六）——③廢帝伯宗（五六七～五六八）
  - ④宣帝頊（五六九～五八二）——⑤後主叔寶（五八二～五八九）

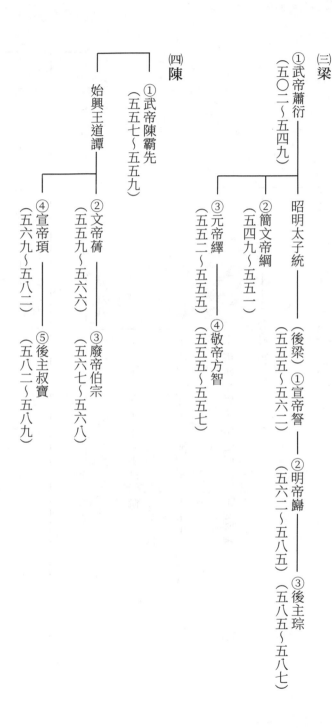

五、北朝帝系

(一)北魏

- ①道武帝拓跋珪（三八六～四〇九）
  - ②明元帝嗣（四〇九～四二三）
    - ③太武帝燾（四二三～四五二）
      - 景穆太子晃
        - ④文成帝濬（四五二～四六五）
          - ⑤獻文帝弘（四六五～四七一）
            - ⑥孝文帝宏（四七一～四九九）
              - ⑦宣武帝恪（四九九～五一五）
                - ⑧孝明帝詡（五一五～五二八）
              - 廣平王懷
                - ⑫孝武帝脩（五三二～五三四）
              - 清河王懌
                - 清河王亶
                  - （東魏）①孝靜帝善見（五三四～五五〇）
              - 京兆王愉
                - （西魏）①文帝寶炬（五三五～五五一）
                  - ②廢帝欽（五五一～五五四）
                  - ③恭帝廓（五五四～五五七）
            - 彭城王勰
              - ⑨孝莊帝子攸（五二八～五三〇）
            - 廣陵王羽
              - ⑩節閔帝恭（五三一～五三二）
        - 南安王楨
          - 章武王彬
            - 章武王融
              - ⑪後廢帝朗（五三一～五三二）

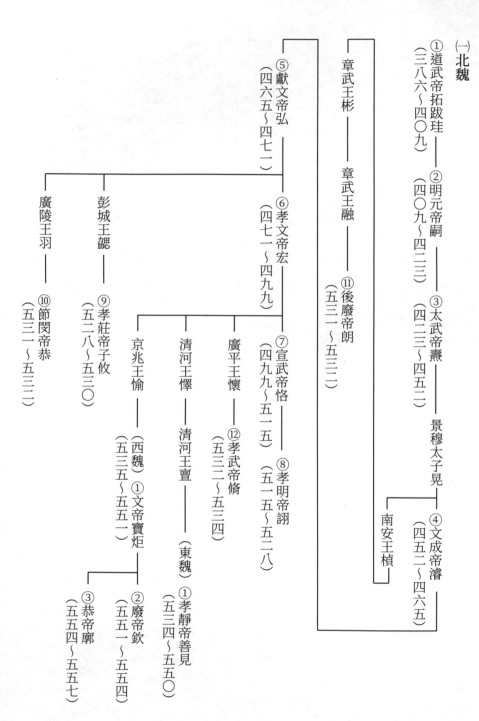

㈡北齊

神武帝高歡
- 文襄帝澄
- ①文宣帝洋（五五〇～五五九）——②廢帝殷（五五九～五六〇）
- ③孝昭帝演（五六〇～五六一）
- ④武成帝湛（五六一～五六五）——⑤後主緯（五六五～五七七）——⑥幼主恆（五七七）

㈢北周

文帝宇文泰
- ①孝閔帝覺（五五七）
- ②明帝毓（五五七～五六〇）
- ③武帝邕（五六〇～五七八）——④宣帝贇（五七八～五七九）——⑤靜帝闡（五七九～五八一）

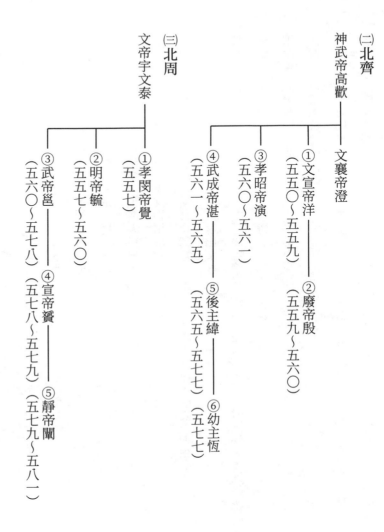

參考書目

方北辰，《魏晉南朝江東世家大族述論》，文津出版社，一九九一年。
毛漢光，《中國中古社會史論》，上海書店出版社，二〇〇二年。
毛漢光，《中國中古政治史論》，上海書店出版社，二〇〇二年。
毛漢光，《兩晉南北朝士族政治之研究》，臺灣商務印書館，一九六六年。
王伊同，《五朝門第》，香港中文大學出版社，一九七八年。
王仲犖，《北周六典》，中華書局，一九七九年。
王仲犖，《北周地理志》，中華書局，一九八〇年。
王仲犖，《魏晉南北朝史》，上海人民出版社，二〇〇三年。
王素，《敦煌吐魯番文獻》，文物出版社，二〇〇二年。
王素、李方，《魏晉南北朝敦煌文獻編年》，新文豐出版公司，一九九七年。
王瑤，《中古文學史論》，北京大學出版社，一九八六年。
甘懷真，《皇權、禮儀與經典詮釋：中國古代政治史研究》，臺北財團法人喜瑪拉雅研究發展基金會，二〇〇三年。
田餘慶，《拓跋史探》，北京三聯書店，二〇〇三年。
田餘慶，《東晉門閥政治》，北京大學出版社，二〇〇五年。
田餘慶，《秦漢魏晉史探微》，中華書局，一九九三年。
白壽彝主編，《中國通史第五卷中古時代．三國兩晉南北朝時期（上、下）》，上海人民出版社，一九九五年。
全漢昇，《中國經濟史研究》，香港新亞研究所出版，稻鄉出版社印行，一九九一年。

朱大渭，《六朝史論》，中華書局，一九九八年。

朱大渭等，《魏晉南北朝社會生活史》，中國社會科學出版社，一九九八年。

朱紹侯，《魏晉南北朝土地制度與階級關係》，中州古籍出版社，一九八八年。

何茲全，《魏晉南北朝史略》，上海人民出版社，一九五八年。

何茲全，《讀史集》，上海人民出版社，一九八二年。

何啟民，《中古門第史論集》，學生書局，一九七八年。

吳慧蓮，《東晉劉宋時之北府》，臺灣大學出版委員會，一九七四年（影印本）。

呂思勉，《兩晉南北朝史（上、下）》，上海古籍出版社，一九八三年。

呂春盛，《北齊政治史研究——北齊衰亡原因之考察》，國立臺灣大學出版委員會，一九八七年（影印本）。

呂春盛，《陳朝的政治結構與族群問題》，稻鄉出版社，二〇〇一年。

呂春盛，《關隴集團的權力結構演變——西魏北周政治史研究》，稻鄉出版社，二〇〇二年。

岑仲勉，《府兵制度研究》，上海人民出版社，一九五七年。

李書吉，《北朝禮制法系研究》，人民出版社，二〇〇二年。

李萬生，《侯景之亂與北朝政局》，中國社會科學出版社，二〇〇三年。

李憑，《北魏平城時代》，社會科學文獻出版社，二〇〇〇年。

杜士鐸主編，《北魏史》，山西高校聯合出版社，一九九二年。

谷霽光，《府兵制度考釋》，上海人民出版社，一九六二年。

周一良，《魏晉南北朝史論集》，中華書局，一九六三年。

周一良，《魏晉南北朝史論集續編》，北京大學出版社，一九九一年。

周一良，《魏晉南北朝史劄記》，中華書局，一九八五年。
周偉洲，《中國中世西北民族關係研究》，西北大學出版社，一九九二年。
周偉洲，《吐谷渾史》，廣西師範大學出版社，二〇〇六年。
周偉洲，《南涼與西秦》，廣西師範大學出版社，二〇〇六年。
周偉洲，《敕勒與柔然》，廣西師範大學出版社，二〇〇六年。
周偉洲，《漢趙國史》，廣西師範大學出版社，二〇〇六年。
林瑞翰，《魏晉南北朝史》，五南圖書出版公司，一九九〇年。
金發根，《永嘉亂後的北方豪族》，中國學術著作獎助委員會，一九六四年。
侯旭東，《五、六世紀北方民眾佛教信仰》，中國社會科學出版社，一九九八年。
侯旭東，《北朝村民的生活世界——朝廷、州縣與村里》，商務印書館，二〇〇五年。
姚薇元，《北朝胡姓考》，科學出版社，一九六二年。
胡阿祥，《六朝疆域與六朝政區》，南京大學出版社，二〇〇一年。
胡阿祥，《六朝疆域與政區研究》（修訂本），學苑出版社，二〇〇五年。
唐長孺，《山居存稿》，中華書局，一九八九年。
唐長孺，《唐長孺社會文化史論叢》，武漢大學出版社，二〇〇一年。
唐長孺，《魏晉南北朝史論拾遺》，中華書局，一九八三年。
唐長孺，《魏晉南北朝史論叢》，北京三聯書店，一九五五年。
唐長孺，《魏晉南北朝史論叢續編》，北京三聯書店，一九五七年。
唐長孺，《魏晉南北朝隋唐史三論》，武漢大學出版社，一九九三年。

孫同勛，《拓拔氏的漢化》，臺灣大學文學院，一九六五年。

祝總斌，《兩漢魏晉南北朝宰相制度研究》，中國社會科學出版社，一九九八年。

馬長壽，《突厥人與突厥汗國》，廣西師範大學出版社，二〇〇六年。

馬長壽，《烏桓與鮮卑》，廣西師範大學出版社，二〇〇六年。

馬長壽，《碑銘所見前秦至隋初的關中部族》，廣西師範大學出版社，二〇〇六年。

馬長壽遺著，周偉洲整理，《氐與羌》，廣西師範大學出版社，二〇〇六年。

馬植傑，《三國史》，人民出版社，一九九七年。

高明士，《中國中古政治的探求》，五南圖書出版公司，二〇〇六年。

高敏，《魏晉南北朝兵制研究》，大象出版社，一九九八年。

高敏主編，《魏晉南北朝土地制度研究》，中州古籍出版社，一九八六年。

高敏主編，《魏晉南北朝經濟史》，上海人民出版社，一九九六年。

國家文物局古文獻研究室等編，《吐魯番出土文書》，文物出版社，一九八一—一九九一年。

國家圖書館善本金石組，《先秦秦漢魏晉南北朝石刻文獻全編》，北京圖書館出版社，二〇〇三年。

康樂，《從西郊到南郊：國家祭典與北魏政治》，稻禾出版社，一九九五年。

張大可，《三國史研究》，華文出版社，二〇〇三年。

張旭華，《九品中正制略論稿》，中州古籍出版社，二〇〇四年。

張金龍，《北魏政治史研究》，甘肅教育出版社，一九九六年。

張金龍，《北魏政治與制度論稿》，甘肅教育出版社，二〇〇三年。

張金龍，《魏晉南北朝禁衛武官制度研究（上、下）》，中華書局，二〇〇四年。

張厭弓，《漢傳佛教與中古社會》，五南圖書出版公司，二〇〇五年。
張繼昊，《從拓跋到北魏：北魏王朝創建歷史的考察》，稻鄉出版社，二〇〇三年。
張鶴泉，《魏晉南北朝都督制度研究》，吉林文史出版社，二〇〇七年。
梁滿倉，《漢唐間政治與文化探索》，貴州人民出版社，二〇〇〇年。
陳明，《中古士族現象研究》，文津出版社，一九六二年。
陳長琦，《兩晉南朝政治史稿》，河南大學出版社，一九九二年。
陳寅恪，《金明館叢稿初編》，上海古籍出版社，一九八〇年。
陳寅恪，《金明館叢稿二編》，上海古籍出版社，一九八〇年。
陳寅恪，《唐代政治史述論稿》，上海古籍出版社，一九八二年。
陳寅恪，《隋唐制度淵源略論稿》，中華書局，一九六三年。
陳爽，《世家大族與北朝政治》，中國社會科學出版社，一九九八年。
陳連慶，《中國古代少數民族姓氏研究》，吉林文史出版社，一九九二年。
陳連慶，《晉書．食貨志》校注、《魏書．食貨志》校注，東北師範大學出版社，一九九九年。
章義和，《地域集團與南朝政治》，華東師範大學出版社，二〇〇二年。
傅樂成，《漢唐史論集》，臺北聯經出版社，一九七七年。
勞榦，《魏晉南北朝史》，中國文化大學出版社，一九九一年。
湯用彤，《漢魏兩晉南北朝佛教史》，中華書局，一九八三年。
湯用彤，《魏晉玄學論稿》，上海古籍出版社，二〇〇一年。
程樹德，《九朝律考》，中華書局，一九六三年。

黃熾霖，《曹魏時期中央政務機關之研究——兼論曹操與司馬氏對政制之影響》，文史哲出版社，二〇〇二年。
楊光輝，《漢唐封爵制度》，學苑出版社，二〇〇二年。
楊際平，《北朝隋唐均田制度新探》，嶽麓書社，二〇〇三年。
楊鴻年，《漢魏制度叢考》，武漢大學出版社，一九八五年。
萬繩楠，《魏晉南北朝文化史》，黃山書社，一九八九年。
萬繩楠整理，《陳寅恪魏晉南北朝史講演錄》，黃山書社，一九八七年。
雷依群，《北周史稿》，陝西人民教育出版社，一九九九年。
榮新江，《中古中國與外來文明》，北京三聯書店，二〇〇一年。
熊德基，《六朝史考實》，中華書局，二〇〇〇年。
趙超，《漢魏南北朝墓誌彙編》，天津古籍出版社，一九九二年。
趙萬里，《漢魏南北朝墓誌集釋》，科學出版社，一九五六年。
齊濤，《魏晉隋唐鄉村社會研究》，山東人民出版社，一九九四年。
劉俊文主編，《日本中青年學者論中國史（六朝隋唐）》，上海古籍出版社，一九九五年。
劉俊文主編，《日本學者研究中國史論著選譯（六朝隋唐）》，中華書局，一九九二年。
劉淑芬，《六朝的城市與社會》，學生書局，一九九二年。
劉淑芬，《慈悲清淨——佛教與中古社會生活》，三民書局，二〇〇一年。
劉馳，《六朝士族探析》，中央廣播電視大學出版社，二〇〇〇年。
蔣福亞，《魏晉南北朝社會經濟史》，天津古籍出版社，二〇〇四年。
蔣福亞，《魏晉南北朝經濟史探》，甘肅人民出版社，二〇〇三年。

逯耀東，《從平城到洛陽——拓跋魏文化轉變的歷程》，中華書局，二〇〇六年。
逯耀東，《魏晉史學的思想與社會基礎》，中華書局，二〇〇六年。
鄭欣，《魏晉南北朝史探索》，山東大學出版社，一九八九年。
鄭欽仁，《北魏官僚機構研究》，牧童出版社，一九七六年。
鄭欽仁，《北魏官僚機構研究續篇》，稻禾出版社，一九九五年。
黎虎，《魏晉南北朝史論》，學苑出版社，一九九九年。
閻步克，《士大夫政治演生史稿》，北京大學出版社，一九九八年。
閻步克，《品位與職位——秦漢魏晉南北朝官階制度研究》，中華書局，二〇〇二年。
閻步克，《察舉制度變遷史稿》，遼寧大學出版社，一九九七年。
繆鉞，《讀史存稿》，北京三聯書店，一九六三年。
韓國磐，《魏晉南北朝史綱》，人民出版社，一九八三年。
羅新、葉煒，《新出魏晉南北朝墓誌疏證》，中華書局，二〇〇四年。
嚴耕望，《中國地方行政制度史（乙部）魏晉南北朝地方行政制度》，中研院歷史語言研究所專刊之45B，一九九七年。
嚴耕望，《唐代交通圖考》，上海古籍出版社，二〇〇七年。
嚴耕望遺著，李啟文整理，《魏晉南北朝佛教地理稿》，上海古籍出版社，二〇〇七年。
嚴耀中，《北魏前期政治制度》，吉林教育出版社，一九九〇年。
蘇紹興，《兩晉南朝的士族》，聯經出版社，一九八七年。
〔日〕三崎良章，《五胡十六國——中國史上の民族大移動》，東方書店，二〇〇二年。
〔日〕三崎良章，《五胡十六國の基礎的研究》，汲古書院，二〇〇六年。

〔日〕小尾孟夫，《六朝都督制研究》，溪水社，二〇〇一年。
〔日〕川本芳昭，《中國の歷史——中華の崩壞と擴大（魏晉南北朝）》，講談社，二〇〇五年。
〔日〕川本芳昭，《魏晉南北朝時代の民族問題》，汲古書院，一九九八年。
〔日〕川勝義雄，《六朝貴族制社會の研究》，岩波書店，一九八二年。
〔日〕川勝義雄、礪波護編，《中國貴族制社會の研究》，同朋舍，一九八七年。
〔日〕中村圭爾，《六朝貴族制研究》，風間書房，一九八七年。
〔日〕中國中世史研究會編，《中國中世史研究——六朝隋唐的社會與文化》，東海大學出版會，一九七〇年。
〔日〕內田吟風，《北アジア史研究——鮮卑柔然突厥篇》，同朋舍，一九八八年。
〔日〕矢野主稅，《門閥社會成立史》，國書刊行會，一九七六年。
〔日〕吉川忠夫，《六朝精神史研究》，同朋舍，一九八六年。
〔日〕宇都宮清吉，《中國古代中世史研究》，創文社，一九七七年。
〔日〕谷川道雄著，李濟滄譯，《隋唐帝國形成史論》，上海古籍出版社，二〇〇四年。
〔日〕谷川道雄著，耿立群譯，《世界帝國的形成：後漢—隋唐》，稻鄉出版社，一九九八年。
〔日〕谷川道雄著，馬彪譯，《中國中世社會與共同體》，中華書局，二〇〇二年。
〔日〕谷川道雄編，《日中國際共同研究——地域社會在六朝政治文化上所起的作用》，玄文社，一九八九年。
〔日〕岡崎文夫，《魏晉南北朝通史》，弘文堂，一九三二年。
〔日〕宮川尚志，《六朝史研究　政治·社會篇》，平樂寺書店，一九六四年。
〔日〕宮崎市定，《九品官人法の研究——科舉前史》，同朋舍，一九五六年。
〔日〕越智重明，《魏晉南朝の貴族制》，研文社，一九八二年。

〔日〕窪添慶文，《魏晉南北朝官僚制研究》，汲古書院，二〇〇三年。
〔日〕濱口重國，《秦漢隋唐史の研究》，東京大學出版會，一九六六年。
〔日〕堀敏一著，韓國磐等譯，《均田制研究》，福建人民出版社，一九八四年。
〔法〕童丕著，余欣、陳建偉譯，《敦煌的借貸：中國中古時代的物質生活與社會》，中華書局，二〇〇三年。
〔法〕謝和耐著，耿昇譯，《中國5—10世紀的寺院經濟》，上海古籍出版社，二〇〇四年。
〔荷〕許理和著，李四龍、裴勇譯，《佛教征服中國》，江蘇人民出版社，一九九八年。

圖片出處

圖一：歷代碑帖法書選編輯組，《歷代碑帖法書選》第二集，北京：文物出版社，一九九八年。
圖二、三、四、五、六、七、八、九、十一、十二、十四、十五、十八、十九、二一、二四：本局繪製。
圖十：中國美術全集編輯委員會，《中國美術全集・工藝美術編8漆器》，北京：文物出版社，一九八九年。
圖十三、二九：Shutterstock。
圖十六：南京市文化廣電新聞出版局，《南京歷代石刻集成》，上海：上海書畫出版社，二〇一一年。
圖十七、三五：中國美術全集編輯委員會，《中國美術全集・繪畫編1原始社會至南北朝繪畫》，北京：文物出版社，一九八六年。
圖二十：劉煒，《中華文明傳真5魏晉南北朝：分裂動蕩的年代》，香港：香港商務印書館，二〇〇二年。
圖二二：中國歷代藝術編輯委員會，《中國歷代藝術・工藝美術編》，北京：文物出版社，一九九四年。
圖二三：國際敦煌項目，大英博物館，編號S.996。
圖二五：威康收藏館。

圖二六、三九：國立故宮博物院。

圖二七：中國名畫欣賞全集編輯委員會，《中國名畫欣賞全集．唐前》，臺北：華嚴出版社，一九九八年。

圖二八、三一、三八：wikimedia commons

圖三十：敦煌文物研究所，《中國石窟．敦煌莫高窟》第一卷，北京：文物出版社，一九九七年。

圖三二、三七：Gary Todd 攝 /flickr

圖三三：波士頓美術館。

圖三四、三六：中國美術全集編輯委員會，《中國美術全集．繪畫編12墓室壁畫》，北京：文物出版社，一九八九年。

國家圖書館出版品預行編目資料

魏晉南北朝史：一個分裂與融合的時代／張鶴泉著.
——二版一刷.——臺北市：三民，2022
面； 公分——(中國斷代史)

ISBN 978-957-14-7482-3 （平裝）
1. 魏晉南北朝史

623 111010118

中國斷代史
魏晉南北朝史——一個分裂與融合的時代

作 者 張鶴泉
企畫編輯 蕭遠芬

發 行 人 劉振強
出 版 者 三民書局股份有限公司
地 址 臺北市復興北路 386 號 (復北門市)
臺北市重慶南路一段 61 號 (重南門市)
電 話 (02)25006600
網 址 三民網路書店 https://www.sanmin.com.tw

出版日期 初版一刷 2010 年 2 月
二版一刷 2022 年 10 月
書籍編號 S620660
I S B N 978-957-14-7482-3